本书系湖北大学高等人文研究院

中华文化发展湖北省协同创新中心

湖北文化建设研究院资助出版

思 想 文 化 史 书 系 · 西 方 系 列

湖北大学高等人文研究院
中华文化发展湖北省协同创新中心 ◎编
湖北文化建设研究院

THE HISTORY OF WESTERN METAPHYSICAL THOUGHT

西方形而上学思想史

I

强以华　唐东哲　著

张传友　　审定专家

人民出版社

contents

目　录

导　言　形而上学及其命运

　　形而上学是一个曾对西方哲学、文化和社会起着至关重要作用的学科，它从最深层的根源上影响着西方的哲学、文化和社会，并使西方的哲学、文化和社会形成了有别于世界上其他民族文化的独特特征。探讨、归纳和分析形而上学产生、发展乃至逐步衰落的历史和内在逻辑，有助于我们更好地理解西方的哲学、文化和社会的现状，并且有助于我们更好地展望西方的哲学、文化和社会的未来。

一、何谓形而上学？

　　形而上学虽然是西方哲学史上一种极其重要的学说，但是，它却是充满歧义的学说。它的充满歧义为本书的阐述带来了这样一个难题，即：形而上学的歧义只有在形而上学思想史具体发展过程的叙述中才能逐步揭示出来并且得到厘清，它使我们难以在这种叙述之前清晰解说何谓形而上学的问题；但另一方面，我们只有在导言中先行解说了何谓形而上学的问题，才能在具体叙述形而上学思想史之前更为合理地对浩如烟海的西方形而上学资料进行取舍，并且自如地面对西方形而上学史上的有关形而上学的歧义和复杂性的问题。为了解决这个难题，我们将采取一种折中的办法，即：在导言中，我们只是大致缕清何谓形而上学的问题，并简单归纳一下形而上学的命运以及本书采取的叙述策略。

(一) 形而上学：研究存在的学问

简单地说，形而上学就是研究"存在"（being）的学问，这就是说，从对象上说，形而上学是以"存在"为研究对象的学问。存在一词源自希腊文的"eimi"（是），根据一些学者考证，按照希腊文的文法规则，eimi 具有第三人称单数（estin/is）、不定式（einai/to be）、阴性分词（ousa）以及中性分词（on）等多种不同的形式。这些形式在形而上学创立的过程中，特别是在亚里士多德最终确立形而上学的过程中，主要演化成为"存在"（作为"存在者"的"存在"）的意思。其中，在希腊文中，分词（以及形容词和不定式）加上"to"就名词化了，因此，to on 就既带有分词性质但又名词化了，它既存在着又是存在着的东西。因此，亚里士多德把 to on 既看成是存在本身又看成是存在着的东西，据此，他进一步把第一哲学（形而上学）说成是研究"to no hei on"（being as being）亦即"作为存在的存在"的学问，也就是说，他把存在或作为存在的存在看成是第一哲学的对象。在《形而上学》中，亚里士多德指出 ousa 包括了 ousia 在内的诸多含义（例如质、量、时间、地点等），他把 ousia 说成是范畴，并认为范畴是把某物述说为某物的东西，因此，ousia 表示的是作为"什么"的存在，由于只有首先确定了一个东西是"什么"然后才能思考它的其他性质，所以，ousa 的 ousia 含义便构成了它的其他含义（性质）的基础。当一个东西作为本质上的存在（使某物成为某物）而构成其他性质的基础时，它实际上也就是作为实体的存在。据此，亚里士多德把形而上学又看成是研究实体特别是第一实体的学问。从不定式（einai/to be）说，它的名词化既表示个别事物的具体存在也表示此一事物的普遍本质。最后还有 eimi（being）的第三人称单数（estin/is）形式，据一些学者的考证，在巴门尼德那里，being 采用的形式就是第三人称单数，他的 being 研究乃是"是"的研究，在他看来，由于"是"（is）是把"思"与"在"联系起来的东西，所以，它比"思"与"在"更为原始，只有从它出发，我们才能通达存在与思维领域。尽管亚里士多德也常常采用 being 的第三人称单数（estin/is）用法，但他认为在一件事物被称为"是"的多种含义中首先应是它"是什么"，所以"'是什么'还是首要的，因为它表示实体。"①实体是单纯的存在，它在一切意义（定义、认识、时间）上都是最初的，唯有它才能独立存在。这样一来，亚里士多德就让实体从"是"中分离出来，成为单独的作为存在者的存在。正如形而上学包含了诸多歧义一样，它在其研究对象亦即"存在"的词源上也有歧义：例如 to on 方面包含的存在本身和存在者的差异；第三人称单数方面包含的"是"与"存在"的差异，以及 being 本身包含的动词形式和名称形式的差异。但是尽管如此，在包括亚里士多德本人在内的主流的形而上学家那里，being 的主要含义还是"存在"（作为存在者的存在），尽管关于 being 的其他含义（例如"存在本身"或"是"）的理解也不时出现在他们的哲学之中。

其实，形而上学作为关于人类终极关切的学问，重要的不是关于它的对象或存在（being）的词源之争的问题，而是它的研究对象亦即存在究竟意味着什么样的存在、并且这种存在为何能影响人类的终结关切以及它如何决定人类的现实生活的问题。为此，我们必须透过"存在"这一词汇而深入到它究竟代表着什么存在以及这种存在与人的生存究竟有何关系的问题上去。那么，"存在"究竟为何呢？尽管形而上学家们用不同的词汇来称谓"存在"，但是，就其实质而言，他们所说的"存在"归根到底还是世界整体的存在。在传统形而上学那里，世界既包含了物质世界，也包含了精神世界，并且还包含了上帝以及上帝所创造的世界。就此而言，我们可以认为，从广义上说，我们既可以在把形而上学看成是研究存在的学问，也可以将其看成是研究世界或世界整体的学问。它是一种存在论（ontology）。

但是，在说到世界之时，形而上学面对着一种困难，即：人们生活的世界实际是一种由林林总总、变动不居、有生有灭的个体事物组成的感官所及的世界，但是，形而上学却为了探索真理的需要把自己的对象理解成为唯一的、不变的、永恒的存在。因此，就其对象而言，形而上学所理解的作为存在的世界并非就是我们感官所及的世界，甚至正好不是我们感官

①　［古希腊］亚里士多德：《形而上学》，参见苗力田主编：《亚里士多德全集》第七卷，中国人民大学出版社 1993 年版，第 152 页。

所及的世界。它是一种唯一的、不变的、永恒的世界。形而上学把这种世界看成是本质的世界，它是世界的本质或说本体。形而上学为了能够明确区分出自己的研究对象，它把世界一分为二：现象世界和本质世界。在它看来，现象世界就是感觉所及的世界，因而也被称为感性世界，它不是真理的对象，因而在最终的意义上也不是形而上学的对象；本质世界则是在现象世界或者说感性世界背后的世界（世界本质或本体），它是超越感性并且决定感性世界或说现象世界的世界，因而也被称为本质世界或说本体世界，它是真理的对象，因而也是最终意义上的形而上学的对象。因此，在更为严格的意义上说，形而上学作为研究"存在"的学问也就是研究本质世界或说本体世界的学问，简言之，形而上学就是研究现象背后的比现象事物更加实在的世界本质或说本体的学问。因此，我们可以一般地把研究世界或世界整体的学问理解成为广义的形而上学，除此之外，我们还可以进一步在狭义上把形而上学看成是研究现象背后的比现象事物更加实在的世界本质或说本体的学问。正如施太格缪勒所说："如果按照形而上学的更狭义的概念，则只有与非感性的（超验的）对象有关的那些陈述才属于形而上学。"①

根据形而上学之广义和狭义的两种规定，我们认为，由于唯物主义既研究作为狭义形而上学之内容的存在于物质现象背后的比现象事物更加实在的物质实体（世界本质或说本体），又研究超越了狭义形而上学之内容的物质实体的外在表现亦即我们实际生活于其中的现象世界，所以，它的学说应该属于广义的形而上学（狭义的形而上学只是它的一个部分）；同时，由于唯心主义所研究的精神实体以及宗教神学所研究的上帝仅仅是作为狭义形而上学的内容，所以，它们的学说仅仅是狭义的形而上学。因此，我们可以得出结论：唯物主义作为形而上学是广义的形而上学，唯心主义以及宗教神学作为形而上学则属于狭义的形而上学。

形而上学作为研究存在的学问不仅应该包含研究存在的存在论，还应该包含研究如何认识存在（或说世界、特别是世界本质）的认识论以及方

---

① ［德］施太格缪勒：《当代哲学主流》上卷，商务印书馆1986年版，第31页。

法论，所以，若要完整地理解"何谓形而上学"，除了通过形而上学的研究对象来界定何谓形而上学之外，还应该通过形而上学的认识理论来进一步补充界定何谓形而上学。据此，从广义上说，我们把所有的以把握广义的形而上学对象（世界整体）为目标的认识论以及方法论都理解成为形而上学的一个部分。在此意义上，我们认为广义的形而上学就是通过广义形而上学的认识论来研究世界整体的学问。它既包含了广义的存在论的内容，也包含了广义的认识论的内容。

但是，正如在形而上学的对象方面一说到世界之时形而上学就会面对人实际生活于感性的现象世界之中但却要追求本质或说本体世界的情形一样，在认识论上，形而上学也将面临着同样的情形，即：人作为实际生活于现象世界因而只能从经验出发去认识世界的人但却要认识现象世界背后的本质世界亦即经验无法触及的唯一的、不变的、永恒的存在。在此情况下，形而上学家们所纠结的问题是：形而上学在认识自己的对象时是否需要遵循常识以及科学而从经验出发。由于形而上学的认识论（方法论）直接决定于并且服务于形而上学的对象，所以此一问题在形而上学那里便以如下方式表现出来：与为了区分自己的独特对象而把世界一分为二为现象世界和本质世界相应，形而上学还把人也一分为二：感性的人和理性的人，也就是说，它认为人同时具有感性与理性两个方面，其中，人的感性对应于现象的生活世界，人的理性则对应于本体的本质世界（因此本质世界也能被称为理性世界）。根据这种划分，形而上学所纠结的问题便转换成了形而上学在认识自己的对象时是否需要遵循常识以及科学而首先依赖人的感官"向外看"（指通过感官感觉外在感性事物）的问题。尽管也有形而上学家主张应该遵循常识和科学而从经验出发去认识世界，从而认为认识首先必须依赖人的感官"向外看"，但是，由于从严格的意义上说，从经验出发并依赖人的感官"向外看"的认识难以触及超越经验的形而上学的对象，所以，更为严格的形而上学家则试图提出一种让人的理性与本质世界直接贯通起来的认识论，它主张绕开经验，让人直接"向内看"自己的心灵，在人的心灵中发现关于世界本质的天赋观念和知识，并且以它为前提，在遵循矛盾律等逻辑规律的基础上，通过逻辑演绎推导出人类关于世界及其本质的全部知识体系。因此，从狭义上说，我们把只以把握形而上学之狭义对象（世界本质）为目标的认识论以及方法论理解成为形而上学的一个部分。在此意义上，我们认为狭义的形而上学就是通过狭义形而上学的认识论研究现象背后的世界本质或本体的学问。它既包含了狭义的存在论的内容，也包含了狭义的认识论的内容。

根据形而上学之广义和狭义的两种规定，在认识论上，我们认为，由于经验论的认识论（特别是唯物主义经验论的认识论）既研究如何通过理性（经由感性）去认识作为狭义形而上学之对象的现象背后的本质世界或本体，又研究如何通过经验去认识超越了狭义形而上学之对象范围的现象世界，所以，它的认识论应该属于广义形而上学的认识论（狭义形而上学的认识论只是它的一个部分）；同时，由于唯理论的认识论（特别是唯心主义唯理论的认识论）仅仅研究如何通过理性去直接认识作为狭义形而上学之对象的现象背后的本质世界或本体，所以，它的认识论仅仅是狭义形而上学的认识论。因此，我们可以得出结论：经验论的认识论（特别是唯物主义经验论的认识论）是广义形而上学的认识论，唯理论的认识论（特别是唯心主义唯理论的认识论）作为形而上学的认识论则属于狭义形而上学的认识论。

根据以上的讨论，我们可以得出结论，即：形而上学就是研究"存在"或世界之存在的学问，并且我们可以从存在论和认识论两个方面去把握它。从广义上说，它是通过形而上学的认识论研究世界或世界整体的学问，既包含了广义的存在论也包含了广义的认识论（同时包含了唯理论和经验论）；而从狭义上说，它则是通过（狭义的）形而上学的认识论研究现象事物背后的比现象事物更加实在的世界本质或说本体的学问，既包含了狭义的存在论也包含了狭义的认识论亦即唯理论的认识论。

（二）形而上学：典型的、离异的

在某种意义上说，广义形而上学和狭义形而上学的区别在于：在广义的形而上学中，从存在论的角度说，既包含了唯心主义（以及宗教神学）也包含了唯物主义，从认识论的角度说，既包含了唯理论也包含了经验论；而仅指狭义的形而上学而言，从存在论的角度说，只包含了唯心主义（以及宗教神学）但不包含唯物主义（它的研究对象虽包含了狭义的形而上学对象但却超出了狭义的形而上学对象），从认识论的角度说，只包含了唯理论但不包含经验论。在西方哲学史上，虽然唯心主义者不都是唯理论者（例如休谟），并且唯物主义者也不都是经验论者（例如斯宾诺莎），但是，由于唯物主义承认物质生活世界的真实存在从而使得它在逻辑上应该承认经验在认识论中的必要性，以及唯心主义否认物质生活世界的真实存在从而使得它在逻辑上则容易否认经验在认识论中的必要性，所以，在大多数情况下，唯物主义与经验论存在着更为密切的关系，而唯心主义则与唯理论存在着更为密切的关系。据此，在不太严格的意义上，广义形而上学和狭义形而上学的区别在于：在广义的形而上学中，我们既指的是唯心主义或唯理论哲学，也指的是唯物主义或经验论哲学，而在单纯狭义的形而上学中，我们仅仅指的是唯心主义或唯理论的哲学。

　　根据以上对广义形而上学和狭义形而上学所作的区分，我们就会发现，在形而上学的内部，唯物主义或经验论与唯心主义或唯理论之间一定存在着某种重要的差异。哈贝马斯曾谈到过这种差异，他说："撇开亚里士多德这条线不论，我把一直可以追溯到柏拉图的哲学唯心论思想看作是'形而上学思想'，它途径普罗提诺和新柏拉图主义、奥古斯丁和托马斯、皮科德米兰德拉、库萨的尼古拉、笛卡儿、斯宾诺莎和莱布尼茨，一直延续到康德、费希特、谢林和黑格尔。古代唯物论和怀疑论，中世纪后期的唯名论和近代经验论，无疑都是反形而上学的逆流。但它们并没有走出形而上学思想视野。"①哈贝马斯的这一段话中有两句比较奇怪，首先是他的第一句话，即："撇开亚里士多德这条线不论"。我们知道，亚里士多德是形而上学的创立者，我们在罗列重要的形而上学家的时候，怎么能够"撇开亚里士多德这条线不论"！其次是他的最后一句话，即："但它们并没有走出形而上学思想视野"。既然古代唯物论和怀疑论，中世纪后期的唯名论和近代经验论，都是"反形而上学的逆流"，那么，他们又为什么还

---

①　［德］哈贝马斯：《后形而上学的思想》，曹卫东、付德根译，译林出版社2001年版，第28页。

"没有走出形而上学思想视野"呢？首先，我们发现哈贝马斯在这里十分
明确地指出了西方哲学史上存在着两条路线，一条是形而上学路线，它
主要是一条唯心主义路线或唯理论路线；另外一条则是反形而上学的路线
（"反形而上学的逆流"），它主要是唯物主义路线或经验论的路线。在此
基础上，对于他的第一句话，我们可以这样理解：由于亚里士多德（我们
在后文中将会看到）在最终的"作为存在的存在"的第一实体究竟是个体
事物还是一般形式的问题上犹豫不决，也就是说，在唯物主义还是唯心主
义的问题上犹豫不决，所以，哈贝马斯为了清晰地在形而上学的归类上区
分出唯心主义或唯理论与唯物主义或经验论，他便先把亚里士多德这条线
避开不论。这里，我们更关心的是他的最后一句话。哈贝马斯之所以明确
强调诸如柏拉图、普罗提诺、新柏拉图主义、奥古斯丁、托马斯、皮科德
米兰德拉、库萨的尼古拉、笛卡儿、斯宾诺莎、莱布尼茨，一直延续到康
德、费希特、谢林和黑格尔等人的唯心主义或唯理论为"形而上学思想"，
乃是因为在他看来这些哲学家的哲学符合更为严格的狭义的形而上学的标
准。与此不同，他之所以在把唯物主义或经验论说成是"反形而上学的逆
流"的同时又说"它们并没有走出形而上学思想视野"，乃是因为他认为
尽管唯物主义或经验论之基于"经验"的认识论客观上会威胁到形而上学
从而会成为"反形而上学的逆流"，但是，从主观上说，唯物主义或经验
论依然把现象背后的本质或本体世界作为自己的研究对象，并且认为在认
识论上把握这种本质或本体世界才是哲学的最终目标，所以，在广义上，
他们依然是形而上学哲学家。

这样一来，唯心主义或唯理论作为狭义的形而上学是更为严格意义上
的形而上学，无论在主观上还是客观上，他们都在坚定地贯彻和捍卫形而
上学的对象及其认识理论，所以，我们将形而上学中的唯心主义或唯理论
（狭义的形而上学）称之为"典型形而上学"；与此同时，唯物主义或经验
论因其仅仅属于广义的形而上学则是不太严格意义上的形而上学，也就是
说，他们在主观上确实试图贯彻和捍卫形而上学但其认识论在客观上则又
可能威胁或说反形而上学，所以，我们将形而上学中的唯物主义或经验论
（广义的形而上学）称之为"离异的形而上学"，意指它们在形而上学的视

野内对于形而上学有一种"离异倾向"。由此出发，为了更为准确地理解何谓形而上学的问题，我们把研究"存在"的形而上学（统称为"存在论"）分为典型的形而上学和离异的形而上学；并且认为，典型的形而上学始终是形而上学的主流，离异的形而上学则是形而上学的支流。

（三）形而上学：一般的、下属的

我们把形而上学说成"存在论"。其实，"存在论"这一概念却是后来出现的概念。当 1636 年德国经院哲学家郭克兰纽首先使用"存在论"的术语时，除了有些经院哲学家把它解释成为形而上学的同义语外，还有一些学者将它看成是形而上学的一个分支。德国哲学家沃尔夫后来接受和发展了后一观点，他把存在论和自然神学（理性神学）、自然哲学（理性宇宙论）、精神或者心灵哲学（理性心理学）区别开来，把它们视为形而上学的不同分支。对这两种形而上学的区分，我们更乐意采用海德格尔的称谓，即把它们分别称为"一般形而上学"和"下属形而上学"。海德格尔说道：在亚里士多德之后的形而上学家中，"……存在者总体被划分为神、自然和人，而其领域随即也就分成了：其对象为 summum ens（最高存在者）的神学，宇宙学和心理学。它们构成形而上学的下属学科。与这种科目不同，一般形而上学（存在论）把'一般'的存在者（ens commune）作为对象。"[①]这就是说，那些研究存在的存在论学说被看成是一般的形而上学，而那些研究上帝、自然和精神（人）的学说则被看成是下属的形而上学。

大致说来，下属形而上学仅仅是一般形而上学的具体展开，即：一般形而上学以存在（世界或说世界本质）为研究对象，这些对象在不同的哲学家那里分别表现为物质世界的存在、精神世界的存在和上帝（作为无限实体）的存在，因此，下属形而上学的各个分支部门不过是具体研究不同性质的形而上学对象。然而，尽管大致说来确实存在着下属形而上学是一般形而上学的具体展开的情况，但是，细究起来，实际情况却要复杂

---

① ［德］海德格尔：《康德与形而上学问题》，参见孙周兴选编：《海德格尔选集》上卷，上海三联书店 1996 年版，第 87 页。

得多。首先，一般形而上学所说的物质（世界）、精神（世界）和上帝与下属形而上学所说的物质、精神、上帝并不完全对应。这种不对应主要表现在一般形而上学的作为实体存在的精神（世界）基本上是客观精神，而下属形而上学中所说的作为实体存在的精神则基本是与物质（肉体）相对应的思维（心灵、灵魂）。其次，在一般形而上学与下属形而上学所说的物质、精神和上帝并不完全对应的基础上，由于哲学家们的立场不同，也就是说，由于同时存在着一元论者和多元论者，以及同时存在着唯心论者和唯物论者、有神论者和无神论者的差异，所以，那些在一般形而上学方面探讨世界存在的哲学家并非都会在下属形而上学的意义上同时触及三个分支领域。一般说来，一般形而上学中的唯心主义者大多把客观精神作为本质世界的存在，并把物质看成是精神的产物，他们在总的客观精神的基础上来解决物质与精神（包括人的肉体和心灵）的关系问题，所以，他们（作为精神的一元论者）并不会明确地在下属形而上学的意义上把物质和思维（心灵、灵魂）作为两个分别独立的二元实体存在加以探讨；同时，一般形而上学中的唯物主义者大多把物质作为本质世界，并把精神看成是物质的产物，他们在总的物质的基础上解决物质与精神（包括人的肉体与心灵）的关系问题，所以，他们（作为物质的一元论者）也不会在下属形而上学的意义上把精神和思维（心灵、灵魂）作为两个分别独立的二元实体存在加以探讨。至于那些持有宗教神学的哲学家，情况则有所不同。在他们之中，有一些是纯粹的宗教神学家，他们哲学的主要内容就是探讨上帝的存在、上帝的创世，以及上帝对现实世界的规范等等，一般来说，这些纯粹的宗教神学家只会在被创造的意义上承认精神和物质世界的存在；另外一些则是不纯粹的宗教神学家，尽管它们承认上帝存在和上帝对于现实世界的影响，但是，他们哲学的主要内容则是探讨精神世界或物质世界，他们自己则被称为唯心主义者或唯物主义者。其实，在西方哲学的传统中，无论是唯心主义者还是唯物主义者，他们大都会在不同的程度上或不同的意义上承认上帝的存在。例如，在唯心主义哲学家中，古代哲学中的柏拉图曾认为，正是由于造物主（Demiurge）的存在，才有可能把理念赋予混沌的物质，使之成为理念的摹本，从而形成世界；近代哲学中的莱布尼茨则指出，世界的实体就是精神性的单子，然而单子世界乃是一个等级世界，上帝则是单子世界中的最高等级的单子。尽管从逻辑上说唯物主义不应该承认上帝的存在，但是，一般形而上学中的唯物主义哲学家大多还是承认上帝的存在，只是他们对于上帝的承认比较外在。例如，古代哲学中的亚里士多德曾明确地把纯粹形式看成是上帝。近代哲学中的洛克作为唯物主义哲学家也承认上帝的存在，他认为人若深究世界的起源以及有思维能力的人类起源，就必然会推演出创造万物的"纯粹精神"实体上帝的存在，当然，他在自己所阐述的唯物主义经验论的哲学体系之中，又明确否认了上帝作为"天赋观念"的存在。对于那些持有不纯粹的宗教神学观点的哲学家来说，他们在下属形而上学的领域中既会研究精神实体的存在也会研究上帝的存在，或许偶然还会出现某些哲学家既研究物质实体的存在也研究上帝存在的现象（例如斯宾诺莎）。其实，在所有的形而上学家中，只有那些典型的二元论者才有可能以比较纯粹的形式把一般形而上学和下属形而上学统一起来，从而把下属形而上学看成是一般形而上学的具体展开。在此方面，笛卡尔是一个典型代表。在一般形而上学方面，他的形而上学依然是研究存在或说世界存在的哲学；与此同时，他把上帝看成是无限实体并把思维（精神、心灵、灵魂）和存在（物质）看成是有限实体，在有限实体中，他不仅把物质看成是独立的实体，而且还把思维也看成是独立的实体，亦即"能自己存在而其存在并不需要别的事物的一种事物"①，因此，他在一般形而上学意义上研究的存在或说世界存在在下属形而上学的意义上就分别表现为上帝、思维（精神、心灵、灵魂）和存在（物质）三个实体的存在，它们分别属于形而上学的三个分支的研究对象。

　　总起来说，形而上学是研究存在的学说，它被称为存在论，这种存在论就是一般形而上学。形而上学作为一般形而上学分为典型的形而上学（唯心主义或唯理论）与离异的形而上学（唯物主义或经验论）；同时，由于形而上学的复杂性，我们还可以进一步在一般形而上学之中衍生出下属形而上学。不过，在一般形而上学和下属形而上学的区分中，更为重要的

---

　　① ［法］笛卡儿：《哲学原理》，王荫庭、洪汉鼎译，商务印书馆1997年版，第20页。

应是一般形而上学；而在一般形而上学内部之典型形而上学和离异形而上学的区分中，更为重要的则应是典型的形而上学。在本书中，我们重点探讨一般形而上学中的典型形而上学，或说，我们将会围绕典型形而上学来探讨一般形而上学，并且围绕一般形而上学来探讨下属形而上学。

（四）形而上学的学科性质

当把存在归结为世界的本质之后，从比下属形而上学更为重要的一般形而上学的角度说，我们还可以进一步得出结论：世界本质是一种客观的普遍的存在，作为一种客观普遍的存在，世界的本质就是"普遍性"。亚里士多德把一般形而上学或存在论的研究对象说成是"作为存在的存在"（存在本身），就是为了强调形而上学所研究的对象不是这种存在或者那种存在，不是存在的任何一个部分而是存在全部。因此，作为存在的存在也就意味着最为广大的普遍性。我们知道，凡是把握了普遍性的东西就是真理，并且凡是真理的知识就是科学，因此，把普遍性作为研究对象的形而上学就应该成为关于普遍性的真理性的科学，并且，由于形而上学的研究对象是最为广大的普遍性，所以，它不仅应该成为关于普遍性的真理性的科学，而且应该成为关于最为广大的普遍性的绝对真理的第一科学。

在西方的哲学传统中，把哲学看成是科学的观点源远流长。早在自然哲学那里，哲学与科学便作为同一种学科同时起源，因此，"在希腊人看来，哲学和科学是一个东西"[1]，它们同时从原始神话中发展出来。哲学和自然科学在从原始神话中产生出来以后，它们都力图以合乎理性的知识来代替关于世界体系的神话解释。后来，随着形而上学在柏拉图和亚里士多德那里的逐步创立，哲学（形而上学）又被理解成为因其具有更为普遍的研究对象因而比自然科学更高的第一科学。哲学与自然科学的这种浑然不分的状况对哲学和自然科学都产生了重要影响。自然科学的对象是物理客体（经验对象），它可以通过自然科学方法获得关于它的对象的确定知识。哲学的对象是世界本质或本体，它虽可以是以科学为基础、通过思辨

---

① ［英］丹皮尔：《科学史》，李珩译，商务印书馆 1975 年版，原序。

而获得的关于世界本质的一种"知识"，但是，这种"知识"与确定的自然科学知识毕竟不同，它归根到底只是一种思辨猜测。然而，在哲学与自然科学未分的情况下，事情就不一样了。当哲学与自然科学被视为同义语时，哲学家们也要像自然科学家们一样去追求确定的知识；当哲学与自然科学被视为有某种差别因而是"第一科学"时，哲学家们便高兴地认为，哲学不仅可以和自然科学一样提供关于世界的确定知识，而且因其研究对象的特殊性还可以提供关于最高存在或整体世界的本质的绝对确定的知识。正是由于形而上学家们把形而上学视为"科学"或"第一科学"的观点才使得他们在认识论上是否要采纳经验的问题上产生争议，并且最终使坚持不采用经验的认识论亦即唯理论成了形而上学的占主导地位的典型认识形式。毫无疑问，这样的处理方式违背常识，正是这种违背常识的做法遭到了形而上学内部的经验论的攻击，在经验论的攻击下，形而上学陷入了困境，并且使它所谓的"科学"或说"第一科学"的地位遭到动摇，迫使它不得不改弦更张，试图通过另辟蹊径捍卫形而上学的学科地位。在形而上学改弦更张、另辟蹊径的过程中，出现了形而上学的一系列衍生形式。

二、形而上学的命运

其实，当形而上学把自己的学科性质定位于"科学"或"第一科学"后，它便立即包含了一个无法克服的内在矛盾，正是这一内在的矛盾促使它走向了后来的发展方向，并出现了一系列衍生的形式。所以，在形而上学的发展中，它的诞生、发展、困难、挽救以及在挽救中出现的一系列衍生的形式都有自己严格的内在逻辑，探索这种内在逻辑十分有助于我们准确地把握西方形而上学以及整个西方哲学的真实命运。

（一）形而上学的内在矛盾

形而上学一开始就包含着无法克服的内在矛盾。根据常识（同时也是根据科学），人类的任何认识都只能从经验出发，形而上学若是想离开经验来讨论人类的认识，那它必然违背常识并且违背科学；但是，人类认识若从经验出发，那么，它就不可能超越经验，更不用说去获得有关超验性对象的确定知识。然而，在人类认识实际上不能不从经验出发的背景下，形而上学却在把自己的研究对象定位于现象背后的宇宙本体（存在、世界本质）的同时又要获得关于这一宇宙本体的绝对确定的普遍必然性的科学知识。这就是说，形而上学把自己的对象规定为超越经验的对象，但它又想要从经验出发去获得这个超验对象的绝对确定的科学知识。因此，形而上学便面临着一个自己无法化解的内在矛盾，它的内在矛盾是人类认识必须从经验出发（它不可能获得超越对象的确定知识）但又要获得超验对象的确定知识的矛盾。在这种情况下，形而上学可以有两种处理问题的方式：其一，把形而上学的对象放置到经验的领域之内，这样一来，它就有可能从经验出发获得关于自身对象的绝对确定的知识，这也是说，它为了获得关于自身对象的绝对确定的知识就必须放弃超验对象；其二，把形而上学看成是不类似于自然科学（更不用说比自然科学更高）的科学，这样一来，它在不需要关于自身对象绝对确定的知识的前提下尽可以把自己的对象规定为超越经验的对象，这也是说，它为了保留超验的对象就必须放弃"科学"的学科定位。但是，形而上学既不愿意把自己的对象放置到经验领域之内亦即放弃超验对象（否则它就不是第一哲学）也不愿意把自己看成是不类似于自然科学（并且高于自然科学）的科学亦即放弃"科学"的学科定位（否则它就不是第一科学）。在这种情况下，它就不可避免地要面对内在的无法解决的自我矛盾。面对这一内在的无法解决的自我矛盾，那些不愿意违背常识和科学的哲学家（经验论者）仍试图努力从经验出发去确定地认识自己的超越经验的对象，但是，那些更为彻底的哲学家（唯理论者）则决定彻底绕开经验而直接去确定地把握超越经验的对象，从而在违背常识和科学的情况下把自己的哲学体系建立在非理性的直觉之上。由此可见，无论是经验论还是唯理论，在认识论上，它们都在试图去解决一个无法解决的哲学矛盾，并且这种矛盾直接威胁着形而上学的科学性，从而直接威胁着形而上学这门学科。当经验论发展到休谟那里时，他清醒地意识到形而上学的内在矛盾，因此，他在坚持认识只能从经验出发的认识论路线的同时对唯理论以及整个形而上学展开了尖锐有力的批判。这种批判迫使后来的形而上学反省形而上学的存在论和认识论，形成了作为"第一哲学"的形而上学在自我挽救中逐步走向沦落的命运。

（二）形而上学的发展历程

形而上学的发展历程大致分为两个阶段：首先是形而上学的萌芽、确立和发展的阶段，此一阶段主要包括古希腊的形而上学并且进一步延伸到中世纪的形而上学。其次是形而上学的危机、挽救和复辟的阶段，此一阶段主要包括近代形而上学。若是我们把形而上学的定义进一步放宽，也就是说，若是我们把凡是系统讨论世界本质的哲学都看成是不太严格意义上的存在论哲学的话，那么，有些批判形而上学但又在新的意义上重新系统讨论世界及其本质的哲学也都可以纳入形而上学的视野，它不仅包括一些近代哲学家（例如尼采）的哲学，也包括了一些现代哲学家（例如海德格尔）的哲学。本书并不准备讨论这些哲学，只是在附录中提及这些哲学。

形而上学发展的第一个阶段作为形而上学的发源、确立和发展阶段主要是形而上学逐渐发现、明确和扩展自己的对象的过程，以及围绕自己的对象初步建立自己的认识论的过程。我们曾说，形而上学（作为存在论）的对象归根到底是世界的本质（本体），它是能够作为万物和人类之根的唯一的、永恒的、不变的普遍性（众多具体的个别事物中的"一"）。这种普遍性作为范围最为广大的普遍性需要很强的逻辑思维能力才能将其"抽象"出来。在人类思维能力相对较低的古代社会中，若要抽象出这种普遍性并非一件十分简单的事，它需要人类（哲学）在探索普遍性的思维的抽象训练中不断提升自己的水平。因此，在西方早期哲学的发展中，思维抽象能力的提升和哲学普遍性的探索是同一过程。这一过程在自然哲学对于世界万事万物众多之"一"的探索之后，重点经历了巴门尼德的"存在"（是）*、苏格拉底的"定义"、柏拉图的"理念"，最终完成于亚里士

---

　　* 我们认为，无论巴门尼德自己把"是"还是"存在"当作原始的存在，都不妨碍后来的大多数形而上学哲学家将其理解成为"存在"，所以，在本书中，我们也用"存在"一词来表达巴门尼德的"是"或"存在"。

多德的"存在"或说"作为存在的存在"。柏拉图的"理念"已经基本实现了形而上学对象的建立，他还建立了围绕形而上学之对象的形而上学的认识论。其实，在柏拉图那里，形而上学作为一门学科已经基本发源，但是，由于他所说的"理念"作为世界万事万物的"一"乃是多个的"一"而非唯一的"一"，所以，我们还是把柏拉图哲学看成是形而上学的初步确立，而把亚里士多德的哲学（第一哲学）理解成形而上学的正式确立。在形而上学及其对象确立的过程中，尽管一些唯心主义哲学家在探索"存在"或"世界"的存在时也会在一定的程度上或明或暗地涉及到上帝，但是哲学家们探讨"存在"或"世界"存在的主要角度还是物质（质料）和精神（形式）两个方面。因此，正式系统地把上帝作为形而上学的对象纳入形而上学的视野还是一个有待形而上学完成的重要任务。在西方中世纪社会中，基督教的发展为形而上学完成自己的上述重要任务提供了神学条件，它通过哲学家和神学家一系列的冲突和结合，最后在托马斯·阿奎那的哲学之中实现了万流归宗。托马斯从形而上学的角度正式系统地探讨了上帝存在、上帝创世等等问题，从而使形而上学把自己的研究对象系统地延伸到了上帝概念，并使形而上学得到了进一步的完善和发展。此外，在西方近代哲学中，形而上学的认识论以及方法论得到了系统地发展，但是，正是在这种系统发展中，形而上学发生了认识论危机，并因认识论危机发现了潜藏在形而上学之中的内在自我矛盾，从而使形而上学的存在论也陷入了危机，它导致了形而上学的发展进入到了第二个阶段。

形而上学发展的第二个阶段作为形而上学的危机、挽救和复辟的阶段主要是形而上学在认识论困难中逐渐出现危机，并在危机中挽救形而上学以及在挽救中出现了形而上学复辟的阶段。尽管形而上学确立之时就已存在着内在矛盾，但是，由于古代的哲学家忙于确立形而上学的对象从而确立形而上学这门学科，并且，由于在古代社会中自然科学的发展水平尚不能为哲学提供更多的素材帮助古代哲学去系统发展自己的认识理论，所以，形而上学的内在矛盾在古代并未充分暴露出来。到了近代社会，形而上学发展的内在要求和自然科学的快速发展最终推动了西方近代哲学的认识论转向，在这一转向过程中，西方近代早期哲学在系统总结古代形而上学之认识论养料和近代自然科学之方法论成就的基础上提出了系统的唯理论的认识论和经验论的认识论，这两种认识论的充分发展逐渐暴露了早已潜藏在形而上学中的内在矛盾，并且进一步危及了作为"科学"或说"第一科学"的形而上学的学科地位。形而上学的危机促使近代后期的形而上学家、主要是德国古典唯心主义哲学家们想方设法地去挽救形而上学，他们挽救形而上学的基本方式就是"方法论革命"。其中最为典型的代表是康德和黑格尔。康德采取的方法论革命是用"先验论"的方法取代以往哲学唯理论和经验论的方法，他把自己的方法论（认识论）革命称之为"哥白尼式革命"。康德的"哥白尼式革命"改变了以往的形而上学，其一，它不是先去提出存在论然后再去创立如何认识存在的认识论，而是把存在论奠基在认识论的基础之上，从而在统一认识论和存在论的同时把以往形而上学所说的实际不可认识的现象背后的世界本质（本体）推向不可知的"物自体"领域；其二，它把唯理论和经验论的关系改造成先天的认识形式和后天的认识质料的关系，通过用先天认识形式（理性）整理后天认识质料（经验）的方式把先天理性和后天经验结合起来，并且给予经验性的认识以普遍性和必然性，从而使得经验知识能够成为关于现象而非本体的具有普遍必然性的科学知识。因此，康德哲学实际探讨的是通过先验论追寻现象世界及其规律的"发生"问题，它既包含了现象世界及其规律的建构问题，也包含了与之相关的认识论问题。虽然康德通过"哥白尼式革命"改变了以往的形而上学，特别是他还为了捍卫哲学的科学性质而放弃了以往形而上学的现象背后的"本体"对象，但是，由于康德哲学仍把自己称为科学的形而上学，并且仍去系统地探讨现象世界特别是现象世界之本质（规律）的问题，并且还形成了与之相关的系统的认识论，所以，我们依然把他的哲学看成是一种（衍生意义上的）形而上学。这里，我们把康德所创立的形而上学（包括他的道德形而上学）称为传统形而上学中的"新形而上学"，而把以往的形而上学称为传统形而上学中的"旧形而上学"。黑格尔采取的方法论革命是用辩证法代替唯理论、经验论，以及康德的先验论的方法。他在费希特、谢林"纠正"康德哲学之二元论、不可知论"缺陷"的基础上通过辩证法系统阐述了"实体就是主体"的思想；

他把逻辑学、认识论和存在论统一起来，通过把辩证法贯彻于其中以消除经验与理性、现象与本质、物质与精神之间的鸿沟，最终确立了德国古典哲学乃至于传统形而上学意义上的最庞大的形而上学哲学体系。但是，由于黑格尔依然坚持旧形而上学关于哲学以现象背后的世界本质（本体）为研究对象并且应该提供关于这一对象的绝对真理或说绝对确定的知识体系的基本观点，所以，尽管黑格尔采用了不同于前康德的旧形而上学的方法即辩证法的方法，但是，它的形而上学却依然可以被看成是对于前康德形而上学亦即旧形而上学的复辟。

需要特别指出的是，当形而上学把自己的研究对象理解成为存在本身或世界本质时，它不仅把自己的研究对象看成是事实或真的对象，还把自己的研究对象看成是价值或善的对象，认为这一对象是以事实或真为核心的真善统一的对象。所以，在它那里，形而上学既是求真的学科（亦即科学或第一科学）也是求善的学科，它在求真上的危机也会危及求善领域。因此，在形而上学发源、确立、发展，以及遭遇危机、挽救和复辟的历程中，它所包含的真善关系也在发生着相应的改变。

三、本卷的内容与结构

本卷探讨的是西方形而上学发展的两个阶段，主要是古代形而上学发源、确立和发展的阶段和近代形而上学遭遇危机、进行挽救和最后复辟的阶段。在这种探讨中，本卷将描述线索和分析线索有机地结合起来，以描述为基础，以分析为核心。所谓描述线索，就是在尊重客观史实的基础上描述形而上学的发展历程，它以形而上学史上主要哲学家的著作为蓝本，尽量客观地阐述形而上学史上不同哲学家之思想的本来面貌。在这种描述中，本卷将遵循突出主要哲学家（流派）的思想并且兼顾其他哲学家（流派）的思想的原则。根据这一原则，本书将通过形而上学史上的主要典型形而上学哲学家（派别）的思想来描述形而上学的历史，其中包括形而上学发展第一阶段中的柏拉图、亚里士多德和托马斯的思想，以及形而上学发展第二阶段中的唯理论、康德和黑格尔的思想；同时，在通过形而上学史上的主要典型形而上学哲学家（派别）的思想来描述形而上学的历史时，尽量兼顾到形而上学史上的其他哲学家的思想，不仅包括一些以上没有提到的典型的形而上学哲学家的思想，而且还包括一些离异的形而上学哲学家（派别）的思想。所谓分析线索，就是在描述线索的基础上进一步分析形而上学发展的内在逻辑，特别是探索形而上学的内在矛盾以及由于它的内在矛盾造成的形而上学发展之所以如此而不会如彼的必然命运。我们认为，只有把描述线索和分析线索有机地结合起来，我们才能真正发现西方形而上学的本来面貌和深层本质。

第一篇
理念论：形而上学的发源

　　毫不夸张地说，形而上学曾是西方哲学中影响最大的哲学流派，西方哲学史上的大多数哲学家们无论是持有形而上学的观点还是持有反对形而上学的观点，形而上学常常都是他们无法绕过的哲学话题。作为一门明确的学科，形而上学尽管最终确立于亚里士多德的哲学之中，但是，它的形成却是一个漫长的过程，它先后经由自然哲学、智者学派特别是苏格拉底的哲学，到了柏拉图那里，终于基本形成。其实，柏拉图几乎确立了形而上学的所有重要原则，就此而言，我们也可以说形而上学发源于柏拉图哲学，这一哲学就是他的理念论哲学。

第一章　柏拉图理念论的思想基础

黑格尔在《哲学史讲演录》中说："在柏拉图哲学里，我们看见了各种各样的早期哲学理论，但都被吸收并结合到他自己的原则里面。这个情况足以表明，柏拉图的哲学本身即是理念总体；他的哲学作为前此哲学的结果，包含有其他哲学的原理在内。"[①] 黑格尔的这一评价无非是说：柏拉图按照自己的"原则"吸收、改造了他以往的所有哲学成果，终于形成了他自己的有着内在逻辑的思想体系亦即他的"理念总体"。因此，为了探讨形而上学在柏拉图理念论哲学中的发源，我们还是应该先行讨论作为柏拉图理念论哲学的各种资源。

一、柏拉图其人其事

柏拉图（Plato）是古希腊著名的哲学家、文学家和政治思想家。柏拉图于公元前 427 年 5 月 7 日诞生于雅典附近的伊齐那岛。他的原名为阿里斯托克勒（Aristocles），据说他的体育老师见它体魄健壮、前额宽阔，而希腊文中的"plato"是"宽广"的意思，因此就把他叫作柏拉图。柏拉图的父母都是名门望族，他的父亲阿里斯通（Ariston）的家族谱系可以追溯到雅典的最后一位君主科德拉斯（Codrus），而他母亲则是希腊历史

[①] ［德］黑格尔：《哲学史讲演录》第一卷，贺麟、王太庆译，商务印书馆 1983 年版，第 164 页。

上著名的政治改革家梭伦的后裔，同时，他母亲的叔父以及其他好几位亲戚还是雅典十三僭主统治集团内的人物。他的两个哥哥阿得曼图（Adeimantus）和格劳孔（Glaucon）是柏拉图对话中经常出现的人物，而他的姐姐波通（Potone）的孩子斯彪西波（Speusippus）则是后来的柏拉图学院的继承人。柏拉图的父亲去世以后，他的母亲改嫁给了他的堂叔皮里兰佩（Pyrilampes），生子安提丰（Antiphon）。皮里兰佩与雅典民主派领袖伯里克利关系密切。柏拉图从小在继父家度过，他曾在自己的对话中以赞扬的口吻提到过这位继父。

柏拉图的出身使他有条件接受良好的教育，特别是在文学和数学方面。在柏拉图的青年时期，他热衷于文艺创作，不仅写过赞美酒神的颂诗和其他的抒情诗，而且还曾写过悲剧，显示他拥有很好的文学才华。据说，他除了深入研究过爱利亚学派和毕达哥拉斯学派的学说之外，还曾跟随克拉底鲁研究过赫拉克利特的学说。大约在20岁时，柏拉图开始追随苏格拉底学习，前后大约七八年时间，直到苏格拉底被雅典当局处死为止。柏拉图对苏格拉底的追随使他最终放弃了文学理想，把哲学（包括政治哲学）作为自己终身的学术追求。

苏格拉底死后，柏拉图遵循老师的教导与其他一些同门弟子外出游历。他于公元前399年离开雅典，先后到过麦加那、非洲的昔勒尼、南意大利和西西里等地，并于公元前387年返回雅典。在游历中，他考察了各地的政治、法律、宗教制度，研究了天文、力学、数学、音乐等，特别是进一步研究了各种哲学流派的学说，尤其是爱利亚学派和毕达哥拉斯学派的学说。柏拉图的这些经历提升了他对学术的见解和改革社会制度的看法。他回到雅典之后，为了系统制定自己的哲学体系，并且传授自己的学说，培养人才，乃至实现自己的政治理想，他在朋友的资助下于公元前387年在雅典城外西北角创办了一所学校。此地原为阿提卡英雄阿加德穆（Academus）的墓地，设有花园和阿加德穆运动场，所以，他的学校被命名为阿加德米"Academus"（亦即学院）。这是欧洲历史上第一所综合性的从事学术研究、传播知识、提供政治咨询的学校，它的宗旨不是教人精通某项实际事物，而主要是通过"辩证法"训练人的头脑以培养人进行独立的理智思考的能力，课程设置除了哲学之外，还包括天文学、几何学、物理学、算术、声学等等，它的学生除了来自雅典的之外，也来自其他的希腊城邦。柏拉图学院建校以后，校址长期未变，直到公元前86年罗马统帅苏拉围攻雅典的时候才被迫迁入城内，此后一直存在到公元529年被东罗马皇帝查士丁尼下令关闭为止。柏拉图学院创办以后，柏拉图除了为了政治理想两次应邀去叙拉古之外，大多数时间都待在柏拉图学院从事教学，进行学术研究，前后长达41年之久。他的大多数著作都写于此地。

在柏拉图的一生中，最值得关注的事包括两个方面，其中之一是他对政治理想的热衷。柏拉图生活的时代是雅典的民主政治由繁荣兴盛走向衰落的时代，这时发生了一系列重大的政治历史事件，例如最终以雅典失败而告终的伯罗奔尼撒战争，推翻雅典民主政治的"三十僭主"的统治，以及"三十僭主"统治因其暴政在八个月后被群众推翻又恢复了民主政治等。柏拉图的家庭出身使他热衷于政治乃是顺理成章的事，但是，他的政治观点并未明显地受到家庭的影响。柏拉图的父亲和继父都支持民主政治，并且支持民主政治的著名代表伯利克里，但是，柏拉图似乎并不赞赏民主政治，苏格拉底之死（被民主政治处以死刑）也使他对民主政治没有好感而更加倾向斯巴达的政治体制。柏拉图的政治理想是参照斯巴达政体并且根据理性标准建立的一套政治体制，他想用这一套政治体制为当时处于激烈变革之中的希腊城邦树立一个样板，而且还试图在现实中去实现它。为此，他三次远赴西西里岛的叙拉古，试图说服叙拉古国王帮助实现自己的政治理想。第一次还是在他第一次离开雅典周游各地期间。在此期间，他在叙拉古结交了叙拉古城邦僭主狄奥尼修一世的内弟第昂，并通过他得到了宫廷的邀请，但是，此次他非但未实现自己的政治抱负，还因与君主之间的话不投机竟被送到了奴隶市场，最后在一位朋友的帮助下才逃回雅典。后面两次是在柏拉图学院期间，分别是公元前367年和公元前361年，这两次都受到了叙拉古新国王狄奥尼修二世的邀请。前一次是应邀成为13岁的新国王的老师，结果仍旧不欢而散；后一次时新国王确实一心向学，但是后来由于叙拉古统治集团内部的严重斗争导致柏拉图遭到国王的幽禁达一年之久，使他实现政治抱负的愿望终成泡影。从总体上说，随着在现实中实现政治抱负的努力越来越不现实，柏拉图也越来越把自己的精力转向学术领域，其中包括对于理想国家的学术探讨。

除了对政治理想的热衷之外，有关柏拉图一生中最值得关注的另外一件事就是他的学术成就。在柏拉图师从苏格拉底后，在前后五十年间的学术研究中，他写下了三十多部作品。细究柏拉图作品的内容，我们可以发现柏拉图的学术思想随着他的学术研究处于不断的发展变化之中。学界的多数学者根据他的学术思想的发展变化把他的思想分为早期、中期和后期三个阶段，认为每一个阶段都有自己的代表著作（对话）。按照大多数学者的看法，柏拉图学术思想发展的早期阶段包括苏格拉底逝世前后，这时他所写的著作主要是阐述老师的思想，对话采用的形式也主要是苏格拉底式的辩证法。在这些著作中，柏拉图自己的一些思想通常混杂于苏格拉底的思想之中。这时的主要著作包括《申辩篇》、《斐多篇》、《克里托篇》、《卡尔米篇》、《小希庇亚篇》、《普罗泰戈拉篇》、《高尔吉亚篇》等。他的学术思想发展的中期阶段是他系统阐述自己的理念论思想的阶段，这时的主要著作包括《克拉底鲁篇》、《会饮篇》、《国家篇》（或《理想国》）、《菲德罗篇》等。至于他学术思想发展的后期阶段，学者们的观点有所不同，有人认为柏拉图后期的著作是他中期阶段的理念论的进一步扩大和发展，也有人认为他后期的著作是对他对自己中期的理念论的反思和批判。这时他的主要著作包括《巴门尼德篇》、《蒂迈欧篇》、《法律篇》、《政治家篇》等。

需要注意的是，关于柏拉图的作品存在着较多的争议。这些争议既涉及他的哪些著作究竟属于哪个思想发展的阶段的分类，也涉及到他的有些著作（主要是早期阶段的著作）的真伪。除此之外，甚至还涉及到他的著作（对话）的内容是否故意采用了文学的虚构。例如，伽达默尔说："《斐多篇》报告了一个涉及苏格拉底在他生命的最后一天在监狱中引出的与他的毕达哥拉斯派的朋友之间的关于灵魂不朽的谈话。它被某个在场的人所叙述。叙述者说柏拉图本人由于生病并不在场。我总是问直觉他是否真的病了，或者这是否是另外微妙的文学虚构……"①其实，由于学界对柏拉图主要著作的真伪、主要思想的内容等还是具有比较一致的看法，所以这些争议并不会对我们通过柏拉图的相关作品来研究他的学术思想造成实质性的影响。即使伽达默尔怀疑他在自己的对话中采用了文学虚构，但也不是为了否定他的对话所反映的他的思想的真实性，在伽达默尔看来，柏拉图在对话中的隐去反倒可以增加文章的力量。他说："对于后来的柏拉图的读者来说，被公共法庭处以死刑的人仍然得到他的朋友的忠诚，愿意和它在一起直到他的最后一刻，乃是十分重要的事。"②

二、自然哲学的理论渊源

既然我们能在柏拉图的哲学中见到以往各种各样的思想资源，那么，柏拉图的哲学便有着极为丰富的思想渊源。这种思想渊源首先来自古希腊最早的自然哲学，它们为柏拉图的理念论提供了最为原始的资源，他们的思想在柏拉图那里经过改造构成了柏拉图的世界理论亦即他的理念论的重要组成部分。

（一）自然哲学与两个始基

西方哲学的源头是自然哲学，自然哲学把探讨世界的"始基"作为自己的哲学任务。自然哲学家的所谓始基就是世界的本原，根据他们的理解："……一个东西，如果一切存在物都由它构成，最初都从其中产生，最后又都复归为它，……在他们看来，那就是存在物的元素和始基。"③自然哲学的"始基"成为后来西方形而上学所探讨的"实体"的基础。

那么，究竟什么是万物产生于它又复归于它的始基呢？对此，自然哲学家说法各异，但是尽管如此，若是归纳起来说，他们主要形成了两种

---

① Hans-Georg Gadamer,*Plato as Portraitist, Continental Philosophy Review* 33:2000, p.252.

② Hans-Georg Gadamer,*Plato as Portraitist, Continental Philosophy Review* 33:2000, p.253.

③ 北京大学哲学系编译：《古希腊罗马哲学》，商务印书馆 1982 年版，第 4 页。

基本观点。伊奥尼亚学派持有一种基本观点，它们用具体事物来说明始基，其实是用一种可以直观的物质现象来说明始基。伊奥尼亚学派包含了米利都学派和爱非斯学派。米利都学派的创始人，也是古希腊最早的哲学家泰勒斯认为世界的始基是水，而其他两位重要代表阿拉克西曼德和阿那克西米尼则分别认为世界的始基是无限和空气；爱非斯学派的代表赫拉克利特则认为，世界的始基是火。他说："这个世界对一切存在物都是同一的，它不是任何神所创造的，也不是任何人所创造的；它过去、现在和未来永远是一团永恒的活火，在一定的分寸上燃烧，在一定的分寸上熄灭。"[①]南意大利学派持有另外一种基本观点，它们实际上是把某种通过思维抽象所得出的东西当作始基，因而它们的始基本质上是一种精神的抽象。南意大利学派分为毕达哥拉斯学派和爱利亚学派。毕达哥拉斯学派的创始人认为始基是数，主张"数学的始基就是一切存在物的始基。"[②]尽管以"数"为始基的观点属于毕达哥拉斯学派的基本观点，然而，在这一基本观点之下，却存在着两种对于毕达哥拉斯学派之始基观点的记载。其一是拉尔修的记载，这一记载认为万物的始基是"一元"，数目由一元而产生。至于"一元"自身是否是数，那不得而知；其二则是亚里士多德的记载，根据这一记载，万物的始基就是数目本身。爱利亚学派的主要代表巴门尼德则认为，"存在"或说"存在物"是万物的始基，并且，存在物一定"存在"，它不可能"不存在"。

（二）两个始基的哲学思考

为了深入考察自然哲学两个始基学说对于柏拉图理念论哲学之形成的影响，并进而考察他们的两个始基学说对于形而上学之形成的影响，我们有必要对它们进行更为深刻的哲学思考。

首先，就自然哲学两个始基的内涵来看，它们分别是以质料和形式或"多"和"一"两种形式来影响柏拉图的哲学乃至形而上学的。

伊奥尼亚学派的始基是可以直观的物质，这种物质就是我们所面对的

---

① 北京大学哲学系编译：《古希腊罗马哲学》，商务印书馆 1982 年版，第 21 页。
② 北京大学哲学系编译：《古希腊罗马哲学》，商务印书馆 1982 年版，第 27 页。

千变万化的感性事物，这些感性事物不仅自身是质料和形式的统一，而且对于更高一级的物质来说，它们则构成了更高一级的物质的质料，所以，我们也可以从质料的意义上去理解它们。其实柏拉图以及后来很多形而上学哲学家大多是从"质料"的意义上来理解伊奥尼亚学派的始基的，它使"质料"的理解始终具有物质的倾向，并且进一步具有唯物论的倾向。南意大利学派的始基则是不可直观的思维抽象的产物，这种思维抽象的产物就是我们所面对的千变万化的感性事物之共同的形式，作为思维产物，这些共同形式具有不变、永恒的特征，并且与精神具有千丝万缕的联系。其实柏拉图以及后来的很多形而上学家大多也是从形式（本质）、特别是精神性的形式（本质）的意义上来理解南意大利学派的始基的，它使"形式"的理解始终具有精神的倾向，并且进一步具有唯心论的倾向。因此，在西方哲学的发展史上，自然哲学始基学说产生了巨大的影响。自然哲学的两种始基学说，其实属于雏形状态的物质学说和精神学说，也可以把它们看成是质料学说和形式学说，无论是作为物质学说和精神学说，还是作为质料学说和形式学说，它们都为后来的西方哲学或形而上学中的唯物主义的世界本原学说（实体学说）和唯心主义的世界本原学说（实体学说）提供了久远的基础。

同时，伊奥尼亚学派的始基作为可以直观的物质（质料、感性事物），它们是具体存在于世界之中的千变万化的多种多样的具体事物，也就是说，它们是"多"；反之，南意大利学派的始基作为不可直观的思维抽象的产物（形式、理性抽象），它们是人们从自己所面对的千变万化的感性事物中抽象出来的恒久不变的共同形式（本质），所谓"共同形式"或说"本质"意味着它们是"多"（千变万化、多种多样的感性事物）中的"一"，也就是说，相对于伊奥尼亚学派始基学说表达的"多"，南意大利学派始基学说则表达了"一"。柏拉图以及后来的哲学家也大多是从"多"和"一"（个别和一般）的角度来理解伊奥尼亚学派和南意大利学派的始基学说的。因此，在西方哲学的发展史上，自然哲学始基学说不仅以物质和精神（质料和形式）的形式产生了巨大的影响，而且也以变化的"多"（个别）和不变的"一"（一般）的形式产生了巨大的影响。

其次，就自然哲学两个始基的来源方式看，它们分别以经验认识和理性认识两种形式影响了柏拉图哲学乃至形而上学。伊奥尼亚学派相信经验性认识（感性、直观）的可靠性，他们所提出的物质始基就是他们基于感性认识所得出的结果。根据第欧根尼·拉尔修的记载，"他之所以得到这个看法（指泰勒斯以水为始基的看法——引者），也许是由于观察到万物都以湿的东西为滋养，以及热本身就是从潮湿中产生，并且靠潮湿来的……；也可能是万物的种子就其本性说是潮湿的，而水则是潮湿的本性的来源。"① 而根据辛普里丘的记载，"感性的现象使他们（泰勒斯和希波——引者）得出了这样的结论。因为热的东西需要潮湿来维持，死的东西就干燥了，凡是种子都是湿的……"② 一般来说，赫拉克利特关于火的始基，以及世界之川流不息的描述，同样应该是基于感性观察的结果。南意大利学派则相信理性认识（思维、抽象）的可靠性，尤其值得注意的是，他们在相信理性认识的可靠性的同时，并不认为这种理性认识来源于感性经验，而是认为这种理性认识是理性对于认识对象（形式）的直接认识。巴门尼德明确地说：感性经验的认识是不可靠的，为了认识存在，便"要使你的思想远离这种研究途径，不要遵循这条大家所习惯的道路，以你茫然的眼睛、轰鸣的耳朵以及舌头为准绳，而要用你的理智来解决纷争的辩论。"③ 当然，来自感性经验的认识（他称之为意见）也要研究，但是，研究它的最终目的不是要把通过感性经验所获得的"意见"作为通向理性认识的必由之路，而是为了把它们当作虚幻之见加以彻底抛弃。他说："……你应当经验一切：圆满真理的不可动摇的核心，以及不含任何可靠真理的凡人们的意见。意见虽然不含真理，你仍然要加以体验，因为必须通过全面的彻底研究，才能制服那种虚幻之见。"④ 柏拉图以及大多数形而上学家都接受了上述两条认识论的路线，有些哲学家在肯定了伊奥尼亚学派之认识论路线的同时逐步将其发展成了系统的经验论的认识论，还有

---

① 北京大学哲学系编译：《古希腊罗马哲学》，商务印书馆1982年版，第4页。
② 北京大学哲学系编译：《古希腊罗马哲学》，商务印书馆1982年版，第5页。
③ 北京大学哲学系编译：《古希腊罗马哲学》，商务印书馆1982年版，第50—51页。
④ 北京大学哲学系编译：《古希腊罗马哲学》，商务印书馆1982年版，第50页。

一些哲学家则在排除了伊奥尼亚学派之认识论路线对于认识存在、真理的必要性的基础上，认为只有南意大利学派的认识论路线才能认识存在、真理，他们还逐渐将此种认识论的路线发展成为唯理论的认识论。因此，在西方哲学的发展史上，自然哲学之萌芽状态的认识理论为西方哲学特别是形而上学之经验论的认识论和唯理论的认识论提供了理论资源。

（三）从逻各斯到存在

尽管我们把伊奥尼亚学派的始基和南意大利学派的始基之间的关系理解成物质和精神（质料和形式）、"多"和"一"（个别和一般）的关系，但是，就伊奥尼亚学派自身的初衷来看，它并不把自己所理解的始基看成是作为具有物质或质料形态的"多"。在它那里，始基作为"始基"或万物产生于它又复归于它的世界本原，一定是万物的共同基础，也就是说，它一定是"一"，一种说明宇宙万物之"多"的"一"。因此，无论是伊奥尼亚学派还是南意大利学派，他们提出始基的目的都是为了寻找一个不变的"一"作为流变不息的宇宙万物之"多"的根，由此，从不定形的东西中寻找定形的东西，从流变不息的东西中寻找永恒不变的东西，便是他们最高的哲学追求。这一情况正如邓晓芒所说："在赫拉克利特之前，全部哲学努力都是要对变化的东西加以固定规定，把它固定和把握在语言、概念之中。"[1]伊奥尼亚学派的问题在于：它不是通过思维抽象来寻找"一"而是直接从具体的"多"中来寻找"一"，这样一来，它就会因把原本属于"多"（感性事物或个别）的东西直接当成了"一"而陷入矛盾。

然而，我们需要注意的是，即使在伊奥尼亚学派之中，依然有哲学家试图通过自己的方式在具体的"多"中来寻找真正的"一"。赫拉克利特就是这样的哲学家，他想要发现的真正的"一"就是火之流变不息之中的不变的"逻各斯"。逻各斯（Logos）源自希腊文 λογοζ。一般认为，古代希腊的哲学家赫拉克利特首先提出了"逻各斯"这一概念。其实，逻各斯这一概念应是赫拉克利特总结了他以往与同时诸多哲学家的相关哲学

---

① 邓晓芒：《思辨的张力》，湖南教育出版社 1992 年版，第 21 页。

思想的结果。通常来说，赫拉克利特应该是受到了南意大利学派中的毕达哥拉斯之抽象不变的始基亦即"数"的影响才试图通过寻找一种叫作"逻各斯"的对象来表达变中之不变的"一"的。根据邓晓芒的观点，逻各斯作为变中之不变，它应是一种关系，意味着"两个在性质上不同或相对立的东西统一成一种新质"①所以他说："……数是在一定的关系中得到确定的，这种关系，毕达哥拉斯称之为'和谐'、'比例'，赫拉克利特则从中引申出来'尺度'、'规律'以及最重要的'逻各斯'概念。"②邓晓芒甚至进一步认为，正是因为如此，赫拉克利特的"逻各斯"实际成了由毕达哥拉斯的作为"数"的"一"的原则转换为巴门尼德的作为存在的"一"的原则的中介，因为巴门尼德在其残篇中，开头引用女神的告诫说："要用你的逻各斯去解决我告诉你的这些纷争"③；并在他阐述了关于存在的整个学说之后，总结性的一句话是："现在结束我关于真理的可靠的逻各斯和思想。"④当然，我们这里仅仅是从形式方面亦即寻求变中之不变的"一"作为世界的本原方面指出了赫拉克利特的逻各斯构成了毕达哥拉斯的"数"和巴门尼德的"存在"（逻各斯）之间的中介，至于内容方面，无论是毕达哥拉斯的"数"还是巴门尼德的"存在"都与赫拉克利特的那种寓于流变不息的感性事物亦即"火"之中的逻各斯有所不同。

在寻找作为世界本原的真正的"一"方面，赫拉克利特不仅因其提出了"逻各斯"而为巴门尼德的"存在"作了奠基，而且也因提出了"智慧"就是认识隐藏在"多"中的"一"而为巴门尼德的认识论提供了某种启示。赫拉克利特把"火"作为世界的本源，认为火通过空气的浓厚化产生世界万物，世界万物随着空气的稀薄化又复归于火。因此，不仅火是真实的存在，世界万物作为感性事物也是真实的存在。但是尽管如此，只有那蕴含在火之变动中的不变的逻各斯才是世界的始基和万物的本原，它是永恒的存在；感性事物只不过是火的变动不居、流变不息的表现。在赫拉

---

① 邓晓芒：《思辨的张力》，湖南教育出版社 1992 年版，第 22 页。
② 邓晓芒：《思辨的张力》，湖南教育出版社 1992 年版，第 20 页。
③ 汪子嵩等：《希腊哲学史》第一卷，人民出版社 1988 年版，第 664 页。
④ 汪子嵩等：《希腊哲学史》第一卷，人民出版社 1988 年版，第 663 页。

克利特看来，既然世界万物也是真实的存在，所以，那些试图通过感觉来研究自然中的事物的人，确实能够发现自然之中的一些现象，并且积累一定的知识，从而成为博学的人；但是另一方面，世界万物作为感性事物并非世界的始基和本原，所以人通过感觉所获得的知识并非智慧，若要获得智慧，那就要超越对于感性事物的"感觉"，借助理性去把握那"躲藏起来"的自然，也就是说，去把握那作为始基的"火"，以及"火"之燃烧（运动）的尺度和规律，也就是说，超越感性事物的"多"去把握"躲藏"在感性事物后面的"一"，所以他说"承认'一切是一'就是智慧的"①。

　　在毕达哥拉斯以及赫拉克利特等人的思想的影响下，巴门尼德的存在学说为柏拉图哲学以及整个形而上学的产生和发展提供了最为重要的基础，以至于保罗·爱德华兹（P. Edwards）在其主编的《哲学百科全书》的"形而上学"词条中这样认为："最恰当地说，形而上学开始于巴门尼德，因为在他残留的作品中表现，至少是暗示了作为一门独特的哲学探索的形而上学的一些典型特征。"②爱德华兹所说的巴门尼德所暗示的形而上学这一学科的一些典型特征就是巴门尼德的存在学说所表述的属于典型形而上学的唯心主义的"存在论"特征和围绕唯心主义"存在论"特征的唯理论的"认识论"特征。首先，他的"存在"是在表面的实在和真实的实在之间作了对比之后得出的结果，在他看来，只有抽象的"存在"才是真实的实在，而且它是唯一、永恒、不变的实在，"非存在"并不存在。其次，他的认识论是在虚假的认识路径和真实的认识路径之间作了对比之后得出的结果，在他看来，存在着两条不同的认识路径，并且这两条不同的认识路径分别以"存在"和"不存在"为认识对象。一条认识路径是感性的认识路径，它以感性事物为对象，其实这些感性事物并不是真实的存在（因而"不存在"），所以，这条路径不能认识真理，只能获得"意见"。尽管这条路径是人们通常所习惯的认识路径，但是，在认识论上，它只是一条骗人的认识途径。另外一条认识路径则是理性的认识路径，它以真实

---

①　北京大学哲学系编译：《西方哲学原著选读》上卷，商务印书馆1981年版，第23页。
②　Editor in Chief by Paul Edwards, *Encyclopedia of Philosophy,* New York and London: Macmllian Publishing Co., Inc and The Free Press, p. 29.

的"存在"为对象，也就是说，它以"真理"为对象。正如他自己所说：
"第一条是：存在物是存在的，是不可能不存在的，这是确信的途径，因
为它通向真理；另一条则是：存在物是不存在的，非存在必然存在，这一
条路，……是什么都学不到的。因为你既不能认识非存在……也不能把它
说出来。"①根据正确的认识路径，巴门尼德提出了西方哲学史上一条著名
的认识论命题，即：思维与存在相同一的命题，认为只有思维提供真理，
对存在的真理性的认识是与感知无关的纯粹思维的事，感觉是骗人的认识
途径，它只能获得一些表达事物运动变化的虚假的"意见"。巴门尼德的
这一思想后来被柏拉图进一步发展和完善。

当然，尽管巴门尼德在西方哲学史上第一次提出了"存在"这一概念
并把它作为哲学的真正对象，为形而上学对象的确立起到了重要的作用，
同时，他还提出了"存在与思维同一"这一为后来形而上学所采纳的典型
的认识论思想，但由于古希腊早期哲学抽象水平的局限，他的作为哲学对
象的"存在"却是思维抽象的不那么"纯粹"的产物，这就是说，在他那
里，"存在"仍然无法彻底摆脱具体的形象痕迹。在巴门尼德曾经明确地描
述的"存在"的几个特征——（1）它是唯一的、不可分割的、连续的一，
具体地说，它"像一个滚圆的球，从中心到每一个方面距离都相等"②；（2）
它是不动的，"被巨大的锁链捆着，无始亦无终"③；（3）它是永恒的，不生
不灭的——中，无论是"像一个滚圆的球"还是"被巨大的锁链捆着"的
说法，都表明巴门尼德所说的"存在"还未达到"纯粹"的思维抽象之产
物的水平，它仍然带有与可生可灭的感性事物相似的具体的形象特点。因
此，形而上学在寻找自己"存在"对象的道路上还要继续前行。

三、苏格拉底的理论资源

在柏拉图创立形而上学的过程中，苏格拉底对他的影响最大。柏拉图

---

① 北京大学哲学系编译：《古希腊罗马哲学》，商务印书馆 1982 年版，第 51 页。
② 北京大学哲学系编译：《西方哲学原著选读》上卷，商务印书馆 1981 年版，第 33 页。
③ 北京大学哲学系编译：《古希腊罗马哲学》，商务印书馆 1982 年版，第 31 页。

的哲学著作大多是采用以苏格拉底为主角的对话写成的，这种表达形式使得我们感到柏拉图与苏格拉底之间亲密无间的师生关系和水乳交融的思想联系，它甚至使我们在阅读柏拉图的对话（特别是他的早期对话）时常常无法辨别究竟那种思想是苏格拉底的思想而那种思想又是柏拉图本人的思想。在苏格拉底对柏拉图哲学思想的影响中，最为重要的思想是苏格拉底归纳定义的思想，它直接促成了柏拉图的理念论，为柏拉图寻找形而上学的对象作出了杰出的贡献。为了理解苏格拉底的归纳定义，我们有必要先讨论一下普罗泰戈拉的"人是万物的尺度"这一命题。

（一）普罗泰戈拉的消极命题

普罗泰戈拉立足于自己的认识论提出了"人是万物的尺度"的命题。这一命题通常被看作是在西方哲学史上首次提出的张扬人的地位的命题，它在崇尚神的地位的时代提升了人的地位。这种理解当然不错，但是，若把普罗泰戈拉的这一命题放到西方哲学的发展历程之中，并且考虑到这一命题的认识论基础，我们还能发现，他的这一命题主要还是一个认识论命题，并且这一认识论命题直接关涉到如何理解世界的本原问题。正是在这种意义上，他的这一命题应对苏格拉底的相关思想具有重要的"启示"作用，并且直接通向了柏拉图和亚里士多德的相关思想。

普罗泰戈拉表达"人是万物的尺度"这一命题的完整的一段话是这样的：人是万物的尺度，是存在的事物存在的尺度，也是不存在的事物不存在的尺度。据他所说，事物对于你就是向你呈现的样子，而对于他则是向他呈现的样子。显然，普罗泰戈拉提出"人是万物的尺度"这一命题的认识论基础是感性认识亦即感觉论。从感觉出发，由于不同的人对于同一事物会有不同的感觉，所以，同一事物确实可能对不同的人呈现出不同的样子。因此，假如我们仅仅立足于感觉论的观点，普罗泰戈拉的观点是正确的。然而，认识其实并不仅仅是感性认识，知识也并不仅仅是感觉知识，假如认为认识只有感性认识，知识只有感觉知识，那就不免会走向相对主义。普罗泰戈拉正是这样的相对主义哲学家，因此，他的"人是万物的尺度"，乃是一个相对主义的命题，并且这一相对主义命题恰好就是他关于认识只有感性认识、知识只有感觉知识观点的逻辑结果。

但是，若把普罗泰戈拉"人是万物的尺度"这一命题放入西方哲学史的发展长河之中的话，那么，我们就会看到这一相对主义的"认识论"命题所具有的不同寻常的"存在论"意义。我们知道，在自然哲学家中，伊奥尼亚学派关于始基的看法，也像普罗泰戈拉一样，仅仅基于感性认识亦即感觉经验，他们想依赖感觉经验寻找某种始基来说明世界万物。毫无疑问，感觉只能是对于"个别"具体事物的感觉，所以，尽管他们在主观上想要寻找的始基是作为万物基础的"一"，但是，由于他们的始基（"一"）仅仅是某种感觉的产物，因此，他们其实是把"多"（个别的具体事物）当作了"一"（始基）再来说明"多"（个别的具体事物），这样，他们的"一"作为实质的"多"就不可能真正说明其他的"多"。例如，"水"确实能够说明一些事物的产生，却不能说明另外一些事物的产生；同样，"火"或许也能说明一些事物的产生，但也不能说明其他事物的产生。因此，若要用伊奥尼亚学派基于感觉经验所得出的所谓"一"（实际是"多"）来说明作为世界万物的"多"，最终便不可避免地会陷入"公说公有理，婆说婆有理"的尴尬处境。普罗泰戈拉"人是万物的尺度"的命题似乎正好指出了这种尴尬处境并且还指出了这一尴尬处境正是从感觉出发寻找世界之"一"的必然结果。因此，无论普罗泰戈拉"人是万物的尺度"这一命题的提出究竟出于什么目的，但是，它在西方哲学史的发展逻辑之中，客观上都无情地揭示了伊奥尼亚学派"始基"学说的内在矛盾和必然困境，表明伊奥尼亚学派的"始基"学说决不可能有效地成为解释万物产生的始基，也不能作为说明万物之"多"的"一"。所以，普罗泰戈拉的"人是万物的尺度"的命题作为一个否定意义上的认识论命题应该会影响到他之后的哲学家的思想，首先会影响到苏格拉底的思想。在柏拉图的《泰阿泰德》篇中，泰阿泰德曾对苏格拉底说道：我们不能正确地用任何名称来称呼任何事物，以及大小、轻重，"……并没有单独的事物或性质，而是万物都是运动、变化和彼此之间的混合所产生；这个'变化'我们不正确地把它叫作存在，但是实际上是变化，因为没有什么东西是永远常存的，一切事物都在变化中。"① 他还认为除了巴门尼德之外，普罗泰戈拉、赫拉克利特、恩培多克勒都持有这样的观点。

普罗泰戈拉"人是万物的尺度"的命题作为一个相对主义的命题应该是一个消极命题，并且，它不仅在认识论上是一个消极的命题，而且在存在论上也具有消极的影响，也就是说，它直接否定了任何立足于感觉经验得出世界本原的可能性。但是，它的这一存在论方面的消极影响却变成了对于苏格拉底的积极启示，即：它使苏格拉底认识到，不仅伊奥尼亚学派的"始基"不能作为说明世界万物之本原的"一"，而且任何立足于感觉经验的始基也都不能作为说明世界万物之本原的"一"，更进一步，从感觉经验出发，我们不可能发现任何意义上的"一"，哪怕它不是本原意义上的"一"（例如作为美德的"一"）。因此，我们应该另辟蹊径，放弃感觉经验，放弃基于感觉经验的感性事物或者个别事物，依赖思维抽象去寻找真正能够说明"多"的"一"。正是沿着这样的逻辑，苏格拉底才提出了作为思维之产物的归纳定义，从而为柏拉图的理念的提出提供了基础。

（二）苏格拉底的归纳定义

苏格拉底不同意普罗泰戈拉关于"人是万物的尺度"的相对主义结论，他执着地要从相对、变化、暂时中找到一个绝对不变、永恒的东西，即从个别（"多"）中找到一个一般的东西（"一"）。他所采用的方法就是他所谓的"精神助产术"的方法，亦即通过归纳论证寻求一般定义的方法。

苏格拉底的方法形式上表现为一种问答方法，它的直接目的主要是从各种类的现象特别是道德现象（多）中探求类的概念（一般定义）特别是道德知识的真理（一般定义），它要借助讨论问题双方的一问一答，通过诘难，使得一方陷入自我矛盾，逐渐修正自己的意见，最终达到真理（一般定义）。例如，在《美诺》篇中，苏格拉底向美诺询问何谓"美德"，他首先否定了美诺关于"男人的美德是精于国务"、"女人的美德是精于

---

① 北京大学哲学系编译：《古希腊罗马哲学》，商务印书馆 1982 年版，第 134 页。

家务"的说法，指出自己要求的答案是一切普遍的美德；接着，他又反驳了美诺关于"美德就是支配别人"的说法，强调儿童和奴隶并不能够支配别人；最后，他又引导美诺找出许多具体的美德，例如正义、勇敢、节制、智慧等等，并进一步要求找到贯穿于一切美德之中的普遍的美德亦即美德的一般定义。他就这样通过归纳的方式最终找到"美德就是知识"这样一个美德的一般定义。亚里士多德说："苏格拉底专门研究各种伦理方面的品德，他第一个提出了这品德的一般定义问题。"① 苏格拉底之所以能够通过问答的方法寻找到美德的一般定义，乃是因为他把美德的定义理解成早已存在于人们心灵中的东西。在他看来，人的心灵先天具有美德定义以及其他一些伦理方面的定义，或者说这些定义是神在人心中预先安排好的，只是它们还没有被人所意识，正是如此，所以才需要他的诱发、开导。因此，通过归纳论证寻求一般定义，仅仅是问答讨论一方对于另外一方已有知识的"诱导"。我们认为，尽管苏格拉底的上述思想本质上是一种先验论，或者说是一种凭借外界诱发、开导的"回忆论"，但是，他却十分准确地看到了这样一个事实，即：一般定义（能够解释"多"的"一"）只能是思维抽象的产物，它的存在不能离开人的思维的抽象作用，换句话说，它在一定的程度上，就是"人心"的产物，离开了人的思维抽象，便不可能形成任何一般性的伦理定义（"一"、一般或本质）。

这样一来，在普罗泰戈拉的启发下，苏格拉底便超越了伊奥尼亚学派立足于感觉经验从个别对象中寻找一般本质的哲学探索方式，也超越了普罗泰戈拉"人是万物的尺度"命题的相对主义，他像南意大利学派一样要寻找一种真正的"一"（一般定义），他也像巴门尼德一样要通过思维抽象寻找"一"（一般定义），并且，他比包含巴门尼德在内的南意大利学派更进一步，他具体探讨了通过归纳论证寻求一般定义的方法，从而使得他的哲学中的"一"作为抽象思维的产物比巴门尼德的"一"（存在）更加"纯粹"。我们知道，哲学探讨世界的本原就是探讨说明包括人在内的世界万物的"多"的"一"（一般、本质），并把它作为哲学（形而上学）

---

① 北京大学哲学系编译：《西方哲学原著选读》上卷，商务印书馆1981年版，第58页。

的真实对象，因此，探索这个"一"就成了人类哲学起源时期需要完成的首要任务。在这方面，巴门尼德首先提出了"存在"，它是自然哲学中关于"一"的最好表达，表明了巴门尼德在当时的历史条件下高超的思维抽象水平，但是，巴门尼德的"存在"依然带有某种形象的特征，体现了当时的时代局限。苏格拉底指出了形成"一"的基本特征（人的思维）和基本方法，并且他所探讨到的"一"彻底排除了形象的特征。在此方面，他比南意大利学派进了一步。因此，当苏格拉底关于一般定义的思想产生之后，"柏拉图接受了这种观点，不过他认为定义是关于非感性事物的，而不是关于那些感性事物的。正是由于感性事物不断变化，所以不能有一个共同定义。"[1] 这就是柏拉图的理念。不过，苏格拉底在比南意大利学派进了一步的同时又比后者退了一步，即：他没有像南意大利学派那样在存在论的层面上探索"一"，只是在类的层面特别是伦理学的类的层面上探索了"一"。亚里士多德其实已经指出了苏格拉底进了一步中的退了一步的思想。他说："苏格拉底致力于伦理学，对整个自然则不过问。并且在这些问题中寻求普遍，他第一个集中注意于定义。"[2] 然而，无论如何苏格拉底关于"一"（一般、本质）是人心的产物的论证，以及它寻求一般定义的方法，依然直接影响了柏拉图，成了柏拉图提出自己理念论哲学的直接前提。

（三）苏格拉底的问答方法

苏格拉底的问答方法或者说归纳方法也被他称为"精神助产术"。他之所以把自己的问答方法称为"精神助产术"，据说是因为从他母亲那里得到的启发。苏格拉底的母亲是一个助产婆，助产婆的工作是把原本存在于孕妇胎中的胎儿助产出来，它是一种肉体的助产；根据苏格拉底的见解，他的工作则是把原本就存在于灵魂中的知识助产出来，所以，它也是

---

① ［古希腊］亚里士多德：《形而上学》，参见苗力田主编：《亚里士多德全集》第七卷，中国人民大学出版社1993年版，第43页。

② ［古希腊］亚里士多德：《形而上学》，参见苗力田主编：《亚里士多德全集》第七卷，第43页。

一种助产，只不过它是一种精神的助产。尽管我们把这种"精神助产术"称为归纳方法，但要注意的是，它不是一种源自经验的归纳方法，也就是说，它不是在经验的基础上通过观察、实验等等不断从个别案例中归纳出一般结论，而是一种把早已存在于人们心灵中的知识（作为一般、定义）在问答中通过诘难和否定一个个的具体的个别的所谓知识而引导（助产）出来。因此，若要完整理解苏格拉底的"精神助产术"，必须理解他的这一观点的几个要点。

其一，灵魂必须不朽。"精神助产术"是对心灵或灵魂中已有知识的助产，若是灵魂和肉体一道诞生并且一道死亡，那么，我们就无法说明灵魂何以先天具有了自己的知识；只有灵魂不朽，我们才能说明它在与肉体结合之前就已获得了自己的知识，并且在肉体死亡之后它仍具有这些知识。因此，苏格拉底非常重视对于灵魂不朽的论证。在《斐多篇》中，柏拉图记叙了苏格拉底在被处死之前所谈到的灵魂不死的论证，在论证中，苏格拉底向西米亚斯说："……我们的灵魂在获得人形之前就有一个在先的存在，西米亚斯。它们独立于我们的身体，也拥有理智。"①

其二，知识必须先有。"精神助产术"之所以可能"助产"，是因为被助产的对象早已先行存在于人的心灵之中，正如在肉体助产时婴儿早已先行存在于孕妇的身体之中一样。显然，早已存在于心灵的东西还需要助产的情况表明，心灵必定已经忘掉了那需要被助产的东西，否则，助产就无从说起。根据苏格拉底的解释，不朽的灵魂（心灵）在与肉体结合时受到了污染，所以，对于这样的心灵来说，知识需要在助产的帮助下才能重新被回忆起来。苏格拉底认为，若说某人回忆起什么东西，那一定是他先已在某个时间或其他时间认识了它。

其三，回忆必须刺激。"精神助产术"是一种现实的人与人之间的问答，它通过对于人在经验世界中获得的各类具体的、个别的所谓知识的诘难而引申（助产）出早已存在于他的心中的普遍的、一般的知识，这种知识才是真正的知识。这样一来，我们就能得出结论，即：尽管那些一般的

---

① ［古希腊］柏拉图:《斐多篇》，参见《柏拉图全集》第一卷，王晓朝译，人民出版社2002年版，第78页。

知识早已存在于人们的心灵之中，但是，它在被忘记的情况下能被回忆起来还需要来自经验世界的某种刺激。苏格拉底在探讨人们心灵中的先天知识需要经验刺激才能被回忆起来的问题时举例说："当情人们看到他们所爱的人的乐器、衣裳，或她的其他任何私人物品，你知道在这种情况下会有什么事情发生。他们一认出某种东西，心里就幻想出它的主人的形象。这就是回忆。"① 因此，"学习就是回忆"②。

　　根据以上几个要点可见，苏格拉底的问答方法（"精神助产术"或归纳论证）系统表述了一种先验论的认识论（方法论）。这种认识论明显地影响到了柏拉图，柏拉图的认识论（以及他的辩证法）其实是在这三个方面的系统发挥。经由柏拉图的认识论（以及辩证法），苏格拉底又影响到了典型形而上学中的认识论亦即唯理论的认识论。不同的唯理论者的具体观点虽有这样那样的差异，但是，所有的唯理论者归根到底都是先验论者，他们一致地把天赋观念和天赋知识作为认识的基础。一些更为极端的唯理论完全排除经验性的认识而强调理性与认识对象的直接贯通；一些不太极端的唯理论则在强调经验认识不是通向真理的必要途径的同时也像苏格拉底那样又以某种方式强调经验的"刺激"作用（例如莱布尼茨）。当然，除了柏拉图之外，大多数唯理论者并不把灵魂不朽作为先验论的基础，也正因为如此，他们的认识论的独断论色彩更为强烈。

　　亚里士多德说："有两样东西完全可以归功于苏格拉底，这就是归纳论证和一般定义。"③ 这是对苏格拉底很恰当的肯定。正如苏格拉底的"定义"为柏拉图提出理念从而也为形而上学形成自己的存在对象提供了重要的思想来源一样，苏格拉底的问答方法也为柏拉图的理念论的认识论（辩证法）从而也为形而上学的认识论（唯理论）提供了重要的思想来源；它们分别在存在论和认识论两个方面把巴门尼德的存在论与柏拉图的理念论联系了起来，使巴门尼德的典型形而上学的雏形思想走向了柏拉图的典型

---

　　① ［古希腊］柏拉图：《斐多篇》，参见《柏拉图全集》第一卷，王晓朝译，人民出版社 2002 年版，第 74 页。

　　② ［古希腊］柏拉图：《斐多篇》，参见《柏拉图全集》第一卷，王晓朝译，人民出版社 2002 年版，第 77—78 页。

　　③ 北京大学哲学系编译：《西方哲学原著选读》上卷，商务印书馆 1981 年版，第 58 页。

的形而上学思想。

(四) 苏格拉底的哲学对象

在形而上学对象的问题上,苏格拉底对柏拉图以及通过柏拉图对后来的形而上学的影响还应该包含另外的内容。我们知道,一般形而上学所探讨的"存在"作为世界及其本质的存在在下属形而上学那里还可以表现为"心灵"的存在与"上帝"的存在。苏格拉底分别涉及了这两种存在。他让人不要去研究自然,而要去研究神的智慧和意志。在他来看,世界上的一切事物都是神按照自己的意志并且根据一定的目的安排好的。例如,神创造人的各个部位都是为了一定的目的,创造眼睛是为了使人能看,创造耳朵是为了使人能听,创造鼻子是为了使人能嗅,创造舌头是为了使人能尝,最为重要的是神为了使人能够了解根据自己的目的安排事物秩序的神的存在,它创造了人的灵魂。正是因为如此,哲学应该通过人的心灵(灵魂)去研究神的存在和目的。因此,除神之外,苏格拉底还要人们去研究能够体现神意并且能够敬神、服从于神的心灵(灵魂)。他反对通过感觉经验去认识具体的外在事物。

《申辩篇》告诉我们,苏格拉底为了证实德尔斐的传神谕的女祭司向苏格拉底的朋友凯勒丰所说的"苏格拉底是人中间最聪明的人"这句话,遍访了政治家、诗人、工匠等等所谓有知识的聪明人,力图发现他们的知识究竟何在以及他们是否比他自己更加聪明、更为智慧,结果他发现这些人并没有知识,也没有智慧。于是他反躬自问自己的聪明究竟表现在何处,但却觉得自己其实毫无所知,由此出发他终于发现他自己的聪明恰恰在于"自知自己无知"。那些自以为有知识的聪明人的所谓"知识"其实只是关于外在自然世界的"知识",这些"知识"作为源自感性的知识其实只是关于个别的、变化着的具体事物的相对知识,按照苏格拉底的理解,它们根本就不是什么"知识"。因此,人若想要获得知识,就不能面向外在的自然而应该面向内在的心灵。由此出发,苏格拉底在强调研究神的同时也强调认识自己,即研究"真正的我",这个"真正的我"就是我的心灵(灵魂),我的理智。在他看来,只有了解了"真正的我",我们才能明辨是非，辨别善恶，使自己成为一个有道德的人，特别是了解神的目的和善。尽管苏格拉底前面的那些哲学家也涉及到了神的问题和心灵的问题，但是，苏格拉底的观点更为明晰，并且他的研究也更为具体。就此而言，后来下属形而上学的心灵（灵魂）和上帝两个对象，早在苏格拉底这里已经初露端倪。

（五）苏格拉底的美德就是知识

除了从形而上学的对象和形而上学的方法（认识论）两个方面为柏拉图乃至整个形而上学提供了思想资源之外，苏格拉底对于柏拉图以及传统形而上学的另外一个十分重要的贡献就是他提出了"美德就是知识"这一命题。

苏格拉底的"美德就是知识"这一命题是一个在西方哲学史上被哲学家们广泛接受的命题。按照苏格拉底的推论，美德是一种善，善就是有益的东西，然而，我们只有借助理性、智慧，也就是说，我们必须借助知识才能知道何种东西是"真正"善的亦即有益的东西。例如，健康、美丽、富裕，甚至灵魂的善包括勇敢、节制、正义等等，尽管都是有益的东西，但是，这些东西使用不当也可能成为有害的东西，换句话说，它们只有在被正当利用的时候，才是真正有益的东西。就勇敢来说，假如勇敢使用的不谨慎那就会转变成为莽撞。无论是健康，美丽、富裕，还是勇敢，节制、正义，它们使用的"适当与否"归根结底就是它们能否在理性的指导之下，通过智慧、凭借知识得到正确的认知、辨别、权衡和使用。因此，"知识就是美德"。知识（理性、智慧）乃是唯一能够帮助心灵懂得善恶，辨别利害，按照善的亦即有益的要求行事的东西。如前所述，苏格拉底曾改变了古希腊自然哲学的哲学研究方向，他把哲学研究的对象由外在的自然转向了人的心灵，把心灵看成是哲学（伦理学）的基本对象。他之所以要做这种转向，基本原因之一在于：他把心灵看成是理性、智慧的所在地，认为它能获得知识，可以明确地了解善恶，从而让我们了解什么是有益的东西，什么是有害的东西，以便于我们趋益避害，从善去恶。所以，苏格拉底说道："一切别的事物都系于灵魂，而灵魂本身的东西，如果它们要成为善，就都系于智慧"①。"一般来说，灵魂所企图或承受的一切，如果在智慧的指导之下，结局就是幸福；但如果在愚蠢的指导之下，则结局就相反"②。

问题在于，苏格拉底关于"美德就是知识"命题中的"知识"究竟是"真"的知识还是"善"的知识或说究竟是"事实的知识"还是"道德的知识"呢？在此问题上，尽管有人把这里的知识只看成是"善"或"道德"的知识，但也有人认为这里的知识其实应是"真"或"事实"的知识。在柏拉图的涉及苏格拉底的诸多对话中都谈到了美德就是知识的问题，在《普罗泰戈拉篇》中，柏拉图还通过大约四分之一的篇幅讨论了"无人自愿作恶"的问题，这也是探究苏格拉底美德就是知识的很好的参考。我们认为，若是细究苏格拉底关于"美德就是知识"的直接讨论和间接关注，那么我们就会发现，"美德就是知识"这一命题中的知识虽然也包含了"善"或"道德"的知识，但是，它主要指的还是"真"或"事实"的知识，因而也是理智的知识或科学的知识。我们认为，正是由于美德就是知识中的知识主要是"真"或"事实"（理智、科学）的知识，所以，他的这一命题才会对西方传统形而上学乃至整个西方传统哲学产生巨大的影响以致使其成为西方哲学区别于其他哲学的根本特征之一。

首先，从美德就是知识的直接讨论来分析。在苏格拉底"美德就是知识"的命题中，他要探讨的是"美德本身"究竟是什么，但他探讨的入口之处却是"具体的美德"是什么。因此，美德就是知识这一命题中的"美德"以两种意义表现出来：其一，美德本身，它是苏格拉底真正有追寻的东西；其二，具体美德，它是苏格拉底追寻美德本身的入口。但是，尽管具体美德不是美德本身，但是，它也属于美德的范围，只不过它指的是具体的美德或美德的德目。若是我们跟随苏格拉底讨论美德就是知识的路径，那么，我们首先要考虑的是具体的美德。

从具体的美德或美德的德目说，苏格拉底客观上也谈到了一种具体的"善"或"道德"的知识。这就是说，在他看来，在我们讨论美德的时候，

① 北京大学哲学系编译：《古希腊罗马哲学》，商务印书馆 1982 年版，第 166 页。
② 北京大学哲学系编译：《古希腊罗马哲学》，商务印书馆 1982 年版，第 165 页。

首先要有一种知识，凭借这种知识我们才能知道哪些具体的东西属于美德的德目（有益的东西）。显然，这里需要的是一种"善"或"道德"的知识。据此，他把健康、美丽、富裕，勇敢、节制、正义等等都看成是具体的美德（善或有益的东西）。不过，苏格拉底在这里似乎把这种知识看成是一种自明的知识，因为通常看来，似乎人人都知道什么东西是有益的东西。其实，这样理解的苏格拉底的所谓善的知识，非常类似中国传统哲学中的儒家伦理学家所说的"智"。在中国传统哲学的儒家伦理学中，"智"是一个与仁、义、礼、信并列的重要哲学范畴。问题在于："智"究竟是一种相当于西方哲学中的与认识理性相关的智慧，还是一种相当于西方哲学中的与实践理性相关的智慧？换句话说，它究竟与真理的知识相关，还是与道德的知识相关？孟子认为它源自人天生的"是非"之心，这里所谓的"是非"显然是对错，并且这里的对错就是应该或不应该，因此，它是辨别对错亦即应该或不应该的知识。显然这是一种道德知识。其实，"智"就是知仁、习礼，所以孔子说"知者不惑"[①]。

　　从美德本身说，苏格拉底虽然承认通常看来似乎人人都知道什么是"善"或"有益的东西"，但是，他认为这种通常的知识并不是完全意义上的美德本身的知识。完全意义上的美德本身的知识远不像具体的美德的知识那样自明，它需要哲学家的论证和启示，或说需要哲学家在精神上的助产方可为人知道。这就是说，通常的"善"或"道德"的知识虽然能使我们知道什么东西是"善的"或"有益的"东西，但是，仅仅知道这些还不够，因为有些看起来是"善的"或"有益的"东西实质上却未必如此，因此，我们还需要另外一种知识（往往经由哲学家）帮助我们来认知、辨别和权衡什么才是真正的"善的"或"有益的"东西。这种知识实质上就是"真"或"事实"的知识。苏格拉底认为，只有这种"真"或"事实"的知识才能让人理解和把握究竟什么才是美德本身或真正有益的东西，并且帮助人们在此问题上避免陷入误区或错误。由于这种"真"或"事实"的知识是人们用以认知、辨别和权衡真正"善的"或"有益的"东西的理

---

　　① 　孔子：《论语·宪问》，参见《论语译注》，杨伯峻译注，中华书局1980年版，第155页。

智（或理性）的工具，所以，它也是一种理智（或理性）的知识、科学的
知识。其实，这样理解的苏格拉底的"美德就是知识"中的知识，非常类
似于伊壁鸠鲁"快乐主义"伦理学中所说的判断快乐与否的知识。伊壁鸠
鲁所说的"快乐"就是"身体上的无痛苦和灵魂的无纷扰"，他解释说，
这（快乐）也就是善。那么，我们如何才能获得快乐从而达到善呢？伊壁
鸠鲁认为必须凭借知识，因为在他看来，心灵纷扰不安的原因，最为主要
的是对于神和死亡的恐惧，一旦我们有了知识，凭借智慧正确认识宇宙
和人生，这个恐惧就会消失。因此，知识（智慧）能够区分善恶，确保我
们获得关于神和死亡的正确知识，消除我们的心灵纷扰。他说："理性能
使……我们解脱对未来的畏惧，理性使我们如此完备地得到生命所能得到
的一切快乐……。"①显然，伊壁鸠鲁这里所说的知识只是一种关于事实的
真假的知识。

根据以上的讨论我们发现，苏格拉底"美德就是知识"这一命题中的
"美德本身"的知识作为关于"美德"的知识是一种善（道德）的知识，
但它实质上又是真（事实）的知识。因此，它是真善统一的知识。这就是
说，美德就是知识这一命题意味着善就是真，道德就是真相。在真善的统
一中，善是目的，而真是实质和核心。

苏格拉底在《普罗泰戈拉篇》中专门讨论的"无人自愿作恶"的思想
也是关于美德（本身）就是"真"（事实、理智）的知识的具体说明。针
对普罗泰戈拉关于"一切快乐都是好的，一切痛苦都是坏的"的观点，苏
格拉底在对这一观点表达了在原则上同意的基础上作了两点补充说明：

其一，他把快乐以及痛苦区分成纯粹的快乐以及痛苦和不纯粹的快乐
以及痛苦，前者指的是当下的快乐以及痛苦本身（实际指那种当下的不会
产生相反的结果的快乐以及痛苦），后者指的是那种除了当下的快乐以及
痛苦之外还包含了当下的快乐或者痛苦所产生的具有相反性质的后果的快
乐或者痛苦。就不纯粹的快乐以及痛苦而言，即使我们同意普罗泰戈拉的
"一切快乐都是好的并且一切痛苦都是坏的"的观点，那么我们也不能简

---

① 北京大学哲学系编译：《古希腊罗马哲学》，商务印书馆 1982 年版，第 345 页。

单地在两个当下事件的快乐和痛苦之间作出抉择。因为这些当下的快乐或痛苦还会包含它在未来带来的相反的结果，若是当下的快乐或痛苦在未来带来的相反的结果（快乐带来的痛苦或痛苦带来的快乐）要大于当下的快乐或痛苦，那么，这里的快乐的事件就不是快乐而是痛苦或这里的痛苦的事件就不是痛苦而是快乐了。所以，我们在快乐和痛苦之间抉择的时候就不仅要考虑当下的快乐和痛苦还要考虑它们所产生的相反的后果。例如，某种饮食男女虽然在当前能带来某种快乐，但它却可能引起更多的痛苦或者疾病，那么，我们就不能选择它。正如苏格拉底所说："把快乐与快乐作比较，人们一定总是选择较大的快乐和更大的快乐；把痛苦与痛苦作比较，人们一定总是选择较小的痛苦和更小的痛苦；要是把快乐与痛苦作比较，只要快乐超过痛苦，那么不管是眼前的，还是将来的，我们一定会选择那些会带来快乐的过程；但若痛苦超过了快乐，那么人们会避免它。"①那么，我们如何才能作出正确地抉择呢？其实，这种联系快乐和痛苦的当下情形和未来情形的抉择是有一定难度的抉择，它需要知识和技艺的帮助。苏格拉底问道："现在如果我们的幸福取决于行动，我的意思是取决于选择较大的和避免较小的，那么我们的出路在哪里呢？"②他的回答是要依靠知识以及度量的技艺。正是这些知识和技艺能帮助我们消除由远近或大小、过度或不足的印象所产生的错觉，"可以使灵魂生活在平静与安宁之中，与真理在一起，以此拯救我们的生命。"③这里，他把相关的知识和技艺看成是一种专门的学问，认为它们也就是认知、辨别和权衡真假的学问，显然，它是一种关于事实真相的理智或科学的学问，"或者更加精确地说，是一种算术"④。

其二，苏格拉底把快乐和痛苦与善和恶等同起来，他把善看成是

---

① ［古希腊］柏拉图：《普罗泰戈拉篇》，参见《柏拉图全集》第一卷，王晓朝译，人民出版社2002年版，第481页。
② ［古希腊］柏拉图：《普罗泰戈拉篇》，参见《柏拉图全集》第一卷，王晓朝译，人民出版社2002年版，第482页。
③ ［古希腊］柏拉图：《普罗泰戈拉篇》，参见《柏拉图全集》第一卷，王晓朝译，人民出版社2002年版，第482页。
④ ［古希腊］柏拉图：《普罗泰戈拉篇》，参见《柏拉图全集》第一卷，王晓朝译，人民出版社2002年版，第482页。

快乐，把恶看成是痛苦。他说："……快乐和痛苦只是善与恶的不同阶段。"① 不仅如此，他还把那些能使自己快乐但却会引起快乐丧失或导致超过快乐的痛苦的快乐称为之恶，并把虽然痛苦但却能够驱逐更大的痛苦或引起快乐来压倒痛苦的痛苦称之为善。既然快乐和痛苦就是善和恶，并且快乐和痛苦连带相反结果的情况也适合善和恶，那么，前面关于快乐和痛苦连带它们的相反结果的抉择方式对于善和恶的抉择也一样适用。这就是说，知识和技艺是选择真正的善而避免真正的恶（或选择真正的快乐而避免真正的痛苦）的必要条件，它们是通向真正的善或者快乐的必经之路。实际上，作为一个形式主义伦理学家，康德是坚决主张美德不是知识亦即真不是善的哲学家，但是，尽管如此，在他看来，若是在伦理学中把行为的结果（能否带来幸福）联系起来（像幸福论伦理学那样），那就必然会得出道德需要知识的结论。理由在于："……凡是带来真实而持久的好处的东西，如果要把这好处扩延到整个一生的话，都总是包藏在难以穿透的黑暗中，并要求有很多聪明来使与之相称的实践规则通过临时应变的例外哪怕只是勉强地与人生的目的相适应。"② 这里，体现聪明的知识显然就是一种使人精明的理智的知识（或科学知识）。因此，在苏格拉底那里，若是我们把真正意义上的美德（善）看成是人们行为的目的的话，那么，这种美德在实质上就是知识（真），真是善的核心内容。

正是在以上两点补充的基础上，苏格拉底提出了"无人自愿作恶"的论断。在他看来，人都会选择快乐而避免痛苦（选择有益的东西而避免无益的东西），并且，由于快乐和痛苦就是善和恶，所以，也可以说，人都会选择善而避免恶，但是，由于对于真假快乐和痛苦、真假善和恶的认知、辨别和权衡需要专门的知识和技艺，所以，那些在主观上希望选择快乐和善的人因缺乏知识（以及技艺）却有可能在客观上选择了痛苦和恶。

---

① ［古希腊］柏拉图：《普罗泰戈拉篇》，参见《柏拉图全集》第一卷，王晓朝译，人民出版社 2002 年版，第 480 页。

② ［德］康德：《实践理性批判》，邓晓芒译，杨祖陶校，人民出版社 2003 年版，第 49 页。

苏格拉底据此说道:"由此可以推论,无人会选择恶或要成为恶人。想要做那些他相信是恶的事情,而不是去做那些他相信是善的事情,这似乎违反人的本性,在面临两种恶的选择时,没有人会在可以选择较小的恶时去选择较大的恶。"①,"没有人会自愿遇到或接受他认为是恶的事情"②。这就是说,无人自愿作恶,作恶其实只是由于无知。因此,人应该有智慧,有智慧的人就是受自己支配"做自己的主人"的人,只有无知的人才受其他东西的支配。总体而言,苏格拉底的意思是:智慧的人就是知道什么是真正的快乐的人,它一定会做快乐的事而不会去做痛苦的事,由于快乐就是善或好,所以,他一定会做善的或好的事情。除非无知,否则,无人自愿作恶。

由此可见,在苏格拉底那里,美德本身或真正意义上的美德主要是关于事实的"真"的或理智的知识,它以"善是目的真是核心"的形式表现出来。他的这种观点后来成了西方形而上学史上普遍流行的观点。从正面亦即继承的层面上看,斯宾诺莎的代表著作《伦理学》在"伦理学"的标题下系统讨论"认识论"的做法就是此一观点的最好诠释和充分发挥;从反面亦即反对的层面上看,康德之所以要花那么大的精力去(通过把作为事实世界的感性世界和作为道德世界的知性世界,亦即把认识论和伦理学区分开来,从而)把真和善分开,并且他的努力之所以会产生那么巨大的影响,正是由于把真和善等同起来的做法是西方形而上学乃至整个西方哲学的强大传统,并且这一传统具有十分悠久的历史。

其次,从美德就是知识的间接关注来分析。苏格拉底在登上哲学舞台时对于哲学研究对象所作的重大调整之一就是他把对于世界原因的研究转换成了对于世界目的的研究。在他那里,我们可能采取两种方式探讨世界的根源:一种方式是把世界看成是自然世界,我们所要探讨的世界根源就是自然世界的原因,在他看来,他以前的大多数哲学家例如自然哲学家就是按照这种方式来探讨世界的根源的;另外一种方式是把世界看成是由上

---

① [古希腊]柏拉图:《普罗泰戈拉篇》,参见《柏拉图全集》第一卷,王晓朝译,人民出版社 2002 年版,第 484 页。

② [古希腊]柏拉图:《普罗泰戈拉篇》,参见《柏拉图全集》第一卷,王晓朝译,人民出版社 2002 年版,第 484 页。

帝创造的世界，我们所要探讨的世界根源就是上帝创造世界的目的。根据他的观点，由于世界本身就是上帝按照自己的目的创造的世界，所以，探讨世界的第一种方式是错误的方式，按照这种方式探讨世界根源的哲学家不可能获得关于世界根源的知识，可笑的是他们并未意识到自己的无知而自以为自己有知识，不能"自知自己无知"正是他们的可悲之处。因此，他要改变哲学探讨世界根源的方向，把以往哲学关于自然世界之原因的探讨转换成为从世界之中体验上帝创造世界之目的的探讨。一般来说，探讨自然原因是对一种"事实"的探讨，它的目的是"求真"；探讨上帝目的是一种"价值"的探讨（它要探讨上帝创造世界的"善意"或善良的目的以及上帝按照自己的"善意"或善良的目的创造出来的体现上帝之"善意"或善良目的的善的世界），它的目的是"求善"。因此，自然原因和上帝目的分别与"真"与"善"相关，探讨自然原因和探讨上帝目的则分别与"求真"与"求善"相关。在苏格拉底实现从自然原因的探讨到上帝目的的探讨的转换时，尽管他要用一种探讨替代另外一种探讨，但是，他所面对的两种探讨其实都是对于同样的世界根源的探讨，差别仅仅在于探讨的角度有所不同，因此，他把这两种探讨同时提了出来说明他无意识地觉察到了两者之间的差别仅仅在于角度不同（尽管他觉得角度的转换具有实质性的意义）。正是因为如此，他所"无意识地觉察到"的东西为后来的哲学家把世界根源的真与善，以及关于世界根源的真的探讨（求真）和善的探讨（求善）结合起来提供了客观上的可能。我们将会看到柏拉图就包含了把理念之真与善结合起来，并把关于理念的求真和求善结合起来的思想，而亚里士多德则更为明确地把实体的本质因和目的因等同了起来。我们认为，他们的这些真善统一以及求真与求善统一的思想应该得到了苏格拉底相关思想的启示，并且正是苏格拉底相关思想的改造与发挥的结果。

这里的分析表明苏格拉底不仅在探讨具体伦理学问题时持有美德就是"真"的知识的观点，而且他在探讨世界的最高原因时也无意识地涉及到了真与善相统一的思想。这种现象显示，在他的以伦理问题为主要探讨对象的哲学中，"真"的知识始终占据着重要的地位。正是因为如此，他在具体探讨通过"精神助产术"追求知识时，实际上在一定的程度上也把求真与求善统一了起来。据此，我们也可以说，他的这一做法正是他的美德就是"真"的知识的一种间接的体现。

如前所述，苏格拉底的认识论建立在"精神助产术"的方法论的基础之上。他欲通过"精神助产术"（问答法或归纳法）追求的知识是一种关于"美德本身"的知识，前面的论述告诉我们，这是一种以真为核心以善为目的的真善统一的知识。既然如此，精神助产术作为一种求真的路也应该包含了求善的路。我们看到，苏格拉底在追求知识时，一方面采用了回避感性经验而直接通过理性灵魂直通"知识"或"真理"的路径，另一方面又把感性经验看成是一种外在的"刺激"作用。这种外在的"刺激"作用正是通过他的"精神助产术"来实现的。他把这种认识论看成是"回忆论"。这种认识论或回忆论显然属于一种求真论，也就是说，它是一种追求真理的理论。但是，与此同时，他的这种认识论也是一种伦理学，他的这种求真的理论也是一种求善的理论。在他看来，为了更好地求知，我们还应该像伦理学中的求善那样尽量避免各种阻碍人们走向良善的欲望的干扰，由于欲望总是身体（肉体）的欲望，所以，我们应该避免灵魂与身体的接触，防止灵魂因与身体的接触遭到了污染。他说，灵魂和身体是性质全然不同的两种的东西，"灵魂与神圣的、不朽的、理智的、统一的、不可分解的、永远保持自身一致的、单一的事物最相似，而身体与凡人的、可朽的、不统一的、无理智的、可分解的、从而都不可能保持自身一致的事物最相似"①。因此，"我们要……接近知识，我们要尽可能避免与身体的接触和联系，除非这种接触是绝对必要的，而不要允许自己受身体的性质的感染，我们要洗涤我们自己受到身体的污染，以这种方式，我们有可能获得与我们志同道合的人为伴，得到纯洁无瑕的知识，亦即真理。不纯洁的人若能抵达纯洁的领域无疑是违反普遍公正的原则的。"② 由于纯洁和净化灵魂的最主要方式就

---

① ［古希腊］柏拉图：《斐多篇》，参见《柏拉图全集》第一卷，王晓朝译，人民出版社 2002 年版，第 84 页。

② ［古希腊］柏拉图：《斐多篇》，参见《柏拉图全集》第一卷，王晓朝译，人民出版社 2002 年版，第 84 页。

是灵魂与身体的分离，所以，他把肉体看成是灵魂的"坟墓"，把哲学看成是对于死亡的练习。正是因为如此，当他被判处死刑但仍有方法逃避时，他依然乐观地选择死亡。他说："现在我要对你们，我的法官，解释一下为什么在我看来一个真正把一生贡献给哲学的人在临死前感到欢乐是很自然的，他会充满自信地认为当今生结束以后，自己在另一个世界能分享最伟大的幸福。……普通民众似乎无法理解，那些以正确的方式真正献身于哲学的人实际上就是在自愿地为死亡作准备。如果这样说是正确的，那么他们实际上终身都在期待死亡……"①

我们已经多次强调苏格拉底"美德就是知识"的命题在形而上学史上以及在一般哲学史上的伟大意义。这里，我们再次强调苏格拉底"美德就是知识"的命题在形而上学史上是一个意义重大的命题。第一，美德就是知识，所以，善就是真。后来的形而上学家将这个命题贯彻到形而上学中，便认为形而上学的对象是真的对象，同时也是善的对象，而且真与善是合一的；他们认为形而上学的任务是"求真"，同时也是"求善"，而且"求真"和"求善"也是合一的。第二，"美德就是知识"这个命题，之所以把"美德"和"知识"结合到一块，是由于"益处"这个中介。美德是有益的，知识则可以使我们获益，所以美德就是知识。因此，"美德就是知识"这一命题具有功利主义的意味，它以"知识"为工具，以"合理的利己主义"为目的。它也被后来的大多数形而上学家所坚持，并构成了西方哲学乃至文化区别于世界其他地区的哲学乃至文化的一个根本特征。

苏格拉底死后，在他的弟子中曾形成了三个学派，即：犬儒学派（Cynic school）、快乐学派（昔勒尼学派）（Cyrenaic school）和麦加拉学派（Megaric school）。这三个学派被统称为小苏格拉底学派。这些学派主要关注的是伦理道德问题。他们继续围绕着苏格拉底的"美德就是知识"的命题展开讨论。由于苏格拉底关于"美德就是知识"的命题本身就可能存在歧义，其中，若把"知识"理解为"美德的知识"就意味着同语反复，而若把知识理解为"科学或理性的知识"，也会产生某些模糊之处。

———————

① ［古希腊］柏拉图:《斐多篇》，参见《柏拉图全集》第一卷，王晓朝译，人民出版社 2002 年版，第 60 页。

所以，尽管他们大致认为命题中的"知识"是"美德的知识"，但是，他们各自的解释还是有所不同。犬儒学派把美德看成是抑制自己欲望的知识，快乐学派把美德看成是寻求快乐的工具，而麦加拉学派则把苏格拉底的伦理学说和爱利亚学派的存在学说糅合起来，认为知识就是关于"存在"的知识，而"存在"就是"善"。然而，在苏格拉底的弟子中，只有柏拉图才真正继承了他的思想，并将其加以了系统的有影响的发挥。

四、柏拉图理念论的诞生

柏拉图在以往哲学提供的丰富多彩的思想资源的基础上建构了自己的理念论哲学。面对如此丰富多彩的思想资源，柏拉图并非原封不动地照单全收，而是根据自己的"原则"进行改造，然后有条件、有选择的加以吸收、合并。

柏拉图选择、改造、吸收、合并以往思想资源的"原则"就是典型的形而上学的原则。如前所述，巴门尼德最早明确表述了典型形而上学的两个典型特征（唯心主义的存在论和唯理论的认识论）；随后，苏格拉底从伦理学的角度出发，更为详细地讨论了典型形而上学的两个典型特征。柏拉图十分赞同由巴门尼德首先表述并由苏格拉底进一步发展的形而上学的两个典型特征，他把这两个典型特征作为自己将要创立的理念论哲学的基本原则。因此，他选择、改造、吸收、合并以往思想资源的"原则"其实也就是他所继承的巴门尼德以及苏格拉底并且经由他自己加以完善的唯心主义以及唯理论的原则。但是，柏拉图在坚持典型形而上学或巴门尼德以及苏格拉底并且经由他自己加以完善的唯心主义以及唯理论原则的同时，在如何对待现实的自然或说感性世界之存在的问题上，似乎有所退让，在消极的意义上或说在否定的意义上更多地承认了自然哲学中唯物主义的内容，也较为系统地探讨了作为经验论之认识结果的"意见"。因此，在他那里，现实的感性世界也应该是存在或世界存在的一个部分，意见也有某种消极意义。正如罗素在自己的《西方哲学史》中所说："从巴门尼德那里他得来了下列信仰；实在是永恒的，没有时间性的；并且根据逻辑的理由来讲，一切变化都必然是虚妄的。从赫拉克利特那里，他得来了那种消极的学说；即感觉世界中没有任何东西是永恒的。"①

由此出发，柏拉图依据自己的源自巴门尼德和苏格拉底的唯心主义和唯理论原则，参照能否永恒常驻的特征把全部早期哲学探讨的世界改造成了两重世界，即：一方面把能够永恒存在的"一般"当作世界的原始本原，亦即世界的真实本质，他称之为理念世界；另一方面，则把变动不居的具体事物当作世界的衍生产物，亦即世界的虚假现象。同时，它还在把两重世界作为两种认识对象的基础上提出了两种认识。这样一来，柏拉图就按照自己的"原则"同时吸收了南意大利学派和伊奥尼亚学派的哲学观点，尤其是巴门尼德的思想和赫拉克利特的思想，并经由苏格拉底的哲学的系统铺垫，最终创立了自己的理念论哲学，推动了形而上学的发源。

---

① ［英］罗素：《西方哲学史》上卷，何兆武、李约瑟译，商务印书馆 1982 年版，第144 页。

第二章　柏拉图哲学的理念论

柏拉图是古希腊最伟大的形而上学家之一，他虽然没有明确提出第一哲学（形而上学）这一概念，但他实际上已初步建立了比较系统的形而上学体系亦即他所谓的辩证科学体系。柏拉图的辩证科学体系通过他的"理念学说"确立了自己的其实属于形而上学的对象，并且构建了相应的知识体系。

一、理念：世界的真正根源

在柏拉图那里，严格地说，或在狭义上说，只有理念才是真正的实在，它是唯一真实的存在，是世界的根源和真理的源泉。尽管如此，在广义上，除了理念这一存在之外，我们也能把现实的世界看成是某种意义上的存在，只不过它是以理念为其根据、原因的派生的似存在又不完全存在的东西。

理念，在中国学界又被翻译为"理式"、"型"、"相"，它的本义就是表示"一般"的观念，在柏拉图这里，理念就是独立于现实中的某类事物但又构成此类事物之共同本质（一般）并使这类事物有了某种"存在"的东西。这里，需要特别注意的是：柏拉图的理念作为世界之共同本质（一般），它"独立于"我们通常所说的世界，它本身就是"客观"的存在，并且由于它是人们通常所说的世界的本质、一般而成为了人们通常所说的

55

世界的原因和根源，所以，它才是唯一真实的实在，只有它才有资格被称为真正的存在。其实，柏拉图的理念就是独立自存的"客观精神"。

柏拉图的理念是直接继承和改造巴门尼德的"存在"和苏格拉底的"一般定义"的结果。他的"理念"像巴门尼德的"存在"一样属于作为世界根源的真正的实在"一"，但是，在继承巴门尼德的"存在"思想的同时他又基本消除了巴门尼德之"存在"尚存的形象残余，也就是说，他的"理念"作为"一"（一般）并没有诸如"滚圆的球"等形象特征，也不可能像一个有形的东西那样被"捆绑"起来。柏拉图在基本消除"一"（一般）的形象特征时应该受到了苏格拉底的影响。因为苏格拉底通过问答法所得出的"定义"已经消除了"一"（一般）的所有形象特征，它是与思维（心灵）相关的纯粹抽象的"一"（一般）。不过，柏拉图在接受苏格拉底的"定义"的影响的同时又突破了苏格拉底之"定义"的狭义范围，也就是说，他提出的作为"一"的"理念"已不仅仅局限于某些特殊的"类"特别是伦理的"类"，而广泛地涉及了全部世界上的所有的类，它作为独立自存的客观精神，已经普遍到能够成为解释全部世界之原因和根源的精神。除了巴门尼德和苏格拉底之外，毕达哥拉斯和赫拉克利特对于柏拉图作为"一"的理念的形成或许也有影响。柏拉图在苏格拉底死后离开雅典的游历中就曾在非洲的昔勒尼（Cyrene）就教于昔勒尼派的著名数学家德奥多罗；公元前388年，他在离开雅典前往意大利南部和西西里岛时，便在意大利结识了不少毕达哥拉斯学派的门人，向他们学习了各种毕达哥拉斯学派的哲学思想；在开办学院期间，柏拉图为了自己的政治理想第二次到叙拉古时，在叙拉古统治集团内部斗争使他几乎丧命时，也是当地的毕达哥拉斯学派的人营救了他并帮助他最终返回到雅典。因此，他十分了解毕达哥拉斯学派并与该学派保持着良好的友谊，这也使他十分重视数学。在关于理念的探讨中，他谈的最多的理念包含两类，除了伦理方面的理念之外，就是数学方面的理念。在数学中，他看到了数学对象与数学命题一样具有绝对确定和永恒不变的特征，它们虽然不出现在可感觉的现实世界但却作为同类现象（例如各种不同的圆）的共同本质而存在着（例如圆本身）。因此，他在数学中发现了实在或真正的存在。至于赫拉克利特，如前所说，由于他的"逻各斯"实际成了由毕达哥拉斯的作为"数"的"一"的原则转换为巴门尼德的作为存在的"一"的原则的中介，所以，尽管我们承认他的学说（作为自然哲学中的唯物主义学说）主要从消极的方面（作为虚幻的现实世界的方面）影响了柏拉图，但是，在某种意义上说，我们可以认为他的"逻各斯"也在积极的意义上（作为真实的理念世界的方面）影响了柏拉图。

　　但是，柏拉图的理念作为"一"（一般），并不是宇宙之间的唯一的"一"，而是众多的"一"。既然是众多的"一"，那么，它们作为人们通常所说的世界的原因和根源就是通过众多的"一"的形式表现出来的，从而使得这些众多的"一"（理念）构成了一个柏拉图式的理念世界，相对于人们通常所说的现实世界来说，理念的世界是一个作为现实世界之原因和根源的本质的世界。根据柏拉图的解释，在理念的世界中，众多的理念并非杂乱无章地存在着，它们表现为一个由低级到高级的等级序列。最低级的理念是关于具体事物的理念，包括自然物的理念（例如人、马、石头等等理念）和人造物的理念（例如床、桌子、椅子等等理念）；较高一级的理念是数学的或科学的理念（例如方、圆、大于、小于、三角形等等理念）以及概念、范畴意义上的理念（最普遍的种，例如存在与非存在、同与异、动与静等等概念、范畴）；更高一级的理念是艺术和道德的理念（例如美、勇敢、节制、正义等等理念）；"善"的理念则是理念世界中最高级的理念，它是理念世界中的最高本体。在柏拉图看来，理念的世界就是在善的理念的统治下的各种不同理念汇聚起来的本质世界。实际上，柏拉图的理念世界就是一个由各种类型和层次的本质构成的本质世界。毫无疑问，柏拉图描绘的由众多的"一"所构成的理念世界有着明显的缺陷，因为他要探讨的是理念世界的"一"（统一性），但是，他的理念世界系统作为众多的"一"远未达到井然有序的统一程度。对此，柏拉图后来已有所感觉，并且力图在其后期思想中对此加以弥补。但是无论如何，柏拉图最终完成的对于存在论上的"一般"的探讨，直接促成了他的理念论的产生，表明古希腊早期哲学家经过艰苦的探索，终于在柏拉图哲学中找到了能够说明世界万物的一般的东西，它标志着形而上学基本对象的初步确立。罗素对柏拉图关于一般本质的思想给予了充分的肯定，他说："柏拉图关于理念的学说包含着许多明显的错误。但是尽管有着这些错误，它却标志着哲学史上的一个非常重要的进步，因为它是强调共相这一问题的最早的理论，从此之后共相问题便以各种不同的形式一直流传到今天。"[1]

二、理念世界和现实世界

既然柏拉图按照自己的"原则"从积极和消极两个方面改造吸收了以往全部哲学的思想资源，那么，在他完整的世界之存在的理论中，就应该同时包含了积极意义上的世界的存在和消极意义上的世界的存在。所谓存在着的积极的世界，就是理念的世界；所谓消极的世界，就是现实的世界，也就是说，就是人们通常所理解的世界，它是人们生活于其中的感性世界和物质世界。积极世界之"积极"就在于只有它才是真正的实在；它的"积极"正是相对于现实世界之"消极"而言，而现实世界之"消极"就在于它是依靠理念世界才能存在的世界，它存在着又不存在，它虽存在，但还不是真正实在的存在。柏拉图从多个方面表述了他的两种世界之间的关系。

（一）原型和影子的关系

柏拉图认为，理念世界是一个原型世界，现实世界则是一个影子世界。原型世界作为世界的原型，它是真正存在着的实在世界，一个真实的世界，现实世界是原型世界的影子，它作为影子是一个虚假世界，因而它并不存在，但是，它作为原型世界的影子又因与原型世界的关系而存在着，所以，它介于存在和不存在之间，也就是说，它既存在又不存在。由于现实世界是理念世界的影子，它的存在依赖于理念世界，它是理念世界的现实体现，所以，在逻辑上，它后于理念世界。这就是说，理念世界作为现实世界的根源和原因，它在逻辑上先于现实世界。

---

① ［英］罗素：《西方哲学史》上卷，何兆武、李约瑟译，商务印书馆1982年版，第169页。

在理念世界中，我们可以看到世界上万事万物的原型，这个原型作为同类事物的共同本质，也就是说，作为同类事物的"理念"，它是此类事物本身。例如，对于美的事物来说，它就是"美本身"；对于善的事物来说，它就是"善本身"；进而言之，对于不同的花来说，它就是"花本身"；对于不同的马来说，它就是"马本身"，如此等等。在现实世界中，我们所看到的则是各类理念的影子，这些影子作为"影子"，它虽然来自原型，但却永远不可能赶上原型，任何美的事物都不可能赶上美的"本身"，任何善的事物都不可能赶上善的"本身"，同样，任何具体的花或具体的马也都不可能赶上"花本身"或"马本身"。由于现实世界以及其中的事物作为理念世界以及其中的理念的"影子"永远不可能赶上它的原型，所以，在价值上，理念世界（以及其中的理念）总是先于（高于）现实世界（以及其中的事物）。

正是由于理念世界以及理念相比于现实世界以及现实世界中的具体事物具有逻辑上和价值上的优先地位，所以，柏拉图也特别强调理念的目的意义，也就是说，他把理念世界以及理念看成是现实世界以及现实世界中的具体事物想要追求的目的。但是，由于理念世界以及理念作为"原型"是绝对永恒的存在本身，而现实世界以及其中的具体事物仅仅是它们的"影子"，所以，尽管现实世界以及其中的具体事物都力图把理念世界以及理念当作目的来追求，但是，它们也只能接近于自己的目的而永远无法追到自己的目的。

（二）"一"和"多"的关系

根据柏拉图的解释，理念世界作为原型世界也是本质世界，而现实世界作为影子世界是原型世界的不同的表现。本质指同类事物的共同的本质或一般，它就应该是"一"；本质的不同表现作为表现本质的各种具体现象和个别，它就应该是"多"。所以，理念世界和现实世界的关系便是"一"和"多"（一般和个别）的关系。

在柏拉图那里，理念世界和现实世界之"一"和"多"的关系可以通过两个角度来理解。其一，从整体的角度来理解。这就是说，从理念世界和现实世界之整体来看，理念世界作为本质世界是"一"的世界，现实世界作为本质世界的不同表现则是"多"的世界。但是，如前所说，柏拉图的理念世界是包含了诸多不同等级的理念的世界，它既包含了不同的理念等级，又在每一理念等级中包含了各种不同的理念，所以，它作为本质世界具有多种多样的本质，作为"一"的世界也具有多种多样的"一"，这种情况使得作为本质世界的理念世界不是唯一的"一"的世界，而是由众多的"一"构成的"一"的世界，也就是说，它是众多的"一"的世界或说"一"的"多"的世界。由于每一个理念作为"一"都有不同的表现，所以，现实世界作为理念世界中众多的"一"的不同表现，它则是一个更多的世界。其二，从具体理念的角度来理解。正是由于理念世界是众多的"一"的世界，所以，它不仅存在着整体的理念世界和现实世界之间的"一"和"多"的关系，也存在着理念世界中的每一个具体的理念和现实世界中的与每一个具体的理念相应的每一类事物之间的"一"和"多"的关系。在这种关系中，每一个具体的理念都是现实世界中某类诸多事物的共同本质，它相对于该类诸多事物表现为"一"，该类事物作为它的不同表现则呈现为"多"。正如柏拉图所说："一方面我们说有多个的东西存在，并且说这个东西是美的，是善的等等。……另一方面，我们又说有一个美本身，善本身等等，相应于每一组这些多个的东西，我们都假定一个单一的理念，假定它是一个统一体而称它为真正的实在。"①

（三）可知和可见的关系

理念世界和现实世界的关系是本体与现象的关系。由于理念世界是作为现实世界之原因和根源的实在或说真正的存在，它是现实世界中的万事万物的共同本质，所以，它是作为本体的世界，理念就是世界本体；与此同时，由于现实世界是作为本体世界的外在表现的存在，它依赖于理念世界并以显现出来的方式向人的感官呈现，所以，它是作为现象的世界，现实世界中的万事万物就是世界的现象。理念世界作为本体世界是一个超越

———————

① 北京大学哲学系编译:《古希腊罗马哲学》，商务印书馆1982年版，第178—179页。

时间和空间的世界，也就是说，它既不作为有形体物体占有空间也不作为有形体物体在时间中产生、变化和消灭，它属于永恒不变的世界（本体）；现实世界作为现象世界则是一个存在于时间和空间中的世界，也就是说，它所包含的万事万物都在空间之中运动变化，也都在时间之中产生消亡，它属于不断运动、不断流逝、生灭不息的世界。根据柏拉图的理念论，理念世界是一个由不同等级的理念构成的秩序井然的世界，由于善的理念是最高理念，所以，它也是一个在善的理念统辖下的秩序井然的世界；现象世界既然是理念世界的影子或外在表现，因此，它也应具有自己的等级和秩序，它应该表现为一个在太阳的统辖下具有井然秩序的现象意义的世界。

　　根据柏拉图的表述，本体世界作为现象世界的原因、根源、本质，它存在于现象世界的背后，因此，它是人的肉眼不可见（包括人的其他感官也不可感觉，下同）的世界。但是，这种不可见的世界由于是现象世界的永恒不变的共同本质、一般，所以，它是真理的对象，哲学的目的就是把握这种对象从而获得永恒真理。柏拉图把这种人的肉眼不可见的世界称为可知的世界，意思说它虽然不能被人的感官感知特别是不能被人的肉眼所见但却能被理智所知。与此不同，现象世界作为本体世界的外在的表现，则存在于感官所及之中，它具体呈现为人们日常生活于其中的具体事物的世界，它是人的肉眼可以看见的世界。因此，柏拉图便把现象世界称为可见的世界。基于典型形而上学的立场，柏拉图认为，尽管现象世界是可见的世界，但是，由于现象是在时空中变动不居并且生灭无常的现象，所以，它并不是真理的对象，它不能提供真理。同时，人们也不可能通过对它的认识而走向可知的世界。

　　在把世界两重化为本体世界和现象世界、可知世界和可见世界之后，或说在把世界两重化为可知的本体世界和可见的现象世界之后，柏拉图还把这一对两重化了的世界进一步加以四重化。首先，他把可知的本体世界（理念世界）进一步二重化为两个部分：一是善本身及直接隶属于"善"的理念，包括"一"、"多"、"同"、"异"、"动"、"静"等理念，它们是纯粹的理念，从本体的角度来说，它们是最普遍的本体；二是并不直接隶属于善本身的理念，包括数学和自然科学的理念，这些数学和自然科学的理念也可称之为"数理实体"，它们则不那么纯粹，从本体的角度说，它们的普遍性要逊于那些纯粹的最普遍的本体。其次，他把可见的现象世界（现实世界）也进一步二重化为两部分：一是现实的具体事物，包括自然物、人造物以及现实世界中的一切具体事物；二是现实世界以及其中的一切具体事物的影像，例如，阴影，水中倒影等等，由于现实世界以及其中的一切具体的事物自身都是理念世界的"影子"，而这些影像又是现实世界以及其中的一切具体事物自身的"影子"，所以，它们便是"影子的影子"。由此出发，我们可以清晰地发现：现实的可见的现象世界完全是依照善的理念统辖下的秩序井然的理念世界复制成的在太阳的统辖下的秩序井然的但并不完全真实的影子或摹本世界。因此，柏拉图说："有两样真实的存在的东西，一个统治着理智的秩序的领域，另一个统治着眼球的世界"① 前者就是善的理念，它统治着可知的理念（本体）世界，后者则是太阳，它统治着可见的现实（现象）世界。可知世界一部分指善的理念和直接隶属于善的理念的理念，另一部分则指数理实体；可见的世界一部分表示现实事物，它们指周围的动物和植物，以及一切自然物和人造物，另一部分则表示影像，"所谓影像我指的首先是阴影，其次是在水里或表面光滑的物体上反射出来的影子或其他类似的东西"②。

三、离合：模仿说与分有说

毫无疑问，理念世界和现实世界分别作为本体世界和现象世界，以及可知世界和可见世界应该是相互分离的世界。但是，由于理念世界、本体世界、可知世界作为隐藏在现实世界、现象世界、可见世界后面的本质决定着现实世界、现象世界、可见世界，而且现实世界、现象世界、可见

---

① ［古希腊］柏拉图：《国家篇》，参见《柏拉图全集》第二卷，王晓朝译，人民出版社 2003 年版，第 507 页。
② ［古希腊］柏拉图：《国家篇》，参见《柏拉图全集》第二卷，王晓朝译，人民出版社 2003 年版，第 507 页。

世界又因决定于理念世界、本体世界、可知世界而具有了一定的存在意义，所以，它们之间也一定存在着相互联系，正是这种相互联系才确立了它们之间的上述不同的地位和关系，从而使得一方成为另外一方的原因和根源。那么，它们之间究竟是以何种方式联系起来的呢？根据前面的论述我们已经发现，柏拉图用原型和影子、摹本的方式来表述它们之间的联系，他在著名的洞穴比喻（我们将在后文讨论这一比喻）中十分形象地论证了这样的联系方式。此外，他还具体用了模仿说和分有说来表述它们之间的联系，并且他的模仿说其实也就是他的"影子"学说。

模仿说是这样一种学说，它像影子说一样把理念世界以及理念看成是"原型"，认为现实世界以及现实世界中的个别的具体事物因为"模仿"理念世界以及理念而获得了一定意义的存在，它们总是要去模仿理念但又永远赶不上理念，所以，它们都不过是理念的不完善的"摹本"。他说："……我们老是在谈论的美和善，真的存在，……我们把我们身体的所有感觉的对象都当作是它们的范型的摹本……"① 这就是说，理念存在就是原型，我们在现实世界中感觉到的所有对象都把这些理念看成是范型，它们都模仿这些范型并且成为这些范型的摹本。

分有说则是另外一种学说，它虽然也像影子说和模仿说一样把理念世界以及理念看成是"原型"，但是，它与影子说和模仿说却有着很大的区别。在它看来，面对理念世界以及理念这样的"原型"，现实世界以及现实世界中的个别的具体事物之所以会在一定的意义上"存在"不是由于"模仿"了这样的"原型"，而是由于"分有"了这样的"原型"。例如，任何一匹个别的具体的马之所以存在都是因为它"分有"了"马"的理念，任何一种个别的具体的美的东西之所以是美的东西也是因为它"分有"了"美"的理念，甚至像大的东西之所以"大"、小的东西之所以"小"、相等的东西之所以"相等"，也都是因为它们"分有"了"大"的理念、"小"的理念和"相等"的理念。正如柏拉图所说："……除了分有二本身，并无其他产生二的原因，无论什么事物要变成二必须分有二本

---

① ［古希腊］柏拉图:《斐多篇》，参见《柏拉图全集》第一卷，王晓朝译，人民出版社 2002 年版，第 79 页。

身，无论什么事物要变成一必须分有一本身。"①因此，整个现实世界以及其中的万事万物，它们的存在都依赖于对于理念世界以及其中的理念的"分有"。

此外，正如我们在前文中已经提到的，柏拉图在影子说、模仿说和分有说之外，还把作为原型的理念世界以及其中的理念作为目的，认为现实世界以及其中的个别的具体事物都把理念作为目的加以追求，就像现实之中任何美的对象都追求美的理念一样，尽管它们永远也赶不上自己的目的。其实无论是模仿说还是分有说都是这种"目的说"的具体体现，若是未把被模仿或被分有的理念世界以及理念当作目的（理想），那么，模仿者或分有者就没有必要去"模仿"或"分有"被模仿或被分有的东西了。

柏拉图理念论的哲学体系起源于他思想发展的早期阶段并且完成于他思想发展的中期阶段，在这段时间中，我们所看到的是柏拉图一气呵成地去快速建构自己理念论的哲学体系。这时，他真正关注的是如何把那些不断闪现的思想灵光尽快地连成有机整体，如何尽快地把自己宏伟的哲学体系建立起来。在此情形下，他会暂时忽略一些细节问题，而把这些问题留待以后在修补自己哲学体系的细枝末节、完善自己哲学体系的方方面面时再去解决。在讨论理念世界与现实世界、理念与现实中的同类个别的具体事物之间的关系时，也就是说，在讨论它们之间的相互联系时，柏拉图也是这样做的。正如柏拉图所说：

"在我看来，绝对的美之外的任何美的事物之所以是美的，那是因为它们分有了绝对的美，而不是因为别的原因。"②"如果有人对我说，某个特定事物之所以是美的，因为它有绚丽的色彩、形状或其他属性，我都将置之不理。我发现它们全都令我混乱不堪。我要简洁明了地说，或者简直是愚蠢地坚持这样一种解释：某事物之所以是美的，乃是因为绝对的

---

① ［古希腊］柏拉图：《斐多篇》，参见《柏拉图全集》第一卷，王晓朝译，人民出版社 2002 年版，第 111 页。

② ［古希腊］柏拉图：《斐多篇》，参见《柏拉图全集》第一卷，王晓朝译，人民出版社 2002 年版，第 109 页。

美出现于它之上或者该事物与绝对的美有某种联系，而不论这种联系的方式是什么。我现在不想追究那些细节，而只想坚持这样一个事实，依赖美本身，美的事物才成为美的。我感到这是一个最保险的回答，对我来说是这样，对其他人来说也是这样，我一相信了这个观点就紧紧抓住它，不愿再失去，我和其他人都可以稳妥地回答说，由于美本身，美的事物才是美的。"①

但是，正是这些当时暂时略过的细枝末节问题，后来给柏拉图留下了某些隐患。我们在后文将会讨论这些隐患。

四、作为普遍性的理念

理念世界和现实世界之"一"与"多"的关系表明，理念世界作为现实世界万事万物的共同本质（"一"），它就是现实世界万事万物（"多"）之中的"普遍性"。其实，"普遍性"也意味着"必然性"，之所以如此认为，乃是因为"普遍性"作为千变万化、生灭不息的个别的具体事物中共同的不变的东西自然也是必然如此的东西。柏拉图的理念正是因为它是一种"一"或"普遍性"才可能成为千变万化、生灭不息的现实世界万事万物的原因和根源，也才可能成为形而上学这一学科的对象，并使形而上学能够有底气在宣布自己是关于世界普遍性（以及必然性）的学科的同时宣布自己是"科学"或"第一科学"，从而使形而上学作为一门"科学性"的学科得以发源。

我们说柏拉图的理念是一种"普遍性"并非是认为他的理念与"普遍性"毫无区别。严格地说，柏拉图的理念与"普遍性"依然存在着某种区别，因为"普遍性"仅只是"理念"的普遍性。这就是说，理念是一种作为实体的存在，但这种实体却以"普遍性"的形式存在着。就此而言，理念与理念的普遍性的关系就是实体与实体的存在形式的关系。但是，从另外一种角度看，由于理念这一实体作为世界的本质主要表现为一种"普遍

① ［古希腊］柏拉图:《斐多篇》，参见《柏拉图全集》第一卷，王晓朝译，人民出版社 2002 年版，第 109—110 页。

性"，所以，在不太严格的意义上说，我们也可以直接把理念看成是一种"普遍性"。这种情况不仅在柏拉图那里是如此，在绝大多数形而上学哲学家特别是典型形而上学哲学家那里也是如此。在柏拉图以及形而上学那里，由于世界的普遍性其实就是"逻各斯"，所以，在不太严格的意义上，柏拉图寻找理念这一形而上学之对象的过程也就是寻找逻各斯的过程。我们曾经指出，赫拉克利特通过自己的"逻各斯"把毕达哥拉斯的"数"和巴门尼德的"存在"联系了起来。在赫拉克利特那里，"逻各斯"所表示的意思就是外在世界之不变的"规律"或者"尺度"。"逻各斯"作为世界之不变的规律或者尺度，显然是一种"必然性"，它作为一种"必然性"的东西意味着它是一种千变万化、生灭不息的个别的具体事物中的整齐划一、始终如此的东西，这恰好就是一种普遍性，也就是说，它作为一种永恒不变的东西（或者变中之不变的东西）就是世界之中的一种普遍性的存在。其实，在赫拉克利特那里，"逻各斯"除了规律的含义之外，还有"命运"的含义，此一含义也应该与毕达哥拉斯相关。毕达哥拉斯表达的"命运"一词其实就是一种类似于赫拉克利特的"逻各斯"的东西，只是作为唯心主义哲学家，他所表述的"命运"在性质上不同于赫拉克利特的"逻各斯"。他说："一切都服从命运，命运是宇宙秩序之源。"[1]他还认为命运与灵魂相关，"宣称灵魂依照命运的规定，从一个生物体中转移到另一个生物体中。"[2]赫拉克利特作为唯物主义哲学家虽然主要是在唯物主义的意义上表达逻各斯的含义的，但是，他也受毕达哥拉斯的影响采用了"命运"一词，并将其与灵魂联系起来，他说"一切都服从命运。一切都为对立的过程所宰制。一切都充满着灵魂和精灵。"[3]在他那里，一切都遵照命运而来，命运就是必然性，所以他也宣称命运的本质就是那贯穿宇宙实体的"逻各斯"。赫拉克利特有时甚至也把逻各斯称为上帝，用它来具体说明世界的产生。在他看来，"……火凭借着那统治一切的'逻各斯'或神，通过空气而化为水，水是世界结构的胚胎，他称之为海。从海里再产

---

① 北京大学哲学系编译：《古希腊罗马哲学》，商务印书馆1982年版，第35页。
② 北京大学哲学系编译：《古希腊罗马哲学》，商务印书馆1982年版，第33页。
③ 北京大学哲学系编译：《古希腊罗马哲学》，商务印书馆1982年版，第15页。

生出天和地，以及天地之间的东西。"①这里，命运甚至上帝（他通过自己的"命令"创造世界，这种"命令"也就是生存于上帝所创造的世界中的人的"命运"）虽然与赫拉克利特的唯物主义的"逻各斯"具有哲学性质上的差别，但是，它们表述的意思都是"必然性"，并且也都表示着"一"或"普遍性"。此外，或许正是由于"逻各斯"意义的这种唯心主义色彩甚至宗教神学的色彩使赫拉克利特的"逻各斯"更加容易转向巴门尼德的"存在"并经由苏格拉底的"定义"直接走向柏拉图的"理念"。

邓晓芒认为，巴门尼德之后，逻各斯的问题经过了一段时间的沉寂，到了智者那里在探讨逻各斯的真理性问题的语境中又重新提了逻各斯的思想。智者关心的是语言学和修辞学问题，他们教授的是"真理"。但是，根据普罗泰戈拉以及高尔吉亚的观点，尺度要想成为尺度，或者说逻各斯（语言）要想成为普遍性的真理，那就必须摆脱个人感知的特殊性，否则就会陷入相对主义的诡辩论。另一方面，智者认为这种普遍的东西不应受到特殊东西的抵触，而应当具有统一可见的事物的力量。不过，他们认为这不可能。后来，苏格拉底和柏拉图出面来解决这一难题。苏格拉底用他的"精神助产术"来通过逻辑程序（从具体事例到普遍原则）寻求这种普遍永恒的逻各斯，这就是苏格拉底的"定义"。但是，在苏格拉底那里，虽然训练思维能力以超越具体走向普遍为主要目的，可他所达到的逻各斯不过是少数几个案例并且局限于伦理领域（例如"美德就是知识"），此外，他的结果多半停留在否定之中。直到柏拉图的理念论才使问题得以解决。柏拉图关于理念和分有理念的事物之间关系的颠倒正是语言把感性事物变成普遍尺度、甚至成为独立王国的"魔法"。柏拉图（以及苏格拉底）通过对话，让对方说出关键的语词得出理念的方式，这也就是柏拉图辩证法的本义，它"恰好泄露了辩证法在'逻各斯'上的起源"②。柏拉图的辩证法作为以理念或逻各斯为对象的辩证法，也就是以世界的"普遍性"为对象的辩证法，它不仅使得形而上学得以发源，也为形而上学把自身看成是"科学"或"第一科学"提供了可能。

---

① 北京大学哲学系编译：《古希腊罗马哲学》，商务印书馆1982年版，第21页。
② 邓晓芒：《思辨的张力》，湖南教育出版社1992年版，第31页。

五、理念论存在论的影响

柏拉图理念论以及以理念论为基础展开的关于二重世界的理论在西方形而上学乃至整个西方哲学的发展史上都具有巨大的影响。

柏拉图在把理念当作实在的基础上进一步把世界分为理念世界和现实世界、本体世界和现象世界、可知世界和可见世界。前者是本质世界，它是唯一真实的世界，作为唯一真实的世界，它在现象世界的后面决定着现象世界，这个世界是"一般"，亦即产生"多"（世界万物）的"一"；后者则是本质世界的表现，它是不能独立自存的虚假世界，作为不能独立自存的虚假世界，它决定于它背后的本质世界，这个世界就是"个别"，亦即依赖理念并且产生于理念（"一"）的"多"。这样一来柏拉图就在总结了以往哲学家的哲学思想的基础上创立了自己的理念论。其实，柏拉图关于理念与具体事物之间的关系就是同类事物的概念与同类具体事物之间的关系，但是，在他那里，同类事物的概念乃是先于（至少逻辑上先于）同类具体事物并且作为同类具体事物之根源的独立自存的东西。因此，他的理念论是一种客观唯心主义的哲学理论，这一理论作为形而上学的发源表明形而上学最早是以典型形而上学的形式登上哲学舞台的。

柏拉图的上述世界理论被后来的形而上学家们广泛接受，乃至造成了传统形而上学的一个重要特征，即：在把真实世界看成是本质世界的基础上把世界二重化，认为本质世界作为"本体"、"本原"的"真实"（实在）世界是一个永恒不变的世界，只有这个世界才有资格成为形而上学的对象，也只有这个世界才能提供形而上学的绝对真理。但是，这个世界却是一个不可见的世界，人们能够见到的可见世界则是这个隐藏在可见世界后面的本质世界所决定的现象世界。唯心主义哲学家或唯理论哲学家在接受了柏拉图的二重世界的基础上也像柏拉图一样否定现象世界的实在意义，并且否定它们对于认识真理的必要性；唯物主义哲学家或经验论哲学家在接受了柏拉图的二重世界的基础上则与柏拉图有所不同，他们对现象世界采取更为宽容的态度，他们承认现象的实在意义，也承认现象对于认识真理的实在意义，但是，他们并不因此认为现象能够提供关于真理的认识，在他们看来，人们对于现象的认识只是通向真理性的认识的一个跳板。在传统形而上学中，尽管康德在自己的自然哲学中消除了的本质世界和现象世界的区分，但是，康德之后的德国古典唯心主义哲学依然捍卫着康德之前的传统形而上学观点，依然把世界分为本质世界和现象世界。

　　正是因为柏拉图哲学在西方形而上学史乃至整个西方哲学史上有着不可替代的重要作用，所以，海德格尔曾经指出："形而上学就是柏拉图主义。"①"一切形而上学（包括它的反对者实证主义）都说着柏拉图的语言。"②"纵观整个哲学史，柏拉图的思想以有所变化的形态始终起着决定性的作用。……尼采把它自己的思想标示为颠倒了的柏拉图主义。随着这一由卡尔·马克思完成了的对形而上学的颠倒，哲学达到了最极端的可能性。……至于说人们现在还在努力尝试哲学思维，那只不过是谋求获得一种摹仿性的复兴及其变种而已。"③

---

　　① ［德］海德格尔:《哲学的终极和思的任务》，参见孙周兴选编:《海德格尔选集》下卷，上海三联书店 1996 年版，第 1244 页。

　　② ［德］海德格尔:《哲学的终极和思的任务》，参见孙周兴选编:《海德格尔选集》下卷，第 1254 页。

　　③ ［德］海德格尔:《哲学的终极和思的任务》，参见孙周兴选编:《海德格尔选集》下卷，第 1244 页。

第三章　柏拉图哲学的认识论

理念论的认识论包括理念论的认识理论和方法理论以及经由一定的方法进行认识所获得的知识体系。柏拉图创立了西方哲学史上第一个比较完整的典型形而上学的认识论体系，这个认识论体系上承巴门尼德的"存在与思维"同一的命题和苏格拉底的知识学说，下接亚里士多德特别是典型的形而上学的知识学说，在西方形而上学史上占有极其重要的地位。

一、真理的认识

柏拉图的理念论的认识论作为对于"理念"的认识论，毫无疑问，它的认识对象就是"理念世界以及理念世界中的理念"。但是，人们毕竟生活在现实世界或说可见的现象世界之中，所以，柏拉图的理念论的认识论也像他的理念论一样，面临着一个如何处理关于两个世界的认识及其两种认识之间的关系的问题。

根据柏拉图的观点，由于只有理念才能是真理的对象，因而也才是认识的真正对象，所以，认识的目的就是如何正确地把握理念。问题是生活在现实的作为理念之影子或摹本的可见的现象世界中的我们是否能够避开我们所生活的世界直接去认识理念世界以及其中的理念呢？从整体上说，柏拉图认为，若要认识理念，不仅需要避开我们所生活的可见的现象世界，而且能够避开我们所生活的可见的现象世界。因此，为了获得关于"理念世界以及其中的理念"的真理性的认识，他把避开我们所生活的可见的现象世界作为一个前提。为此，他反对我们通过肉体的眼睛去观察（包括通过其他的感官去感觉，下同）可见的现象世界。他说：可见的现象世界中的事物是感性的事物，感性事物作为肉体的眼睛可以看到的事物是多样性的具体事物；"但是那些永久的实体，你们无法感觉到，而只能靠思维去把握；对我们的视觉来说，它们是不可见的"①，它们是单一的实体事物。因此，"在这种情况下，哲学接管了灵魂，试图用温和的劝说来使灵魂自由。她向灵魂指出，用眼睛、耳朵以及其他所有感官作出的观察完全是一种欺骗，她敦促灵魂尽可能不要使用感官，除非迫不得已，她鼓励灵魂要精力集中，相信自己对物体的独立判断而不要相信别的对象，不要把灵魂间接得来的服从多样性的东西当作真理，因为这样的物体是可感的和可见的，而灵魂自身看到的对象是理智的和肉眼不可见的。"②他还借用苏格拉底的口对西米亚斯说："你难道不认为，进行这种尝试，最成功的人就是那个尽可能接近每个对象的人，他使用的理智没有其他感官的帮助，他的思考无需任何视觉，也不需要把其他任何感觉拉扯进来，这个人把他纯粹的、没有玷污的思想运用于纯粹的、没有玷污的对象，尽可能切断他自己与他的眼睛、耳朵以及他的身体的其他所有部分的联系，因为这些身体器官的在场会阻碍灵魂获得真理和清理思想？"③由此出发，柏拉图指出了通过肉眼去看可见现象世界对于认识真理的不必要性，也就是说，他认为这种认识对于认识真理来说并不需要甚至会起阻碍作用。

那么，在避开用肉体的眼睛去看可见的现象世界的认识之后，我们如何才能把握到理念从而获得真理性的知识呢？也就是说，若是避开用肉体的眼睛去看可见的现象世界的认识我们还能够认识理念从而获得真理性的知识吗？柏拉图肯定了这种可能性。在他看来，我们依然可以采取

---

① ［古希腊］柏拉图：《斐多篇》，参见《柏拉图全集》第一卷，王晓朝译，人民出版社 2002 年版，第 82 页。

② ［古希腊］柏拉图：《斐多篇》，参见《柏拉图全集》第一卷，王晓朝译，人民出版社 2002 年版，第 87—88 页。

③ ［古希腊］柏拉图：《斐多篇》，参见《柏拉图全集》第一卷，王晓朝译，人民出版社 2002 年版，第 63 页。

"看"的认识方式。但是，这里的"看"不是用肉体的眼睛向外去"看"可见的现象世界，而是用心灵的眼睛向内去"看"自己的心灵。所以，柏拉图说："人的灵魂就好像眼睛一样。当它注视被真理和实在所照耀的对象时，它便能够认识这些东西，了解它们，显然是有了智慧。"①在柏拉图那里，心灵是理性思维的所在地，心灵的眼睛也就是心灵的理性思维能力，由于柏拉图已经排除了用肉体的眼睛向外看可见的现象世界所获得的认识对于认识理念的必要性，那么，心灵的眼睛就不能去思维来自外在世界的对象，它只能思维内在的对象。问题在于，既然理念是一种客观的精神，心灵向内看如何能够看到理念呢？或说，心灵向内看如何能够思维到理念呢？根据柏拉图的观点，心灵自身就属于理念世界的一个部分，由于它与理念处于同样的世界之中，所以，当我们向内在的心灵看的时候，我们就能看到理念从而获得关于理念的知识。"理念"一词的希腊文原文是"看"的意思，转化为名词就是"所看到的东西"。因此，在柏拉图那里，作为动词，它就是心灵之眼的"看"，作为名词，它就是"所看到的东西"，而这个"所看到的东西"实际就是理念的世界（形式自身）。这样一来，柏拉图就在自己的认识论中在避开用肉体的眼睛去看可见的现象世界的认识的基础上，通过用心灵的眼睛向内看的方式直接把人的思维与存在（可见的现象世界背后的真正实在的存在或理念）统一了起来，并在这种直接统一中把握了理念，获得了关于理念的真理知识，也就是说，获得了关于可知的世界的真理知识，从而把他自己的理念论哲学变成为真理的思想体系。毫无疑问，这种认识理论应是一种典型形而上学的认识理念，它进一步系统化了巴门尼德的认识理论，为后来的典型的形而上学认识论提供了最初但却坚实的基础。

二、光照与善照

尽管柏拉图认为理念才是真正的认识对象，才能提供真理，但是，正

---

① 北京大学哲学系编译：《古希腊罗马哲学》，商务印书馆 1982 年版，第 35 页。

像他给人们描述的世界既包含了真实的理念世界也包含了虚假但与真实的理念世界又具有某种关系的现实世界一样，在认识论中，他既探讨了对于真实的理念世界的真理性认识也探讨了对于虚假但与真实的理念世界又具有某种关系的现实世界的非真理性认识。特别重要的是，尽管柏拉图并不认为非真理性的认识对于求达真理性的认识有任何作用，但是，根据柏拉图的观点，这种非真理性的认识除了在日常生活中也有某种积极作用之外，它还对于求达真理性的认识具有某种"消极的"作用，如何避免这种"消极的"作用，却是我们走向真理性的认识的必要途径。因此，若要全面掌握柏拉图的认识论思想，还必须从完整的意义上来理解他的认识论思想，不仅要分析他关于理念的真理性的认识理论，还要分析他关于非理念的非真理性的认识理论。

当我们把关注的目光转向可见的现象世界之后，我们发现，那种我们在前文中被排除在真理性的认识之外的对于外在的可见的现象世界以及现象世界中的个别的具体事物的"看"又重新进入了柏拉图的视野。他也分析了人的肉体眼睛对于外在可见的现象世界的"看"。这样一来，作为柏拉图的完整的认识论，其实包含了两种"看"的理论，一种是人们凭借肉体之眼对于外在的可见的现象世界的看，另外一种则是人们凭借心灵之眼对于内在的可知的本体世界的看。柏拉图具体分析了这两种看，并且具体分析了这两种看的可能性问题。我们曾说，柏拉图把理念世界或本体世界看成是在善的理念统辖下的秩序井然的世界，并把现实世界或现象世界看成是在太阳统辖下的秩序井然的世界。现在，在认识论中，他则将本体论中所说的作为统辖者的"善"和"太阳"分别看成是人的心灵之眼对于内在的本体世界之"看"和人的肉体之眼对于外在的现象世界之"看"的可能性的原因。从人的肉眼向外看现象世界的角度说，人之肉眼的看必须要借助于"光"，所以，它离不开太阳，就此而言，太阳是人之肉眼能够"看"和"看到"的原因。正是因为如此，柏拉图说，我们凭借视力来看可见事物，用其他的感觉里来感受所有可感事物。然而，视觉若要能够看见，还需要第三种因素，那就是"光"。它作为一种必需的媒介要珍贵得多。在天上的神之中，太阳是光的创造者和原因。所以，他歌颂太阳，指出太阳作为最高的统辖者不仅能使人们看见可见的事物，而且还使它们能够出生、生长、得到营养。既然人的肉眼必须借助于"光"才能向外看到现象世界，那么，人的心灵之眼向内看本体世界时是否也需要某种"光"的照耀呢？柏拉图的回答十分肯定。在他看来，人的灵魂就好比人的眼睛，"当灵魂凝视着真理与实在所照耀的区域时，灵魂就能够认识和理解，好像拥有理智似的，但当它转向那个黑暗的区域，那个有生有灭的世界时，物体变模糊起来，只能产生动荡不定的意见，又显得好像没有理智了。"① 这里，我们可以这样来理解柏拉图的话：人的心灵之眼也就是理智之眼，据此，若是人的心灵之眼面向真理与实在的区域，也就是说，若是它面向理念的本体世界，那么，它就能够看得见，能够显示出它的理智，之所以说它能够显示出它的理智乃是因为它能够看见从而使理智表现出来；反之，若是人的心灵之眼转向到有生有灭的区域，也就是说，若是它转向到现实的现象世界，那么，它就不可能清楚地看见，它的理智也不能清楚地显现，之所以说它的理智不能清楚地显现乃是因为它不能清晰地看见从而使它的理智不能清楚地表现出来。因此，由于心灵之眼仅是一种只看本体的理念世界的眼睛，所以，它不需要也不能借助外在的太阳之"光"去看，外在世界的"光"只会扰乱它的视线而模糊它的视力，它需要另外一种能够照耀内在的本体的理念世界的"光"来为其照明，在柏拉图说"当灵魂凝视着真理与实在所照耀的区域时"他已认定内在的世界（理念世界）确是得到了"光"之照耀的世界。在他看来，这种照耀本体的理念世界的"光"来自那统辖本体之理念世界的"善"的理念，善的理念是本体的理念世界之"光"的原因。他说，"把真理赋予知识对象的这个实在，使认知者拥有认识能力的这个实在，就是善的'型'，你必须把它当作知识和迄今为止所知的一切真理的原因。真理和知识都是美好的，但是善的'型'比它们更美好……至于知识和真理，你绝对不能认为它们就是善，就好比我们刚才在比喻中提到光很像太阳的视力，但

① ［古希腊］柏拉图：《国家篇》，参见《柏拉图全集》第二卷，王晓朝译，人民出版社 2003 年版，第 506 页。

绝不能认为它们就是太阳。"①总之，知识的对象不仅因善而得到可知性，"而且从善那里得到它们自己的存在和本质，但是善本身不是本质，而是比本质更加尊严、更有威力的东西"②。

由此可见，在柏拉图那里，我们既可以在太阳的照耀下通过肉体的眼睛去看外在现象世界，也可以在善的理念的照耀下通过心灵的眼睛去看内在理念世界。尽管前者也为我们提供了某种知识，但是，若是想要看到真正的实在，也就是说，想要看到理念从而获得真理，那么，我们只能在善的理念的照耀下借助心灵的眼睛去看内在的理念世界，通过肉体的眼睛对于外在现象世界的"看"不仅无助于心灵之眼去"看"理念（真理）而且还会扰乱心灵之眼去看理念（真理）。

三、知识的系统

柏拉图通过自己的认识论建立了自己的知识系统，在这个知识系统中，既包含了以理念世界之理念为对象的真理性的知识，也包含了以现象世界之现象为对象的非真理性的知识。不仅如此，柏拉图还进一步对于关于理念世界的真理性知识和关于现象世界的非真理性知识作了更为细致的分类，建立了比较系统的具有典型形而上学特征的知识体系，为形而上学这一学科的知识论提供了起源。

（一）知识与意见

根据柏拉图所阐述的认识理论，我们发现他的基本做法是：根据认识对象来对知识进行分类。据此，柏拉图对认识对象进行了梳理，指出了它们与认识（可知与否以及可知到何种程度）的关系。他说，"……我们都可以确凿无疑地断言，完全存在的事物是完全可知的，完全不存在的事物

---

① ［古希腊］柏拉图:《国家篇》，参见《柏拉图全集》第二卷，王晓朝译，人民出版社 2003 年版，第 506 页。

② ［古希腊］柏拉图:《国家篇》，参见《柏拉图全集》第二卷，王晓朝译，人民出版社 2003 年版，第 507 页。

是完全不可知的。"① 这里，完全存在的事物就是理念对象，它们是实实在在存在着的对象，根据柏拉图的理解，这类对象属于完全可知的对象；完全不存在的事物就是根本不存在的对象，根据柏拉图的理解，这类对象则属于完全不可知的对象，根本不存在也就意味着无从认识。除了完全存在因而完全可知和完全不存在因而完全不可知的对象之外，柏拉图还提出了一种特殊的对象，这种对象就是现实的现象世界中的对象。他说，如果有某个事物处于既存在又不存在的状态之中，那么，这个事物就处于绝对、无限的存在和不存在之间。这就是说，现象世界中的对象作为理念的影子、摹本，它们既因与理念具有一定的关系而在某种意义上存在并具有某种绝对性和无限性，又因不是理念自身而并不存在并且不具有真正的绝对性和无限性。因此，它们是存在但却只是一种虚假的存在。柏拉图说，既然"知识与存在相关，无知必然与不存在相关"②，那么，"那些处于知识与无知二者之间的状态如果也有东西与之相对应，我们一定要把它找出来。"③ 根据柏拉图的解释，这种东西既非知识，又非无知，它就是意见，它介于知识与无知之间。"……意见相对于某些事物而言，知识相对于另一些事物而言。"④ 意见这种既非无知又非知识的现象完全决定于它的对象的既不存在又存在或说既非绝对纯粹的存在又非绝对纯粹的不存在的情形。因此，尽管在柏拉图那里严格地说，意见并不属于知识，但是，在我们讨论各种形而上学思想的知识论时，我们依然可以在广义上说，柏拉图的知识系统主要包含了真理性的知识和非真理性的意见两个部分。

（二）理性、知性、信念、想象

在柏拉图的知识体系中，他除了根据认识对象（两重世界）区分出了

---

　　① ［古希腊］柏拉图：《国家篇》，参见《柏拉图全集》第二卷，王晓朝译，人民出版社 2003 年版，第 466 页。

　　② ［古希腊］柏拉图：《国家篇》，参见《柏拉图全集》第二卷，王晓朝译，人民出版社 2003 年版，第 467 页。

　　③ ［古希腊］柏拉图：《国家篇》，参见《柏拉图全集》第二卷，王晓朝译，人民出版社 2003 年版，第 467 页。

　　④ ［古希腊］柏拉图：《国家篇》，参见《柏拉图全集》第二卷，王晓朝译，人民出版社 2003 年版，第 467 页。

知识与意见之外，还进一步对知识和意见进行了细分，当然，这种细分与他对于认识对象的细分保持着高度的一致性。如前所述，在他那里，两重世界可以进一步被划分为四重世界，即：本体的理念世界进一步被划分为直接隶属于"善"的理念及善本身和并不直接隶属于善本身的理念（"数理实体"），现象的现实世界也进一步被划分为现实的具体事物和这些具体事物自身的"影子"（"影子的影子"）。与此相应，人的认识也可进一步被划分为四种认识，它们分别依赖于人的四种认识能力，即：通过人的"理性"认识能力而对以直接隶属于善的理念以及善本身为对象的认识，它的认识结果是"理性的知识"，这种理性的知识就是"辩证科学"；通过人的"知性"（或说理智）认识能力而对以并不直接隶属于善本身的理念为对象的认识，它的认识结果是"知性的知识"，这种知识就是"科学知识"；通过人的"信念"能力而对以现实的具体事物为对象的认识，它的认识结果是"信念"（或说"相信"），这种信念就是所谓的"常识"；最后是通过人的"想象"能力而以现实的具体事物的影子为对象的认识，它的认识结果则是"猜测"，这种想象归根到底只是"幻觉"。其中，我们可以用（广义的）"理性"来概括人的理性认识能力和知性认识能力，以及作为上述两种认识能力之认识结果的理性的知识和知性的知识；并且用（广义的）"意见"来概括人的信念能力和想象能力，以及作为上述两种认识能力之认识结果的常识和猜测。其实，在柏拉图的认识论系统中，（广义的）理性能力就是心灵的眼睛向内看的能力，这种能力的结果就是知识，也就是说，知识就是人通过心灵的眼睛向内看理念世界（可知世界）的产物；而（广义的）意见能力则是肉体的眼睛向外看的能力，这种能力的结果便是意见，也就是说，意见就是人通过肉体的眼睛向外看现实世界（可见世界）的产物。正如柏拉图所说的："……相应于（认识对象的——引者）这四个部分，有四种心理状态，相当于最高一部分的是理性，相当于第二部分的是理智，相当于第三部分的是信念，相当于最后一部分的是想象。"[①]并且，我们可以"把后面两部分合起来称为意见，把前

---

① 北京大学哲学系编译：《古希腊罗马哲学》，商务印书馆1982年版，第201—202页。

两者合起来称为理性"，"意见所处理的是生成，而理性所处理的是本质，二者的关系可以这样表达：理性与意见的关系就好像本质与生成的关系，知识与信念、理智与想象或猜测的关系就好像理性与意见的关系"①。

这样一来，他就从四种认识对象衍化出了四种认识结果，并在统一的知识和意见的基础上，更为详细地构成了四种（在不太严格的意义上的）知识，形成了他的完整的知识系统。

（三）爱智慧者与爱意见者

柏拉图在知识和意见的区分中进一步区分出了爱智慧者和爱意见者，充分肯定了爱智慧者的崇高性。从认识真正的存在或认识真理的角度说，柏拉图表示"意见"没有什么价值。尽管这种"意见"对于人在现实世界中的物质生活还是具有一定的作用，但是，柏拉图本人像他的老师苏格拉底一样并不推崇这种生活。他真正推崇的是那种热爱"知识"因而热爱智慧的人的生活。柏拉图把人分成两种，"一种人思考和关注的是作为知识对象的事物，而另一种人思考和关注的是作为意见对象的事物"②，前者是爱智慧者，而后者则是爱意见者。根据他的解释，只有爱智慧的人才能认识事物本身，他们具有勇敢、大度、聪敏、强记等等必备的天赋品质；而那些喜爱和关注声色之美的人只能看到感性的事物（或相似的事物）而看不到事物本身。他告诉我们说："努力追求真正的存在是真正的爱知者的天性，他不会停留在意见所能达到的众多的个别事物上，在他心灵中的那个部分把握每一事物自身的本质之前，他的热情锋芒不会迟钝，他的欲望也不会降低，他心灵中的那个部分与实在是最接近的，也最能把握这种实在，通过心灵这个部分与事物的接近与交合，他产生出理智和真理，获得真正活生生的和生长着的知识"③。不过，柏拉图承认，大多数人都满意地

① ［古希腊］柏拉图：《国家篇》，参见《柏拉图全集》第二卷，王晓朝译，人民出版社2003年版，第536页。
② ［古希腊］柏拉图：《国家篇》，参见《柏拉图全集》第二卷，王晓朝译，人民出版社2003年版，第472页。
③ ［古希腊］柏拉图：《国家篇》，参见《柏拉图全集》第二卷，王晓朝译，人民出版社2003年版，第481页。

生活在"意见"之中，真正爱智慧者十分难得。也正因为如此，他得出结论说：哲学其实只是少数人的事业。

四、辩证的方法

柏拉图不仅在毕达哥拉斯、巴门尼德和苏格拉底相关的认识思想的基础上初步形成了比较完整的认识论学说，而且还继承和发展了苏格拉底的辩证方法（问答法或精神助产术），将其构成了自己哲学认识论思想的一个重要组成部分。

（一）两种方法的提出

我们知道，苏格拉底的辩证法是一种在问答中通过揭露矛盾逐渐从个别案例归纳或引申出一般定义的方法，在这种方法中，有两个十分重要的因素：其一，揭露矛盾。这里的揭露矛盾不是承认矛盾存在的合理性而是要避免自相矛盾，因此，它是一种消除矛盾的方式。它正是在相互诘难的问答中通过消除一个又一个个别案例中的矛盾，最后在消除矛盾的基础上得出一般性的结论。其二，逻辑推导。这里的逻辑推导主要意味着一种纯粹的形式逻辑的推导，尽管苏格拉底在推导中不断面对一些源自经验世界的个别案例，但是，他实际关注的是蕴含在这些案例中的概念上的形式方面的逻辑问题。若是把上述两个方面综合起来，我们就会发现，苏格拉底的辩证法乃是一种在问答中通过纯粹形式上的逻辑推导将包含在一些个别案例中的自相矛盾揭露出来并且加以排除，最终在一种不矛盾的基础上得出一般的结论（定义、知识）的方法。柏拉图正是在这样的意义上接受了苏格拉底的辩证法，并且在彻底排除源自经验世界的一切个别案例的基础上，更为深刻和系统地阐述了这种方法，把它与人类获得最高的知识结合起来。柏拉图的这种思想是他在阐述自己知识体系（理性知识、知性知识、信念、想象）中的真正的知识（理性知识、知性知识）时表达出来的，并在他的一些后期著作（例如《巴门尼德篇》）中得到了比较系统的发挥。

在阐述真正的知识亦即关于理念世界或可知世界的知识时，柏拉图具体探讨了应如何通过某种特定的方法获得理性知识和知性知识的问题。在他看来，尽管理性知识和知性知识都以理念世界或可知世界为其对象，但是，这个世界作为理性知识对象的理念和作为知性知识对象的理念却具有不同程度的真实性。这样一来，在认识理念世界的问题上，理念世界自身就被分成了两个部分，并形成了两种不同的认识方式或认识方法。柏拉图通过下面这一段话表述了这一思想："在一个部分中，人的灵魂被迫把可见世界中的那些本身也有自己的影子的实际事物作为影像，从假设出发进行考察，但不是从假设上升到原则，而是从假设下降到结论；而在另一个部分中，人的灵魂则朝着另一方面前进，从假设上升到非假设的原则，并且不用在前一部分中所使用的影像，而只用'类型'，完全依据'类型'来取得系统的进展"①。柏拉图在这一段话中所说的心灵通过两种方式考察的两个部分实际指的就是理念世界或可知世界中的直接隶属于善的理念的理念以及善的理念自身和并不直接隶属于善的理念的理念或说数理实体，正是根据这种区分，他才具体提出了针对上述两类理念的不同的认识方式或认识方法。

（二）从假设下降到结论

针对理念世界或可知世界中的那些并不直接隶属于善的理念的理念或数理实体的认识方式如柏拉图所说就是把理念世界或可知世界之影子的现实世界或可见世界中的具体事物当作影像，并从假设出发，不是从这些假设上升到原则而是从这些假设下降到结论。这里，有两种东西是必要的：其一，影像。表面看来，这种认识方式并不排斥甚至还需要某些可见的具体事物的影像，但是，在实际上，认识者真正关注的却不是这些影像而是这些影像所模仿的东西亦即理念。例如，在数学的研究（认识）中，研究者们也会使用和谈论一些可见的图形（画出的正方形、对角线），但是，他们真正思考的东西却不是这些图形，而是这些图形所模仿的那些东西，

---

① ［古希腊］柏拉图：《国家篇》，参见《柏拉图全集》第二卷，王晓朝译，人民出版社 2003 年版，第 508 页。

不是他们所画的某个特殊的正方形和对角线，而是正方形和对角线本身。画出的正方形、对角线只不过是我们能通达正方形、对角线本身（理念）的一种诱因或刺激罢了。其二，假设。假设指的是假定人们在认识"数理实体"时已经具有的一些必不可少的作为前提的知识，它是认识"数理实体"本身必不可少的工具。例如，假定那些研究几何和算术之类学问的人首先已有奇数和偶数、各种图形、三角形以及其他知识，并把这些知识当作绝对的前提，当作无需进一步解释的不证自明的东西，"从这些假设出发，他们通过首尾一贯的推理，最后到达所想要的结论。"① 借助于"影像"并把"假设"作为出发点，人们就能获得关于"数理实体"或那些并不直接隶属于善的理念的理念的知识亦即以数学知识为主体的科学知识。

正是由于"影像"和"假设"在这种方法中的重要性，所以，柏拉图认为采用这种方法时必须具有两点限制，即："第一，在研究它们的过程中，人的心灵必须使用假设，但由于心灵不能超出这些假设，因此不可能向上活动而达到第一原理；第二，在研究它们的过程中，人的心灵利用在它们下面的那一部分实际事物作为影像，这些实际的东西也有自己的影像，并且和它们之间的影像相比，这些事物被认为更加清晰，更有价值。"②

（三）从假设上升到原则

针对理念世界或可知世界的那些直接隶属于善的理念的理念以及善的理念本身的认识方式如柏拉图所说就是不用再把作为理念世界或可知世界之影子的现实世界或可见世界中的具体事物当作影像而只用"类型"（完全依据"类型"）取得知识系统的进展，并且从假设上升到非假设的原则。这里，不仅认识"数理实体"时所需要的"影像"被排除出去了，而且认识"数理实体"的必要假设的地位也大大降低，它只是从"假设"通

---

① ［古希腊］柏拉图:《国家篇》，参见《柏拉图全集》第二卷，王晓朝译，人民出版社 2003 年版，第 508 页。
② ［古希腊］柏拉图:《国家篇》，参见《柏拉图全集》第二卷，王晓朝译，人民出版社 2003 年版，第 509 页。

向"非假设"的一个"跳板"。柏拉图详细描述了这种无需"影像"而仅仅把"假设"作为一个"跳板"的对于直接隶属于善的理念的理念以及善的理念本身的认识方式（方法），他说："至于可知世界的另一部分，你要明白，我指的是理性本身凭着辩证法的力量可以把握的对象。在这里，假设不是被当作绝对的起点，而是仅仅被用作假设，也就是说假设是基础、立足点和跳板，以便能从这个暂时的起点一直上升到一个不是假设的地方，这个地方才是一切的起点，上升到这里并且从中获得第一原理以后，再回过头来把握那些依赖这个原理的东西，下降到结论。"① 这就是说，这种方式（方法）仅把"假设"当作一个临时的"起点"和"跳板"而不把它（像在认识"数理实体"时那样）当作绝对的起点，通过这个"起点"和"跳板"，它要跳到一个绝对的真正起点上去，换句话说，它要"上升"到作为第一原理的原则上去（而不是要直接下降到结论）；然后，它再从这个第一原理或真正的起点出发，逐步下降到结论。

（四）辩证法的实质及其影响

在针对两种不同的理念对象的两种不同的认识方式或认识方法中，后面一种认识方式或认识方法区别于前面一种认识方式或认识方法的地方在于它根本无需任何现实世界中的具体的感性事物（因而也不需要任何感性认识），借助"假设"这一"跳板"直接跳到第一原理，然后把第一原理作为基点进行逻辑推论。柏拉图把这种认识方式或认识方法称之为辩证法。柏拉图的这种辩证法像苏格拉底的辩证方法一样排除了现实世界的具体的感性事物，它也在不断地消除矛盾的过程中进行纯粹的逻辑推导，正如柏拉图自己所说，"在这个过程中，人的理智不使用任何感性事物，而只使用事物的型，从一个型到另一个型，最后归结为型。"② 同时，它也与苏格拉底的辩证方法有所区别，它不采用归纳的方式通过揭示一个又一个

---

① ［古希腊］柏拉图：《国家篇》，参见《柏拉图全集》第二卷，王晓朝译，人民出版社 2003 年版，第 509 页。

② ［古希腊］柏拉图：《国家篇》，参见《柏拉图全集》第二卷，王晓朝译，人民出版社 2003 年版，第 509 页。

的具体案例的自我矛盾推导出一般结论，而是从第一原理出发进行从一个概念到另外一个概念、或说从一个理念到另外一个理念的逻辑演绎。柏拉图的辩证法的认识论和方法论其实就是后来在亚里士多德那里得到系统表述的逻辑演绎理论的雏形，它从第一原理出发，在不借助于经验内容的情况下进行纯粹的不含矛盾的逻辑推导。同时，由于柏拉图并不把自己的辩证法仅仅看成是纯粹形式的逻辑，而把它看成是获得实质性最高知识的工具，因此，他的辩证法也为以后的唯理论的认识论和方法论奠定了基础。由此可见，尽管柏拉图的辩证法被冠以了"辩证法"的名称，但它实际上开创了基于形式逻辑的先验演绎的先河。

柏拉图把经过辩证法获得的关于直接隶属于善的理念的理念以及善的理念本身的知识称为辩证科学，认为辩证科学的知识是最高等级的知识。如前所述，在他那里，作为认识对象的理念世界既包含了具有最高等级的直接隶属于善的理念的理念以及善本身的理念，也包含了次一级的并不直接隶属于善的理念的理念（数理实体）；同时，作为认识对象的现实世界也分为影子（现实的具体的个别事物）以及"影子的影子"。因此，根据不同的认识对象我们沿着由低到高的顺序也可以获得四种（广义上的）知识：想象、信念、理智的知识和理性的知识。从清晰程度和真理程度来看，只有理智的知识和理性的知识才是真正的知识，但是，在真正的知识中，只有理性的知识才有最高的清晰程度和真理程度，因此，理性的知识就是最高等级的知识，这种知识就是辩证科学的知识。

五、灵魂回忆说

（一）基于灵魂不朽的回忆说

柏拉图的辩证法作为一种认识方法，它的基点就是通过临时性的"假设"直接跳上的"第一原理"。虽然柏拉图没有详细解释究竟如何从这种临时性的"假设"直接就能跳上那"第一原理"，但是，他却明白地告诉我们，这种临时性的"假设"并不能直接通向"第一原理"。因此，在他那里，"第一原理"作为最高原则既不来自现实的现象或说感性（经验）世界（因为它不求助于任何影像）也不来自某种"假设"。既然如此，它只能是人的心灵（或灵魂）先天具有的原理或原则。其实，在柏拉图那里，那些依据"第一原理"进行推论（演绎）所得出的知识究竟是不是心灵先天具有的知识我们不得而知，但是，一般说来，他那里的一切理念的知识（包括关于"数理实体"的知识）都应该是早已存在于人的心灵中的知识。柏拉图在谈到对于"相等"的认识时说："……在我们开始看和听，以及使用其他感官之前，我们必定在别的地方获得过这种知识，即有绝对相等这么一个事物。否则我们就决不会明白一切相等的感性事物都想要与绝对相等相同，用绝对相等作标准来比较，这些感性物体只是不完善的模仿。"① 他进一步说道："我们现在的论证不仅适用于平等，而且也适用于绝对的美、善、正直、神圣，以及所有在我们的讨论中可以冠以'绝对'这个术语的事物。所以，我们必定是在出生前就已经获得了有关所有这些性质的知识。"② 这就是说，在人的心灵中，所有的关于"绝对"亦即"本身"、"理念"等的知识都是早已存在于人的心灵中的知识。

　　既然包括"第一原理"在内的理念知识是先天知识，那么，我们为何还需要"认识论"？这里，他像苏格拉底一样把原因归结为人的心灵在与肉体结合的时候暂时"忘记"了这些知识。为了让这种原因的解释能够站得住脚，他就必须一方面说明灵魂（心灵）不朽，从而使它在与肉体结合之前和离散之后都能存在因而能够成为运载先天知识的有效载体，另一方面说明这些被暂时"忘记"的知识如何能够重新被灵魂（心灵）所察觉。我们知道，奥尔弗斯教派、毕达哥拉斯学派和苏格拉底都持有灵魂不死和灵魂转世的观点，柏拉图接纳了此一观点，他说："既然不朽的事物也是不可灭的，那么如果灵魂真的不朽，它必定也是不可灭的。"③ 不过，柏拉

① ［古希腊］柏拉图：《斐多篇》，参见《柏拉图全集》第一卷，王晓朝译，人民出版社 2002 年版，第 76 页。

② ［古希腊］柏拉图：《斐多篇》，参见《柏拉图全集》第一卷，王晓朝译，人民出版社 2002 年版，第 77 页。

③ ［古希腊］柏拉图：《斐多篇》，参见《柏拉图全集》第一卷，王晓朝译，人民出版社 2002 年版，第 120 页。

图所说的灵魂不朽并不是说它表面上不会死亡，而是它本质上不会死亡。所以他把人的灵魂不朽看成是"灵魂在某些时候会死亡，在某些时候会再生，但决不会彻底灭绝"①。当然，柏拉图提出灵魂不朽的目的是把灵魂（心灵）作为已经拥有了先天知识的根据。他说："既然灵魂是不朽的，重生过多次，已经在这里和世界各地见过所有事物，那么它已经学会了这些事物。"②问题在于灵魂在暂时"忘记"了已经拥有的先天知识后又是如何重新觉察到这些知识的呢？柏拉图像苏格拉底一样借助于"回忆说"，并把回忆的过程看成就是"学习"的过程。他说："如果灵魂能把关于美德的知识，以及其他曾经拥有过的知识回忆起来，那么我们没有必要对此感到惊讶。一切自然物都是同类的，灵魂已经学会一切事物，所以当人回忆起某种知识的时候，用日常语言说，他学会了一种知识的时候，那么没有理由说他不能发现其他所有知识，只要它持之以恒地探索，从不懈怠，因为探索和学习实际上不是别的，而只不过是回忆罢了。"③

既然认识（学习）是一种回忆，那么，就存在一个如何回忆的问题，也就是说，存在一个如何才能"回忆起来"的问题。在这方面，柏拉图依然沿着苏格拉底的思路前行，认为存在着认识和伦理两条回忆的路径。

（二）回忆知识的认识路径

苏格拉底认为尽管关于现实世界中具体的个别事物的认识（"看"、感觉）对认识（回忆）理念来说在本质上并无帮助，但它还是具有某种"刺激"作用。柏拉图明确肯定这种感性认识、"看"、感觉对于认识（回忆）的"刺激"作用。在他看来，正如我们看到某人的画像就可以想起某人，或看到某匹马的画像就想起了"马"本身一样，感性认识、"看"、感觉可以使我们想起（回忆）遗忘了的东西。他说："……我们看到，通

---

① ［古希腊］柏拉图：《美诺篇》，参见《柏拉图全集》第一卷，王晓朝译，人民出版社2002年版，第506页。

② ［古希腊］柏拉图：《美诺篇》，参见《柏拉图全集》第一卷，王晓朝译，人民出版社2002年版，第507页。

③ ［古希腊］柏拉图：《美诺篇》，参见《柏拉图全集》第一卷，王晓朝译，人民出版社2002年版，第507页。

过视、听或其他感官对感觉的提示可以获得对一个事物的感觉，通过某种联系可以想起遗忘了的事物，而无论这两个事物是否相同。"①这里，在人的心灵回忆先天具有的关于理念的知识时，这种"经验性的刺激"常常起着某种重要的作用。柏拉图的下面一段话其实总结了这种从遗忘到经验性刺激再到回忆的过程："如果我们真的是在出生前就获得了我们的知识，而在出生那一刻遗失了知识，后来又通过我们的感官对感性物体的作用又恢复了先前曾经拥有的知识，那么我们假定我们所谓的学习就是恢复我们自己的知识，称之为回忆肯定是正确的。"②

需要再次强调的是，柏拉图并不认为现实世界的经验性认识和回忆与有关理念的知识之间具有本质上的一致性。在他那里，现实世界（感性世界）和理念世界（知性世界）本是性质完全不同的两个世界，前者处于不断的运动变化、生生灭灭之中；后者则是永恒不变、永恒存在的实体。所以，"向外看"现实的现象世界和"向内看"理念的本体世界之间也是性质不同的两种认识，我们不可能经由"向外看"现实的现象世界走向"向内看"理念的本体世界，甚至"向外看"现实的现象世界反而会干扰"向内看"理念的本体世界。若是强迫灵魂观察实在，去看生灭的世界，那是不适宜的。这种情况就像洞穴中的囚徒的转向一样。他这里仅仅是强调"向外看"理念的影子对于"回忆"心灵已有的理念知识的外在的"刺激"作用。所以，他在讨论在经验世界中我们如何才能促使心灵学习或回忆到先天具有的知识时，同时还采用了另外一条路径。这条路径就是正确地处理灵魂与肉体的关系。

（三）回忆知识的伦理路径

苏格拉底认为，通过在经验世界中正确处理灵魂和肉体的关系就会"净化灵魂"，它是让灵魂走向真理（美德）的重要路径。柏拉图也同样肯

---

① ［古希腊］柏拉图:《斐多篇》，参见《柏拉图全集》第一卷，王晓朝译，人民出版社 2002 年版，第 77 页。
② ［古希腊］柏拉图:《斐多篇》，参见《柏拉图全集》第一卷，王晓朝译，人民出版社 2002 年版，第 77 页。

定了这一路径，并进行了详细的论证。柏拉图只说已经先天具有了理念知识的心灵（灵魂）在进入肉体时便暂时"遗忘"了自己的理念知识，但是，究竟是"如何"遗忘了自己的理念的知识的呢？柏拉图并没有明确说明。但是，根据柏拉图的一贯思想分析，我们还是可以窥视一二。一般来说，在他那里，造成灵魂遗忘的原因大致应该有两个：一个是心灵（灵魂）与具有物质欲望的肉体的结合；另外一个则是心灵（灵魂）遭到了经由感官接纳的感性现象的干扰。其实，这两个原因相互区别但又密切联系。从区别上说，肉体欲望造成的遗忘属于伦理学方面的干扰，它需要通过排除肉体的欲望从而净化心灵的方式才能得到矫正；而经由感官的感性现象造成的遗忘则属于认识论方面的干扰，它需要换一种符合心灵的认识方式才能得到矫正（尽管感官对于表现同类理念的现象的认识能够刺激心灵对相关理念的"回忆"）。从联系上说，人的肉体欲望是人通过感官去感知现象世界中物质对象的重要动力，而感官对于现象世界的感知又是人产生肉体欲望的基本条件之一。根据上述两个原因之间的密切联系，我们发现在认识论方面排除干扰和在伦理学方面排除干扰包含了同样的方式，那就是让灵魂在经验世界中尽量远离肉体（包括它的认识和它的欲望、特别是它的欲望）以及引起肉体欲望和干扰心灵认识的感性现象。这种远离在苏格拉底那里甚至以不惜消灭肉体为代价，所以他说灵魂若按正确的方式追求哲学，它就应该真正地训练自己如何从容地面对死亡，这是它摆脱羁绊走向神圣之地的路径。柏拉图尽管没有像苏格拉底那样用自己的身体去承担这种代价，但他却赞扬这种代价，所以，他坚决主张灵魂应该避免肉体特别是肉体之欲望的影响。

在世界分为现实世界和理念世界、现象世界和本体世界，以及可见世界和可知世界的基础上，柏拉图认为，肉体（身体）与可朽的事物相似，灵魂则与不朽的事物相似，因此，肉体和灵魂属于不同的世界，肉体属于现实、可见的现象世界，灵魂则属于理念、可知的本体世界；但是，在现实世界的人的身上，肉体和灵魂却相互结合起来，也就是说，当灵魂进入肉体时，它便由理念、可知的本体世界进入了现实、可见的现象世界，这种状况就向灵魂进入了坟墓和坟场一样。在这种情况下，灵魂便既可能表现为善的灵魂，也有可能表现为恶的灵魂。他说，灵魂有善有恶。若是灵魂被肉体玷污而变得沉重，它们被拉回到可见的世界，在坟墓和坟场里徘徊，这些没有消散的灵魂就是能被人真正看见的、影子般的幽灵。它们就是恶灵，"它们一直在游荡，通过对肉身的不断追求，最后再次被禁闭在肉身中。"① 只有那些经过哲学训练的人才能摆脱肉体的禁闭，走出肉体的坟墓和坟场，让灵魂得到解放，从而使其成为善的灵魂。所以，柏拉图说："……未实践哲学的灵魂在离开肉身的时候不是绝对纯洁的，这样的灵魂没有一个能够获得神圣的性质；只有智慧的爱好者才行。"②

因此，哲学的实践就是要努力摆脱肉体的欲望，让不完善的恶的灵魂转变为完善的善的灵魂。不完善的灵魂是纠缠于身体或肉体的灵魂，因为肉体在寻求营养时向我们提供了无数的诱惑，例如爱、欲望、恐惧、现象等等，它们甚至还为了这些欲望进一步导致争斗、革命、战争等等。因此，灵魂若把身体当作工具进行探究，"灵魂就被身体拉入多样性的领域而迷了路"③，这样一来，这些欲望就会干扰、打断我们的研究，阻碍我们对真理的关照。所以，"……如果我们想要获得关于某事物的纯粹的知识，我们就必须摆脱肉体，由灵魂本身来对事物本身进行沉思。"④ 这种沉思也就是引导灵魂从变易的世界转向存在的世界的一种学习，它的作用是提升灵魂，迫使它面对存在本身。例如，学习数的时候让灵魂面对纯粹的数。若是有人试图在理论上分割"一"，那么，那些精通算术的人一定不会允许它这么做，比如用除法把"一"分成部分，"他们就用乘法来对付你，决不让'一'在任何时候显得不是'一'，而是部分的组合"⑤。在学习中，

① ［古希腊］柏拉图：《斐多篇》，参见《柏拉图全集》第一卷，王晓朝译，人民出版社 2002 年版，第 86 页。
② ［古希腊］柏拉图：《斐多篇》，参见《柏拉图全集》第一卷，王晓朝译，人民出版社 2002 年版，第 87 页。
③ ［古希腊］柏拉图：《斐多篇》，参见《柏拉图全集》第一卷，王晓朝译，人民出版社 2002 年版，第 83 页。
④ ［古希腊］柏拉图：《斐多篇》，参见《柏拉图全集》第一卷，王晓朝译，人民出版社 2002 年版，第 64 页。
⑤ ［古希腊］柏拉图：《国家篇》，参见《柏拉图全集》第二卷，王晓朝译，人民出版社 2003 年版，第 525 页。

"当灵魂自我反省的时候，它穿越多样性而进入纯粹、永久、不朽、不变的领域，这些事物与灵魂的本性是相近的，灵魂一旦获得了独立，摆脱了障碍，它就会不再迷路，而是通过接触那些具有相同性质的事物，在绝对、永久、单一的王国里停留。灵魂的这种状态我们称之为智慧。"① 他甚至进一步认为，从这个论证的角度来判断，只有在我们死去以后，而非在今生，我们才能获得我们心中想要得到的智慧。如果有身体相伴就不能有纯粹的知识，那么获得知识要么是完全不可能的，要么只有在死后才有可能，因为仅当灵魂与身体分离，独立于身体，获得知识才是可能的。

柏拉图并不指望会有很多人能够通过实践哲学来学习或提升自己的灵魂，但是，他却认为，即使在那些未能通过实践哲学来学习或提升自己的灵魂的人中，也有一些人不至于把自己降格到完全被欲望囚禁的地步，他们也能养成某种普通公民之善，他们的善指的是通过习惯和实践获得而无需哲学和理性的帮助的自制、诚实等等。这些人接受纪律的约束，过着社会生活，成为体面并且幸福的公民。因此，真正能够通过实践哲学来学习和提升自己灵魂的人只是少数人，只有他们才能学习或回忆起自己的先天的知识。"只要我们还保留着不完善的身体和灵魂，我们就永远没有机会满意地达到我们的目标，亦即被我们肯定为真理的对象。"② 这样的少数人就是哲学家。真正的哲学家知道使灵魂进入监狱的首先就是灵魂自己，所以，他们禁止一切身体的欲望而不向它投降。当他们反省自己的灵魂而进入纯粹、永久、不朽、不变的领域时，"此时，真正的哲学家的灵魂会感到一定不能拒绝这个解放的机会，因此灵魂尽可能节制快乐、欲望和悲伤，因为灵魂想到放纵快乐、欲望和悲伤的结果不是像人们所设想的那种微不足道的不幸，……而是一场受害者不知道的最可怕的灾难。"③ "……一个（在行动中）善良的人（和追求知识的人）是最能理解善的人，当

---

① ［古希腊］柏拉图:《斐多篇》，参见《柏拉图全集》第一卷，王晓朝译，人民出版社 2002 年版，第 83 页。

② ［古希腊］柏拉图:《斐多篇》，参见《柏拉图全集》第一卷，王晓朝译，人民出版社 2002 年版，第 63 页。

③ ［古希腊］柏拉图:《斐多篇》，参见《柏拉图全集》第一卷，王晓朝译，人民出版社 2002 年版，第 83 页。

然，他也能从这种理解中受益。"①

六、柏拉图认识论的影响

柏拉图根据自己提出的两重世界进一步提出了两种认识理论，这两种理论可以被概括为两种"看"的理论。其实，不仅是本书作者将其概括为两种"看"的理论，柏拉图本人也在一定程度上将其概括为两种"看"的理论。在面对现实的现象世界的认识方面，柏拉图特别重视视觉的作用，他把太阳的照耀看成是人在现实的现象世界能够感觉对象的原因之后认为，在人的感觉器官之中，眼睛虽然不是太阳，但它最像太阳并能放出一束射线，所以人们"喜爱视觉尤胜于其他"②。太阳是视力的原因，但它又能被视力看见。他对最像太阳的眼睛的重视意味着他把视觉的"看"作为人们通过肉体的"感官"感觉外在的现实现象世界的主要工具。同样，在面对理念的本体世界的认识方面，柏拉图也特别重视视觉的作用，他不仅把善的照耀看成是人在理念的本体世界能够看见对象的原因，而且也曾多次明确地把心灵（灵魂）称之为心灵的眼睛，例如他说："灵魂……确实可以比作灵魂的眼睛"③。他对善的理念之照耀的重视以及对于心灵之眼睛的称谓意味着他把心灵的眼睛之视觉的"看"也当成了心灵认识、研究、回忆理念之本体世界的知识的主要工具。因此，在一定的意义上，把柏拉图的认识论概括为两种"看"的理论符合柏拉图本人的意愿。

当我们多少根据柏拉图本人的意愿把他的认识论概括成两种"看"的理论后，我们便会发现他的认识论对于西方形而上学认识论之影响的实质。在形而上学之认识论的历史上，主要存在的就是两种"看"的认识理论，典型形而上学和离异形而上学之间在认识论上的区别就是如何处理

---

① Editedby Douglas Cairns,*Pursuing the Good: Ethics and Metaphysics in Plato's Republic*,Edinburgh:Edinburgh University Press,2007,p. 283.

② ［古希腊］柏拉图：《国家篇》，参见《柏拉图全集》第二卷，王晓朝译，人民出版社 2003 年版，第 515 页。

③ ［古希腊］柏拉图：《国家篇》，参见《柏拉图全集》第二卷，王晓朝译，人民出版社 2003 年版，第 515 页。

两种"看"的认识理论。在典型形而上学那里，哲学家们完全继承了柏拉图的观点，他们认为只有心灵之眼向内的看才能认识到现象背后的本体，从而把握真理，对于肉体之眼向外的看，他们也像柏拉图一样认为这种"看"不仅不能有助于心灵之眼向内的看，甚至还会干扰心灵之眼向内的看（例如笛卡尔），或者，他们中的有一些人在总体上反对经由肉体之眼向外看的必要性的同时又像柏拉图一样同意肉体之眼向外看对于心灵之眼回忆先天知识的"刺激"意义（例如莱布尼茨）。在离异形而上学那里，哲学家们则违背了柏拉图的意愿而把他提出的肉体之眼的向外看当作认识现象背后的本体的必由之路，他们认为，心灵之眼也必须向外看，但是，心灵之眼既要以肉体之眼的向外看作为基础，又要穿透肉体之眼的向外看从而透过现象看到现象背后的本体（本质）。由此可见，柏拉图的两种"看"的理论像他的两重世界的理论一样对于形而上学产生了重要影响，尤其是对典型形而上学产生了重要影响。它表明从认识论的角度看形而上学在柏拉图那里也得到了初步的发源。

柏拉图继承了苏格拉底、毕达哥拉斯的基于灵魂不死的灵魂回忆说并将其加以系统发挥，形成了他自己的灵魂回忆学说。尽管这种学说充满了神学色彩，但是，它却对西方形而上学的认识论发展产生了实质性的影响。这种影响的重要之点不在于"灵魂不朽"，而在于先天知识。我们知道，若像柏拉图那样认为认识就是心灵之眼的向内看，那么，心灵必定具有先天知识，否则心灵便会什么也看不到。这种情况表明，在认识论上，只要有人主张认识必须避开通过肉眼向外看的路径而仅仅是通过心灵之眼向内去看，那么，他就必然会承认先天知识的存在从而表现为天赋观念或天赋知识论者。这种天赋观念或天赋知识论首次在柏拉图这里得到了系统的表述，它为后来的典型形而上学之认识论奠定了理论基础。

在认识论（方法论）上，柏拉图的辩证法也对西方形而上学中的典型形而上学产生了实质性的影响。根据我们前面的讨论可以看出，柏拉图把辩证法看成是这样一种方法：它在经由"假设"跳到"第一原理"之后，便进一步走向了基于"第一原理"的纯粹形式的逻辑推演过程。避开"假设"的问题不说，这种辩证法的实质在于：它先承认并且找到作为天赋观念或天赋知识的"第一原理",然后把它当作纯粹形式的逻辑推演的基础,并且这种推演始终在不自相矛盾的基础上进行。它分别涉及到了"天赋观念"、"逻辑推演"、"不矛盾律"三个方面,并且通过"推论基础"、"推论过程"、"推论原则"三种规定把上述三个方面联系起来,这种方法论其实正是西方近代的典型形而上学普遍采用的基于天赋观念和天赋原则的演绎逻辑的方法论。显然,这种方法论早在柏拉图的辩证法中就有了渊源。

七、洞穴的比喻

在《国家篇》中,柏拉图提出了一个"洞穴的比喻",这个比喻在西方形而上学乃至哲学史上非常著名。我们认为,这个比喻集中地概括了他之哲学的存在论和认识论,从而也集中地表述了他的形而上学。因此,我们在讨论了柏拉图的存在论和认识论之后,不妨专门讨论一下柏拉图的"洞穴的比喻"。

(一) 洞穴的比喻

在讨论"洞穴的比喻"之前,我们先来看柏拉图对于"洞穴的比喻"的具体描述。

"洞穴的比喻"是柏拉图借苏格拉底之口对格老孔讲的这样一种比喻,他说:想象有这么一个地洞,地洞有着一条长长的通道通向地面,和洞穴等宽的光线可以照进洞底。有一些人从小就被囚禁在这个洞里并且背向洞口,他们的脖子和脚都被捆着,既不能走动,也不能扭过头来,因而只能向前看洞穴的后壁。同时,在他们背后远处较高的地方有一些东西在燃烧,发出火光。在火光和被囚禁的人之间,筑有一道矮墙,沿着矮墙有一条路,它就像演木偶戏时在演员和观众之间所设的那道屏障。演员们把木偶举到这道屏障上面去表演。在这一切都在想象中被布置停当后,有一些人高举着用木头、石头或其他材料制成的假人、假兽等等从矮墙后面走过,其中有些人不吭声,有些人则说着话。在这种情景中,那些被缚且不能扭动脖子的囚徒除了火光投射到他们对面洞壁上的人造物或非人造物的阴影之外，什么也看不见；他们若能彼此交谈，那么，他们所谈论的对象也只能是他们所看到的这些阴影而非真实的事物。假如有一个过路人发出声音，引起囚徒对面洞壁的回声，囚徒们也一定会断定这个声音是由他们对面洞壁上移动着的阴影所发出的。

设想一下，若是某一天突然发生了什么事情，使他们能够解除禁锢、矫正迷误，可能会发生什么情况呢？假如有一个人被松了绑，他挣扎着站了起来，转动着脖子环顾四周，开始走动，终于抬头看到了那堆火。在这样做的时候，他一定很痛苦，并且由于眼花缭乱而无法看清他原来只能看见其阴影的实物，这时候如果有人告诉他，说他以前看到的东西全都是虚假的东西，都是对他的一种欺骗，而现在它才接近了实在，转向比较真实的东西，看到比较真实的东西，那么，他一定很痛苦，并且不知所措。在此情况下，若是强迫他去看那火光，他的眼睛就会刺痛，他就会转身再次逃回到他能看清的那些事物中去，并且认为这些事物确实比指给他看的那些事物更加清晰、更加精确。若是再进一步，让人强行把他拉上那条陡峭崎岖的坡道，一直把他拉出洞穴，让他见到外面的阳光，那么，他又会如何呢？他会眼冒金星，根本无法看见任何一个现在被我们看成真实事物的东西。

无论是从暗处到亮处还是从亮处到暗处，他都需要一个逐渐适应的过程，例如在从暗处到亮处的情况下，"……那个从锁链中解脱出来的人，从看阴影转到看投射阴影的影像，再从看影像转到看火光，然后走到地面上来，这时候他还不能直接看动物、植物和阳光，但能看到神造的水中幻影和真实事物的影子。这种影子是由真实事物产生的，而不是那种洞中的偶像在火光的投射下产生的幻影，但这些事物与太阳相比，也还不是真实的。我们已经描述过的技艺和知识的全部过程表明它们有能力把灵魂的最优秀部分向上引导，去观察最优秀的实在，就好像在我们的那个寓言里，身体最清晰的器官（眼睛——引者）转向观察这个有形体的、可见的世界中最明亮的部分（太阳——引者）。"① 这就是说，他首先容易看见的是阴

---

① ［古希腊］柏拉图:《国家篇》，参见《柏拉图全集》第二卷，王晓朝译，人民出版社 2003 年版，第 534 页。

影，其次会看见的是那些人和其他事物在水中的倒影，再次是这些事物本身。经过了这样一个逐渐适应的过程，他才能逐渐看见洞外的事物，乃至于看到真实的太阳本身。"这时候他会做出推论，认为正是太阳造成了四季交替和年岁周期，并主宰这可见世界的所有事物，太阳也是他们过去曾经看到的一切事物的原因。"① 在进入现实世界后，如果让他重回洞穴中去，坐回原来的位置，他的眼睛又会由于不能适应洞穴中的黑暗而再次看不见。因此，"眼睛会有两种不同的暂时失明，由两种原因引起：一种是由亮处到了暗处，另一种是由暗处到了亮处。"②

柏拉图借苏格拉底的口说，囚徒居住的世界就好比是可见世界，洞中的火光好比太阳的力量；地面上的世界则是可知的世界，它是善的理念统治的世界。囚徒从洞中走向地面，就是灵魂从可见的世界走向可知的世界。一旦我们看到了最难看到的善的理念，那么，我们就会得出结论："它确实就是一切正义的、美好的事物的原因，它在可见的世界中产生了光，是光的创造者，而它本身在可知世界里是真理和理性的真正源泉，凡是能在私人生活或公共生活中合乎理性地行事的人，一定看见过善的型。"③

（二）洞穴比喻的分析

我们可以从存在论和认识论两个方面来分析洞穴的比喻。

首先，我们可以从存在论方面分析。柏拉图通过"洞穴的比喻"把理念世界或把握了理念的人（心灵、灵魂）所居住的世界描绘成"地面上的世界"，并把现实世界或"囚徒们"居住的世界描绘成"洞穴的世界"。柏拉图的这种比喻不仅仅是"比喻"，它十分真实地反映了柏拉图对于两个世界的观点。根据比喻，我们可以十分真切地看到只有理念世界才是实在的世界、真实的世界，而现实世界则是一个不真实的缺乏实在性的影子

---

① ［古希腊］柏拉图：《国家篇》，参见《柏拉图全集》第二卷，王晓朝译，人民出版社 2003 年版，第 513 页。

② ［古希腊］柏拉图：《国家篇》，参见《柏拉图全集》第二卷，王晓朝译，人民出版社 2003 年版，第 514 页。

③ ［古希腊］柏拉图：《国家篇》，参见《柏拉图全集》第二卷，王晓朝译，人民出版社 2003 年版，第 514 页。

世界，它呈现给我们的一切都是假象。当然，它也有某种"真实性"，它的真实性就是它作为"影子"是某种"存在着"的东西的"影子"。

特别有趣也是特别重要的是：柏拉图的"洞穴的比喻"通过"适应"这一现象描述了人们的生存错觉。根据"洞穴的比喻"，当人们在一个虚假的世界长期生存后，他们适应了这个世界，因此，他们满足于把虚假的影像当作真实的存在，即使某日把他们放到了真实的世界之中，若是没有一个适应过程，那么，他们也会跑回这个他们自以为真实但实际却是虚假的世界。在没有一个适应过程的情况下，当他们因能够识别虚假的影像、记住虚假的影像出现的通常顺序或是能够准确预言后续影像的出现而得到了荣誉、表扬、奖励时，他们非但不知道这一切都是假的因而非常无聊，反而感到由衷的欣喜和自豪并为此而得意扬扬。他们也会因在这个虚假的世界中显现出实为无知的所谓智力水平而自诩，甚至会嫉妒那些被当作所谓的领袖但其实还是"囚徒"的人。这种"反把他乡作故乡"的情形在很多著名作家、学者那里都有表述。中国清代著名小说家曹雪芹的经典小说《红楼梦》以"真"、"假"为主要线索用整个一部著作系统地表达了一种人们把虚假的世界当作真实世界并把真实的世界当作虚假的世界的生存错觉，他还通过虚构贾宝玉游太虚幻境时见到的一副对联"假作真时真亦假，无为有处有还无"① 深刻地揭示了这种现象。德国哲学家海德格尔在自己的哲学著作《存在与时间》中指出，那种沉沦于世的常人作为"此在从它本身……跌入非本真的日常生活的无根基的状态与虚无中。"② 在这种无根基的状态与虚无中，常人已经无家可归，但是，常人已经习惯于这种状态，他躲在非本真的日常生活的公众意见中反而感到自己安定在家。正如海德格尔所说："常人自以为培育着而且过着完满真实的'生活'；这种自以为是把一种安定带入此在……沉沦在世对它自己起到引诱作用同时也起到安定作用。"③

柏拉图认为，当人们见到太阳下的真实事物乃至太阳自身并且适应之

---

① 曹雪芹、高鹗：《红楼梦》，人民文学出版社 1982 年版，第 75 页。
② ［德］海德格尔：《存在与时间》，陈嘉映、王庆节译，三联书店 1999 年版，第 207 页。
③ ［德］海德格尔：《存在与时间》，陈嘉映、王庆节译，三联书店 1999 年版，第 206 页。

后，他们在回想自己住在洞穴中的往事时，就会彻底改变自己的观念，他们为那些当初与自己一同遭到禁锢的同伴感到遗憾，也会为自己脱离禁锢来到真实的世界而感到庆幸。他们会觉得洞穴中囚徒因敏于识别影像、记住影像出现的通常秩序，能准确预言后续影像的出现等等而得到的荣誉、表扬、奖励非常可笑，他也不会赞许他们自诩的智力水平，更不会嫉妒那些受到囚徒们的尊重并成为领袖的人。这时，他不会与那些囚徒具有同样的看法，他宁肯在世上吃苦受难也不愿再过囚徒的生活，宁肯在世上成为一个没有家园的人也不愿在洞穴中成为一个有位置的人。但是，那些终身监禁的囚徒却不会像他们那样"评价"洞中的阴影。若是见到光明的人重回洞中并且眼睛无法适应洞中的黑暗，就会遭到一直在洞中的囚徒的嘲笑，囚徒们会说他们只是上去走了一遭但却弄坏了眼睛，并且还会得出结论：不仅不要上去，甚至连产生上去的念头也不值得。相反，"那些已经达到这一高度（见到了太阳本身、善的理念——引者）的人不愿意做那些凡人的琐事，他们的灵魂一直有一种向上飞升的冲动，渴望在高处飞翔。"①

因此，"聪明人相信灵魂也有同样的情况，所以在看到某个灵魂发生眩晕而看不清时，他不会不假思索地嘲笑它，而会考察一下这种情况发生的原因，弄清灵魂的视力产生眩晕是由于离开比较光明的世界进入不习惯的黑暗，还是由于离开了无知的黑暗进入了比较光明的世界。然后他会认为一种经验与生活道路是幸福的，另一种经验与生活道路是可悲的；如果他想要讥笑，那么应当受到讥笑的是从光明下降到黑暗，而不是从黑暗上升到光明。"②

其次，我们可以从认识论方面分析。既然柏拉图的"洞穴的比喻"把可知的理念世界和可见的现实世界分别比喻成真实存在的地面上的世界和并不真实存在的洞穴中的影子世界，那么，由于那些洞穴中的囚徒若不转身就永远也不会看到真实存在的地面上的世界，所以，从"看"洞穴中的

---

① ［古希腊］柏拉图：《国家篇》，参见《柏拉图全集》第二卷，王晓朝译，人民出版社 2003 年版，第 514 页。

② ［古希腊］柏拉图：《国家篇》，参见《柏拉图全集》第二卷，王晓朝译，人民出版社 2003 年版，第 514—515 页。

影子世界出发，无论如何也无法"看见"地面上的真实世界。所以，尽管柏拉图在自己的认识论中也谈到肉眼之看（感觉、经验）对于回忆理念知识的"刺激"作用，但是，在他那里，从本质上说，肉体之眼对于影子世界（外在的现实世界）的"看"与心灵之眼对于原型世界的"看"没有"内在"联系，我们不可能从前者的"看"过渡到后者的"看"，不仅如此，由于前者的"看"所看到的始终都是"假象"，所以，前者的"看"非但无助于后者的"看"反倒会把后者的"看"引入歧途。

既然两种"看"在性质上完全不同，因而我们不能指望从一种"看"实质性的能够过渡到另外一种"看"，那么，一个生活在洞穴中的囚徒如何才能"看到"地面上的真实世界呢？也就是说，他作为生活在现实的影子世界中的人如何才能"看到"理念的原型世界或者说从"黑暗上升到光明"呢？为此，柏拉图提出了"转身"这一概念，他把"转身"看成是心灵能够得到净化从而成为看到内心先天理念知识成为善的心灵（灵魂）的前提性条件。他说："灵魂的这种内在力量（从黑暗上升到光明——引者）是我们每个人用来理解事物的器官，确实可以比作灵魂的眼睛，但若整个身体不转过来，眼睛是无法离开黑暗转向光明的。同理，这个思想的器官必须和整个灵魂一道转离这个变化的世界，就好像舞台上会旋转的布景，直到灵魂能够忍受直视最根本、最明亮的存在。"①柏拉图的这一思想与他的存在论思想保持着高度的一致性。在他的存在论那里，"洞穴世界"（可见的现实世界）和"地面上的世界"（可知的理念世界）是两个性质完全不同的世界，生活在不同的世界中的人适应着各自的世界，因而具有完全不同的价值观，因此，"洞穴世界"中的人若想接受另外一种完全不同的价值观，他就必须彻底改变自己。这种"彻底改变"在柏拉图那里就是"转身"并在转身之后还要经历一个新的甚至有些痛苦的适应过程。柏拉图描述的这种情形十分像海德格尔所描述的人从无家可归的计算思维的时代走向有家可归的沉思之思的时代的转向。他说这两种思维是性质完全不同的思维，它们分别代表着不同的时代，前者是把包括人在内的一切都看成了

---

① ［古希腊］柏拉图:《国家篇》，参见《柏拉图全集》第二卷，王晓朝译，人民出版社 2003 年版，第 515 页。

有待算计的工具和资源，从而让人陷入危险的无家可归的境地；后者则把人看成是有限的人，并让人能够安定在家，得到保护。鉴于计算思维与沉思之思属于完全不同的领地，它们之间没有任何过渡的桥梁，因此，海德格尔认为，若要想从计算思维转向沉思之思，那就必须经历一个彻底的"转身"的过程，海德格尔把这种彻底的"转身"过程称之为"跳跃"。他解释说：这种"跳跃把我们猝然引向万物皆异，以至于我们感到陌生的地方。猝然的意思是，突然从天而降，或拔地而起。"①

其实，柏拉图十分看重这种"转身"，并把这种转身（转向、转换）称为一种技艺。他说，也许有一种能够最快、最有效地实现灵魂转向或转换的技艺，"它不是要在灵魂中创造视力，而是假定灵魂自身有视力，只不过原来没能正确地把握方向，没有看它应该看的地方。这门技艺就是要促成这种转变。"②在柏拉图那里，灵魂（思想）的优点不同于身体的优点，灵魂的优点是灵魂本身就具有的，身体的优点则是通过后天的习惯和实践养成的。灵魂的优点具有神圣性质，它永远不会丧失，"但是按照它转变的方向，它可以变得既有用又有益，或者再变得既无用又有害"③。这就是说，若是生活在"洞穴"中的人不去转身（这可以比喻为人坚持生活在不真实的现象世界或影子世界中并满足于对肉体欲望的追求），那么，他的灵魂就会成为恶的灵魂，既无用又有害；若是生活在"洞穴"中的人毅然转身（这可以比喻为人在不真实的现象世界或影子世界中愿意改变价值，放弃对肉体欲望的追求，净化灵魂），那么，他的灵魂就会成为善的灵魂，既有用又有益。

---

①　［德］海德格尔：《什么召唤思》，参见孙周兴选编：《海德格尔选集》下卷，第 1215 页。
②　［古希腊］柏拉图：《国家篇》，参见《柏拉图全集》第二卷，王晓朝译，人民出版社 2003 年版，第 515 页。
③　［古希腊］柏拉图：《国家篇》，参见《柏拉图全集》第二卷，王晓朝译，人民出版社 2003 年版，第 516 页。

第四章　理念论：形而上学的发源

我们在前面讨论了柏拉图的存在论、认识论，并专门围绕柏拉图之"洞穴的比喻"进一步讨论了他的存在论和认识论。根据柏拉图的存在论和认识论思想，我们零星发现形而上学在他那里已经发源。在此章中，我们将根据形而上学的之学科的理解系统说明形而上学在柏拉图哲学中的发源。在此基础上，进一步指出，柏拉图哲学不仅推动了形而上学作为一门学科的发源，它还确立了后来被传统形而上学、特别是典型形而上学一致认可的一系列原则。

一、辩证科学：形而上学的发源

柏拉图通过他的"辩证科学"表明了形而上学作为学科的初步发源，他的"辩证科学"其实就是最早形式的形而上学，它不仅使形而上学作为一门独立的学科初步发源，并且直接通向了亚里士多德的第一哲学。辩证科学是柏拉图运用他的辩证法发展的科学，这一科学给了哲学特别是形而上学以特殊的地位。接下来我们将从认识对象和认识方法两个方面来分析柏拉图的辩证科学对于创立形而上学所起的作用。

（一）辩证科学的对象

我们先从学科对象的角度来分析。为了更好地从学科对象的角度来分析柏拉图的辩证科学对于创立形而上学所起的作用，我们可以从一般理念（即在对所有不同的理念不进行区分的情况下所讨论的理念）和特殊理念（即在对某些不同的理念进行区分的情况下所讨论的理念）两个层次来探讨。

首先，我们来探讨柏拉图哲学的一般理念对象。柏拉图的"理念"作为辩证科学以及全部哲学的学科对象的出现意味着哲学在探讨作为"一"的世界（本质）的过程中已经取得了决定性的成功。我们认为，哲学作为世界观的学问，它要探讨世界的本源，这种本源应该是永恒不变的本源，它的永恒不变性也就是它的超越时空性，并且，正是由于它的永恒不变性或超越时空性才使它能够不随时间的变化而产生或消亡，也不随空间的移动而改变，从而使得它能够成为世界的本源和真理的对象（真理之所以是真理就在于它的内容的确定性或普遍性必然性）。哲学本源的这种特征表明它只能是千变万化的多样性（"多"）中的一般性或共同性的东西（"一"）。因此，哲学，特别是把自身看成是第一科学的形而上学之学科的成立有赖于世界之"一"的发现，或说，哲学发现世界之"一"的过程就是哲学特别是形而上学寻找自己的研究对象"一"的过程。由于"一"作为世界的一般或共同本质具有高度的抽象性，所以，古人探讨"一"的过程是一个艰难而又漫长的过程。如我们在前面的分析过程中所看到的，在自然哲学中，南意大利学派比伊奥尼亚学派（或许赫拉克利特除外）更为聪明，它不从感性的物质世界去寻找解释世界万物的"一"而只从某种抽象的东西中去寻找解释世界万物的"一"，这里不仅包含了毕达哥拉斯的"数"，更包含了巴门尼德的"存在"。对于自然哲学来说，"存在"已经达到了高度抽象的思维水平，它在寻找哲学对象的意义上为哲学和形而上学之学科的发展作出了不可磨灭的贡献。但是，巴门尼德对于"存在"的抽象具有不确定性，他还不时地赋予"存在"以形象的特征。苏格拉底虽然把巴门尼德关于世界之"一"的探讨降格为伦理之"一"的探讨，但是，他却正确地指出了"一"是精神的产物，这就是说，"一"不可能是物质质料，它只能是抽象形式，作为抽象形式，它的产生离不开思维的抽象作用。在此基础上，柏拉图最终提出了理念这一重要概念，并把理念构成的世界看成是作为现实世界万事万物的一般或共同本质的一种"一"的世界。柏拉图的"一"既具有"精神性"（尽管它属于客观精神）的特征又具有"普遍性"的特征，它完全有资格成为哲学特别是形而上学的作为世界本质（"一"）的对象。

其次，我们来探讨柏拉图哲学的特殊理念对象。当柏拉图找到了（或抽象出）理念作为哲学的对象之后，他进一步把作为哲学对象的理念进行了区分，认为在理念的世界中，不是所有的理念都能成为作为辩证科学的哲学的对象，只有一些特殊的理念才能成为这一哲学的对象。他的区分就是关于善的理念以及直接隶属于善的理念与不直接隶属于善的理念之间的区分，这种区分可以被看成是这样一种区分，即：前者作为现实的现象世界的本质具有更加普遍的"一般性"（更抽象的"一"），后者虽然也是现实的现象世界的本质但其"一般性"（"一"）的普遍性程度却不如前者。这种说法似乎有些费解。我们知道，柏拉图的理念都是同类现实事物的"一"，他的理念世界是由众多的"一"所构成的世界。因此，我们很难说哪些理念比其他理念更为"一般"。但是，我们至少可以说"善的理念"本身属于最为普遍的"一般"概念，因为柏拉图把善的理念直接看成是理念世界本身的原因，并且也把它看成是现实的现象世界中的"太阳"的原因，不仅如此，柏拉图后来还越来越在辩证法（辩证科学）的意义上讨论那些比数理实体更为一般或说最为普遍的概念（最普遍的种）。例如"一"、"多"、"同"、"异"、"动"、"静"等等，它们都是完全脱离感性事物的实体，它们都是最高的一般性，也就是说，它们都是最为普遍的种。这样一来，柏拉图就通过不同程度的普遍性或一般性而把理念世界中的理念区分开来。据此，他把研究数理实体的学问看成是科学（以数学为主），并把研究更为普遍、更为一般的理念的学问称为辩证科学。这就是说，柏拉图在把一般理念看成是哲学的认识对象的基础上，进一步把那些最为普遍、最为一般的理念作为辩证科学的对象，从而把辩证科学看成是比科学（或说"其他哲学"）更为普遍、更为一般的学科①。

这种辩证科学与其他哲学或说哲学与科学的区分具有十分重要的哲学史意义，特别是具有十分重要的形而上学史意义。在西方哲学史、特别是形而上学史上，最早的哲学与科学具有等同意义，最早的哲学家同时也是科学家。在这种哲学与科学浑然不分的情况下，哲学尚未作为独立的学科诞生出来。柏拉图十分清晰地意识到哲学与科学的不同，所以，他根据研究对象的普遍程度或一般程度把哲学从科学中分离出来，并在此基础上提出了一门在他看来比科学更为基础的学科，他称之为"辩证科学"，这种学科既是一般的哲学更是一门形而上学。柏拉图坚定地说："我们要把辩证法当作盖顶石置于一切学科之上，没有别的学科能比它更高，适宜安置在辩证法的上面"②。

柏拉图甚至把辩证法与他的理想国结合起来。根据他的观点，若要把国家治理成理想的国家，那么，统治者应该是掌握了辩证法的人。但是，并非所有的人都能学好辩证法，只有那些最优秀的人才能学好辩证法，所以，我们应该选择具有学好辩证法天赋（例如热爱学习、勤奋努力、不折不挠）的人，让他们来学习辩证法这门课程。根据柏拉图所拟定的教育计划，在选择了适当的具有辩证法天赋的教育对象之后，先经过实践的训练，然后，"我们会要求他们把灵魂的目光转向上方，注视那照亮一切事物的光源。当以这种方式看见了善本身的时候，他们会把它用作管理国家、公民和他们自己的样板"③。因此，他说，尽管实现理想的国家和政治制度非常困难，但是，它也不是白日做梦。"一旦真正的哲学家，一位或

---

① 由于自然哲学作为"自然"哲学既是哲学又是科学，而当哲学因其研究对象范围的逐渐扩大超越了自然成了研究所有存在的哲学以后，它更加接近形而上学（此处则指柏拉图的辩证科学），与其相比，自然哲学则更加接近自然科学，所以，我们在本书中谈到形而上学或辩证科学与自然科学的区别时，我们既会用形而上学或辩证科学与其他哲学（主要指自然哲学）的关系来表示，也会用哲学（接近形而上学意义的哲学或非自然哲学意义上的哲学）与科学的关系来表示。

② ［古希腊］柏拉图:《国家篇》，参见《柏拉图全集》第二卷，王晓朝译，人民出版社 2003 年版，第 537 页。

③ ［古希腊］柏拉图:《国家篇》，参见《柏拉图全集》第二卷，王晓朝译，人民出版社 2003 年版，第 544 页。

多位，成为这个国家的主人，他们就会把现今一切荣耀的事情当作卑劣的、无价值的。他们会重视正义和由正义而来的光荣，把正义看得高于一切，不可或缺。他们会通过维护正义重整和管理他们的城邦"①。

此外，柏拉图在阐述理念世界或辩证科学的对象时，也不忘在消极的意义上给现实世界（现象界中的感性事物）以一席之地。这样一来，他的哲学让我们看到的就是分别基于积极意义和消极意义的双重世界理论，这种理论尽管捍卫了唯心主义或唯理论（典型形而上学）的基本路线，也在某种程度上为唯物主义或经验论（离异形而上学）以及典型形而上学和离异形而上学之间的争议留下了余地。

（二）辩证科学的方法

我们再从学科方法的角度来分析。正如柏拉图在学科对象中先行找到理念对象然后再进一步从理念对象中找到作为哲学和形而上学的理念对象一样，在学科方法上，他也是先行找到认识理念的方法然后再进一步在理念的认识方法中找到认识作为哲学和形而上学之对象的理念的方法。通过这样的方式，他最终确立了自己的辩证法，提出了自己的辩证科学，并推动了形而上学的起源。

由于希腊哲学是以探讨世界的本源为核心的学说，它更为集中地探讨的内容是存在论，再加上整个古代社会由于自然科学发展水平的局限使它不能为系统的认识理论提供科学的理论资源，所以，在古希腊哲学中，认识论的探讨要远逊于存在论的探讨，这种情况在前柏拉图哲学中更是如此。但是尽管如此，早在巴门尼德那里，他就提出了作为形而上学（典型形而上学）认识论的基本原则：存在与思维同一。不过，巴门尼德并未具体展开这一原则。到了苏格拉底那里，他在先天知识论的基础上通过问答法或精神助产术发展了在智者派那里广泛运用的辩证法，而他的辩证法则通过一种特殊的归纳方式为如何现实地获得一般性的先天知识（伦理定义）提供了说明。在此基础上，柏拉图也基于灵魂不朽提出了先天知识

---

① ［古希腊］柏拉图：《国家篇》，参见《柏拉图全集》第二卷，王晓朝译，人民出版社 2003 年版，第 545 页。

论，认为灵魂可以在"遗忘"先天知识后经由经验"刺激"或消除肉体欲望重新回忆起先天的知识，它的这种理论不仅具体展开了巴门尼德的存在与思维同一的学说，而且细化了苏格拉底的先天知识论和灵魂回忆说。这样，柏拉图就把哲学的认识论在一定的程度上系统化了，而他的这种哲学认识论主要表现为典型形而上学的认识论。

柏拉图细化苏格拉底先天知识论和灵魂回忆说的具体方式就是按照自己的原则进一步改造和发挥了苏格拉底的辩证法。如前所述，苏格拉底的辩证法（问答法或精神助产术）作为一种求达伦理定义的归纳法不是通常意义上的归纳法，也就是说，它与经验论的归纳法有所不同。表面上看，他的归纳法与经验论的归纳法一样采取的是从个别归纳出一般的路径，但在实际上它们完全不同。在经验论那里，一般是通过不断地肯定（或否定）个别而从个别中归纳出来的；而在苏格拉底这里，一般则仅仅是通过不断地否定个别而从对个别的排除中总结出来的。正是因为如此，苏格拉底的归纳法中的个别（案例）仅仅可以被看成是经验世界中的具体事例的"刺激"，它在本质上并不依赖个别，它仅仅是一种先天知识的后天回忆说。苏格拉底之归纳法的这种特征为柏拉图改造和发挥他的辩证法提供了前提，柏拉图依然像他一样把灵魂不朽和先天知识作为基础，在此基础上，他有效地改造了他的辩证法，从而在提出自己的关于"数理实体"认识论（科学认识）的同时提出了自己的辩证法。在改造中，柏拉图在一定的程度上接受了苏格拉底归纳法中的在否定的意义上使用的个别案例（具体事例）的"刺激"作用，他把这种涉及到可见的现象世界中的经验"刺激"叫作"假设"，在这一"假设"的基础上，他向两个方向发展出了自己的认识论和方法论：一个方向其实就是科学（主要是数学）或知性认识的方向，它从"假设"出发但无法摆脱假设，并直接从"假设"下降到结论，即从理念的"摹本"出发来研究它们所模仿的实际东西亦即理念。例如，数学中从特殊的圆形出发来研究圆的理念。这里，柏拉图还未完全摆脱掉苏格拉底的归纳法，也就是说，他对苏格拉底归纳法的改造还是十分有限的改造；另外一个方向则是哲学或理性认识的方向，它从"假设"出发但却能"跳过"假设，并且直接上升到"第一原理"，然后以"第一原理"为基础，完全脱离感性认识而仅仅依据理念，从理念到理念，用逻辑推导，揭露各种概念（主要是相反概念）之间的对立与统一、相容与不相容的关系，最后上升到无矛盾的最高理念。这种进程是一种辩证法的思想进程，辩证法的思想进程就是这样："……当一个人根据辩证法企图只用推理而不要任何感觉以求达到每个事物的本身，并且这样坚持下去，一直到他通过纯粹的思想而认识到善本身的时候，他就达到了可知世界的极限"①。这种情况正如"洞穴的比喻"中的某个囚徒从摹本（影子）直到最后达到地面上的世界的极限一样，即：从阴影转而看到投射到阴影的影像，再从影像转而看到火光，并从地洞出来走到太阳底下，再从事物的阴影转向事物，包括植物、动物和太阳。这里，柏拉图对苏格拉底归纳法的改造已经改变了苏格拉底的归纳法的方向，除了在一定的程度上保持了"假设"之外，他的归纳法已经变成了基于先天的"第一原理"的依据"矛盾律"的纯粹逻辑推理，并且是一种从纯粹概念到纯粹概念的推理，它更像演绎逻辑。柏拉图把这种纯粹的逻辑推理也称为"概念的辩证法"，在《巴门尼德篇》等著作中，柏拉图对早期具有诗意的理念世界作了思辨性地改造，集中探讨了一些最为普遍的种（概念），例如"一与多"、"存在与非存在"等等范畴以及它们的相互关系，从而使他的（概念）辩证法得到进一步的发挥。邓晓芒充分肯定了柏拉图对于自己早期哲学改造（调整和弥补）的巨大意义，他说："这一改造显然是意义重大的，它的目的是要在理念世界中，建立一个'超级理念'的王国。"②

　　其实，从接受苏格拉底的辩证法开始，柏拉图的辩证法自身也有一个发展过程。汪子嵩先生说："在柏拉图的对话中，关于辩证法有三种不同的说法：在早期对话中，他说的辩证法就是这个字的最初词义，即苏格拉底的对话问答法。在中期对话《国家篇》中，他认为辩证法是高于其他一切学科的学问，它能认知'相'以至最高的'善'，相当于后来亚里士多德所说的'第一哲学'，不过它不称为哲学而称为辩证法。……到后期对

---

① ［古希腊］柏拉图：《国家篇》，参见《柏拉图全集》第二卷，王晓朝译，人民出版社 2003 年版，第 533—534 页。

② 邓晓芒：《思辨的张力》，湖南教育出版社 1992 年版，第 32 页。

话《智者篇》和《政治家篇》中，爱利亚的来客要少年苏格拉底为智者和政治家下定义，定义的方法叫二分法……"① 这便涉及到柏拉图的第三种辩证法。"柏拉图在后期对话中所说的这第三种辩证法，实际上就是分析与综合的方法，也就是寻求一和多的辩证关系的方法，是哲学研究的重要方法。自从柏拉图提出以后，首先为亚里士多德所接受，成为他进行哲学研究的重要方法。"② 在亚里士多德的本体论中，以及在他的很多哲学分析中，我们都能看到他对分析与综合方法的运用，例如他在对实体及其属性的分析中，以及他在对诸如形式与质料、本质与偶性、潜能与现实等的分析中，就是如此。"柏拉图在《巴门尼德篇》第二部分所作的抽象的范畴间的逻辑推理，可以说是后来黑格尔的《逻辑学》的先河"③。我们这里所讨论的辩证法，应该是柏拉图的第二种辩证法，它就是在继承和改造苏格拉底（或说柏拉图第一种）辩证法基础上发展起来的既是一种科学（辩证科学）又是一种方法的辩证法。

同样，柏拉图在阐述辩证科学的辩证方法以及这一科学的方法与自然科学的科学方法的区分时，也没有在消极的意义上忘记关于现实世界（现象的感性世界）的认识论和方法论问题。由于他在消极的意义上承认现实世界或影子世界的存在，并且承认作为这一世界之认识结果的"意见"的存在，所以，他也探讨了关于获得"意见"的认识方法的问题。他把获得"意见"的方法称作"技艺"。在他那里，技艺探讨的是意见和欲望的对象，或是完全涉及事物的产生和构成，或是涉及这些事物成长或构成以后的服务和管理。柏拉图甚至认为，在某种意义上说，技艺在思考自己的对象时也会使用到理智而非感觉。但是，既然连科学的方法与概念的辩证法都存在着本质上的区别，那么，获得意见的方法更不可能与概念的辩证法同日而语。他说，科学和技艺在思考自己的对象时也会使用理智而不是使

---

① 汪子嵩：《柏拉图全集》中文版序，参见王晓朝译《柏拉图全集》第一卷，人民出版社 2002 年版。

② 汪子嵩：《柏拉图全集》中文版序，参见王晓朝译《柏拉图全集》第一卷，人民出版社 2002 年版。

③ 汪子嵩：《柏拉图全集》中文版序，参见王晓朝译《柏拉图全集》第一卷，人民出版社 2002 年版。

用感觉，但是，它们的研究只从假设出发而不能返回到真正的起点上来。

这样一来，在柏拉图那里，我们就看到了从技艺到（自然）科学再到辩证科学的逐步提升的方法论的体系。针对技艺，在他看来，在理解这些研究的对象与第一原理的关系时，尽管它们的研究对象是可理解的，但是从事这些研究的人并不拥有真正的理智；同时，几何学和与之相关的其他学科，虽然对实在有所把握，但必须依赖假设（这是它并不知道的推论的起点），只能像在梦中那样见到实在，所以，尽管几何学家的研究高于意见，但是，几何学家和研究这类学问的人的心理状态只能叫作理智而不叫作理性，因为他们把理智当作介乎理性和意见之间的东西。因此，只有辩证法的能力是通向事物的真实本质或者说真理的最为正确的途径。尽管柏拉图在坚持辩证法以及容纳了科学的认识方法的同时，仅在消极的意义上承认了"技艺"的存在，但是，他的这种承认使得他的方法论与他的双重世界理论相互适应起来，从而构成了完整的方法论体系。

正如从学科（认识）对象上把哲学与科学区分开来对于哲学史特别是形而上学史具有十分重要的意义一样，从认识论和方法论上把哲学与科学区分开来对于哲学史特别是形而上学史也具有十分重要的意义。在从学科（认识）对象上把哲学与科学区别开来从而让形而上学作为独立学科得以产生的基础上，柏拉图进一步从认识论和方法论上完善了哲学与科学的区分，从而进一步完善了形而上学这门独立学科的内容。柏拉图的以先天知识为基础的辩证法的充分发展就是后来的典型形而上学的唯理论的方法。

（三）哲学知识的数学形式

除了哲学对象和哲学方法之外，柏拉图的哲学在形而上学发展史上的起源作用还表现在：他的哲学建构的知识体系为后来的形而上学、特别是典型形而上学提供了蓝本，这种蓝本就是他的辩证科学的知识体系严格地模仿着数学（以及科学）的知识形式，他要求哲学应该尽量像数学（以及科学）一样对于自己的知识体系、真理体系提出精确或确定的要求。

尽管我们认为柏拉图所提出的辩证科学以及辩证方法明显地继承、改造和发展了苏格拉底等人的相关思想，但是，我们也认为，柏拉图在建构自己的哲学（辩证科学）的知识体系之时，还明显地受到了毕达哥拉斯的影响，毕达哥拉斯对于数学的重视深深地吸引着柏拉图。柏拉图在他以《斐多篇》为代表的早期著作里所讨论的两种主要理念中，除了伦理方面的理念，就是数学方面的理念；在他的学院里，数学是必修科目，据说圆门外还写着："不懂几何学者不准入内。"而在柏拉图的知识体系之中，他把以数学为主的科学列在仅次于辩证科学的地位。柏拉图之所以要推崇数学并以数学为楷模建构哲学知识体系，无非是认为只有数学才是能够彻底摆脱经验知识之偶然性的最为严格的"纯粹理性"知识，只有这种知识才有资格与哲学相配，值得哲学加以模仿。海德格尔曾经十分正确地分析了形而上学（包括柏拉图）的这一动机。他说："形成学院的形而上学概念的另一个根本动机则涉及形而上学的认识方式和方法。由于形而上学把一般存在者和最高存在者作为对象，对于这种对象'每个人都会产生关切'（康德），形而上学就是具有最高荣耀的科学，是'诸科学的女王'。这样一来，就连它的认识方式也必须是最严格并具有绝对约束力的方式。这就要求形而上学有一个相应的知识理想与自己相称。被看作这种知识理想的是'数学'知识。数学是最高意义上的合理的和先天的知识，因为它脱离了偶然的经验，亦即成了纯粹的理性科学。对一般存在者的知识（一般形而上学）和对其各个主要领域的知识（下属形而上学）就这样成了一种'出自纯理性的科学'。"①

自柏拉图之后，对于数学的重视以及对于数学知识的模仿在形而上学、特别是典型形而上学中成了一个传统。胡塞尔十分清楚地看到了这一事实，指出了哲学家们"首先把数学和数学的自然科学作为方法楷模"②的事实。因此，实际情况正如赖欣巴哈所说："哲学家老是因为感官知觉的不可靠而烦恼……当他发现至少有一个知识领域即数学知识领域，看来是排除了幻觉的，他就感到很高兴了。"③甚至哈贝马斯也不忘明确指出：

① ［德］海德格尔：《康德与形而上学问题》，参见孙周兴选编：《海德格尔选集》上卷，第87页。

② ［德］胡塞尔：《现象学的观念》，倪梁康译，上海译文出版社1994年版，第25页。

③ ［德］赖欣巴哈：《科学哲学的兴起》，伯尼译，商务印书馆1991年版，第27页。

"存在概念是随着叙事的语法形式和抽象水平向根据几何学摹本进行演绎解释过渡而形成的。"[1] 由此可见，柏拉图对于哲学知识体系之模仿"数学"的要求得到了后来形而上学家（尤其是典型的形而上学家）的普遍认可。

到此为止，柏拉图通过初步确立形而上学的对象和方法使形而上学作为一门新的学科亦即辩证科学得以初步发源。在此过程中，如何处理辩证科学与其他哲学或说哲学与科学的关系成为一个关键之点：一方面他使哲学从科学之中独立出来成了高于科学的独立学科，另一方面他又让哲学保持科学特别是数学的知识形式，通过这两个方面的结合，他最终使哲学（辩证科学）成为源自科学并且保留科学性质但又高于科学的"第一科学"。经过柏拉图的这一努力，哲学家终于在依然坚持自然科学家的科学精神的同时超越了自然科学家，像自然科学家一样，形而上学家要对宇宙作出解释，与自然科学家不一样，他的解释并不建立在观察和实验的基础上，至少是不建立在为了解释所做的特殊的观察和实验的基础上，他的解释主要以概念的分析为基础。因此，在柏拉图看来，"只有辩证法才是唯一的这样一种研究方法，它不需要假设而直接上升到第一原理本身，并且就在那里得到证实"[2]。

二、以真为核心的真与善的统一

以真为核心的真（事实）与善（道德）的统一，以及以求真为核心的求真与求善的统一是西方传统哲学或形而上学的基本特征之一。在此方面，苏格拉底"美德就是知识"奠定了初步的基础，他的"美德就是知识"命题中的"知识"既包含了善的知识或道德知识，也包含了真的知识或事实知识。因此，他的"美德就是知识"的命题也把美德与真的知识（事实知识）统一了起来，正是这种统一在形而上学史上起来十分重要的

---

① ［德］哈贝马斯:《后形而上学思想》,曹卫东等译,译林出版社2001年版,第29页。
② ［古希腊］柏拉图:《国家篇》,参见《柏拉图全集》第二卷,王晓朝译,人民出版社2003年版, 第535页。

作用。柏拉图直接继承了苏格拉底的这一思想，并且在他的理念论哲学中作了系统地发挥，他把苏格拉底"美德就是知识"之真与善统一（以真为核心、以善为目的）的思想发展成为更为系统的以真为核心的真与善相统一的思想，从而使以真为核心的真（事实）与善（道德）的统一，以及以求真为核心的求真与求善的统一逐步变成了西方传统哲学或说形而上学的基本特征。

（一）以真为核心的真与善的统一

柏拉图在自己的理念论中从多个角度表达了以真为核心的真与善（事实与道德）之统一的思想。我们先来讨论他的真与善、事实与道德相互统一的思想，他的这一思想主要表现在三个方面。

首先，从柏拉图理念论整体的方面来理解。从柏拉图理念论整体的方面来理解也就是从柏拉图整体哲学体系的方面来理解。就此而言，柏拉图的整体哲学体系给我们描述了可知的本体理念世界和可见的现实现象世界两重世界，我们认为，在这两重世界的关系中，既能把理念世界看成是一个真的事实世界，也能把理念世界看成是一个善的道德世界。从理念世界是一个真的事实世界的方面看，柏拉图十分清晰地把理念世界和现实世界的关系说成是真实存在的世界和亦真亦假的世界的关系。在他那里，理念世界是一个真正存在的实在世界，现实世界是一个既存在又不存在的并不实在的世界；理念世界是一个"真实"的原型世界，现实世界是一个"并不真实"的影子世界。理念世界作为真正存在的实在世界或原型世界是"一"，现实世界作为既存在又不存在的并不实在的世界或影子世界是"多"。"一"意味着共同本质，它是现实世界之中的千变万化、生灭不息的万事万物（"多"）的共同本质；"多"则意味着共同本质的多样性表现，它是理念世界之"一"的多方展示。共同本质就是作为真理之对象并且确保真理之普遍必然性的"真实"的对象，所以，理念世界作为现实世界或现象世界的"一"或"共同本质"就是"真"的世界、事实的世界。柏拉图关于"洞穴的比喻"十分形象地表明了理念世界和作为"影像"的现实世界之间的"真实"和"并不真实"的关系。因此，在柏拉图那里，理念世界"首先"表现为"真"的世界或事实世界。它是一个客观存在者的真实的事实世界。从理念世界是一个善的道德世界的方面看，理念世界和现实世界作为真实存在的世界和亦真亦假的既存在又不存在的世界之间的关系除了"一"和"多"的关系之外，它们还是"原型"和"影子"的关系。在柏拉图的哲学中，当现实世界作为影子世界把理念世界当作"原型"的时候，就是在把理念世界当作有待"模仿"的原型。按照他的观点，在现实世界之中，无论是水中倒影还是阳光下的阴影都不可能通过"模仿"而与被模仿东西完全相同；同样，在理念世界和现实世界的关系上，无论现实世界如何去"模仿"理念世界，它都不可能与被模仿的理念世界（原型世界）完全相同，它永远赶不上理念世界（原型世界）。这里，与把理念世界看成是"本质"（共同本质）的世界或者说"真实"世界的情形不同，当现实世界把理念世界当作被模仿的世界或原型时，它已经把被模仿的原型世界看成是值得追求的理想或价值世界了。在柏拉图那里，这种价值主要是道德价值，柏拉图全部哲学所追求的最终目标就是让人成为正义的人并让社会成为正义的人组成的正义的社会，而这种正义的人和正义的社会就是道德的人和道德的社会。在他看来，他所设想的"理想国"就是这种由正义的人组成的正义的社会，"假定柏拉图是正确的，那么，《国家篇》中的善就是真正的善（即使它不被认可）……"[1] 因此，在柏拉图那里，道德价值是他追求的最高价值。

其次，从柏拉图理念论个别的方面来理解。从柏拉图理念论个别的方面来理解也就是从柏拉图个别的具体理念的方面来理解。从柏拉图个别的具体理念的方面说，他的"理念"即是表示真或事实的概念，也是表示善或道德的概念。我们曾说，"理念"一词的希腊文原文是"看"的意思，转化为名词就是"所看到的东西"。这里说的"所看到的东西"指的是心灵之眼所看到的东西。心灵之眼所看到的东西就是作为"一"的理念自身，它是同类个别的具体事物的"本质"，因此，理念就是"本质"，正如理念世界就是共同本质的世界一样。其实，理念就是观念，观念本身

---

① Edited by Douglas Cairns, *Pursuing the Good: Ethics and Metaphysics in Plato's Republic*, Edinburgh: Edinburgh University Press, 2007, p.282.

就是"本质"的反映，只不过是柏拉图这里把理念（观念）看成是独立存在的"本质"自身罢了。同时，理念作为"这个那个"本身，作为同类个别的具体事物的本质，也就是作为同类个别的具体事物的"原型"，它也是同类个别的具体事物"模仿"的对象，也就是说，它也是同类个别的具体事物追求的理想和价值目标。正如理念世界是作为影子世界的现实世界"模仿"的对象或被追求的理想和价值目标一样。例如，所有个别的具体的美的事物之所以美都在于它们"模仿"了美的理念本身或美的原型，亦即把美的理念本身或美的原型作为理想和价值目标加以了追求。当然，无论它们如何"模仿"理念本身和原型本身但永远也无法赶上理念本身或原型本身。理念作为被"模仿"的对象所具有的更高的价值地位依然属于道德价值的地位。

最后，从柏拉图理念论所描述的理念世界中的最高理念的方面来理解。从柏拉图理念论所描述的理念世界中的最高理念的方面来理解也就是从柏拉图之理念世界中"善的理念"来理解。这一理解既包含了前面所讨论的从理念论整体方面来看的真与善的统一，也包含了前面所讨论的从理念论个别方面来看的真与善的统一。理由在于：善的理念是整个理念世界的统辖者和原因，所以，它能代表理念世界整体；同时，善的理念本身又是一个理念，所以，它也能代表理念世界中的个别理念，只不过作为个别理念它是理念世界中的最高理念。既然善的理念既意味着理念世界的整体又意味着理念世界中的个别理念（最高的个别理念），那么，它就应该像理念世界整体以及所有个别的具体理念一样，既是作为"本质"的"一"又是作为被"模仿"对象的"原型"，也就是说，它既是真实的事实又是善良的道德对象本身（道德价值），区别仅仅在于它是最高的"一"和"原型"，或说它是最高的真实的事实和善良的道德对象（道德价值）。此外，善的理念从名称上说，就典型地体现了真与善的统一、事实与道德的统一："善的理念"作为"理念"意味着本质或本质的对象，它是"真"或"事实"的存在；"善的理念"作为"善"的理念，它又意味着道德或道德的对象，它是"善"或"道德"（道德价值）的存在。特别需要说明的是：既然善的理念是整体理念世界和个别具体的理念的最高的统辖者和原因，也就是说，它既能代表理念世界整体又能代表理念世界中的任何一个个别理念，那么，它作为典型的真与善的统一、事实与道德的统一，便既构成了整体理念世界之真（事实）善（道德）统一的保证，又构成了个别具体的理念之真（事实）善（道德）统一的保证。柏拉图在自己的后期对话中认为，造物主就是以"善"的理念作为指导，构成了理念的世界，并且将理念的世界作为模型，给予原始混沌的所谓"物质"以最好的安排，使之成为秩序井然的"世界"。因此，善的理念在最终的意义上确保了整体理念世界以及其中的一切理念的真（事实）善（道德）统一。

如前所述，苏格拉底在自己登上哲学舞台的时候，曾把自然哲学关于世界之自然原因的探讨转变成了关于上帝之目的的探讨。并且，自然原因的探讨、追求本质与求真相关，上帝目的的探讨、追求善意与求善相关，因此，在他实现从自然原因的探讨到上帝目的的探讨的转换时，尽管他要用一种探讨替代另外一种探讨，但是，他的转换内在的混淆了或说结合了"求真"的探讨和"求善"的探讨。当然，苏格拉底在本质上还是在用一种（上帝目的）探讨排斥另外一种（自然原因）探讨，但是，柏拉图则明确地把这两种探讨统一了起来。在他那里，理念作为多样化的个别事物中的"一"就是"本质"，而理念作为有待统一化的同类个别事物模仿的"原型"就是这些事物追求的"目的"，所以，理念是本质与目的的统一，也就是说，理念是真与善的统一。

在讨论了柏拉图之真与善、事实与道德相互统一的思想后，我们再来讨论这一统一的"真"（事实）之核心地位。我们认为，只有在说明了柏拉图的理念世界以及理念世界的理念首先是"真"的对象之后，才有充分理由认为在柏拉图的理念论中"真"是真与善、事实与道德相互统一中的"核心"。我们可以从柏拉图理念世界（以及理念世界中的理念）和现实世界（以及现实世界中的万物）之间所具有的两种关系的秩序来说明此一观点。根据前面的讨论，在柏拉图那里，理念世界（以及理念世界中的理念）和现实世界（以及现实世界中的万物）之间的关系被看作是真实与影子、本体与现象、原型与模仿、可知与可见等等之间的关系，我们在分析中主要把它们看成是"一"和"多"的关系，以及"原型"和"影子"

的关系。在分析"一"和"多"的关系时,我们指出,理念世界之所以是真实、本体、原型、可知的世界乃是因为它是多样化的现实世界的"一",而现实世界之所以是不真实的、现象的、模仿的、可见的世界乃是因为它是一种依存于"一"并作为"一"的多样化表现的"多"。在分析"原型"和"影子"的关系时,我们指出,理念世界作为真实、本体、原型、可知的世界,它是现实世界的"模仿"对象,而现实世界作为不真实的、现象的、模仿的、可见的世界,它则是竭尽全力要去"模仿"理念世界的世界。当我们用"一"和"多"来分析理念世界和现实世界时,我们把它们之间的关系看成是"一"在逻辑上(以及时间上)优先于"多"的世界的关系;当我们用"原型"和"模仿"来分析理念世界和现实世界时,我们则把它们之间的关系看成是"原型"在价值上优先于"模仿"的世界之间的关系。这里,在理念世界(以及理念世界中的理念)和现实世界(以及现实世界中的万物)之间的关系方面,我们提出了两种关系形式,即:逻辑优先关系和价值优先关系。问题在于:在这两种关系中,哪一种关系在秩序上具有优先地位?

我们认为,在上述两种关系中,逻辑关系具有优先地位,也就是说,把理念世界以及其中的理念看成是"一"而把现实世界以及其中的万物看成是"多"、并且认为"一"具有优先性的关系具有优先地位。理由在于:如前所述,理念世界以及其中的理念首先是"一",才能构成真实的本体世界,也就是说,它必须首先是世界以及世界中万事万物的共同本质,才能构成真实的本体世界,并且,现实世界以及其中的万事万物之所以要把理念世界以及其中的理念当作"原型"加以"模仿",恰好是因为这个"原型"是现实世界以及其中的万事万物的"一"或共同本质,它们从属于真实存在的本体世界。这就是说,在上述两种关系的秩序中,逻辑关系是导致价值关系的原因,而价值关系则是逻辑关系所引起的结果。因此,逻辑关系相比于价值关系具有优先的地位。它是一种具有"核心"地位的关系。

根据我们前面的讨论,我们发现,在柏拉图把理念世界以及其中的理念看成是"一",看成是共同本质时,他实际上是把理念世界、理念看成为真实存在的事实，而当他把理念世界以及其中的理念看成是被"模仿"的"原型"，被"模仿"的对象时，他实际上是把理念世界、理念看成为在价值上值得追求的道德对象。因此，当我们把理念世界以及其中的理念看成是"一"而把现实世界以及其中的万物看成是"多"、并且认为"一"相比于"多"具有"逻辑优先"的地位时，我们已经把它们之间的关系（逻辑关系）看成是"真"或"事实"的关系；而当我们把理念世界以及其中的理念看成是被模仿的原型而把现实世界以及其中的万物看成是模仿者、并且认为被模仿者相比于模仿者具有"价值优先"的地位时，我们已经把它们之间的关系（价值关系）看成是"善"或"道德"的关系。同样，当我们说，在理念世界以及其中的理念和现实世界以及其中的万物之间的"逻辑关系"和"价值关系"的秩序中，"逻辑关系"具有优先地位时，我们已经把它们之间的"真"或"事实"的关系置于优先的地位之上，认为它们属于理念世界以及其中的理念和现实世界以及其中的万物之间的"核心"的关系，它表明理念世界、理念首先是真实的事实存在，然后才是善的道德存在，真、事实是它们的核心内涵。在某种意义上说，理念世界、理念之所以是善的道德存在，正是在于它们是真的事实存在，它们是因真而善。当然，柏拉图哲学的最终目的是要把人变成正义的人并把社会变成正义的社会，也就是说，他把善（道德）的追求当作自己哲学的最高目的，并且他把这种追求与最终认识理念世界的顶点联系起来，因此，他把作为理念世界之顶点的作为"真实"的事实存在的理念赋予"善"（道德）的含义，将其称之为"善的理念"。据此而言，我们也可以这样说，在柏拉图那里，若说理念世界、理念具有真与善（事实与道德）两种内涵的话，那么，它的核心的内涵就是真（事实），而善则是它的目的。在柏拉图所表述的真善统一中，真是核心的思想内在地包含了善是目的的意思。

（二）以求真为核心的求真与求善的统一

柏拉图把真看成是真与善（事实与道德）统一之核心的思想决定着他必然把"求真"当作"求真"与"求善"统一的核心。这一问题我们可以从两个方面来理解。

首先，真与善（事实与道德）的统一决定了在柏拉图那里求真和求善都是通向（或说回忆）理念世界以及理念世界中的理念的道路。既然理念世界、理念同时既是"真"（事实）的存在又是善（道德）的存在，也就是说，它既有"真"的内涵也有"善"的内涵，那么，我们通达理念世界或理念的道路就应该包含两条，一条是求真的道路，另外一条则是求善的道路，前者是获得真的知识的道路，它通过认识论（以及方法论）来实现，后者是获得善的意愿的道路，它通过伦理学（以及修养论）来实现。因此，柏拉图在阐述他的认识论的同时也试图通过"伦理"（求善）的方式来通向（或说回忆）理念世界以及理念。柏拉图的这一思想主要表现在他的基于灵魂不朽的灵魂回忆说中。在他那里，已经具有先天知识的灵魂在与肉体结合时暂时"遗忘"先天知识的原因不仅在于感性认识会干扰人的灵魂之先天知识的自我认知，更是在于人之肉体的爱、欲望、恐惧等等现象的诱惑，这些诱惑不仅本身会妨碍灵魂的净化从而妨碍灵魂回忆起自己的先天知识，而且它们还会进一步引起争斗、革命、战争等等，这一切更会妨碍灵魂的净化，也更会妨碍灵魂回忆起自己的先天知识。因此，为了让灵魂能够回忆起自己先天具有的理念的知识，哲学的任务就是"练习"灵魂如何摆脱肉体的诱惑，如何摆脱诸如爱、欲望、恐惧，以及争斗、革命、战争等等的干扰，从而通过净化灵魂来帮助灵魂回忆起自己的先天知识。

其次，"真"在真与善（事实与道德）统一中的核心地位决定了在柏拉图那里"求真"才是通向（或说回忆）理念世界以及理念世界中的理念的关键道路。既然无论理念世界还是理念世界中的理念的善的内涵都源自它们的真的内涵，那么，通过认识论通向了理念世界以及理念的真同时也就通向了理念世界以及理念的善。因此，在真与善统一并且善是"因真而善"（真是核心）的前提下，"求真"也内在地包含了"求善"，认识论也内在地包含了伦理学。在通达理念世界和理念的道路上，单纯的亦即不求助于求真的"求善"只不过是"求真"的一种补充。所以，在通向（或说回忆）理念世界和理念的问题上，柏拉图的"求真"（认识论）应是一条内在地包含了"求善"的主要的道路。归纳他的求真的认识论大致包含了两种方式。一种方式是基于灵魂不朽的灵魂回忆说，这种灵魂回忆说在灵魂不朽的基础上把灵魂（心灵）看成是先天知识的载体，认为他在进入肉体之前就已在不朽的理念世界获得了理念知识，只不过在灵魂与肉体的结合（人的出生）时由于肉体的原因暂时忘记了这些知识，因此，认识论作为求真的认识论所要解决的根本问题就是如何避免肉体的干扰，例如虚假的感性认识的干扰（因为感性认识总会以并不完全真实存在的实在或可见的现象世界为对象），从而回忆起自己早已具有的先天知识。当然，在灵魂对于知识的回忆中，感性认识的经验刺激也会有助于灵魂的回忆，但它仅仅是一种外在的"刺激"。另外一种方式是基于第一原理所进行的纯粹的逻辑推论（就柏拉图的辩证科学知识而言）。如前所述，不清楚的是柏拉图是否认为所有的知识都是灵魂具有的先天知识。若是根据他的认识理论，既然知识仅仅是理念的知识，并且这些知识是灵魂在不朽的理念世界中早已具有了的知识，那么，在他那里，应该所有的知识都是先天知识；但是，柏拉图在讨论科学的认识和哲学的认识（辩证法）的时候，又好像认为有些知识是通过科学的认识和哲学的认识得来的。特别是在概念的辩证法中柏拉图的所谓从"假设"跳到"第一原理"然后再基于"第一原理"的纯粹逻辑推论仿佛就是如此。这里，我们不去追究在柏拉图那里究竟是所有的知识都是先天知识，还是除了在先天的知识（特别是作为"第一原理"的先天知识）外还存在着科学认识特别是纯粹逻辑推论的知识，我们所关注的仅仅是：在柏拉图那里，排除感性认识的干扰实现回忆的认识（第一种方式）和基于"第一原理"进行的纯粹逻辑推论（第二种方式）都是对作为事实的理念的认识方式，归根到底都是一条经由认识论通向理念世界和理念，也就是说，经由认识论通向真理的道路。根据柏拉图的"真"是真与善的统一的核心、"求真"是"求真"与"求善"统一的核心的思路，这种经由认识论通向理念和真理的道路，内在地包含了通向道德和良善的道路。

苏格拉底"美德就是知识"的思想在柏拉图这里不仅被进一步完善化了，而且还被进一步系统化了，他的真善统一的思想表明在真与善的统一中，真是核心，善是目的，以及在求真与求善的统一中，求真是核心，求善是目的。柏拉图的这些思想逐渐地形成传统形而上学长期坚持的重要哲学特征。

三、以理性为正宗的哲学与文学的对立

一般来说，希伯来文化和古希腊文化构成了西方文化的两个来源，并且逐渐成了西方文化的两种特征。"希伯来人关心实践，希腊人则关心知识。正确的行为是希伯来人终极关切的事，而正确的思想则是希腊人终极关切的事。"[1]希腊人关心的知识是理性的知识，他们所关注的正确的思想也是理性的思想，理性以及源自理性的理论科学"已经成为我们区别西方文明与地球上其他文明的界石"[2]。柏拉图在古希腊哲学确立理性精神的过程中起着举足轻重的作用，正是由于他（以及苏格拉底和亚里士多德等人）的艰苦努力和斗争，才使西方传统形而上学乃至整个西方哲学和文化具有了理性主义的基本特征。古希腊哲学确立理性的过程是一个在哲学领域中哲学战胜文学的过程，它导致了一个十分奇妙并且对后来的西方哲学的发展影响甚大的现象，那就是哲学与文学的分离与对立。

（一）理性正宗地位的确立

尽管柏拉图在古希腊哲学确立理性精神的过程中起着举足轻重的作用，但是，早在柏拉图之前，自然哲学家们就在做着推崇理性的工作。我们曾说西方哲学表达世界本质的逻各斯是一种普遍性，其实，这种表达世界本质或普遍性的逻各斯也就是理性。在首先提出逻各斯这一概念的时候，赫拉克利特把逻各斯看成是"规律、尺度"（有时也称其为"命运"），他的逻各斯因与理性有着内在联系已被理解成为了理性。我们知道，"规律、尺度"意味着普遍性和必然性（它因此才能成为不变的规律或尺度），理性也意味着普遍性和必然性，所以，它们之间有着内在的一

---

① ［美］巴雷特：《非理性的人》，段德智译，上海译文出版社1992年版，第72页。
② ［美］巴雷特：《非理性的人》，段德智译，上海译文出版社1992年版，第75页。

致性。因此，邓晓芒说："赫拉克利特的'逻各斯'概念，正是在这种尺度、规律的含义上，最后演变成了'理性'的意义。"①在逻各斯演变成为"理性"意义的过程中，无论是毕达哥拉斯的"命运"、巴门尼德的"存在"，还是苏格拉底的"定义"都起着重要的作用。在有些唯心主义哲学家那里，他们不像唯物主义者那样将逻各斯称之为"规律、尺度"，而是基于世界应是精神世界这一基本立场把逻各斯直接称之为"理性"或者"世界理性"。

　　以上我们所说的希腊哲学中的理性是希腊哲学所讨论的作为外在世界之本质（普遍性、"一"）或逻各斯的理性。在古希腊哲学中，不仅外在世界的本质被看成是理性，而且人的本质也被看成是理性。柏拉图等一大批古希腊哲学家认为，由于人是世界特别是世界本质的产物，而世界的本质就是理性，所以，人的本质也应该是理性，人的理性作为人之本质必然会等同于作为世界本质的理性，也就是说，人的理性恰好应该来自作为世界之本质或逻各斯的理性，它与作为世界本质的理性有着内在的一致性。人的智慧正好在于能够领悟到自身的理性本性乃至通过自身的理性本性领悟到世界的理性本性（逻各斯或者普遍必然性）。或许正是如此，哲学家们一致认为人只有通过自己的理性才能认识到世界的本质或逻各斯，获得真理。

　　赫拉克利特本人已把逻各斯作为理性来看待，并且认为这种理性也体现在人的灵魂之中并为灵魂所固有。所以，赫拉克利特劝导人通过自己的理性去把握逻各斯，认为那才是真正的智慧。他说："如果你不听从我本人而听从我的'逻各斯'，承认一切是一，那就是智慧的。"②他还说道："多数人却不加理会地生活着，好像他们有一种独特的智慧似的"③。因此，在他看来，"智慧只在于一件事，就是认识那善于驾驭一切的思想"④。巴门尼德哲学中的世界本质就是作为"一"的"存在"，同时，他的哲学中

---

①　邓晓芒：《思辨的张力》，湖南教育出版社1992年版，第22页。
②　北京大学哲学系编译：《古希腊罗马哲学》，商务印书馆1982年版，第23页。
③　北京大学哲学系编译：《古希腊罗马哲学》，商务印书馆1982年版，第18页。
④　北京大学哲学系编译：《古希腊罗马哲学》，商务印书馆1982年版，第22页。

的人的理性就是作为与"一"的"存在"相互一致的"思想",所以,他提出了存在与思想同一的观点,他的存在与思想同一的观点正是世界的理性与人的理性同一的观点。苏格拉底认为人的理性(心灵)原本就具有关于理性的知识,所谓的认识不过是通过问答法或精神助产术将这些理性的知识(伦理定义)显现出来而已。

尽管柏拉图以前的哲学家们在世界本质("一")和人的本质的解释中都把理性作为重要的内容提了出来,但是,理性,无论作为世界本质的理性还是作为人的本质的理性,却是在柏拉图的哲学中首次系统地得到确立的。巴雷特说:"在柏拉图身上,理性意识本身已经分化了出来,成了一种独立的精神功能;这在人类历史上还是第一次。"[1] 巴雷特的意思是:尽管赫拉克利特和巴门尼德都在自己的哲学中推崇理性并且也为理性在哲学中的确立作出了实际的理论贡献,但是,他们也都是幻想家和预言家,在他们的哲学中,我们也能看到非理性的成分。而柏拉图则不一样,"他原本打算做戏剧诗人,但是他年轻时同苏格拉底相遇以后,便烧掉了全部诗稿而献身于智慧的追求……此后,柏拉图在其有生之年,就一直同诗人论战,而这首要地便是同他自己这个诗人论战。在同苏格拉底命运攸关的会面之后,……柏拉图的事业一步步发展,其进程可以以'一个诗人之死'为标题"[2]。这就是说,柏拉图的一生就是逐渐摆脱非理性而走向理性的一生,在他身上,尽管多多少少依然残留着诗人的遗迹(例如他的作品主要是通过戏剧式的对话形式写成的作品,他的《蒂迈欧篇》也向人们宣布了一个创世的神话),但是,他最终还是战胜了非理性从而成为一个理性的哲学家(智人),成为这种哲学家的结果就是他庞大的理性主义的"理念论"哲学体系的问世。巴雷特曾说:"……在怀特海的心目中,柏拉图是一个何等伟大的哲学家啊!但是,令人惊奇的是,柏拉图原来竟对哲学毫无兴趣,他梦寐以求的是要成为一个举世瞩目的大诗人。只是由于同苏格拉底的'邂逅'相遇,他才一改初衷,焚掉全部诗稿,专心于哲学事业,后经长达半个世纪的不懈努力,竟在哲学领域建树了前无古人的业

---

① [美]巴雷特:《非理性的人》,段德智译,上海译文出版社1992年版,第83页。
② [美]巴雷特:《非理性的人》,段德智译,上海译文出版社1992年版,第82—83页。

绩，对后世的哲学产生了广泛、深远的影响。"①在这一理性主义的"理念论"哲学中，他系统地给我们展示了一个理性的理念世界，以及一种理性的人。他高扬了这种理性的理念世界和理性的人的地位。由于柏拉图哲学在后来的哲学特别是形而上学中的巨大影响，所以，理性在柏拉图身上的胜利也是理性在西方传统哲学特别是西方传统形而上学中的胜利，以至于巴雷特引用怀特海的话说："两千五百年的西方哲学只不过是柏拉图哲学的一系列注脚而已"②。巴雷特自己也说："所有后世的哲学家都表现了对柏拉图后裔般的依赖，即使亚里士多德这个在所有反柏拉图主义者中的英雄也不例外。"③尽管后来也有西方思想家反抗希腊人的理性，"但是，即使在这里，他们也还是以希腊人为他们定制的术语来思考他们的反抗并得出他们的结论的"④。

（二）哲学与文学的逐渐对立

巴雷特把在柏拉图那里摆脱非理性走向理性的过程称为"一个诗人之死"的过程十分准确地反映了西方文化中理性和非理性的关系与哲学和文学关系的对应特征。一般来说，理性与规律、尺度（普遍性、必然性）相应，它的基础是客观性，这种基于客观性的规律、尺度（普遍性、必然性）是科学的研究对象，科学对它的正确认识就是真理；非理性则与个别的情感、情绪等（它们没有普遍性，也没有必然性）相应，它的基础是主观性，这种基于主观性的情感、情绪是文学所要表达的东西，文学通过小说、戏剧、诗歌等对于情感、情绪等的表达就是并不表达真理的文学作品，它常常以虚构、体验、指桑骂槐、指东说西表现出来。因此，科学与文学分别作为真理的体系和虚构的作品相互对立。如前所述，最早的西方哲学和科学具有同等意义，它们都以认识客观世界的本质（普遍性、必然性）从而获得真理为目标，而当哲学在柏拉图这里作为辩

---

① ［美］巴雷特：《非理性的人》，段德智译，上海译文出版社1992年版，第1页。
② ［美］巴雷特：《非理性的人》，段德智译，上海译文出版社1992年版，第82页。
③ ［美］巴雷特：《非理性的人》，段德智译，上海译文出版社1992年版，第82页。
④ ［美］巴雷特：《非理性的人》，段德智译，上海译文出版社1992年版，第91页。

证科学与科学分开时，它不仅没有离开科学反而成了作为一切科学之基石的最高的科学，因此，哲学为了捍卫客观性、真理性、科学性，它自然而然地要与科学（包括数学）站在同一条战线上，把文学作为自己的对立面，哲学在确立自己的学科地位的同时必须要与文学拉开距离并且对其拒斥。

其实，古希腊的文学曾经取得了伟大的成就，它的诗歌、戏剧都达到了非常高的水平，产生了一大批不朽的艺术作品。但是，这并不排除哲学与文学的分道扬镳。这种分道扬镳最终完成于柏拉图的思想之中。在柏拉图的哲学中，根据逻辑（以及时间）上的重要性和价值上的重要性，世界被分为理念世界和作为理念世界之影子的现实世界（现象世界或说感性世界）。理念世界是"一"的世界，它是客观的、普遍的、必然的世界，因此，它是理性的世界也是理性的对象；现实世界是理念世界的副本，它是"一"的千变万化的多样性的表现，它是非纯客观的、非普遍的、偶然的世界，因此，它是感性的世界也是感性的对象。哲学家以及科学家以理念世界为研究对象，所以，他们以及他们的作品应该具有崇高的地位，其中，哲学因其研究对象属于理念世界中的最为普遍的对象因而具有最为崇高的地位，哲学家的作品作为关于理念世界中的最为普遍的对象的绝对真理也应该具有最为崇高的地位。那些从事具体事务的人（例如工匠）以现实世界为工作对象，因此，他们以及他们的作品（例如床、桌子）的地位应该低于哲学家和科学家以及他们的作品。其中，在现实的现象或感性世界中，也就是说，在理念之影子的世界中，还有一些人例如文学家以及艺术家，他们的工作仅仅是"模仿"影子世界中的事物，他们的作品不是像诸如床、桌子这样原本就是影子的东西而是这些影子的"影子"（例如文学家的小说、艺术家的画），因此，这些文学家和艺术家以及他们的作品的地位则应该更低。柏拉图以"床"为例说道，上帝只制造本是的床（真正的床、床本身或床的理念），因此，床是由上帝创造的，其他一切事物的本质也是由神创造的。匠人所造的"床"其实都是影子而非实体和真相，"如果他不能制造真正的事物，那么他就不能制造真正的存在，而只能制造与真正的存在相似，但并非真正的存在的东西。但若有人说木匠或其他手艺人的作品是完全意义上的存在，那么他的话好像是错的。"①匠人仅仅是床本身之模仿者的制造者。至于画家，他的绘画是对影像的模仿，因而他的画是影子的影子，也就是说，画家作为画床的画家进一步是床之模仿者的模仿者的制造者。由此可见，柏拉图对于文学以及艺术的贬斥与他的理念论存在着内在的逻辑关系，因为"……柏拉图的思想重视永恒甚于暂时，重视共相甚于个别，重视理性甚于人非理性的另一半，这意味着找到了'真正的实在'。"②

　　根据上述关于哲学（以及科学）与文学（以及艺术）相互关系的理解，柏拉图向著名的荷马展开了正面的批评。其实，根据第欧根尼·拉尔修的《毕达哥拉斯》记载，早在毕达哥拉斯那里，他就毫不留情地攻击荷马等文学家，他说曾经梦见诗人荷马和赫西俄德曾因编造"谎言"在冥界遭遇劫难：前者被吊在一棵周围黑森森的盘满了毒蛇的树上；后者则被绑在一根青铜柱上遭受炮烙酷刑。柏拉图对荷马等人的批评表面看来比较委婉，实际上比毕达哥拉斯更为有力。他说："……尽管我从小就对荷马怀着热爱和敬畏之心，不愿说他的坏话，但我现在不得不直说了。因为他好像是所有悲剧的第一位教师，首创了悲剧之美。然而，我们毕竟不能把对一个人的尊敬看得高于真理，而应该像我刚才说的那样，把心里话讲出来。"③他借苏格拉底的口向格老孔问道："……格老孔，如果荷马真的能够教育人、使人变好，拥有真正的知识而非模仿术，那么你难道不认为他可以赢得许多同伴，得到他们的尊敬和热爱吗？"④然而，他自己回答说："……荷马要是真的能够帮助人们获取美德，他的同时代人还能让他，或赫西奥德，流离颠沛，卖唱为生吗？"⑤在他看来，"诗人本人除了知道如

　　①　[古希腊]柏拉图:《国家篇》，参见《柏拉图全集》第二卷，王晓朝译，人民出版社2003年版，第615页。
　　②　[美]巴雷特:《非理性的人》，段德智译，上海译文出版社1992年版，第88页。
　　③　[古希腊]柏拉图:《国家篇》，参见《柏拉图全集》第二卷，王晓朝译，人民出版社2003年版，第613页。
　　④　[古希腊]柏拉图:《国家篇》，参见《柏拉图全集》第二卷，王晓朝译，人民出版社2003年版，第620页。
　　⑤　[古希腊]柏拉图:《国家篇》，参见《柏拉图全集》第二卷，王晓朝译，人民出版社2003年版，第620—621页。

何模仿之外一无所知，他只是在用语句向那些听众绘声绘色地描述各种技艺，而听众们和他一样对他描述的事物一无所知，只知道通过语词来认识事物。"① 他呼吁道，良好的国家应该拒绝接受大部分诗歌包括悲剧诗歌，因为它们是模仿性的。

为了捍卫理性的正宗地位，人们应该转移自己的目光，把眼光从影子的影子转向影子世界，再从影子世界转向理念世界，这也就是从文学以及艺术（例如画和诗歌）转向技艺（它服务于感性的财富、荣誉、权力、欲望），再从技艺转向智慧，转向通过心灵的眼睛对智慧的热爱。"我们必须注意灵魂渴望加以理解并与之交往的事物，因为灵魂与神圣者、不朽者、永恒者有亲缘关系，如果灵魂能毫无保留地追随这道微弱的光，在这束光线的引导下从眼下沉没的深海中上升，除去身上的石块和贝壳，这个时候我们就能对灵魂进行思考了，而灵魂现在身上裹满了野蛮的成俗之物，在尘世间游荡，这种状态还被人们视之为快乐。"②

四、柏拉图晚年的自我批判

柏拉图在晚年（晚期哲学时期）对自己以往的哲学（早期、特别是中期的哲学）进行了反省。如前所述，或许因为以往是柏拉图创立自己的哲学体系的时期，他忙于尽快把自己的哲学体系建立起来而忽略了一些细节，所以，当他晚年反省自己的哲学体系时，便发现了一些漏洞和问题，这些漏洞和问题的发现使他对自己以往的哲学提出了某些自我批判，并在批判中改变了自己的某些哲学方向。

（一）《巴门尼德篇》及其批判指向

柏拉图晚年对自己以往哲学的反思、批判和修正既包含了内容方面

---

① ［古希腊］柏拉图：《国家篇》，参见《柏拉图全集》第二卷，王晓朝译，人民出版社 2003 年版，第 621 页。
② ［古希腊］柏拉图：《国家篇》，参见《柏拉图全集》第二卷，王晓朝译，人民出版社 2003 年版，第 636 页。

也包含了形式方面。从内容方面看，在存在论方面，他更重视抽象概念（种）的逻辑推演问题，从而使他在一定的程度上偏离了以往对伦理以及政治方面的问题的重视（《巴门尼德篇》）；在认识论方面，他缓和了源自现实的现象或可见世界之感觉的"意见"和源自理念的本体或可知世界的"知识"之间的对立，认为从意见出发也可以产生确定知识（《泰阿泰德篇》）；在社会理想方面，他增加了社会治理的法制内容，在一定的程度上把实现理想社会的希望从寄托于哲学王转向到寄托于社会的法律制度（《政治家篇》、《法律篇》）。从形式方面看，在表述方式上，他往往用大量的独白去代替以往作品中的生动活泼的对话（《蒂迈欧篇》、《法律篇》）；在对话主角上，他逐渐改变了苏格拉底的对话主角地位，或把苏格拉底当作来自爱利亚的客人追询的对象（《智者篇》、《政治家篇》），或把苏格拉底当作巴门尼德批判的对象（《巴门尼德篇》），有时甚至直接让苏格拉底从对话中消失（《法律篇》）。当然，就我们的目的而言，我们更为关注的则是柏拉图在《巴门尼德篇》中对他以往的理念论的反思、批判和修正。

柏拉图的晚期著作《巴门尼德篇》包含两个部分：第一部分是对理念论之分离说的批判，第二部分是巴门尼德向苏格拉底等人演示推论训练。但是，《巴门尼德篇》是柏拉图全部著作中一部比较难懂并且争议颇多的对话。它的争议既表现在内容方面，也表现在它的内容之批判的对象指向方面，并且这两个方面存在着密切联系。内容方面的争议包括理念和个别的具体事物究竟是分离的还是结合的？它们在什么情况下分离又在什么情况下结合？第一部分的批判和第二部分的训练之间有无内在联系？若有，那是什么样的内在联系？它的内容之批判的对象指向指这里的批判对象究竟是柏拉图本人（柏拉图早期特别是中期的理念论中的分离说）还是另有其人？多数学者认为，柏拉图在《巴门尼德篇》中所批判的对象是他自己早期特别是中期思想的理念论，但也有学者认为，他所批判的对象是另有其人。例如著名学者陈康先生便是如此。陈先生认为，这里所批判的分离问题的实质是自足，就像现实世界中的一个具体事物和另外一个具体事物彼此分开，在空间中独立自存一样。但在柏拉图那里，理念与具体事物的关系是并非空间上的分离而是具体事物把理念当作追求的目的。根据这种观点，他认为在《巴门尼德篇》中对于"分离学说"的批判不是对柏拉图本人的理念论的批判而是对柏拉图学院中某些持有这种分离论的人的主张的批判，"他还专文考证少年苏格拉底的相论大约是当时柏拉图学院中某些人提出的主张。"① 在他看来，少年苏格拉底代表的正是这些人的主张，他们使理念与个别的具体事物之间彼此分离，认为理念像个别的具体事物一样在空间中独立自存，从而把理念具体化了，因此无法说明理念和个别的具体事物之间的联系和结合问题。并且，这样的理解也能解决内容方面的争议问题，它表明《巴门尼德篇》第二部分中的思想训练其实就是从第一部分的分离与结合问题引申出来的，它由一系列基于假设的推论组成，主要涉及的是抽象的理念和理念之间的分离和结合问题。在我看来，柏拉图的批判对象似乎更应该是他自己以往的理念论。陈先生给出的两条理由并不成立。其一，柏拉图学院里是否有人持有柏拉图晚年所批判的分离说的思想则不能成为中期柏拉图没有同样的分离说思想的证据，这就是说，柏拉图学院里有人持有柏拉图晚年所批判的分离说的思想，不等于柏拉图就因此不能持有相同的思想。柏拉图学院里的人都是柏拉图的学生，他们受到柏拉图的影响接受柏拉图的学说非常合理，所以，若是有人持有柏拉图晚年所批判的分离说的思想，没准正是他们接受了柏拉图本人相关思想的结果。其二，即使如陈先生所说，柏拉图仅仅持有把理念当作目的来追求的思想，那也不能证明《巴门尼德篇》中所批判的对象不包括柏拉图本人，因为在此对话中巴门尼德也指出了少年苏格拉底的把理念作为"追求目的"时面对的困难。其三，能够把《巴门尼德篇》两个部分联系起来的关键在于它的两个部分之内容之间的实质联系，它与第一部分被批判的内容是谁的思想并无关系。

我倾向于认为柏拉图的批判对象更应该是他自己以往的理念论，具体理由包含以下几个方面。

---

① 汪子嵩：《柏拉图全集》中文版序，参见《柏拉图全集》第一卷，王晓朝译，人民出版社 2002 年版。

　　首先，柏拉图把苏格拉底对话角色地位降低为"少年苏格拉底"是他对自己以往的理念论进行的批判在对话形式上的一个反映，并且这种在对话形式上的反映也从一个方面能够帮助我们了解他以往的理念论之所以存在缺陷的原因。我们知道，在柏拉图的早期和中期对话中，除了最早的时候苏格拉底意味着苏格拉底本人之外（这时的柏拉图也属于基本同意苏格拉底本人观点的人，所以，苏格拉底本人的那些思想在一定的意义上也可以说就是柏拉图本人的思想），此后的苏格拉底就一直代表着柏拉图。这时，苏格拉底（柏拉图）一直是为人师表的智慧导师，他在对话中始终作为主角以谦逊的形式代表着知识和真理。若说柏拉图晚年想批判自己学院中的某些学生的思想，合乎情理的处理方式是苏格拉底（柏拉图）的身份角色无需变动，只要重新选择一个接受教育的角色即可。他把自己重新打扮成巴门尼德并且把另外一个将要接受教育的人说成是少年苏格拉底，完全是不厌其烦地多此一举。因此，柏拉图之所以要让巴门尼德出场，并且要彻底改变苏格拉底的身份角色，合理的解释只能是他在晚年反思自己的思想时发现了自己理念论的关键性漏洞，从而发现当时或许是由于年轻气盛、训练不够但又急于求成地创造体系所导致的思虑不周，因此，他对自己的思想展开了自我批判并力图找到修补办法。这样一来，在他那里，苏格拉底作为柏拉图还是柏拉图，但他已不再是早期、特别是中期充满睿智的智慧导师而应该是一个有待学习、训练的"不成熟"的学生，所以，他的身份角色便被降低为"少年苏格拉底"。

　　"少年苏格拉底"作为一个"少年"，他是一个虽然对学习知识热情有加但却又显得年少气盛的形象。在《巴门尼德》篇中，他的这种形象栩栩如生。《巴门尼德篇》记叙的是柏拉图异父同母的兄弟安提丰向来访的客人凯发卢斯以及他的一些同乡所进行的回忆性讲述。安提丰曾经多次听到爱利亚学派芝诺的学生皮索多鲁讲述的少年苏格拉底和巴门尼德以及芝诺的谈话，以至它能够单凭记忆就能完整地复述这场谈话。安提丰在复述之前，专门提到苏格拉底乘巴门尼德和芝诺访问雅典时拜访他们二人时的这样一个细节："巴门尼德在这次访问雅典的时候大约六十五岁，由于年老，所以头发雪白，但是相貌堂堂。"①"苏格拉底当时还很年轻"②，他和其他一些人来见巴门尼德和芝诺是"渴望聆听芝诺宣读一篇论文"③。这种描述非常重要，它给读者展示的是这样一幅图景：一边是头发雪白、相貌堂堂、充满睿智的智慧老人巴门尼德，他是真正的大师；另外一边则是虽然充满热情、求知心切但却思维能力有限并且年少气盛的苏格拉底，他自己感觉良好但却缺乏严格的思维训练。

其次，柏拉图中期的理念论思想表明他确实存在着把理念看成是独立自存并且现实世界中的个别具体事物"分有"理念的"分有论"思想，同时，他也具有把理念看成是现实世界中的个别具体事物所追求的目的亦即模仿对象的"模仿论"思想。从存在论的角度说，假如从分有论出发，那么，柏拉图若是没有把理念看成是独立于现实世界之外的自存的东西，我们无法想象，他的现实世界和现实世界中的个别的具体事物何以可能因为"分有"理念而能够在一定的意义上获得"存在"；假如从"模仿说"出发，那么，若是没有把"被模仿的东西"看成是独立于"模仿的东西"之外的自存的东西，我们同样无法想象，"模仿的东西"如何可能去模仿"被模仿的东西"并且因这种模仿才能获得一定意义上的"存在"。况且，从认识论的角度说，若理念不是独立自存于可见因而可变的现实世界及其事物之外的对象，那么，灵魂就不可能在进入肉体因而进入现实世界前就已存在，它也不可能在进入肉体前先行生存于所谓的理念世界并且获得理念的知识。

再次，若是作为批判者的巴门尼德是柏拉图本人而作为被批判对象的人是柏拉图学院中的柏拉图的学生，那么，巴门尼德作为批判者，他在批判被批判的少年苏格拉底时所持有的立场就应该是早期特别是中期柏拉图所持有的立场，但是，巴门尼德的立场完全不是早期特别是中期柏拉图理

---

① ［古希腊］柏拉图：《巴门尼德篇》，参见《柏拉图全集》第二卷，王晓朝译，人民出版社 2003 年版，第 756 页。

② ［古希腊］柏拉图：《巴门尼德篇》，参见《柏拉图全集》第二卷，王晓朝译，人民出版社 2003 年版，第 757 页。

③ ［古希腊］柏拉图：《巴门尼德篇》，参见《柏拉图全集》第二卷，王晓朝译，人民出版社 2003 年版，第 757 页。

念论的立场。这不仅表现在巴门尼德之立场的内容方面，而且表现在巴门尼德之立场的结论方面。从内容方面说，巴门尼德有时甚至全部否定了理念世界和现实世界之间的关系。例如他说："……这些相的存在是由于处在它们之间的相互关系之中，而非由于处在那些与这些相相似的、存在于我们这个世界上的事物的关系之中具有存在；……另一方面，我们这个世界里的事物拥有和这些相同样的名字，这些事物就和相一样，相互之间联系在一起，但与这些相无关，这些事物拥有的诸如此类的名称都与事物之间的相关关系有关，但与这些相无关。"① 显然，这不是早期更不是中期柏拉图理念论的立场。从结论方面说，若是巴门尼德持有早期特别是中期柏拉图理念论的立场，且这种立场的观点鲜明结论确定，那么，他在批判自己的对象时一定会有自己的结论，但是，在《巴门尼德篇》中，巴门尼德除批判自己的对象和演示逻辑推论的方式给自己批判的对象看之外，自己并未得出任何确定的结论。

　　最后，亚里士多德对柏拉图理念论中的分离论的批判应是支持本书作者观点的一个补充性证明。我们知道，亚里士多德曾经花了大量篇幅讨论了柏拉图的理念论，对于柏拉图理念中的分离论或说理念和具体事物（一般和个别）的分离进行了大量的批判，这些讨论和批判构成了亚里士多德形而上学学说中的一个十分重要的内容。值得注意的是：亚里士多德所批判的理念论中的分离论与《巴门尼德篇》中所批判的理念论中的分离论乃是同样的理论。问题在于，若像陈康先生认为的那样，这种被批判的分离论不是柏拉图本人的思想而是柏拉图学院中的一些学生的思想，那么，亚里士多德作为柏拉图学院中的学生之一，他不可能不知道。既然知道，他却把柏拉图（尽管也可能包含柏拉图学院中的一些学生）作为批判的对象就显得莫名其妙。

　　总之，在我看来，《巴门尼德篇》主要还是晚年柏拉图对自己以往理念论思想的反思。在他早期和中期，他的主要工作是从苏格拉底的思路出发创建自己的理念论的哲学体系，这时，他探索心切、意气风发，关注的

---

　　① ［古希腊］柏拉图：《巴门尼德篇》，参见《柏拉图全集》第二卷，王晓朝译，人民出版社 2003 年版，第 765—766 页。

重点不过是高歌猛进地把自己的理念论的哲学体系早日建立起来。但是，在他的理念论的哲学体系建立起来之后，在更为深入的思考、研究和教学中，他逐渐发现了自己的理念论的哲学体系存在一系列的问题，特别是其中有些问题会危机自己的哲学体系的大厦。因此，他开始反思、批判自己（或许其中也包含了柏拉图学院中的学生）以往的理念论思想，试图通过一定的修正寻找出路。

（二）柏拉图对于模仿说和分有说的批判

在《巴门尼德篇》中，柏拉图所做的最为重要的自我批判是对于他以往的哲学的模仿说和分有说的批判，这种批判对于西方形而上学发展产生了重要的影响。我们知道，柏拉图的模仿说和分有说的主要困难在于模仿者和被模仿者、分有者和被分有者之间的"分离"。所以，在《巴门尼德篇》中，巴门尼德在批判少年苏格拉底（或说柏拉图在自我批判）之前，巴门尼德先向苏格拉底确认这一"分离"，并把它当作批判的对象。他对苏格拉底说："……你对讨论的热情令人羡慕。现在请你告诉我，你自己是否已经作了你说的这种区分，一方面是相本身，一方面是分有相的事物，把相本身和分有相的事物区别开来？"① 其中，理念（相）独立自存，从而与分有理念的事物相互分离。尽管这一基础以往构成了柏拉图"理念论"的基本内容，但是现在柏拉图已经反思到了这一基础的困难，所以，少年苏格拉底的回答显得犹豫不决，他说："对这些东西我经常感到困惑，巴门尼德，我不知道这些事物也有独立自存的相是否正确。"② 在确认了上述基础之后，巴门尼德围绕"如何分有"和"如何模仿"的问题展开了对少年苏格拉底的批判，或说柏拉图展开了自我批判，但是，这里并未因批判而引出任何确定的结论。

第一，对于模仿说的具体批判。从"模仿说"来说，模仿说主张现实

---

① ［古希腊］柏拉图：《巴门尼德篇》，参见《柏拉图全集》第二卷，王晓朝译，人民出版社 2003 年版，第 760 页。

② ［古希腊］柏拉图：《巴门尼德篇》，参见《柏拉图全集》第二卷，王晓朝译，人民出版社 2003 年版，第 760 页。

世界中的具体事物通过"模仿"理念世界中的理念而部分获得自己的存在。但是，它面临着两种困难。一种困难是在事实上"模仿"的困难。在模仿说中，"……这些相就好像是确定在事物本性中的类型。其他事物按照这个类型的形象制造出来，与这个模型相似，所谓事物对相的分有无非就是按照相的形象把事物制造出来。"①但是，巴门尼德向少年苏格拉底发难说：就"模仿"而言，模仿者与被模仿者要么不相似，要么相似。说不相似显然不可能，因为它会导致没有任何事物与这个理念相似；说相似也会存在困难，因为它不仅会导致第二个理念出现在第一个理念之上，而且"如果第二个相与某事物相似，那么又会有第三个相出现。如果相与分有它的事物相似，就会有无穷无尽的新的相产生。"②"模仿说"面临的另外一种困难是在价值上"模仿"理念的困难。根据模仿说，模仿者（现实世界中的具体事物）总是把被模仿的东西（理念世界中的同类理念）当作理想或者价值目标加以追求，用柏拉图自己的话说，就是总是力图赶上它们但却总也赶不上。但是问题来了：既然理念世界中的理念总是现实世界中的同类具体事物的价值追求目标，而现实世界中的任何种类的具体事物都有一种理念作为它们的原型，那么，现实世界中那些邪恶、丑陋、不正义的事物也一定具有自己的理念原型，并且它们的邪恶、丑陋、不正义正是它们追求邪恶、丑陋、不正义的理念原型的结果而且还始终无法赶上理念原型的邪恶、丑陋、不正义。显然这与模仿说把理念当作理想或价值追求目标的初衷相违。"理念论"的这一困难在《巴门尼德篇》中被指了出来。当讨论的人们谈到所有的分有理念的事物例如一、多、动、静，公正、善、美，甚至"人"都有自己的理念时，巴门尼德对少年苏格拉底说道："说头发、泥土、污垢这样一些微不足道的、卑贱的事物也有相会被认为是荒谬的，苏格拉底，对此你是否也感到困惑？"③苏格拉底回答说：

① ［古希腊］柏拉图：《巴门尼德篇》，参见《柏拉图全集》第二卷，王晓朝译，人民出版社2003年版，第764页。
② ［古希腊］柏拉图：《巴门尼德篇》，参见《柏拉图全集》第二卷，王晓朝译，人民出版社2003年版，第765页。
③ ［古希腊］柏拉图：《巴门尼德篇》，参见《柏拉图全集》第二卷，王晓朝译，人民出版社2003年版，第760页。

"在这些事例中，事物就是我们能看见的事物，如果假定这样的事物也有相，那就太荒谬了。尽管如此，我有时候还是有点不安，不明白为什么在一种情况下这样说是对的，但却不能在所有情况下都这样说。所以每当我想到这一点，我就后退，害怕失足掉进愚昧的无底深渊。"① 苏格拉底的回答表明，柏拉图意识到了这一问题的困难，但也有些犹豫不决，他并没有找到解决办法。巴门尼德也仅仅是说，这是因为你还年轻，现在还没有把握哲学，从而不太注意世人的想法，做出轻视一切事物的行为。

其实，在每类具体事物是否都有自己的理念的问题上，柏拉图面临着两难选择：若他坚持每类具体事物都有自己的理念的看法，他就会遇到上述的困难；反之，他若放弃每类具体事物都有自己的理念的看法，他的理念论就会受到威胁。因此，在此问题上，他犹豫不决在所难免。在《斐多篇》、《国家篇》等早中期的对话中，他更倾向于认为每类具体事物都有自己的理念，他说，无论是像勇敢、节制、正义等等美德，还是像床、桌子这样的人造物，乃至像木头、石头这样的自然物，甚至于像丑陋、邪恶、不正义这些否定的品德也都有与其相应的理念原型。而在《巴门尼德篇》这样的后期对话中，他虽然明确肯定伦理事物（以及数理事物）依然存在着与其相应的理念原型，但是，他并没有去讨论人造物是否有与其相应的理念原型的问题，而对于那些更低等的自然物是否有与其相应的理念原型的问题他则含糊其辞。当谈到诸如头发、污泥、秽物等等没有价值的事物时，他更是明确否定它们具有与其相应的理念原型。但令人奇怪的是，到了《蒂迈欧篇》这一更晚的著作时，柏拉图又回到了《国家篇》中的观点，他说，巨匠按照理念塑造万物，因此，万物都必然具有与其相应的理念原型。

第二，对于分有说的具体批判。从"分有说"来说，分有说主张分有者（现实世界中的具体事物）总是要分有被分有的东西（理念世界中的同类理念）才能获得自己的部分存在。晚年柏拉图（《巴门尼德篇》中的巴门尼德）认为，"理念论"在处理理念世界中的理念和现实世界中的具体

---

① ［古希腊］柏拉图:《巴门尼德篇》，参见《柏拉图全集》第二卷，王晓朝译，人民出版社 2003 年版，第 760—761 页。

事物之间关系的最大困难就出现在具体事物如何"分有"理念的问题上面。分有说告诉我们说：在分有的两边分别是某些独立自存的理念和分有这些理念的同类具体的事物，它们具有相同的名称。例如，分有相似的理念而成为相似的事物、分有正义的理念而成为正义的事物，分有大的理念而成为大的事物，以及分有美的理念而成为美的事物。但是，巴门尼德指出，每个分有理念的事物都只能或是分有理念的整体或是分有理念的一个部分。但是，这两种"分有"都有困难。首先，就分有理念的整体（整个地分有理念）看，它会造成单一整体的理念存在于许多事物中的每一个事物中的情况。若是如此，那么，同一个理念同时作为一个又一个整体存在于分离着的多个事物之中，这就会造成理念与自身的分离，它使同一事物同时处于许多地方。显然，这是不可能的。这种情况就像用一张帆去遮盖许多人一样，每个人身上盖的不是整张帆而仅仅是帆的一部分。但是这样一来，"相本身必定会被分割成部分，分有相的事物分有相的一部分。每一个事物拥有的只是某个特定的相的一部分，而不再是整个相。"① 因此，单一的理念遭到了分割，在单一的理念被分割开来以后，它就再不可能是原来的理念了。其次，就分有理念的一部分看，假定把大的理念（大本身）分割成部分，那么，就分割了大本身的事物来说，它们作为分有了大本身而变成的"大"的东西就会因为"仅仅"分有了大本身的一部分而比大本身"小"；反之，就分割了小本身的事物来说，由于它分割了小本身的一部分从而变得比小本身更小，小本身又会变成为"大"了。其他如相等的情况、相似的情况也都一样。因此，巴门尼德说："……苏格拉底，如果事物既不可能部分地分有相，又不可能整个儿地拥有相，那么其他事物将如何分有你的相呢？"② 少年苏格拉底只得承认这不是一件容易的事。

　　第三，分有说和模仿说的潜藏问题。在早期特别是中期柏拉图的理念论中，"分离"的问题固然是造成分有说和模仿说困难的主要问题，但是，

---

　　① ［古希腊］柏拉图：《巴门尼德篇》，参见《柏拉图全集》第二卷，王晓朝译，人民出版社 2003 年版，第 762 页。

　　② ［古希腊］柏拉图：《巴门尼德篇》，参见《柏拉图全集》第二卷，王晓朝译，人民出版社 2003 年版，第 762—763 页。

　　还有一个问题潜藏在分离问题之下，这个问题就是"分离的理念究竟是抽象的精神还是有形的物质"的问题。在某种意义上说，正是这个问题才造成了分离问题，因此，若要解决分离问题，首先必须解决这个问题。其实，晚年的柏拉图自己也意识到了这一问题。

　　理念若是抽象的精神，那么，它们与现实世界及其具体事物的分离就不存在"在空间中"的分离的问题，因为精神原本就不会占有空间，在这种情况下，"分离说"（包括"分有说"和"模仿说"）似乎困难会小一些；理念若是有形的物质，那么，它们与现实世界及其具体事物的分离就可以是"在空间中"的分离的问题，因为物质一定要占有空间，在这种情况下，"分离说"（包括"分有说"和"模仿说"）就会面临难以克服的困难。我们认为，当时急于创立哲学体系的柏拉图似乎还未充分意识到这些问题。根据他的具体论述，我们认为，从根本方向上说，在他那里，理念应该是精神的抽象。我们曾说，从巴门尼德的存在（甚至从赫拉克利特的逻各斯）到苏格拉底的定义再到柏拉图的理念的发展过程就是西方哲学寻找作为哲学（形而上学）之对象的"一"的过程，这一过程也是人的抽象思维能力不断提升从而使得"一"的抽象不断普遍化的过程，它表达了西方哲学思维的不断进步。由于"一"只能是抽象思维（精神）的产物，这就使得人们又可能把它看成是"精神性"的东西，柏拉图实质上将其看成是精神性的东西（普遍性），这种观点也被亚里士多德、黑格尔、罗素等西方绝大多数著名的哲学家认可。但是，由于对古人来说走向最为普遍的"一"的抽象是一个艰难的过程，所以，哲学家们在抽象的过程中往往会不自觉地从形象的因而也是物质的角度去思考这个"一"，就像巴门尼德把"存在"看成是"滚圆的球"一样。柏拉图也是如此，尽管他通过提出自己的理念已经基本完成了"一"的抽象任务，但是，在具体讨论现实世界的具体事物如何决定于理念世界的理念时，他也不自觉地存在着像对待有形事物一样来对待作为"一"的理念的问题。因此，他在分离的基础上采取了用现实世界中的具体事物来"分有"、"模仿"理念世界之理念的方式来具体解释理念世界的理念对于现实世界中的具体事物的决定作用。

　　正是由于早期特别是中期的柏拉图存在着把理念看成是精神但又在运

用中不自觉地将其形象化的矛盾做法，所以，在《巴门尼德篇》中，他在自我批判时便试图通过把理念彻底设想为无形的精神性的东西来消除分离的困难。在巴门尼德不断诘难少年苏格拉底的"分有说"后，少年苏格拉底说，我们可以把每一个理念设想成为一个"思想"，认为"它不能恰当地存在于任何地方，而只能存在于心中"①，并以这样的方式确保它们中的每一个都是单一的，从而消除分有说的困难。理念的彻底精神化的确可以为消除分有说的困难提供基础，它还需要做的是把这种存在于心中的精神看成是对于同类现实的具体事物的抽象。所以，在此基础上，巴门尼德进一步"反驳"少年苏格拉底说，我们不能设想没有对象的"思想"，思想总是关于某个事物的思想，它不可能是不存在的某物的思想而只能是存在着的某物的思想。"作为思想对象的某一事物，实际上就是思想观察到的、能覆盖所有例证的一个性质"②。因此，"……这个被认为是一，在各种情况下都保持着相同的事物不就是一个相吗？"③这里，少年苏格拉底的"设想"和巴门尼德的"反驳"表明的正是柏拉图本人的态度。当然，柏拉图并不认为自己已经彻底解决了分离以及分离造成的困难问题，所以，在《巴门尼德篇》中，他的态度依然处于犹豫状态，在最终的意义上，他还是借少年苏格拉底的口说："眼下我还看不到有什么出路。"④

（三）柏拉图对于众多之一的统一和联系

除了分有说和模仿说的困难之外，柏拉图早期特别是中期理念论的另外一个困难或不足在于，他未能说明理念世界内部众多理念（"一"）的统一和联系，并且，由于现实世界是理念世界的影子，所以，未能说明理念世界内部众多理念（"一"）的统一和联系内在地也包含了未能说明现实世

① ［古希腊］柏拉图：《巴门尼德篇》，参见《柏拉图全集》第二卷，王晓朝译，人民出版社 2003 年版，第 763 页。

② ［古希腊］柏拉图：《巴门尼德篇》，参见《柏拉图全集》第二卷，王晓朝译，人民出版社 2003 年版，第 764 页。

③ ［古希腊］柏拉图：《巴门尼德篇》，参见《柏拉图全集》第二卷，王晓朝译，人民出版社 2003 年版，第 764 页。

④ ［古希腊］柏拉图：《巴门尼德篇》，参见《柏拉图全集》第二卷，王晓朝译，人民出版社 2003 年版，第 768 页。

界内部众多的具体事物的统一和联系。毫无疑问，这一困难或说不足的存在会妨碍柏拉图哲学体系的完整性。

在《巴门尼德篇》中，柏拉图试图通过打通那些最为普遍的理念的方式来解决上述困难、寻找新的出路，他是在借巴门尼德的名义向苏格拉底等人演示关于最普遍的理念的逻辑推论时尝试打通那些最为普遍的理念的。柏拉图借巴门尼德之口说，尽管苏格拉底在"高尚的受到激励的精神"的推动下匆匆忙忙地给"正义"、"善"、"美"以及其他的理念下了定义，但是，他还过于年轻，还没有接受预备性的训练，所以才遇到了这么严重的困难。因此，他对苏格拉底说，"……你必须努力接受更加严格的训练。尽管这种训练在这个世界上被称作无聊的闲谈，被谴责为无用的，否则的话，真理将逃避你。"[1]

在《巴门尼德篇》的第二部分中，柏拉图主要围绕"一"的存在与否在假设的意义上探讨了诸如"一"与"存在"（Being）、整体与部分、运动与静止、相同与相异、大与小等八组逻辑推论，目的是推演理念相互之间的分离与结合的问题。他重点围绕关于"一"与"存在"的假定进行了推论。在他看来，"一"若不和"存在"结合而只是孤立的"一"，那么，它便不能和许多对立的范畴相结合，既不能是一个整体也不能有任何部分，既不存在于运动中也不存在于静止中，既不能与其他事物相同也不能与自身相同，既不能与其他事物相异也不能与自身相异，既不能与其他事物相似也不能与自身相似，它也不可能存在于时间或者空间之中因而没有开端、中间、终端，以及界限、形状，它甚至不能存在于自身之中，从而连自身都不是。"因此，一不是任何意义上的存在。"[2]"……它不能拥有名称或被谈论，也不会存在任何关于它'的'知识、感觉或意见。它没有名称，不被谈论、不是意见或知识的对象，不被任何生灵所感知。"[3]但

---

① ［古希腊］柏拉图:《巴门尼德篇》，参见《柏拉图全集》第二卷，王晓朝译，人民出版社 2003 年版，第 769 页。

② ［古希腊］柏拉图:《巴门尼德篇》，参见《柏拉图全集》第二卷，王晓朝译，人民出版社 2003 年版，第 776 页。

③ ［古希腊］柏拉图:《巴门尼德篇》，参见《柏拉图全集》第二卷，王晓朝译，人民出版社 2003 年版，第 777 页。

是，"一"若和"存在"结合，它就是"存在的一"或"一存在"，那么，它便可以和许多对立的范畴结合，它既是一又是多，既是整体又有部分，既存在于运动中也存在于静止中，如此等等。总之，"……可以说一'有'某些事物，也会有一'的'某些事物，无论是过去、现在，还是将来。所以，有关于一'的'知识、时间和感觉……。进一步说，一'有'名字，可以被谈论；它确实能够被命名和被谈论。"①

问题在于，为什么"一"一旦与"存在"结合，它就能什么都是并且能与那么多对立的范畴相结合呢？根据巴门尼德的推论我们可以看到，这里的关键之点是通过把"一"与"存在"结合起来从而打通了"一"与"多"。他论证说："如果一存在，它不能一方面存在，一方面不具有存在。所以也要有这个一具有的存在。这个一具有的存在不是与一相同的事物；否则的话，这个存在就不会是'它的'存在了，一也不会拥有这个存在了。……这就意味着'存在'与'一'代表不同的事物。这样，'一存在'这个简短的陈述只意味着一拥有存在。"②这里，"由于我们肯定'存在'属于那个存在的一，我们也肯定'一'属于这个是一的存在，由于'存在'和'一'不是同一个事物，而是同属于一个事物，也就是说从我们假定的'存在的一'可以推论它是一个作为整体的'一存在'，'一'和'存在'是它的部分。……因此，任何'存在的一'既是一个整体又有部分。"③当"一"作为"存在的一"既是整体又有部分时，它实际上就成了"多"。巴门尼德还更进一步推论：在"一存在"的两个部分即它的一和它的存在中，"一"不能缺乏"存在"的部分，"存在"也不能缺乏"一"的部分，因此，这两个部分中的任何一个部分都至少由两个部分所组成，按照同样的方式的推论可一直推下去，便可以得出"存在的一"或"一存在"是无限的"多"的结论。正如他所

---

①　［古希腊］柏拉图：《巴门尼德篇》，参见《柏拉图全集》第二卷，王晓朝译，人民出版社 2003 年版，第 793 页。

②　［古希腊］柏拉图：《巴门尼德篇》，参见《柏拉图全集》第二卷，王晓朝译，人民出版社 2003 年版，第 777 页。

③　［古希腊］柏拉图：《巴门尼德篇》，参见《柏拉图全集》第二卷，王晓朝译，人民出版社 2003 年版，第 777 页。

说的:"所谓'一存在'必定是无限的多。"① 并且,"……不仅'存在的一'是多,而且一本身也由于存在所分割而必然是多。"②"一"一旦成了"多",那原本不与存在结合或不能与其结合的一系列的对立范畴都能成为可以与其结合的对立范畴了。其实,柏拉图这里的逻辑推论是存在问题的,并且他的推论也都是建立在假设的基础上的,因此,他在这里的逻辑推论像他批判分有说和模仿说一样也没有得出任何确定的结论。

在某种意义上说,形而上学确立的过程本质上就是寻找"一"的存在或说存在着的"一"的过程,所以,"一"的存在的问题在西方形而上学那里是一个十分关键的问题。虽然柏拉图的理念本质上就是存在着的"一"或众多的"一",但是,在早期以及中期哲学中,柏拉图并没有直接在"一"和"存在"的名义下把"一"的存在问题作为一个专门问题加以探讨。这种专门探讨直到他的后期哲学才真正开始,并且首先表现在《巴门尼德篇》中。正如汪子嵩先生所说:"古希腊爱利亚学派的巴门尼德首创 Being(希腊文 ON)的一元论,提出'是'和'不是'是辨别命题的真和假的标准。柏拉图在早、中期对话中对此没有专门重视,直到后期对话《巴门尼德篇》开始,将 Being 和'一'作为最普遍的范畴,讨论它们和其他普遍范畴的分离和结合的问题;在其他后期对话中更不断深入探讨普遍范畴间的分析和综合的问题,认为这是最高的哲学——辩证法。"③ 就此而言,柏拉图在《巴门尼德篇》中为了建立最普遍的范畴之间的统一和联系而对"一"的存在问题的专门探讨,无论结论如何,都应该是一种十分重要的探讨,对他的理念论哲学的完善是如此,对亚里士多德存在论哲学的形成是如此,对整个形而上学的发展也是如此。

---

① [古希腊]柏拉图:《巴门尼德篇》,参见《柏拉图全集》第二卷,王晓朝译,人民出版社 2003 年版,第 778 页。

② [古希腊]柏拉图:《巴门尼德篇》,参见《柏拉图全集》第二卷,王晓朝译,人民出版社 2003 年版,第 780 页。

③ 汪子嵩:《柏拉图全集》中文版序,参见《柏拉图全集》第一卷,王晓朝译,人民出版社 2002 年版。

（四）柏拉图晚年自我批判的意义

尽管柏拉图晚年在《巴门尼德篇》中的自我批判没有得出任何确定的结论，但是，我们从他的意图中至少可以看到一个伟大的哲学家敢于自我反省、自我批判、自我修正的勇气。同时，他在自我批判中还衍生出了一些值得关注的积极成果。例如，他在力图打通普遍范畴的努力中，试图通过把"一"与"多"打通，在"一"与"多"相互结合的基础上把"一"与其他最普遍的范畴（理念）在相互联系中统一起来，他的这一努力似乎在提醒形而上学家：若要更好地把本体世界作为现实世界的根源，那么，本体世界自身就应该具有自己的统一性，只有这样，它才能解释现实的现象的或感性的世界的统一性。再如，他试图通过逻辑推演的方式打通最普遍的范畴（理念）之间统一和联系的努力使他有效地发展了包括分析和综合在内的等一系列逻辑研究方法，这些方法不仅表现在《巴门尼德篇》中，还表现在诸如《智者篇》、《政治家篇》、《斐莱布篇》等中，它为西方逻辑学的发展和辩证法的发展提供了重要的思想资源，首先是对亚里士多德的逻辑学与方法论的发展提供了丰富的思想资源。尽管如此，针对柏拉图反思、批判、修正自己早期特别是中期学说的主观意图和客观努力，我们这里最感兴趣的还是他对"一"和"多"及其相互关系问题的反思态度、批判精神和去解决问题的种种尝试。

我们知道，柏拉图的理念论是基于理念基础上的双重世界理论（它既包含了存在论还包含了与之相关的认识论）。表面上看，他的理论重心在理念世界和理念上面，但是，他像所有的形而上学家一样探讨哲学问题的最终目的乃是为了给现实世界的事物提供根源、原因和存在理由，所以，在实质上，他的理论重心却在理念世界以及其中的理念和现实世界以及其中的具体事物的关系上。其实，早在自然哲学那里，哲学家们虽然还没有像柏拉图那样明确地把世界分为双重世界，但是，他们依然像柏拉图用现实的现象世界后面的理念的本体世界来说明现实的现象世界那样用统一的始基来说明现实的具体现象。无论是自然哲学家用统一的始基来说明现实的具体现象，还是柏拉图用现实的现象世界后面的理念的本体世界来说明现实的具体现象，从本质上说，他们都是在用"一"（世界的共同本质）来说明"多"（现实的具体现象），只不过与自然哲学家相比，柏拉图首先直截了当并且十分系统地提出了双重世界的理论，并且试图以此为基础采用更为系统、更为明确的方法来用"一"说明"多"。为此，他不仅把现实世界以及具体事物看成是理念世界以及理念的影子，而且还用"分有说"和"模仿说"等来把理念世界以及理念和现实世界以及具体事物具体联系起来，用理念世界以及理念来说明现实世界以及具体事物。因此，"一"和"多"以及二者之间的联系问题是柏拉图哲学以及西方哲学中的基本问题。然而，由于柏拉图在如何理解"抽象"作用问题上的局限，他在此一基本问题上遇到困难，也就是说，出现了理论漏洞。所以，他在经过一番痛苦的反思之后，试图在自己的后期哲学中通过自我批判寻找问题的症结，探寻解决问题的方法。在《巴门尼德篇》中，柏拉图在第一部分中批判了他自己早期特别是中期理念论哲学的"分有说"和"模仿说"，其实就是不满意这种理念论中处理本体或理念的"一"与现象或现实的"多"之间的具体联系方式；而他在第二部分中的基于假设的主要逻辑推论虽然只是范畴（理念）之间的"一"和"多"之关系的推论，但是，他的目的还是要打通"一"和"多"之间的联系。"一"和"多"的问题乃是柏拉图在《巴门尼德篇》中最想解决的问题，它也是柏拉图的理念论哲学并且还是整个西方哲学特别是形而上学中的关键问题。正因为"一"和"多"这一整个西方哲学特别是形而上学的关键问题在柏拉图那里最终仍然是悬而未决的问题，所以，亚里士多德在从事自己的哲学研究时，也把这一问题作为切入之点，并把它与关于质料和形式、潜能和现实等诸多对立范畴的思考联系起来，不仅如此，在一定的意义上说，柏拉图的自我批判还实际上构成了亚里士多德思考和批判柏拉图的理念论（早期特别是中期的理念论）的出发点。

第二篇

存在论：形而上学的确立

　　尽管形而上学在柏拉图那里已经发源，并且柏拉图还从学科（辩证科学）、方法（辩证法）乃至知识体系方面明确制定了比较完整的初始状态的形而上学的思想体系，甚至有效地把形而上学（哲学）与自然哲学（自然科学）区别了开来，但是，从形而上学的对象来说，它的理念作为形而上学的对象还是众多的"一"。亚里士多德在总结和发挥了他以前的全部哲学思想资源的同时，重点总结和发挥了从巴门尼德开始提出的存在论思想，提出了"作为存在的存在"这一形而上学的研究对象，首次明确提出了第一哲学的概念。他的存在论哲学标志着形而上学的正式确立。

第一章 亚里士多德存在论的思想基础

亚里士多德像柏拉图一样是古希腊最伟大的形而上学家之一，他被誉为"百科全书式的学者"，黑格尔曾热情地赞扬说："亚里士多德深入到现实宇宙的整个范围和各个方面"，"没有人像他那样渊博和富于思辨。"①。在西方哲学史上，亚里士多德总结和发展了以往哲学的所有学说，尤其是柏拉图的学说，提出了自己系统的形而上学的存在论学说。

一、亚里士多德其人其事

作为"百科全书式的学者"，亚里士多德（Aristotle）生活于马其顿统治下的希腊时期。伯罗奔尼撒战争后的希腊各城邦陷入了严重的政治、经济危机，城邦之间战争频繁，社会矛盾日益激化。这时，希腊北方的马其顿乘机发展壮大，在国王腓力二世的统治下日益强盛，并经过一系列的改革终于成为军事强国，公元前338年，马其顿在喀罗尼战役中击败了希腊联军，并在公元前337年于柯林斯召开的全体希腊会议上让希腊各城邦确认了它的统治地位，使希腊各城邦成为它的附庸。

亚里士多德于公元前384年诞生于希腊北方色雷斯的斯塔吉拉城。他的父亲尼各马可是马其顿王阿明塔二世（腓力二世之父）的御医，这使亚

---

① ［德］黑格尔:《哲学史讲演录》第二卷，贺麟、王太庆译，商务印书馆1983年版，第269页。

里士多德与马其顿王室产生了密切的关系。亚里士多德于公元前367年（他当时17岁）来到雅典，进入柏拉图学院，先后学习了近二十年。他在柏拉图死后离开雅典到小亚细亚爱索斯一带讲学。在此期间，他结识了阿塔尔尼亚城的僭主赫尔米亚并与其养女结婚。正是从此时起，他开始了对柏拉图理念论的批判，并且逐渐走出了柏拉图的思想形成了自己独立的哲学见解。公元前343年，他应马其顿腓力二世的邀请担任马其顿王子亚历山大的教师。公元前335年，在腓力二世被刺身亡亚历山大即位并开始东征后，他于第二年回到雅典，在一个叫吕克昂的公共场所创办了一所学校，从事教学和研究活动达12—13年之久。据说，亚里士多德喜欢与他的学生在吕克昂附近的林荫道上一边散步一边讲学讨论，所以，他的学派又被称为逍遥学派。公元前323年，亚历山大在征战高奏凯歌之际突然因恶性疟疾病死于巴比伦，希腊各地乘机掀起了反马其顿的风暴。当时，亚里士多德因其与马其顿王室的亲密关系遭到了雅典反马其顿党的指控，认为他犯有不敬神明之罪。亚里士多德便把吕克昂学院交给了他的学生狄奥弗拉斯图，自己则离开雅典逃亡到了欧比亚的加尔西斯，并与次年亦即公元前322年病逝于那里。

亚里士多德家族与马其顿王室之间的亲密关系或许是他从事学术研究状况以及独特的研究风格的一个重要原因。亚里士多德父辈就已与马其顿王室建立了较好的关系，到亚里士多德时，这种亲密关系得到了进一步加强。据说，腓力二世和王后都十分尊敬和恩宠亚里士多德，他们不仅为他提供从事科学研究的费用，而且还为他配备了十几个奴隶来服务于他的研究活动。特别重要的是，亚历山大在东征途中还命令人们，凡是发现了新的植物或者动物资料，必须寄给亚里士多德从事研究所用。这一切既为亚里士多德从事学术研究提供了便利，也为他从事学术研究提供了他人难以获得的大量的原始资料。这些原始资料的获得使得亚里士多德在沿袭他的老师柏拉图思辨研究的基础上更为注重实证研究，也就是说，在沿袭他的老师柏拉图重视理性的基础上更为重视经验。这种注重不仅表现于他的存在论，而且也表现于他的认识论，乃至表现在他的所有其他学术研究之中。在亚里士多德《灵魂论及其他》中译本的序言中，吴寿彭先生在谈到亚里士多德的"心理学"（灵魂学以及认识）研究时说道：从公元前348年或前347年离开雅典一直到公元前335年或前334年返回雅典，亚里士多德曾游历了很多地方，实地考察了几百种有关鸟兽虫鱼等动物，并且在观察之余还进行了一些解剖工作，他的学生亚历山大大帝在征战途中也不时给他寄来动植物标本。这些为他撰写有关灵魂的思想积累了大量的资料。这些资料为他49岁返回雅典之后在吕克昂学院期间撰写有关论灵魂的著作奠定了基础。这种情况不仅表现在亚里士多德有关灵魂著作的撰写中，而且也表现在他的其他一系列著作的撰写中。而正是这些基础既造成了他的研究范围极其广泛，又造成了他十分注重经验性的研究。[①] 当然，尽管亚里士多德比柏拉图更为注重经验，但是，他归根到底还是一个理性主义者。

既然亚里士多德是一个"百科全书式的学者"，那么，毫无疑问，他的著作一定颇丰。亚里士多德的很多著作都失传了，但也留下不少著作。学界通常把他的著作分为两类，一类是他在吕克昂学院中为自己的学生所写的深奥的讲稿，这些著作留下较多；另外一类则是他以对话体形式为大众撰写的通俗读物，这些作品则大多失传了。由于亚里士多德曾为科学作了分类，并在分类的基础上努力创立各门科学，所以，他的著作也分别属于各门科学。其中，典型的哲学著作有《形而上学》（它由亚里士多德在不同的时期围绕哲学基本理论特别是宇宙本原的理论所作的讲演汇编而成，共有14卷）；自然哲学和自然科学著作有《物理学》、《论天》、《论产生和毁灭》、《气象学》、《动物志》、《动物的起源》、《动物分类学》等；心理学、认识论著作有《论灵魂》、《论感觉及其对象》等；伦理学、政治学、经济学著作有《尼各马可伦理学》、《大伦理学》、《政治学》等；文艺理论著作有《修辞学》、《诗论》等。此外，他还开创了真正意义上的"逻辑学"，在这一方面，他的重要著作包括《范畴篇》、《解释篇》、《前分析篇》、《后分析篇》、《正位篇》、《辩谬篇》等，后来这些著作被汇编成《工具论》。

---

① 参见［古希腊］亚里士多德：《灵魂论及其他》，吴寿彭译，商务印书馆1999年版，译者绪言。

亚里士多德在世时很少发表自己的著作，在逝世前他把自己的著作以及藏书全部交给了他的继承人德奥弗拉斯特，德奥弗拉斯特后来又将这些著作和藏书传给了弟子纳留。据说，纳留去世之后，亚里士多德的著作被纳留的后代存放在地窖之中长达150年之久，大约到了公元100年，一个叫作亚贝里根的人收购了这些资料，并对文稿所缺之处作了一些补充和修订。到了罗马时期，吕克昂的第十一代主持人安德尼罗柯才将亚里士多德的著作出版。

二、世界四种原因的探讨

像柏拉图一样，亚里士多德的哲学也是总结以往所有哲学成就的产物，尤其是总结柏拉图哲学成就的产物。亚里士多德说："智慧就是某种关于本原的科学。"[①] 探讨世界的本原就是探讨作为最初原因的世界原因，因此，智慧就是探讨最初原因的科学。他说："……所有的人都主张，研究最初原因和本原才可称之为智慧。……所以，很清楚，智慧是关于某些本原和原因的科学。"[②] 在他看来，他以往的哲学关于世界本原的探讨实际上就是关于世界原因的探讨，因此，他在总结以往所有哲学的成就时，主要是围绕原因来进行的。

（一）原因学说的溯源

亚里士多德在追溯以往哲学关于世界本原或原因的探讨时，共归纳出以往哲学探讨世界本原的四种原因，他把这四种原因作为自己探讨世界本原的出发点。

在他看来，在以往的哲学中，绝大多数哲学家都把万物之本原的存在形式看成是质料，也就是说，"一切存在着的东西都由它而存在，最初由

---

① ［古希腊］亚里士多德：《形而上学》，参见苗力田主编：《亚里士多德全集》第七卷，中国人民大学出版社1993年版，第240页。

② ［古希腊］亚里士多德：《形而上学》，参见苗力田主编：《亚里士多德全集》第七卷，第29页。

它生成，在最终消灭时又归于它"①。显然，这里指的主要是伊奥尼亚学派的自然哲学的始基观点。当然，这派哲学中的不同哲学家在本原的形式和数量上的说法并不相同，它的创始人泰勒斯或许是由于看到万物都由潮湿的东西来滋养并维持它们的生存，所以断定"水"是本原，并且据此认为大地浮在水上。阿那克西美尼和第欧根尼则认为"气"在水先，认为它才是最高本原；爱非斯的赫拉克利特和迈特庞图的希波索斯认为"火"是本原。除了他们的始基学说之外，恩培多克勒又提出了四根学说，还有克拉佐门的阿那克萨哥拉则把"无限"理解成为本原。这些哲学本原学说的共同之点在于"似乎只有在质料形式下的原因才可称之为原因"②。

亚里士多德认为，这样理解的本原其实就是一种持续存在的实体。这种持续存在的"实体……处于底层，只是表面承受各种作用而变化，人们说这就是存在着东西的元素和本原。正是因为这个缘故，他们认为既没有任何东西生成，也没有任何东西消灭，因为同一本性永远持续着。"③例如，当我们说苏格拉底可以变得文雅或者善良的时候，苏格拉底作为载体自身则不会变化而持续存在着。据此，他得出结论说：载体自身不可能是造成自身变化的原因，正如木料不能自称床榻，青铜不能自称雕像一样，质料这种原因必须以其他的对象作为变化的原因。

既然质料不能充分说明存在物的本性的生成，所以，人们被迫去探讨下一种本原，他们要探讨一种能使"存在物具有或生成为善良和美好的原因"④。因此，有人说在自然中也像在动物中一样"有着理智或心灵作为一切规则和秩序的原因"⑤。阿那克萨哥拉就接受了这一理论。阿那克萨

① ［古希腊］亚里士多德：《形而上学》，参见苗力田主编：《亚里士多德全集》第七卷，第33—34页。
② ［古希腊］亚里士多德：《形而上学》，参见苗力田主编：《亚里士多德全集》第七卷，第35页。
③ ［古希腊］亚里士多德：《形而上学》，参见苗力田主编：《亚里士多德全集》第七卷，第34页。
④ ［古希腊］亚里士多德：《形而上学》，参见苗力田主编：《亚里士多德全集》第七卷，第36页。
⑤ ［古希腊］亚里士多德：《形而上学》，参见苗力田主编：《亚里士多德全集》第七卷，第36页。

哥拉提出的"奴斯"，其实就是安排一切秩序的原因，还有人（例如恩培多克勒）根据现实之中存在着善（秩序）与恶（无序）而把友爱和争吵看成是一切善的原因与一切恶的原因。据此，赫西俄德第一个在此方面作了探讨，但也有人例如巴门尼德把爱情（也有人认为是欲望）当作存在物的本原。

亚里士多德这里所归纳的以往哲学家所提出的存在物生成变化的原因作为自然中一切规则和秩序的原因其实就是目的因。实际上，苏格拉底也探讨了目的因的问题，因为他也曾明确把原因等同于目的。不仅如此，亚里士多德这里所说的目的因也正是他常常被看成是动力因的东西，因为这种原因本身就是运动由以开始的原因。我们在后面的章节中讨论亚里士多德关于运动根源的思想时将会发现，在他那里，运动根源作为推动事物开始运动的原因，它既可以被看成是目的因，也可以被看成是动力因，甚至还可以被看成是形式因。

亚里士多德说，尽管我们在这里归纳了两种原因：质料因和运动由以开始的原因。但是，它们还是含糊不清。例如，阿那克萨哥拉一会机械地使用理智或心灵来说明原因，而在其他的情况下却又不用它们来说明一切事物的发生。因此，他进一步考察了其他哲学家对于世界原因的解释。据此，他继续归纳以往哲学家所探讨的关于世界存在和运动的其他原因。他说，毕达哥拉斯学派最先推进了数学这门学科，他们认为，数学上的本原也就是一切存在的本原，其他的东西都只不过是数目的某种属性；同时，由于他们在数目中看到和声的比例和属性，所以，他们认为其他的东西的全部本性也是由数目塑造出来的，并且整个宇宙就是一个和谐的数目。还有一些人把宇宙万物看作单一的本性，他们与自然哲学家在运动着的质料中寻找本原的方式不同，而把一看成是不运动的。克塞诺芬尼或许是第一个提出"一"的人，巴门尼德（据说他是克塞诺芬尼的学生）的见解则更加有见地。他认为存在就是"一"，此外，别无他物；他把感觉上的现象看作是"多"，并把它们列为非存在。其实，亚里士多德这里所归纳的是以往哲学家的形式因亦即把形式作为原因的思想。

在归纳了以往其他哲学家的关于世界之原因的思想之后，亚里士多德特别指出了柏拉图在此方面的思想。他说："在所说的各派哲学之后，柏拉图的方案出现了，它在许多方面追随着这些哲学（南意大利学派的哲学——引者），但也有和意大利派哲学不同的自己的特点。"①首先，亚里士多德指出了"柏拉图的方案"对于南意大利学派哲学观点的继承。从这种继承出发，柏拉图认为，由于感性事物不断变化，因而不可能形成一个共同定义，所以，人们只有从非感性的事物方面才能寻找作为世界本原的共同定义或普遍性。据此，柏拉图"……认为苏格拉底的伦理定义也能应用于其他的事物但非知觉的对象。因为一般定义不可能是不断变化着的可感觉的东西。因此，他称这些实体为形式，认为所有可感觉的事物都遵循它们"②。这里，柏拉图把"形式"（也就是他所谓的"理念"）看成是其他事物的原因，并认为构成形式的元素也就是所有存在物的元素。其次，亚里士多德又准确地指出了柏拉图在继承南意大利学派之观点的同时呈现出的自己的不同于南意大利学派的特点，这种特点就是他受到了克拉底鲁、赫拉克利特的影响在消极的意义上把质料也看成是世界（即使是现象世界）的原因，在他那里，"作为质料以大和小为本原，作为实体则是一。"③因此，若是综合地看，柏拉图提出了两种原因，对于一切事物来说，形式就是事物的原因；同时，质料又是某种载体，以它为依托，形式才对感性事物加以述说，所以，在某种意义上说，质料也是事物的原因。此外，柏拉图有时还把数学对象称为"居间者"，认为它们处于感性事物和形式之外。

（二）原因学说的评价

根据亚里士多德的理解，尽管以往哲学家们在探讨世界的原因方面都做出了不同程度的贡献，但是，他们的学说也存在着不同程度的缺陷，特别是他们在试图寻找世界的不同原因时常常在说法上模糊不清，或者

---

①　[古希腊]亚里士多德：《形而上学》，参见苗力田主编：《亚里士多德全集》第七卷，第43页。

②　Aristotle, *Metaphysics*, Translated by Hugh Lawson-Tancred, Published by the Penguin Group, 1998, p. 24.

③　[古希腊]亚里士多德：《形而上学》，参见苗力田主编：《亚里士多德全集》第七卷，第43页。

把一种原因解释成为不同的原因，或者又把原本应该是不同的原因混说成为同一原因。他说："……所有的人，看起来都是对那些意见进行模糊的推断，有些人把本原说成是质料，或者主张一种，或者主张多个，他们主张它是有形体的，或是无形体的，例如柏拉图讲的大和小，意大利学派的无限，恩培多克勒的火、土、水和气以及阿那克萨哥拉的同素体的无限。"[①]

亚里士多德还对以往哲学家提出的各种原因的缺陷进行了具体的分析。在他看来，仅就质料因来说，如果世界或事物的原因仅仅是质料因的话，那么，它就无法真正说明世界或说事物的原因。首先，它忽视了无形原因的存在。亚里士多德说道："那些把一和宇宙全体当作某种质料的自然、具有形体和大小的人，显然是大错特错了。他们只承认有形体东西的元素，却不承认无形体东西的元素。然而无形体的东西同样存在着。"[②]其次，他们忽视了运动的原因。他们轻而易举地把各种单纯物（例如水、火等等）叫作本原而不研究它们的相互生成如何可能，并且，亚里士多德甚至认为，即使是那些主张存在多种原因的人例如恩培多克勒在这一方面也是一样。仅就形式因来说，如果世界或事物的原因仅仅是形式因的话，那么，它也无法真正说明世界或事物的原因。首先，若仅仅把形式当作世界或事物的原因，那么，它就会忽略形式和质料之间应有的关系；其次，它像仅仅把质料看成是世界或事物的原因一样，也无法说明世界或事物的变化发展。因此，仅仅把形式当作世界或事物原因的观点的人并没有明确地提出是其所是和实体的观点，"因为他们并不把形式当作可感事物的质料的形式，……也不把形式当作促成运动的始点"[③]。在此方面，亚里士多德重点分析了毕达哥拉斯特别是柏拉图的相关观点，他在分析中指出："……我们用来证明形式存在的那些办法，显然没有一个是顶用的。一些

---

① ［古希腊］亚里士多德:《形而上学》，参见苗力田主编:《亚里士多德全集》第七卷，第45页。

② ［古希腊］亚里士多德:《形而上学》，参见苗力田主编:《亚里士多德全集》第七卷，第47页。

③ Aristotle, *Metaphysics*, Translated by Hugh Lawson-Tancred, Published by the Penguin Group, 1998, p. 27.

推论并无必然性，另一些我们认为没有形式的东西却又有。按照从科学所推出的原理，那么一切成为科学对象的东西，将全部具有形式。按照单一在众多之上的论证，那么否定了的东西也将具有理念。"① 此外，亚里士多德也指出了以往哲学家在动力因以及目的因上的缺陷。他认为这些原因固然能够说明事物的运动，但是，这些哲学家却未把这些原因与是其所是或实体联系起来。他说："……另外一些人则提出了运动从何而来（例如有些人就把友爱和争吵、理智和情欲当作本原）。从来就没有人明确地提出过是其所是和实体的问题"②。

按照亚里士多德的观点，世界或事物的主要原因只有四种，即质料因、形式因、动力因和目的因。在他之前，所有的哲学家都在寻找这几种原因，并且，我们也不可能说出任何其他的原因。就此而言，以往的哲学家不仅有效地探讨了世界或事物的原因的问题，而且更为重要的是：他们把世界或事物的所有原因都找了出来。正是因为如此，他们对于哲学特别是哲学中关于世界本原的探索做出了极大的贡献。但是，"……他们仅仅是在不明确地寻求，在某种意义上这些原因他们全都说过了。而在另一种意义上他们干脆什么也没有说到。"③ 亚里士多德认为，造成这种现象的原因在于："最初的哲学由于幼稚和刚刚起步对一切都含糊其辞"④。因此，我们不应指责作为最初哲学的以往哲学家的哲学关于原因探讨方面的不足，而是应该沿着他们已做出的贡献继续前行。

三、理念论的批判

在亚里士多德对以往哲学的批判继承中，柏拉图的思想具有举足轻

① ［古希腊］亚里士多德：《形而上学》，参见苗力田主编：《亚里士多德全集》第七卷，第 51 页。

② ［古希腊］亚里士多德：《形而上学》，参见苗力田主编：《亚里士多德全集》第七卷，第 46 页。

③ ［古希腊］亚里士多德：《形而上学》，参见苗力田主编：《亚里士多德全集》第七卷，第 57 页。

④ ［古希腊］亚里士多德：《形而上学》，参见苗力田主编：《亚里士多德全集》第七卷，第 57 页。

重的地位。若从亚里士多德关于世界或事物本原之原因的观点来考察，那么，我们就会发现，在柏拉图的理念论中其实重点包含了亚里士多德所理解的三种原因，即：质料因、形式因和目的因。柏拉图之理念世界以及其中的一般理念和现实世界以及其中的个体事物之间的关系，在某种意义上就是质料和形式的关系；同时，由于理念世界以及其中的一般理念也是现实世界以及其中的个体事物的"模仿"对象，所以，在柏拉图的理念论中，质料和形式的关系也是质料和目的的关系。但是，如前所述，柏拉图的理念论在一般理念与个体事件之间的关系方面存在着重大的困难，柏拉图在自己的晚年已经意识到这些困难并展开了自我反省和自我批判。这种自我反省和自我批判构成了亚里士多德创立自己的哲学体系的直接出发点，他在柏拉图之反省和批判的基础上，进一步对柏拉图的理念展开了详细的分析和批判，并把这种分析和批判与他的四种原因思想结合起来，直接走向了他自己的存在理论，从而直接走向了他的形而上学。正如汪子嵩先生所说："柏拉图的后期思想对亚里士多德哲学的形成和发展起了很大的影响作用。亚里士多德专门研究 Being 的问题，提出研究最普遍最纯粹的 Being as Being（希腊文 to on hei on）即是'第一哲学'的任务，从而在西方哲学史上开创了 Ontology"①亦即存在论。

（一）亚里士多德对理念产生过程的回顾

亚里士多德说，关于理念的意见最初是赫拉克利特的意见，他认为一切可感事物都在不断地流变着，但是，我们又不可能有不断流变着的东西的知识。因此，如若存在某种知识和思想，那它必定是关于某种具有不变本性的东西的知识和思想。这就意味着一定具有某种不变的本性存在于可感事物之外。当苏格拉底在投身于研究伦理上的善时，首先寻求的是对它们作出普遍定义，这种普遍定义对于理念的形成非常重要。亚里士多德说："有两件事情公正地归之于苏格拉底，归纳推理和普遍定义，这两者

① 汪子嵩：《柏拉图全集》中文版序，参见《柏拉图全集》第一卷，王晓朝译，人民出版社 2002 年版。

都与科学的始点相关。"①"然而苏格拉底并没有把普遍和定义当作分离存在的东西，他的后继者们把它们当作分离存在的东西，并把它们叫作理念。根据他们所用的几乎同样的道理将会得出，凡是被普遍述说的东西都有理念。"②毫无疑问，这些后继者就是柏拉图以及柏拉图主义者。但是，亚里士多德并不赞同柏拉图以及柏拉图主义者把理念看成是分离的思想，他嘲笑地说："这正如有人想要计算少数的东西，认为自己不可能，却把它加多了来计算。正如所说的那样，理念多于那些个别可感事物。正是为了寻求可感事物的原因，人们才由此而进到理念的。对每一事物都有一个同名者并且在实体之外，对于另外的事物，它是凌驾于多之上的一，既凌驾于可感事物，也凌驾于永恒的事物。"③

（二）亚里士多德对理念论内在困难的批判

按照亚里士多德的观点，柏拉图以及柏拉图主义者的理念论存在着太多的困难，"人们用来证明理念存在的各种方式中，没有一种是显而易见的，有一些并不能必然地推出结论，另一些他们认为有形式的东西却没有形式。"④在这些太多的困难中，他特别分析批判了理念论在理念和个体事物（质料）关系方面的困难，亦即分有说和模仿说的困难。我们知道，柏拉图提出理念论的根本目的就是要用理念世界以及理念世界中的理念来说明现实世界以及现实世界中的个体事物，而他若要有效地实现自己的目的，那就必须令人信服地说明理念（理念世界以及理念世界中的理念）和个体事物（现实世界以及现实世界中的个体事物）之间的关系，也就是说，说明理念是个体事物的根源或原因。他主要通过分有说和模仿说（以及影子说）来说明它们二者之间的关系。但是，当他这样做时，却遇到了

---

① ［古希腊］亚里士多德：《形而上学》，参见苗力田主编：《亚里士多德全集》第七卷，第297页。

② ［古希腊］亚里士多德：《形而上学》，参见苗力田主编：《亚里士多德全集》第七卷，第297页。

③ ［古希腊］亚里士多德：《形而上学》，参见苗力田主编：《亚里士多德全集》第七卷，第297页。

④ ［古希腊］亚里士多德：《形而上学》，参见苗力田主编：《亚里士多德全集》第七卷，第297页。

内在困难。这些内在困难是柏拉图自我反省和自我批判的主要内容，也是亚里士多德批判柏拉图理念论的主要内容。当然，亚里士多德在批判中也阐述了不同于柏拉图自我反省和自我批判的新的观点。

就分有说来说，根据理念论的存在学说，在现实世界中，无论是实体还是偶性，它们的存在都根源于理念，也就是说，它们都应分有理念才能存在。但是，"按照有关理念的意见，必然会得出结论，如若形式是些可分有的东西，那么必然是只有实体才有理念，因为它们并不是在偶性上分有，只有作为不述说主体的东西，每一事物才能分有理念。"① 这就是说，偶性是不能分有理念的。假如说实体在分有理念是同时分有了它的各种偶性，那就会造成混乱。所以，"那些关于理念的理论，取消了其主张者们认为比理念的存在更重要的东西"②，也就是说，现实的个体事物的存在。因此，"那些对有关理念意见的追随者们，其结论全部走向其出发点的反面"③。

就模仿说来说，我们会发现模型对于个体事物的存在来说完全是一个多余的东西，其实，个体的事物完全不必通过模仿某物而获得存在与生成，就像无论是否存在苏格拉底的理念苏格拉底这个人还是可以生成一样。正是因为理念论者硬要把一个多余的东西拉来作为个体事物存在的根据，所以，模仿说包含了诸多混乱的地方。例如，"同一事物有许多模型，形式也是这样，例如人的模型有动物的两足，同时还有人自身。此外，形式不仅是感性事物的模型，而且还是他们自身的模型，正如种是它的属的模型一样。所以同一个东西既是模型又是摹本。"④ 不仅如此，在模仿论中，模仿的对象或说模型应是模仿者的价值理想，它是具有崇高价值地位的东西，但是，根据理念论所有现实的个体事物的存在都必须以模仿作为

---

① ［古希腊］亚里士多德:《形而上学》，参见苗力田主编:《亚里士多德全集》第七卷，第 298 页。

② ［古希腊］亚里士多德:《形而上学》，参见苗力田主编:《亚里士多德全集》第七卷，第 297 页。

③ ［古希腊］亚里士多德:《形而上学》，参见苗力田主编:《亚里士多德全集》第七卷，第 298 页。

④ ［古希腊］亚里士多德:《形而上学》，参见苗力田主编:《亚里士多德全集》第七卷，第 299—300 页。

模型的理念为基础的观点，那些负面的、消极的东西也应该具有作为自己模型的理念，这样就会出现作为模型的没有价值地位的消极理念。并且，"按照多上之一的道理，那么否定的东西也有理念了。按照某个消灭的东西可思想的道理，那些消灭了的东西也有理念"①。因此，亚里士多德说："说理念是模型为其他东西所分有完全是空话和诗的比喻。"②

（三）亚里士多德对理念论实际用处的质疑

亚里士多德还就形式对可感事物究竟有何"用处"提出疑问。亚里士多德承认《斐多篇》中曾提到"形式"是可感世界或说现实世界及其个体事物存在和生成的原因的问题，但他指出，如若形式不是作为运动者，它就不可能造成生成，而不可能造成生成就意味着形式毫无用处。一般来说，理念作为生成的东西至少应该具有三种用处：其一，从存在论上说，它能说明现实世界及其个体事物的产生。但是，根据我们看到的亚里士多德对于分有说和模仿说的批判，显然亚里士多德认为理念不可能说明现实世界及其个体事物的产生。其二，从认识论上说，它应该有助于人们对于以理念世界为根源的现实世界及其个体事物的认知。既然理念在存在论上不可能说明现实世界及其个体事物的产生，也就是说，既然理念在存在论上不可能说明理念是现实世界及其个体事物的根源，那么，它也不可能有助于人们对于现实世界及其个体事物的认知。其三，从运动上说，它应该成为现实世界中的个体事物运动和变化的原因。理念自身是不动的东西，作为不动的东西，它又何以能够说明可感的个体事物的运动和变化呢？所以，亚里士多德说："最重要的是人们要疑问，形式对可感事物到底有什么用处，无论它们是永恒的，还是可生成、可消灭的，因为它对它们既不是运动的原因，也不是变化的原因。它甚至对其他事物的认知也无所帮助（它并不是这些事物的实体，不然

---

① ［古希腊］亚里士多德：《形而上学》，参见苗力田主编：《亚里士多德全集》第七卷，第297页。

② ［古希腊］亚里士多德：《形而上学》，参见苗力田主编：《亚里士多德全集》第七卷，第299页。

它就会在它们之中）。它对它们的存在也没有帮助，因为它并不寓于其分有者之中。"①

（四）亚里士多德对理念论错误根源的分析

亚里士多德很准确地看到了分离是造成柏拉图理念论之内在困难的根源。这就是说，柏拉图以及其他的理念论者把抽象的理念（形式）和具体的个体事物（质料）分离开来，认为有些实体例如人们所说的"理念"乃是这样的实体，在它之前既无其他实体，也无其他本性。因此，善自身和作为善而存在不同，动物自身和作为动物而存在不同，更进一步，存在自身和作为存在而存在也不同。根据这样的观点，在感性的东西之外就有另外的独立实体，另外的独立本性和理念，它们是更先在的实体。这样就造成了理念论的内在困难。例如，它会导致一种奇怪的现象，即：作为存在而存在却不是存在。他说：有些理念论者"不但把理念当作普遍实体，同时还把它们当作分离存在的和个别的。……这些说法是不可能的。那些说普遍是实体的人……认为个别的可感事物都在流变之中，它们中没有什么东西持久不变，普遍则存在于它们之外，是某种与它们不同的东西。……这种观点是由苏格拉底通过定义而提出来的，不过他并没有把普遍和个别相分离，使它们不分离是对的。事实很明显，……分离是理念论所遇到种种困难的原因。"②

那么，为什么理念论者要持有分离说呢？根据亚里士多德的理解，乃是由于他们要获得科学知识。个体事物或可感事物作为不断流变的事物不可能提供知识，科学知识离不开普遍。毫无疑问，科学知识一定是普遍的知识。因此，问题不是要不要普遍的问题，而是普遍存在于何处的问题。我们所需要的不是为了避免感性的、流变的东西便在这些东西之外再想出一个"分离"的实体，而是要承认"普遍和就个别而言的东西几乎是

---

① ［古希腊］亚里士多德：《形而上学》，参见苗力田主编：《亚里士多德全集》第七卷，第299页。

② ［古希腊］亚里士多德：《形而上学》，参见苗力田主编：《亚里士多德全集》第七卷，第317页。

同等的本性"①。

但是，抽象理念和个体事物的关系并非简单的关系。亚里士多德承认这是一个难题，他说："我们现在再说一个那些主张理念论的人和不主张理念论的人都遇到的难题，……若不把实体设定为可分离的，人们说这是个别存在物的存在方式，那么就会把我们所想要说的实体消灭了。然而如若设定实体是分离的，那又怎么设定它们的本原和元素呢？如若不就普遍而是只就个别而言，那么存在着的东西，就会和一个个元素一样，对元素也就没有知识了。""对元素是没有知识的，因为它不是普遍的，知识是对普遍的知识。"②当然，亚里士多德既然提出了分离说的困难，那么，他一定会尝试解决这一困难，他的解决方式就是把理念（形式）和个体事物（质料）的关系置于潜能和现实的关系之中。

此外，在与可感实体并行是否存在不被运动的永恒实体的问题上，亚里士多德还考察了以往哲学的两种重要意见以及它们之间的相互关系，其中的一种意见是把理念看成是实体，另外一种意见则是把数学对象看成是实体，它们分别涉及柏拉图哲学和毕达哥拉斯哲学。柏拉图认为理念是实体，但在他那里数理对象也是理念因而也是实体；在毕达哥拉斯那里，只有数学对象例如数目、直线以及诸如此类的东西才是实体。所以，亚里士多德说，在上述两种实体的问题上，有人把数目和理念当作具有同样本性的东西，并且据此认为首先应该研究数学对象，例如去讨论它们究竟是不是理念，究竟是不是存在物的本原和实体，另一些人则把它们当作两类不同的东西。而在他看来，"如若数学对象存在，那么，它们就要像某些人所说，或者存在于可感事物中，或者与可感事物相分离。如若这两者都不是，那么，它们就或者不存在，或者以另外的方式存在。"③根据亚里士多德本人的观点，数学对象不可能在可感事物之内或可感事物之外成为独

---

① ［古希腊］亚里士多德：《形而上学》，参见苗力田主编：《亚里士多德全集》第七卷，第 317 页。

② ［古希腊］亚里士多德：《形而上学》，参见苗力田主编：《亚里士多德全集》第七卷，第 318 页。

③ ［古希腊］亚里士多德：《形而上学》，参见苗力田主编：《亚里士多德全集》第七卷，第 290 页。

立的实体，它们（数目）只是可感事物的属性并且依存于事物（例如线或者面）而存在；但是尽管如此，在研究的意义上，我们也可以在思想中把它看成是可以分离的对象，从而使得数学能够避开具体的可感事物而专门去研究数目或大小。他说："既然数学中的普遍定义并不涉及在大小之外的可分的东西，它们研究数目和大小，但不是作为具有大小和可分的东西的事物，所以，原理和证明是可能涉及可感对象的、但不是作为可感对象而是作为某种性质。"①需要注意的是，这样的研究却会使数学的对象更为单纯，从而也具有更多的精确性。就此而言，数学之对象的存在也是真实的，它"不是研究可感事物的科学，当然也不是在此之外分离存在的东西的科学。"②

---

① ［古希腊］亚里士多德：《形而上学》，参见苗力田主编：《亚里士多德全集》第七卷，第193—194页。

② ［古希腊］亚里士多德：《形而上学》，参见苗力田主编：《亚里士多德全集》第七卷，第294页。

第二章　亚里士多德哲学的存在论

在总结和批判了以往哲学关于世界本原或原因的基础上，特别是在总结和批判了柏拉图以及柏拉图主义者理念论的基础上，亚里士多德提出了自己的作为实体论的存在论，并建构了基于他的实体论并以实体本身特别是第一实体为研究对象的哲学，这一哲学被他称为第一哲学。第一哲学的建构意味着形而上学经过了漫长的孕育过程，特别是经过了柏拉图哲学的孕育过程之后的正式诞生。

一、四种原因学说

亚里士多德认为，实体是世界的根源，它们就是构成世界的原因。所以，他从世界和事物的原因的存在出发探讨实体。他的这种意图使他把以往哲学所探讨的四种原因作为基础，通过直接提出四种原因学说而走向了自己的实体论的存在论。

（一）本原概念和原因概念

为了更好地探讨亚里士多德的四种原因的学说，我们先行考察一下他对"本原"概念的分析。在他那里，本原概念和原因概念密切相连，探讨世界或事物的本原就是探讨它们的原因。他说："原因的意思和本原一样多，因为一切原因都是本原。"[1]

---

① ［古希腊］亚里士多德:《形而上学》，参见苗力田主编:《亚里士多德全集》第七卷，第110页。

在《形而上学》中，亚里士多德认真考察了本原的概念，提出了本原的五种含义：其一，本原是事物中运动由之开始之点，例如，一段线、一条路都在一端有一个起点，而在另一端有另一个起点；其二，本原是某一事情最佳的生成点，例如，学习有时并不必定从最初开始，不从事情的开端开始，而是从最容易的地方开始学习；其三，本原是内在于事物的事物由之生成的初始之点，例如，船只的龙骨，房屋的基石等；其四，本原是由之生成、但并不内在于事物的东西，运动和变化自然而然从它开始，例如，婴儿是由父母产生，战争是由争吵产生；其五，本原是按照其意图使能运动的东西运动，可变化的东西变化，例如，城邦的首脑、当权者、君主或僭主们。此外技术也能被称为"本原"，尤其是建筑术。在亚里士多德看来，所有意义上的本原都有一个共同之点，那就是存在或生成或认识由之开始之点，它们既可以内在于事物也可以外在于事物。正是因为如此，诸如自然、实体、元素、思想、意图、目的都能被看成是本原。

既然本原就是原因，那么，关于本原含义的规定也就是关于原因含义的规定。所以亚里士多德在分析原因概念的时候，也把"开始之点"作为分析的基础。正是在此分析基础上，他提出了自己的四种原因学说。他在《形而上学》中说："原因的一个意思是内在于事物之中，事物由之生成的东西，例如青铜是雕像的原因，白银是杯盏的原因，以及诸如此类。另一个意思是形式或模型，也就是事物是其所是的定义，以及诸如此类，例如2比1和一般意义上的以及构成定义的那些部分是八度音程的原因。第三，变化和静止由之开始之点，例如策划者是原因，父亲是儿子的原因，一般说来制作者是被制作的东西的原因，变化者是被变化的东西的原因。第四，作为目的的原因，它就是何所为，例如健康是散步的原因。"[1]以上所说的全部原因归结为四种，它们或者作为载体，是质料意义上的原因，例如音节的元素、器皿的质料，水、火以及全部有形物体之整体的部分等，或者作为是其所是，是形式意义上的原因，例如整体、组成和形式；或者作为变化或静止之开始之点，是动力意义上的原因，例如策划者、种子、

----

① ［古希腊］亚里士多德：《形而上学》，参见苗力田主编：《亚里士多德全集》第七卷，第111页。

医生以及一般意义上的制作者；或者作为何所为，是目的意义上的原因和其他东西的善。

（二）四种原因及其复杂表现

亚里士多德对于"本原"和"原因"两个概念的分析直接指向了他的四种原因的学说。其实，早在《物理学》中亚里士多德就已对四种原因进行了典型的概括。他说："……（1）事物所由产生的，并在事物内始终存在着的那东西，是一种原因，例如塑像的铜，酒杯的银子，以及包括铜、这些'种'的'类'都是。（2）形式或原型，亦即表达出本质的定义，以及它们的'类'，也是一个原因。例如音程的2：1的比例以及（一般地说）数的音程的原因，定义中的各组成部分也是原因。再一个（3）就是变化和静止的最终源泉。例如出主意的人是原因，父亲是孩子的原因，一般地说就是那个使被动者运动的事物，引起变化者变化的事物。再一个原因（4）是终结，是目的。例如健康是散步的原因。他为什么散步？我们说'为了健康'。"[1] 在《形而上学》中，他也对四种原因进行了典型的概括："原因有四种意义，其中的一个原因我们说是实体或是其所是（因为把为什么归结为终极原因时，那最初的为什么就是原因和本原）；另一个原因就是质料和载体；第三个原因是运动由以起始之点；第四个原因则与此相反，它是何所为或善，因为善是生成或全部这类运动的目的。"[2]

尽管原因只有以上几类，但是，其方式在数目上则很多，由于原因具有多义性，所以，同一件事物便有多种原因，并且不是在偶性的意义上。不仅如此，这些原因还呈现出复杂的形式，例如，有些原因是固有的原因，有些原因是偶性的原因，有些原因是潜在的原因，有些原因是现实的原因，如此等等，并且这些原因可以进一步区分。此外，有些原因具有相互性质，例如劳作是精力的原因，精力是劳作的原因，只是它们的方式不同，有时作为目的，有时则作为动力；同一事物还可以有相反的结果的

---

① ［古希腊］亚里士多德：《物理学》，张竹明译，商务印书馆1982年版，第50页。

② ［古希腊］亚里士多德：《形而上学》，参见苗力田主编：《亚里士多德全集》第七卷，第32—33页。

原因，例如船只的失事归因于没有舵工，但舵工依然是船只安全航行的原因。不过，尽管如此，事物的原因通常就是上述的四种原因。总之，"字母是音节的原因，材料是技术产物的原因，火等是自然物的原因，部分是整体的原因，前提是结论的原因，意思都是'所从出'。在所有这些对偶中，前一类为基础质料（如部分），后一类为本质——或为整体，或为组合，或为形式。而种子、医生、出主意者以及（一般地说）推动者，全都是变化、静止的根源。还有一些事物是别的事物的目的或善这个意义的原因，因为所谓'为了那个'，意味着是最好的东西，是别的事物达到的目的。说它是'自身善'或'显得善'都可以。"①

（三）四种原因归于两种原因

亚里士多德的四种原因存在一定的逻辑关系，根据它们之间的逻辑关系，四种原因可以进一步被归结为两种原因，即：质料因和形式因。在他看来，任何事物都由质料与形式两个方面构成，质料是事物的材料，也是事物的支撑、依托或载体；形式则是事物的共同本质，也即事物的结构和共同形状；同时，当质料与形式共同构成事物的时候，它既需要动力又会有追求的目的，动力因是推动事物形成的原因，也就是说，推动质料与形式相互结合以构成事物的"动力"；目的因则是动力因推动质料与形式相互结合所要走向的"事物"亦即追求的"目的"。亚里士多德复又指出，由于形式因是事物的本质，是使一事物成为一事物的东西，所以，它同时也是事物的目的，因而也是目的因；另一方面，形式因作为一种目的，它是引导事物趋向于它的动力，所以，形式因同时也是动力因。例如，一棵橡树，橡树由以长成的橡子是它的质料因；已长成的橡树是它的形式因；而要长成这样的橡树（形式）仿佛就是它的目的；同时，形式因亦即"这样的橡树"（这一个）作为目的也就是吸引或推动橡子长成如此形式（橡树）的动力因。这样，橡树的形式因即是橡树作为树的目的因和动力因。因此，亚里士多德进一步将动力因和目的因也归结为形式因。这样一来，

---

① ［古希腊］亚里士多德:《物理学》，张竹明译，商务印书馆1982年版，第51页。

在亚里士多德那里，任何事物都由四种原因构成的情形可以进一步归结为任何事物都由两种原因亦即质料因和形式因构成。

（四）哲学认识就是认识四种原因

既然哲学探讨的世界本原就是原因，并且世界以及事物的原因主要就是四种原因（它们可以进一步归结为两种原因），那么，哲学的认识就是认识四种原因。正如亚里士多德所说："……所谓科学显然应该是对开始原因的知识的取得，当我们认为认知了最初原因的时候，就说知道了个别事物。"[①] 他还更为系统地说："既然原因有四种，那末自然哲学家就必须对所有这四种原因都加以研究，并且，作为一个自然哲学家，他应当用所有这些原因——质料、形式、动力、目的——来回答'为什么'这个问题。但是后三者常常可以合二为一，因为形式和目的是同一的，而运动变化的根源又和这两者是同种的（例如人生人），一般地说，凡自身运动而引起别的事物运动者皆如此；（凡不是如此的事物就不是自然哲学的对象。因为它们引起别的事物运动变化，但不是由于自身有运动，也不是由于自身内有运动的根源，它们是自身不运动的。因此有三门学问：一门研究不能有运动的事物，第二门研究能运动但不能灭亡的事物，第三门研究可灭亡的事物。）因此解答'为什么'这问题时必须根究到质料，根究到形式，根究到最初的推动力。"[②]

当亚里士多德把本原和原因等同起来研究时，他实际上也把关于原因的探讨和关于实体的探讨等同了起来。正是从四种原因的学说之中，他引申出了自己的实体学说。因此，哲学作为认识四种原因的学科也就是认识实体的学科。但是，四种原因学说只告诉了我们世界的本原，它并未向我们解释世界作为世界何以能够运动的问题，而这个问题不解决我们就不能完整地解释我们的世界，柏拉图的理念的重要缺陷之一就是不能说明世界作为世界何以能够运动的问题。因此，亚里士多德要进一步向我们

---

① ［古希腊］亚里士多德:《形而上学》，参见苗力田主编:《亚里士多德全集》第七卷，第 32 页。

② ［古希腊］亚里士多德:《物理学》，张竹明译，商务印书馆 1982 年版，第 61 页。

解释世界作为世界何以能够运动的问题，这导致他探讨了潜能与现实问题。在亚里士多德那里，潜能和现实的学说既与实体相关，也与原因相关。就潜能和现实的学说与实体的关系说，亚里士多德指出，实体是最初的存在，"一切其他的存在范畴都与它相关联，……其他存在着的东西都须按照实体的原理来说明，无论是在量上，还是质上，还是其他这类的称谓……"①。其中，潜能和现实也是其他的并且可以述说实体的范畴，它们所述说的是实体的运动和发展。所以，亚里士多德在述说实体的意义上对潜能和现实加以规定。就潜能与现实的学说与原因的关系说，亚里士多德指出，"所有的原因（包括固有的和偶然的）都既可以是潜能的也可以是现实的，例如被建造的房屋的原因，可以说成是'建造工人'，也可以说成是'正在建造着房屋的工人'。"② 那么，为什么潜能和现实的学说既与实体相关，也与原因相关呢？因为在亚里士多德那里，实体作为本原就是原因，而潜能和现实则是作为世界、事物的实体和原因的运动根源，它既要说明世界、事物（实体、原因）的运动，也要说明世界、事物（实体、原因）由低级到高级的不断发展。

二、潜能现实学说

潜能与现实的学说乃是亚里士多德试图解决世界的运动何以可能的学说。在他看来，在四种原因构成的世界或事物中，"有的东西以现实方式存在，有的东西以潜能方式存在，有的东西以潜能和现实两种方式存在。有的是存在，有的是数量，有的是其他。"③ 那么，究竟何谓潜能、何谓现实，它们又是怎样构成了运动的根源的呢？

---

① ［古希腊］亚里士多德:《形而上学》，参见苗力田主编:《亚里士多德全集》第七卷，第201页。
② ［古希腊］亚里士多德:《物理学》，张竹明译，商务印书馆1982年版，第52页。
③ ［古希腊］亚里士多德:《形而上学》，参见苗力田主编:《亚里士多德全集》第七卷，第257页。

（一）概念：潜能与现实

亚里士多德所说的潜能和现实的关系其实就是可能与现实的关系。在他那里，潜能就是潜在的"可能"成为现实的东西，所以，在某种意义上说，它也就是可能。他说，潜能或许具有众多的意义，但是，"它们之所以被称为潜能，或者仅仅因为能动作或者能承受，或者是能够完美地动作或承受。"① 这里，他是从承受和动作两个对立的方面来理解潜能的，也就是说，潜能作为一种可能成为现实的潜能，它或者因其动作或者因其承受。然而，在他看来，尽管在一种意义上说动作和承受有所不同，即潜能一方面在承受者之中，另一方面又在动作者之中，但是，在另外一种意义上，由于同一个东西通常相对于此是动作者而相对于彼则是承受者，所以，动作和承受又是同一个潜能，也就是说，一个东西既能承受他者同时又对其他东西有动作。

讨论了潜能之后，亚里士多德进一步讨论了什么是现实的问题。他说："现实就是事物不以我们所说的潜能方式存在。"② 所谓以潜能方式存在，由于它可以分离出来，所以我们可以这样来说：赫尔墨斯在木头中；而与以潜能方式存在相对应的就是以现实的方式存在，例如"在造着相对于能造屋，醒着相对于睡着，正在看相对于有视觉但闭着眼睛的人，以及从质料中分化出来的东西相对于质料，已经制成的器皿相对于原始素材。两类事物是互不相同的，用前者来规定现实，用后者来规定潜能。"③

潜能是一种未来的可能，它作为未来的可能既有可能实现从而使它成为"真的"可能，也有可能不实现从而变成不可能，并且，若要分析潜能是否是"真的"可能，还必须进一步考察潜能的来源问题。因此，

---

① ［古希腊］亚里士多德：《形而上学》，参见苗力田主编：《亚里士多德全集》第七卷，第202页。

② ［古希腊］亚里士多德：《形而上学》，参见苗力田主编：《亚里士多德全集》第七卷，第208页。

③ ［古希腊］亚里士多德：《形而上学》，参见苗力田主编：《亚里士多德全集》第七卷，第209页。

亚里士多德进一步讨论了潜能的来源和实现问题。就潜能的来源说，他说在各种潜能中，有一些潜能是与生俱来的潜能，例如感觉能力；有一些潜能则是学习得来的潜能，例如吹奏笛子的能力；还有一些潜能是经由传授而得到的潜能，例如技术的能力。其中，那些经由习惯和理性而获得的能力，必须要有事先的努力。就潜能的实现说，亚里士多德把潜能的实现方式分为理性的和无理性的。他说："潜能显然有些是无理性的，有些是有理性的。"①"那些按照理性而可能运动的，其潜能带有理性，那些无理性的东西，其潜能也是无理性的。前者必然在有生命的东西中，后者则在两者之中。"②他还说道："……那些有理性的潜能，每一种都具有相反的结果，而无理性的潜能每种只有一种结果。"③ 这就是说，潜能分为理性的和无理性的，理性的潜能一定存在于有生命的东西中，而在有生命的东西中带有理性的潜能，它既可能运动他物，也有可能被他物（另一事物）所运动，因此，它可能走向对立的现实，或者是一个方向，或者是与其相反的另外一个方向。例如，人的医术则既能造成健康也能造成疾病。无理性的潜能既有可能存在于有生命的东西中，也有可能存在于无生命的东西中，它一般被他物（另一事物）所运动，所以，它只有一种结果。例如，热的结果就是热。根据理性的潜能和无理性的潜能实现的不同情况来看，在无理性的潜能的实现中，并不存在人的选择问题；而在有理性的潜能实现中，由于有理性的生命作为运动者具有选择能力，他的选择存在着对立的方向，所以，潜能既可能成为"真的"可能也可能成为"不可能"，就像人选择的药作为健康的可能既有治病促进健康的可能也有不能治病甚至导致不健康的可能（因为根本没有包治百病的药）一样。因此，这里人的欲望、选择十分重要。亚里士多德认为，对于理性的潜能来说，由于其中包含了有生命的东西的选择

---

① ［古希腊］亚里士多德：《形而上学》，参见苗力田主编：《亚里士多德全集》第七卷，第203页。

② ［古希腊］亚里士多德：《形而上学》，参见苗力田主编：《亚里士多德全集》第七卷，第207页。

③ ［古希腊］亚里士多德：《形而上学》，参见苗力田主编：《亚里士多德全集》第七卷，第203页。

作用，所以，只要所欲求的对象可能并且条件也都具备，那么，一切理性的可能都必然要去做。所以他说："……只要人们愿意而又没有什么外在的阻碍，就从潜在地存在变成现实地存在，正如在一个被医治的人那里，倘使没有什么障碍，就可治愈。……如若在房屋的质料中没有什么阻碍其变成房屋，那么房屋就潜在地存在。"①

（二）运动：潜能到现实

亚里士多德所说的运动主要是自然（包括作为自然的人）的运动，他从潜能与现实之间的关系出发探讨了运动的根源。他说，了解自然就必须了解运动，既然运动都是事物的运动，因此，我们先来了解事物。事物或者仅是现实的，或者仅是潜能的，或者既是潜能的又是现实的。既然如此，那么，我们就只能从事物的潜能和现实的关系来界定运动。在《物理学》中，他说："潜能的事物（作为潜能者）的实现就是运动。"②或更为通俗地说："运动是能主动的事物和能被动的事物，作为能主动的事物和能被动的事物的实现。"③例如，能产生的事物和能消亡的事物的实现就是生与灭，能质变的事物的实现就是性质变化，能增加的事物和能减少的事物的实现就是增或者减。在《形而上学》中，他说："每一种东西都被分为潜能和现实。我把一个潜能上是如此的东西的实现叫作运动。"④例如，一所能被建造的房屋作为能被建造的东西自身存在着，但是，它若要现实地存在，那就必须去进行建筑，这整个过程就是建造活动。"只有在现实性作为自身而存在时，运动才出现，既不能早，也不能迟。一个潜能上存在的现实，在现实存在并现实着的时候，不是作为自身而是作为能被运动的东西，就是运动。"⑤他又说道："运动显然只能在现实作为自身不存在时才

---

① ［古希腊］亚里士多德：《形而上学》，参见苗力田主编：《亚里士多德全集》第七卷，第210—211页。

② ［古希腊］亚里士多德：《物理学》，张竹明译，商务印书馆1982年版，第69页。

③ ［古希腊］亚里士多德：《物理学》，张竹明译，商务印书馆1982年版，第75页。

④ ［古希腊］亚里士多德：《形而上学》，参见苗力田主编：《亚里士多德全集》第七卷，第257页。

⑤ ［古希腊］亚里士多德：《形而上学》，参见苗力田主编：《亚里士多德全集》第七卷，第257—258页。

发生，既不能早，也不能迟。"①

需要注意的是，在亚里士多德看来，尽管运动根源于潜能与现实，无论是潜能还是现实都与运动相关，但是，我们既不能把运动归之于单纯的潜能，也不能把运动归之于单纯的现实，而只能把它看成是"现实活动"。正如亚里士多德所说："运动被认为是一种实现，但尚未完成"②。就单纯的潜能来说，它潜在地就是运动，所以他说："潜能的意思是运动和变化的本原，存在于他物之中或作为自身中的他物。"③例如，造屋的技术就不存在于所要建造的房屋之中，而医疗的技术则可以是存在于被医疗者之中的潜能（但不是作为被医疗者）。同时，潜能"也是被他物或作为他物变化和运动的本原。"④就单纯的现实来说，现实是已经实现了的运动，它是运动的结果，因此，它也不是运动本身。由此可见，"运动显然存在于被运动的东西中，它就是被运动的东西为一个能运动的东西所实现。能运动的现实和被运动东西的现实没什么两样。现实性对两者都应该同样存在。一个能运动的东西是对被运动东西而言。故现实活动对两者相同，这正如从一到二和从二到一是同一距离。向上的路和向下的路是同一条路。"⑤

在亚里士多德那里，运动就是潜能的现实化亦即现实的活动，但是，一个有趣的现象是：亚里士多德却把单纯的运动和现实化的活动区分开来，认为单纯的运动并非现实化的活动，现实化的活动是有活动界限的有目的的活动，这才是现实的性质。在他看来，没有界限的实践便没有目的，而仅仅是达到目的的手段，这是一种不完满的运动或实践。例如减肥就是一种没有界限的实践。在减肥的时候，那些东西自身就在这样的运动之中，它并不要达到某种现存的东西。不仅减肥，学习、行走、造屋都是

①［古希腊］亚里士多德：《形而上学》，参见苗力田主编：《亚里士多德全集》第七卷，第258页。
②［古希腊］亚里士多德：《物理学》，张竹明译，商务印书馆1982年版，第72页。
③［古希腊］亚里士多德：《形而上学》，参见苗力田主编：《亚里士多德全集》第七卷，第127页。
④［古希腊］亚里士多德：《形而上学》，参见苗力田主编：《亚里士多德全集》第七卷，第127页。
⑤［古希腊］亚里士多德：《形而上学》，参见苗力田主编：《亚里士多德全集》第七卷，第259页。

如此。"行走并不同时以及走到了，造屋并不同时屋已经造好了，生成也不是已经生成了，被运动并不是已经被运动完了，运动和已经运动了是不相同的。"① 现实活动则不同，它是那种有其目的寓于其中的实践，这是一种完满的运动或实践。例如在观看的同时就已经看到了，在考虑的同时就已经考虑了，在思想的同时就已经思想了，它们与在学习的同时不能已经学习了、在造屋的同时不能已经造好了、在治疗的同时不能已经治愈了等等完全不同。因此，亚里士多德说："……我就把这种的活动叫作现实，而把另外一种叫作运动。"② 其实，亚里士多德这里关于单纯的运动和现实化的活动的区分并不十分清晰。

(三) 对比：质料与形式

亚里士多德把潜能与现实之间的关系与质料和形式之间的关系联系起来。他说，每一个事物都既可以被看作是潜能又可以被看作是现实，既可以是能动者又可以是遭动者。这就是说，每一个事物相对于它要实现的事物来说，都是潜能。这时，它相对于所要实现的事物表现为质料。例如，建筑材料这一事物相对于将要建成的房屋来说，它就是作为潜能的质料。同时，每一个事物作为由潜能实现的事物来说，都是现实。这时，它相对于作为它的潜能的事物来说，则表现为形式。例如，建筑材料（例如木材）相对于树木来说，它就成了作为现实的形式。因此，就同一事物看，它相对于将要实现的事物来说就是潜能，并且表现为质料；它相对于它所由产生的事物来说就是现实，并且表现为形式。因此，我们既可以得出结论：每一事物既是潜能（这时它是遭动者）又是现实（这时它是能动者），正如亚里士多德所说："……自然的推动者也是能运动者，因为凡是自然的推动者，在推动的同时自身也在被推动着"③；同时，我们还可以进一步得出结论：潜能与现实的关系也就是质料与形式的关系，正如亚里士多德

---

① ［古希腊］亚里士多德：《形而上学》，参见苗力田主编：《亚里士多德全集》第七卷，第 210 页。

② ［古希腊］亚里士多德：《形而上学》，参见苗力田主编：《亚里士多德全集》第七卷，第 210 页。

③ ［古希腊］亚里士多德：《物理学》，张竹明译，商务印书馆 1982 年版，第 70 页。

所说:"推动者总是形式(即'这个'或'如此'或'如许'),在它起作用时,它是运动的本源和起因,例如现实的人使可能成为现实的人的东西(潜能的人)变成人。"①当然,说形式总是推动者只是意味着形式的现实化或说使潜能变成现实才是推动者,才是运动的本源和起因。

由于形式总是推动者,所以,潜能与现实的关系,以及质料与形式的关系在亚里士多德那里是被动与主动的关系。质料是被动的基质,作为被动的基质,质料并不能直接构成个体事物,它只有被赋予形式才能成为个体事物,所以,对于个体事物来说,质料只是一种潜能,亦即是潜在的个体事物;另一方面,形式由于总是推动者,所以它是能动的本质,对于个体事物来说,形式才是一种现实,它是质料或说个体事物由潜能转化为现实事物的动力。因此,从质料到形式的过渡就是事物由潜能向现实的过渡,并且这种过渡正是形式"推动"的结果。在亚里士多德看来,从质料(潜能)到形式(现实)的过渡是一个由低到高、不断发展的序列,也就是说,从质料(潜能)到形式(现实)的过渡是一个个体事物不断走向更高的个体事物的由低到高、不断发展的序列。例如,树种作为质料被赋予树的形式之后,它就实现了从质料到形式亦即由潜能到现实的过渡,从而使得树这一个体事物得以由潜在的树成为现实的树;同时,树作为一种个体事物又能作为家具的质料,当这种质料被赋予家具的形式之后,它又在更高阶段上实现了由质料到形式亦即由潜能到现实的过渡,从而使得树这一个体事物发展成了更高阶段上的个体事物亦即家具;当然,家具作为质料还可能被赋予更高的形式,从而使得家具进一步发展成为更高形式的某种个体事物。这样的一种由质料到形式、由潜能到现实,以及由低级个体事物到更高级的个体事物的过渡是一个不断延续的过程,它使宇宙万物成为一个由质料到形式、由潜能到现实,以及由低级个体事物到高级个体事物的不断发展的序列,其中低一级的事物是高一级的事物的"质料"(潜能),高一级的事物则是低一级的事物的"形式"(现实)。

---

① 〔古希腊〕亚里士多德:《物理学》,张竹明译,商务印书馆1982年版,第72—73页。

（四）在先：潜能或现实

既然运动根源于潜能与现实（质料与形式）之间的关系，并且现实（形式）总是推动者，所以，在潜能与现实（质料与形式）之间的关系中，现实（形式）便具有了在先的地位，或说，在运动中，现实（形式）便具有了了在先的地位。正如亚里士多德所说的："现实显然是先于潜能。"[1]他进一步认为，现实（形式）的在先地位既表现在原理上也表现在实体上，至于在时间上，它有时在先有时则不是这样。亚里士多德说，原理上在先十分清楚，"最初意义的可能就是允许现实的可能。我说的意思，例如可造屋就是能够造屋，可观看就是能够观看，可被观看就是能够被观看。这同一道理也适用于其他，其原理是在先的，对前者的认识必然先于对后者的认识"[2]"时间上的在先表现在属上相同的东西，那现实着的东西在先，但在数目上相同的并不如此。"[3]

在谈到实体在先时，亚里士多德明确地把实体和现实（形式）等同起来，指出"实体和形式是现实"[4]，他这样做是要把在实体意义上在先的实体与形式统一起来，从而把实体的在先性直接看成是现实（形式）的在先性。他在此基础上论证说："……首先，生成上在后的东西在形式上和实体上就在先，例如成人先于儿童，男子先于精子。因为前者已经具有了形式而后者则没有。其次，一切生成的东西都要走向本原和目的，本原是所为的东西，生成就是为了目的。而现实就是目的，正是为了它潜能才被提出来。动物观看并不是为了视觉，而是有视觉为了观看。"[5]这里特别需

---

① ［古希腊］亚里士多德：《形而上学》，参见苗力田主编：《亚里士多德全集》第七卷，第212页。

② ［古希腊］亚里士多德：《形而上学》，参见苗力田主编：《亚里士多德全集》第七卷，第212页。

③ ［古希腊］亚里士多德：《形而上学》，参见苗力田主编：《亚里士多德全集》第七卷，第212—213页。

④ ［古希腊］亚里士多德：《形而上学》，参见苗力田主编：《亚里士多德全集》第七卷，第215页。

⑤ ［古希腊］亚里士多德：《形而上学》，参见苗力田主编：《亚里士多德全集》第七卷，第213页。

要关注的是第二点。在第二点中，他实际上是在目的的意义上认为作为形式的现实居于在先地位。他说："活动就是目的，而现实就是活动，所以，现实这个词就是由活动而来的，并且引申出完全实现。"[1] 质料作为潜在的东西，只有存在在形式中的时候，它才是现实地存在，所以，它要把形式作为目的，从而进入形式成为现实。因此，现实（形式）作为目的相对于潜能（质料）具有在先地位。不仅如此，他还进一步论证说："这里还有更主要的方面，永恒的东西在实体上先于可消灭的东西，任何潜能都不是永恒的。"[2] 一切潜能同时都有相反方面的潜能，所以，它可以存在（实现）也可以不存在（不实现），能够或允许不存在就是可以消灭；"而那些一般地不消灭的东西，一般地不以潜能的方式存在，……全都是以现实方式存在。凡是必然的东西也都不是潜在的，因为它们是最初的东西，如若它们不存在，就没有东西存在了。如若运动是某种永恒的东西，它就不是潜能。"[3] 亚里士多德还因此说，太阳、星辰和整个的天都现实活动着，不要担心它们有时会停止。这里，亚里士多德实际上是把现实的在先性论证与形式作为实体的永恒性、必然性、原始性论证等同了起来，他的这种思想直接通向了他的实体学说之中的第一实体的学说。

三、一般实体学说

我们曾说，在亚里士多德那里，哲学作为探讨本原的学说也就是探讨原因的学说，这种本原或原因就是实体，因此，哲学就是探讨实体的学说。所以，尽管亚里士多德详细地探讨了原因的学说并且详细地分析了四种原因，但是，他仍花费了更多的精力探讨了何谓实体的问题。他关于实体的讨论主要在他的《工具论》和《形而上学》之中，特别是在他的《形

---

① ［古希腊］亚里士多德：《形而上学》，参见苗力田主编：《亚里士多德全集》第七卷，第214页。

② ［古希腊］亚里士多德：《形而上学》，参见苗力田主编：《亚里士多德全集》第七卷，第215页。

③ ［古希腊］亚里士多德：《形而上学》，参见苗力田主编：《亚里士多德全集》第七卷，第215页。

而上学》之中。在从《工具论》、特别是《形而上学》出发分析亚里士多德的实体学说之前，我们先来看一看亚里士多德关于实体的基础界定。

（一）实体的基础界定

亚里士多德的实体学说其实十分庞杂，并且有时还会处于观点的犹豫和动摇之中。因此，为了更好地理解他的实体学说，我们先来分析在他那里不同的实体理解所具有的共同特征，也就是说，针对各种不同的实体而言，它们应是什么而不是什么。这些构成了他关于实体的基础界定，也构成了我们更好地理解他的实体学说的基础。

首先，亚里士多德认为实体作为本原应是在先的东西。这就是说，在亚里士多德那里，实体是最为原始的东西亦即与其他的任何东西相比都是在先的东西。在前面讨论亚里士多德的潜能和现实学说时，我们已经接触到了他的"在先"概念。这里，我们更为系统地看看他对"在先"的界定。亚里士多德曾经从三个方面明确规定了"在先"的含义，即：（1）在定义上第一，即逻辑在先；（2）在认识的次序上第一；（3）在时间上第一。正如他说："尽管最初有许多意义，但实体在一切意义上都是最初的，不论在定义上，在认识上，还是在时间上。其他范畴都不能离开它独立存在。唯有实体才独立存在。"① 在另外一个地方，他又指出我们可以在四种意义上说某种事物"先于"另一事物：（1）在时间上先于，它指某种事物比另一事物更好或更古，这是"先于"一词的最原始、最恰当的意义；（2）在秩序不能倒转意义上的先于，例如，如若"二"存在就可以直接推定"一"存在，但如若"一"存在则不能推出"二"存在，因此，在两个事物秩序不能倒转时，我们就可以说另一事物所依赖的某种事物"先于"另一事物；（3）在任何顺序意义上的先于，例如，在演说中，开场白"先于"内容的阐述；（4）在更好的或更可尊敬的意义上先于。此外，他还强调在先也意味着在空间上的在先。根据亚里士多德对于在先的规定，我们发现了三个要点：其一，他所说的在先指的是本原的起点，他曾经说"在

---

① ［古希腊］亚里士多德:《形而上学》，参见苗力田主编:《亚里士多德全集》第七卷，第153页。

先意指最初的本原"，所以，他所说的在先意指在"一切方面"的在先。其二，他所说的在先尽管包含了一切方面的在先，但是，其中，最为重要的在先包含了三个方面，即：时间上的在先、定义（或逻辑）上的在先、认识上的在先。这里，三个方面的在先存在着内在的逻辑联系：时间上在先的东西意味着最早出现因而构成一切时间上在后的东西的原始基础；正是因为如此，所以，它不仅在逻辑上在先，而且在认识上也是在先的东西。其三，亚里士多德还认为在先（其实是实体的在先）意味着"在更好的或更可尊敬的意义上先于"。"好"和"可尊敬的"是价值概念，也就是说，亚里士多德认为实体的在先意味着实体具有"善"的意义，并且是最为"在先"的"善"或最为"原始的善"。此外，亚里士多德还根据存在的多义性质指出，在不同的意义上，有时一种东西在此意义上在先而在另外的意义上却在后。有的是潜能地在先，有的则是现实地在先，"例如，就潜能说，单条线在整条线之先，部分在整体之先，质料在实体之先；就现实而言则是在后，因为只有解体时它们才能现实地存在。"① 由于存在着这些复杂的情况，所以，亚里士多德在讨论各种不同实体之在先时也分析了它们之在先关系的复杂性，他要在这种复杂性中寻求各种实体中的第一实体。

其次，亚里士多德规定实体是"不述说主体而其他东西却述说它"的东西。所谓"不述说主体而其他东西却述说它"其实包含了"其他东西述说它"和"它不述说主体"两层意思，其中，"它不述说主体"意味着它自己是独立的存在，它的独立存在不依赖于任何其他的东西；而"其他东西述说它"则意味着其他的东西都附属于它而存在。在亚里士多德看来，实体就是这种不依赖任何其他东西但其他东西却附属于它的独立存在。显然，实体的这个特征源自于它的"在先性"。由于亚里士多德这里所说的在先指的都是实体的在先，因此，在界定实体时，我们应该把实体当作在本性上是在先的东西，作为本性上在先的东西，它不需要他物而存在，他物没有它则不能存在。

---

① ［古希腊］亚里士多德：《形而上学》，参见苗力田主编：《亚里士多德全集》第七卷，第 127 页。

根据实体是"不述说主体而其他东西却述说它"的规定，亚里士多德进一步认为，只有实体才有定义，若是其他的范畴也有定义，那么，它们的定义就将在其他的方式下和其他的意义下才能成立。他说："这就很显然，唯有实体才有定义，如果其他范畴有定义，必然由附加成分构成，例如质的、奇数的定义，因为它离不开数目，雌性也离不开动物。……若是它们有定义，那就或者方式不同，或者是定义和是其所是在不同的意义下被使用。所以，除了实体，任何东西都不具有是其所是和定义，而在另一种意义上其他的东西也将有。不须多说，定义就是是其所是的原理，是其所是要么只属于实体，要么最多地、原始地、单纯地属于实体。"① 这里，亚里士多德归根到底是想强调，由于实体是不依赖任何其他东西但其他一切东西却附属于它的独立存在，所以，只有实体才能"独立地"被定义，而实体以外的各个范畴都不能"独立地"被定义。

最后，亚里士多德强调实体不是偶性因而也不是对立物的东西。亚里士多德指出，那些"不述说主体而其他东西却述说它"的东西被称为实体，而那些与实体之"不述说主体而其他东西却述说它"的特征不同的附属于其他东西（实体）才能存在的东西称为偶性，因此，实体与偶性构成了一对相互区别的范畴。例如"一匹马"是实体的存在，而马的颜色、体重、高矮等等则是这匹马的偶性，前者不依赖后者而独立存在，后者则附属于前者而存在。因此，我们绝对不能把实体与偶性混同起来，偶性决不可能成为实体。

根据实体不是偶性的规定，亚里士多德进一步认为，实体没有相反者，但它却允许有相反的性质，例如同一个人，有时候白，有时候黑，有时候好，有时候坏。"除实体外，在其他事物中，我们无法提出任何这种标志的东西。比如同一颜色不能既白又黑，同一行为也不能既好又坏：这条规则对实体以外的事物都合用。"② 实体也不能允许有程度的区别，例

---

① ［古希腊］亚里士多德:《形而上学》，参见苗力田主编:《亚里士多德全集》第七卷，第 160 页。

② ［古希腊］亚里士多德:《工具论》，李匡武译，广东人民出版社 1984 年版，第 17 页。

如一个人不能比另外一个人成为更多的人。换句话说，实体不属于对立物，它却又是对立物的载体，对立物则附属于载体之上。所以，亚里士多德说："……没有任何东西与实体相对立，这同时也为理论所证明。所以，从主要意义上讲，对立物决不是万物的本原，本原是另外的东西。"① 但是，那些对立物的"对立中必然有载体。全部对立物都永远依存于载体而不能分离"②。因此，在以往哲学中，有人认为万物都从对立物生成，那是一种错误的观点。

我们从三个方面分析了亚里士多德对于实体的基础界定，但是，由于亚里士多德关于实体的学说十分庞杂，并且他提出了诸种不同的实体概念，因此，他在依据这些基础界定具体地探讨实体学说时，表现出了十分复杂变通的情形。

(二)《工具论》中的实体学说

在《工具论》的《范畴篇》中，亚里士多德在讨论实体的范畴时初步论述了实体学说。他说："实体，从这个词的最真实、原始而又最明确的意义上说是指既不能被断言于主体又不依存于主体的事物。例如个别的人或马。但从次要的意义上说，其中包括第一实体的、作为种的那些事物，叫作实体；同时也指作为类而包括种的那些事物。例如个别的人被包括在'人'这个种内，而这个种所属的类是'动物'；因此它们——即'人'这个种和'动物'这个类——都被称为第二实体。"③ 这里，亚里士多德认为个体事物最为符合"不述说主体而其他东西却述说它"（即不能被断言于主体又不依存于主体的）的实体规定，所以，从严格的意义上看，只有个别事物才是真正的实体，它们是真正的不依赖任何其他事物但其他事物却依赖于它的独立的实体。因此，"一切实体似乎都意指个别事物"，因为

---

① ［古希腊］亚里士多德：《形而上学》，参见苗力田主编：《亚里士多德全集》第七卷，第 320 页。

② ［古希腊］亚里士多德：《形而上学》，参见苗力田主编：《亚里士多德全集》第七卷，第 320 页。

③ ［古希腊］亚里士多德：《工具论》，李匡武译，广东人民出版社 1984 年版，第 12—13 页。

"它们是其他一切事物的基础。"① 它们是第一实体。就此而言，"除第一实体外，一切事物都或者可以被断言于第一实体，或依存于第一实体。"② 动物作为类（可以被看作是一般的形式）被断言于人这个种，因此，它像人这个种（也可以被看作是一般的形式）一样也能被断言于个别的人。但亚里士多德又认为，从宽泛的意义上看，除了个别事物之外，种和类也不依存于主体，例如人虽然可被断言于个别的人但它作为人并不依存于个别的人，因此，种和类也可以被称为实体。亚里士多德之所以认为种和类并不依存于主体，乃是因为在他看来虽然种被断言于个体，类被断言于种以及个体，但是，在所有的宾词中，只有它们转达了关于实体的知识。

亚里士多德在这里表现了某种犹豫：一方面，他十分清楚地认为尽管种和类都是实体，但个体事物毕竟更为符合"不述说主体而其他东西却述说它"的实体规定；另一方面，他又不舍种和类的实体地位，所以，他把个别事物称之为第一实体，而把种和类称之为第二实体。他说："当我们把第一实体除外时，我们就有充分的理由把剩下的一切事物（即种和类）叫作第二实体；因为在一切宾词中，只有它们传达关于第一实体的知识。"③ 例如，我们若要说明个别的人，便要说明它的种或者类。或许，亚里士多德总是感到在把"不述说主体而其他东西却述说它"作为实体的规定的基础上把种和类也说成是实体的做法有些勉强，所以，他犹犹豫豫地用"当人们说到种和类（形式）是实体时具有某种它们是个别事物的'印象'"来为自己争辩。所以他说，"一切实体似乎都意指个别的事物。这对第一实体之为真实是无可争辩的。……关于第二实体，当我们说（比方说）'人'或'动物'时，我们的语言形式使人感到我们在这里也是在指个别事物，但严格地说，这种印象并不真实；因为一个第二实体不是个体，而是具有一定限制的某个种类；它不像一个第一实体那样是单一的，'人'、

---

① 以上参见［古希腊］亚里士多德：《工具论》，李匡武译，广东人民出版社 1984 年版，第 16、14 页。

② ［古希腊］亚里士多德：《工具论》，李匡武译，广东人民出版社 1984 年版，第 13 页。

③ ［古希腊］亚里士多德：《工具论》，李匡武译，广东人民出版社 1984 年版，第 14 页。

'动物'这些词可以充当一个以上主体的宾词。"①

(三)《形而上学》中的实体学说

在《形而上学》中，亚里士多德更为系统地专门研究了实体及其本性问题。他的探讨也包含了某种犹豫不决。例如他说："……以上的这些探讨表明对不可分的个体的称谓比种更是本原，可也很难说，如何把这些东西当作本原。因为本原和原因是与那些以它为本原的事物相分离的，能够与事物相分离而存在。除非这样的对象能普遍地陈述一切，为什么说它存在于个别事物之外呢？但是，如果以此为理由，就应该承认越是普遍的东西就越是本原，所以最初的种就会是本原。"②在这种犹犹豫豫中，他又说道："……要看一看，是否有某种自身分离的，不依存于任何可感事物的东西。此外，如若在可感实体之外有某种其他实体，那么应该把这种实体和哪些感性实体相对应呢？是不是更应该认为，与其他动物相比，对应于人和马，更有这样的实体，或者一般地说，比无生物更应该有这样的实体呢？而且给可感事物和可消灭的事物都配备另一套数目相等的永恒实体，似乎是说不通的。如若所说的本原不是脱离物体的，它除了是质料外还能是什么东西呢？质料当然不是现实存在，而是潜在地存在。有人认为，形式和形状是比质料更起主导作用的本原，但这种形式是可消灭的。所以，一般说来，并没有自身独立存在的永恒实体。但这是荒唐的，因为许多优秀的人物似乎都在追求，认为这样的实体和本原存在着。倘若没有某种永恒的、独立存在的东西，怎么会有秩序呢？"③显然，他的这种犹豫不决的原因在于他十分熟悉他以往哲学关于实体问题观点的千差万别，并且十分清晰地知道实体本性问题的难度和复杂性，特别是在此一问题涉及了实体究竟是个别还是一般以及它们之间究竟是什么关系时更是如

---

① ［古希腊］亚里士多德：《工具论》，李匡武译，广东人民出版社 1984 年版，第16 页。
② ［古希腊］亚里士多德：《形而上学》，参见苗力田主编：《亚里士多德全集》第七卷，第 73—74 页。
③ ［古希腊］亚里士多德：《形而上学》，参见苗力田主编：《亚里士多德全集》第七卷，第 243 页。

此。他说，一般认为，实体显然存在于物体之中，例如天体星辰、水火土气等自然物体以及它们的部分，乃至它们或者部分、或者全部所构成的东西，都被称为实体。但是，应该真正研究的则是：只有这些东西是实体还是还有另外的东西是实体；只有这些东西中的一部分是实体还是还有另外的部分是实体；如此等等。"有些人认为，在可感事物之外再没有什么东西存在；另一些人则认为在可感事物之外有更多、更真实的永恒存在，例如柏拉图就认为形式和数学对象是两种实体，可感觉的物体是第三种实体。"① 尽管在什么是实体的问题上亚里士多德常常犹豫不决，但是，整体说来，他的探讨还是有着明确的结论。我们这里就他能得出明确结论的内容分析他在《形而上学》中表述的实体学说，特别是第一实体的学说。

什么是实体？亚里士多德首先提出了确定实体的两个标准。他说：实体具有两个意义，也就是说，实体具有两个标准："或者作为不用述说他物的终结载体；或者是作为可分离的这个而存在，每一事物的形状或形式便具有这种性质。"② 我们将根据这两种意义或说两个标准来考察亚里士多德对于何谓实体的分析。

根据第一个标准，实体就是"不用述说他物的终极载体"。既然如此，那么，我们"……必须首先对此（载体——引者）加以界说，因为看起来原始载体最有资格是实体。"③ 问题在于，究竟何谓载体或说原始载体呢？亚里士多德说，"在某种意义下，质料被称为载体，在另外的意义下，形状被称为载体，而两者所组成的东西被称为第三种载体。"④ 例如，在一个铜质的雕像之中，质料是青铜，形状是形式的图像，雕像则是质料和形状两者所构成的组合。这里，亚里士多德实际上是重新表述了他在《工具论》中的关于实体的观点，但是，其中也包含了某些区别于《工具论》中

---

① ［古希腊］亚里士多德：《形而上学》，参见苗力田主编：《亚里士多德全集》第七卷，第 154 页。

② ［古希腊］亚里士多德：《形而上学》，参见苗力田主编：《亚里士多德全集》第七卷，第 123 页。

③ ［古希腊］亚里士多德：《形而上学》，参见苗力田主编：《亚里士多德全集》第七卷，第 154—155 页。

④ ［古希腊］亚里士多德：《形而上学》，参见苗力田主编：《亚里士多德全集》第七卷，第 155 页。

的关于实体的观点之处，那就是他在个体事物和形式（种、类）这些实体之外还提出了"质料"这一实体。我们认为，他这样做有利于在把个体事物的原因拆分成质料和形式的基础上通过实体学说揭示个体事物的构成方式和表现形式。在他的说明中，个体事物的构成表现为在同时具有质料和形式的基础之上的潜能的现实化活动。单从质料来说，它仅是潜在的实体，也就是说，它仅是那种不是现实而只潜在地是"这个"的东西，所以，它作为实体与潜能相关；单从形式（原理、形状）看，它确是现实的实体，它是可分离的"这个"，它与现实相关，但是，它作为现实的实体也需要依赖质料。只有潜能的现实化才能把质料和形式结合起来从而构成第三种实体即个体事物。在上述三种实体中，作为潜能而存在的质料处于物体的底层，在物体的底层上，实体自身同一；而作为现实而存在的形式则作为现实而存在，形式则造成了各种差异，它在各种差异中与质料结合从而使作为潜能的质料成为现实的个体事物。亚里士多德说："……显而易见，现实和原理在不同的质料中是不同的，有时候是组合，有时候是混合，在另外的时候是所说的其他东西，在许多规定中，有些人说房屋是石块、砖和木料，它们所说的是潜能上的房屋，因为这些东西是质料；有些人说它是庇存用品和身体的处所，以及其他类似的东西，他们所说的是现实；有些人把这两者组合起来，就说出了第三种出于两者的实体。"① 据此，我们可以认为，所谓的可感实体，它或者作为质料存在，或者作为现状（现实）存在，或者作为它们两者的组合（第三者）而存在。因此，亚里士多德得出结论，关于构成物的原理更多的是质料的原理，关于差异的原理似乎是形式（现实）的原理，而定义则指两者组合的定义。因此，根据第一个标准，亚里士多德认为，应有三种东西可以被认为具有"不用述说他物的终极载体"的特征，那就是质料、形式，以及以质料和形式为原因并由它们组合而成的个别事物。

需要指出的是，亚里士多德认为，只有个体事物才有生成和消灭。为此，他专门探讨了生成问题。他指出，在生成的东西中，包含三种方

---

① ［古希腊］亚里士多德：《形而上学》，参见苗力田主编：《亚里士多德全集》第七卷，第192页。

式，即：自然生成、人工生成、自发生成。自然生成就是出于自然的生成，这里，所由生成的东西就是个体事物，"……有的成为人，有的成为植物，以及其他类似的东西，我们统称之为实体"①。正是因为如此，亚里士多德认为自然就是实体。在他看来，"广义地说来，一切实体都是自然，因为自然总是某种实体。"② 自然的原始和首要的意义是，在其自身之内有这样一种运动本原的事物的实体，质料由于能够接受这种东西而被称为自然，生成和生长由于其运动发轫于此而被称为自然。人工生成叫作制作。亚里士多德说："全部制作者出于技术，或者由于潜能，或者出于思想。"③ 在他看来，技术生成的东西的形式都在灵魂之中，他据此把个别事物的是其所是称之为"形式"。例如医术就是这样的形式，它造成了以健康为目的的运动。他说："……医术就是健康的形式，建筑术是房屋的形式，我所说的无质料的实体，就是是其所是。"④ 在人工生成中包含两个步骤，其一是思想，其二是制作。"思想从本原出发，从形式出发，制作则从思想的结果出发。"⑤ 制作活动所由开始之点，可能来自技术，也可能出于自发，假如出于自发，那就是自发生成。根据亚里士多德的观点，生成总以某种预先的存在为基础，质料就是这种预先存在的一个部分，但是，仅有质料并不行。例如，一个圆形的青铜，就质料说，我们说它是青铜；而就形式说，我们则说它是某种圆形，这是最初含蕴的它的种。正是因为如此，在生成出来的圆形的青铜之中，我们并不把它称为质料，正如我们不把雕像称为石头一样。"所以，一个人要是仔细注意，就不会笼统地说，雕像由木头生成，房屋由砖头生成了。由此生成的某物，是

---

① ［古希腊］亚里士多德:《形而上学》，参见苗力田主编:《亚里士多德全集》第七卷，第 163 页。

② ［古希腊］亚里士多德:《形而上学》，参见苗力田主编:《亚里士多德全集》第七卷，第 115 页。

③ ［古希腊］亚里士多德:《形而上学》，参见苗力田主编:《亚里士多德全集》第七卷，第 163 页。

④ ［古希腊］亚里士多德:《形而上学》，参见苗力田主编:《亚里士多德全集》第七卷，第 164 页。

⑤ ［古希腊］亚里士多德:《形而上学》，参见苗力田主编:《亚里士多德全集》第七卷，第 164 页。

要改变的，而不总是保持原状。"① 但是，形式或感性事物中的形状却是不能生成的东西，是其所是同样也不能生成。形式不可分解，而生成的东西则可以分解。因此，"……作为形式，或者实体是不生成的，而以此命名的组合物才是生成的，而且质料内在于全部生成物中，一方面是这，另一方面是那。"②

尽管亚里士多德根据第一个标准把质料、形式和个体事物都看成是实体，但是，他这里采用的标准乃是他在《范畴篇》中使用的标准，如我们在前文中已经论述到的那样，他在《范畴篇》中认为形式（种、类）按照这个标准并不具有严格意义上的实体地位，所以，这里，他同样认为相比于形式（种、类）而言，个体事物特别是质料更是实体，或说根据上述第一个标准质料才是第一实体，因为"如若把其他东西取走之后，除剩下质料外就一无所有了"③，物质（质料）才是最为原始的载体。

根据第二个标准，纯粹的质料不是任何特殊事物，它也没有任何规定性，既没有任何肯定的规定性，也没有任何否定的规定性，它仅仅"显得"是"这一个"，因而它不能真正和其他东西"分离"而存在，所以，根据第一个标准而言的第一实体其实很难说是实体。因此，亚里士多德虽然把实体规定为"不述说主体而其他东西却述说它"的东西，并且据此指出，由于把其他的东西（物体的属性、产物、潜能等）取走之后，最后剩下的只是质料，所以，"如若质料不是实体，其他又都无从谈起"，"从这个角度来考察，质料必然被看作是唯一的实体"，但他又进一步说道，这样说还不够充分，"因为这话不仅本身不明显，并且把质料也变成了实体"④。因此，亚里士多德根据第二个标准为不同的实体地位进行了重新排

① ［古希腊］亚里士多德：《形而上学》，参见苗力田主编：《亚里士多德全集》第七卷，第 165 页。

② ［古希腊］亚里士多德：《形而上学》，参见苗力田主编：《亚里士多德全集》第七卷，第 167 页。

③ ［古希腊］亚里士多德：《形而上学》，参见苗力田主编：《亚里士多德全集》第七卷，第 155 页。

④ ［古希腊］亚里士多德：《形而上学》，参见苗力田主编：《亚里士多德全集》第七卷，第 155 页。

序，他把形式看成是更属于实体的东西。他说，"以上的考察得出，实体就是质料。但这是不可能的，因为可分离的东西和'这个'看来最最属于实体。因此，人们似乎认为，形式和由两者构成的东西，比质料更是实体。"①"如若形式先于质料，并且是更真实的存在，根据同样的理由，它也先于由两者所组成的东西。"②因为只有形式将自己赋予质料，才使质料成为"这一个"，具有"分离性"，而这种具有"这一个"和"分离性"东西就是具体事物，这一切都是形式使其然。因此，在《形而上学》中，亚里士多德实际认为，质料是第三实体，个体事物是第二实体，只有形式才是第一实体，换言之，实体首先是形式。这样，亚里士多德就改变了《范畴篇》中的关于第一实体的看法③。

亚里士多德经常把形式与形状等同运用，其实，他所说的形式或形状就是是其所是或说本质。他在规定实体的多种意义时，其中的一个意义指的就是"是其所是"，"就是那就其自身而言的东西"④。例如，"是你"指的是就你自身而言的东西，而"是文雅的"则不是就你自身而言的东西。这就是说，"是其所是"指的是某物之所以是某物的本质。但是，这并不是说所有的"是其所是"或"就其自身"都是本质。亚里士多德强调，只有在原始的单纯的意义上所说的"是其所是"或"就其自身"才是本质，才是实体，例如，我们可以问"质"是什么，"故质也是一种是什么，但并非在单纯的意义上说"⑤。因此，"……一件事情是清楚的，原始而单纯的定义和是其所是只属于实体，对其他东西也可这样说，不过不是原始意义罢了。"⑥因此，根据第二个标准所决定的形式实体的优先性也是原始本

---

① ［古希腊］亚里士多德:《形而上学》，参见苗力田主编:《亚里士多德全集》第七卷，第155—156页。

② ［古希腊］亚里士多德:《形而上学》，参见苗力田主编:《亚里士多德全集》第七卷，第155页。

③ 参见汪子嵩:《亚里士多德关于本体的学说》，三联书店1982年版，特别是第104页。

④ ［古希腊］亚里士多德:《形而上学》，参见苗力田主编:《亚里士多德全集》第七卷，第156页。

⑤ ［古希腊］亚里士多德:《形而上学》，参见苗力田主编:《亚里士多德全集》第七卷，第158页。

⑥ ［古希腊］亚里士多德:《形而上学》，参见苗力田主编:《亚里士多德全集》第七卷，第159页。

质的优先性。

(四) 实体：个别与一般的关系

根据前面的探讨我们发现，尽管亚里士多德的《工具论》和《形而上学》中的实体学说具有先后连续发展的关系，但是，它们之间也存在着区别。其中最重大的区别就表现在究竟哪种实体才是第一实体的问题上。在《工具论》中，亚里士多德倾向于把个体事物作为第一实体，而在《形而上学》中他则倾向于把形式作为第一实体。其实，这两种实体之间的关系就是实体上的个别与一般的关系问题，或者更严格地说，就是第一实体究竟是个别还是一般的关系问题（由于个体事物相对于更高一级的形式也是质料，所以，个体事物与形式之间的个别与一般的关系也可以被看作质料与形式之间的个别与一般的关系），而这个问题正是柏拉图提出并遭到亚里士多德批判的理念（一般）与现实事物（个别）之间的关系问题。尽管这个问题我们在此篇的第一章中讨论亚里士多德对柏拉图理念论的批判时已经有所涉及，但是，这里我们在分析亚里士多德自身的实体理论时又遇到了这一问题，他在亚里士多德实体学说的内部呈现了出来（当然它与柏拉图的理念论也有联系）。在讨论究竟何谓第一实体时，围绕个体事物之质料和形式的两个方面，亚里士多德的总体思想包含两层意思。

第一，个体事物是最真实的存在，它是形式赋予质料的产物，所以，形式总是内在于个体事物之中并与质料结合在一起。这里，亚里士多德坚持的观点与《工具论》的观点相似，认为在形式、质料和个体事物中，个体事物才是第一实体，"第一实体之所以更恰当地被称为实体，是因为它们是其他一切事物的基础，而一切其他事物或者被断言于它们，或者依存于它们。""进一步说，第一实体之所以最恰当地被如此称呼，是因为它们是一切其他事物的基础和主体。"①"……如果第一实体不存在，其他任何事物也都不可能存在。""在第二实体中，种比类是更为真实的实体，因为

---

① ［古希腊］亚里士多德：《工具论》，李匡武译，广东人民出版社 1984 年版，第 14 页。

它更加接近第一实体。"①因此，那种把形式看成是独立于个体事物以及质料的观点是错误的观点。他在讨论形式（是其所是）与普遍性时曾说，人们通常把载体、是其所是以及两者的组合物、普遍等都称为实体，其中在"有些人看来普遍是最重要的原因，是本原。"②但是，那种独立于个体事物以及质料的普遍性似乎不是实体，因为"……个体的实体是为个体所独有的东西，它不依存于他物，普遍则是共同的。所谓的普遍，在本性上就意味着依存于众多。"③表面看来，那种独立于个体事物以及质料的普遍与我们这里所说的内在于个体事物之中并与个体事物相互结合的是其所是相似，但是，它们存在着本质的区别。普遍若是想要成为实体那就应该是内在于个体事物之中并与质料相互结合的普遍，"因为普遍仍是某物的实体。"④所以，亚里士多德指出："从以上所说就可明白，那些主张理念是实体，并且是可分离的，同时主张形式由种和属差构成的人，会得到什么结论了。倘若形式存在着，那么，寓于人和马之中的动物，就会在数目上是相同的，或是相异的。……并且，如若某种就自身而言的人自身存在着，它是这个而又分离着，那么其构成，例如动物和两足，也必然表示这个，且是可分离的，是实体，从而也存在着动物自身。况且，如若寓于马和人中的东西是相同，正如你同于你自身一样，那么寓于诸多事物中的一怎么能会是一呢？这个动物又为什么不能离开自身而存在呢？"⑤他进一步说，形式又是从哪里来的呢？它又怎样来自动物自身？以自身为实体的动物，又怎样离开动物自身而存在呢？正是由于这些难题，才有人提出了分有，也有人提出了共存（例如智者吕科弗朗）。还有一些人认为生命是灵魂和

---

① ［古希腊］亚里士多德:《工具论》，李匡武译，广东人民出版社 1984 年版，第 13 页。

② ［古希腊］亚里士多德:《形而上学》，参见苗力田主编:《亚里士多德全集》第七卷，第 179 页。

③ ［古希腊］亚里士多德:《形而上学》，参见苗力田主编:《亚里士多德全集》第七卷，第 179 页。

④ ［古希腊］亚里士多德:《形而上学》，参见苗力田主编:《亚里士多德全集》第七卷，第 179 页。

⑤ ［古希腊］亚里士多德:《形而上学》，参见苗力田主编:《亚里士多德全集》第七卷，第 181 页。

身体的结合，并且认为同一道理适用于所有的情况。因此他说："很显然，形式因，或者像某些人习惯地称之为形式，如若是些在个体之外的东西，对于生成和实体就毫无用处。并以同样理由，也并不是就自身而言的实体。"①同时，也没有必要把形式当作模型来使用。实际情况是，在原理中永远既有质料又有形式，那些根本不具有质料（无论是可思想的质料还是可感觉的质料）的东西并不存在。亚里士多德所坚持的基本原则是："形式因就存在于质料之中"②，它表现为个体事物。

那么，形式究竟如何存在于质料之中从而构成个体事物呢？亚里士多德认为，这离不开从潜能到现实的运动。我们曾在讨论亚里士多德批判柏拉图的理念论时就已提到，亚里士多德通过把质料（包括个体事物）和形式的关系看成是潜能与现实的关系来解决柏拉图理念论未能解决的质料（现实的个体事物）与形式（理念世界中理念）之间的联系问题。在《形而上学》中他又多次讨论了这个问题。他在讨论究竟是什么让一个个体事物成其为个体事物时指出："……用习常的办法来规定和说明，显然是无法回答和解决困难的。如想解决，只有按照我们的说法，一方面是潜在的质料，一方面是现实的形状或形式，对于我们的探索，困难似乎就不再存在了。"③

第二，除了坚持"形式总是内在于个体事物之中并与质料结合在一起"的观点之外，亚里士多德还坚持认为形式在结合形式与质料从而构成个体事物的过程中具有更为重要的地位。在个体事物中，质料与形式相互结合，因此，形式和质料都是构成个体事物的原因。但是，亚里士多德认为，在质料与形式相互结合构成个体事物的过程中，形式比质料以及个体事物具有更为重要的地位。一方面，他从是否可以"消灭"的角度表达了自己的这一观点。亚里士多德认为原理（形式）不是生成的因而不能

---

① ［古希腊］亚里士多德：《形而上学》，参见苗力田主编：《亚里士多德全集》第七卷，第167页。

② ［古希腊］亚里士多德：《形而上学》，参见苗力田主编：《亚里士多德全集》第七卷，第167页。

③ ［古希腊］亚里士多德：《形而上学》，参见苗力田主编：《亚里士多德全集》第七卷，第198页。

消灭，但是，他却认为质料可以消灭。他说，"原理只有是与不是、存在与不存在、真实与不真实，而没有生成和消灭"①，这种情况就像房屋作为房屋而存在不是生成的因而不能消灭一样；反之，组合物（有时他认为还包括质料）则是生成的因而是可以消灭的，这种情况就像这一所房屋作为"这一所"房屋是生成的因而可以消灭的一样。毫无疑问，不能消灭的形式显然比可消灭的个体事物以及质料具有更为重要的地位。另一方面，亚里士多德还把形式与质料的上述特征与定义（知识）和不能定义（意见）联系起来。他说，由于个别的感觉实体是具有质料的东西，而质料的本性是既可以存在又可以不存在，因此，个别的可感觉实体每一个都是可消灭的。据此，"如若具有必然性的证明和定义都是确切的知识，正如科学那样，不允许一会儿理解，一会儿无知，只有意见才是那样"，那么，我们便可得出结论："……可感实体既没有定义，也无证明。"②尽管在生活中也有人会给某个个别的可感事物下定义，但是，由于这类事物本质上不可定义，所以，这样的定义经常会被推翻。有时，亚里士多德还认为理念也不可定义，不过，他这里把理念看成是个别的、可分离的事物。与可消灭的质料和个体事物不能定义、不能证明、也不能形成有关它们的知识相反，形式的不可消灭的特征将决定着它不会一会儿存在一会儿又不存在，也决定着它不会一会儿被理解一会儿又无知，所以，它既能够定义、也能够证明，还能够形成有关它的知识。

正如存在论上的不可消灭性决定着形式比可消灭的质料和个体事物更为重要一样，在认识论上，可以定义（具有知识）的形式也比不可定义（具有意见）的质料和个体事物更为重要。亚里士多德之所以认为形式更为重要，根本原因在于他认为形式是个体事物的主要创造者，在他那里，探求就是探求原因，它表现为探求某物的述语何以依存于某物，某一事物何以依存于他物。例如"人是这东西，是具有这东西的整个身

① ［古希腊］亚里士多德：《形而上学》，参见苗力田主编：《亚里士多德全集》第七卷，第182—183页。

② 以上见［古希腊］亚里士多德：《形而上学》，参见苗力田主编：《亚里士多德全集》第七卷，第183页。

体。所以，我们寻求的是使质料成为某物的原因，这个原因就是形式，也就是实体。"①

在讨论亚里士多德关于潜能与现实的关系时我们已经指出，亚里士多德认为现实优先。其实，现实优先也就意味着形式优先。不仅如此，亚里士多德关于从潜能到现实的发展序列的观点更加突出了他的现实、形式优先的观点。这就是说，亚里士多德关于从潜能到现实的发展序列的观点更加突出了他的现实、形式相对于潜能、质料的更为重要的地位。我们曾说，在亚里士多德那里，存在着一个从质料到形式、从潜能到现实、从一个个体事物到另外一个个体事物的由低到高、不断发展的序列。然而，亚里士多德并不认为上述不断发展的序列是一种无穷的序列，在他看来，有些本原是有限制的本原。质料就是有限制的。从来源（原因）来看，一个东西源自另外一个东西，不能无限制地一直下去以致无穷，例如，人由于气而运动，气由于太阳而运动，太阳由于争吵而运动，一直下去无穷无尽；从为何（目的）来看，一个东西为了另外一个东西，也不能无限制地一直下去以致无穷，例如，走路是为了健康，健康是为了幸福，幸福是为了其他，这样也会陷入一个为了一个而无终止。其他诸如"中点"、"向上"、"向下"等都是如此。因此，为了消除无限制的无穷，他假设到，在上述序列的起始阶段亦即最低的阶段，存在着的只是完全没有形式的"纯质料"，而在它的最后阶段亦即顶峰阶段，存在着的则是完全不含质料的"纯形式"。假如说从质料到形式（从潜能到现实）的过渡乃是一种运动的话，那么，这一"纯形式"自身并不运动，它是"不动的推动者"（第一动因），即某种必然存在着的"永恒的、不运动的实体"②，它才是真正的第一实体。因此，亚里士多德在强调"形式因就存在于质料之中"的同时依然谈到了无质料的形式的问题，他说，在形式和质料所构成的组合物毁灭的时候，毁灭的形式归于形式（例如铜球毁灭后圆形归于弧

---

① ［古希腊］亚里士多德：《形而上学》，参见苗力田主编：《亚里士多德全集》第七卷，第187页。

② ［古希腊］亚里士多德：《形而上学》，参见苗力田主编：《亚里士多德全集》第七卷，第275页。

形），毁灭了的质料则归于质料（例如铜球毁灭后铜球归于青铜），"至于那些不以质料构成、无质料的东西，它们只有形式的原理，它们是不消亡的，或者一般地不消亡，至少不像这样地消亡。"①亚里士多德的这一思想直接通向了最终意义上的第一实体的学说，也就是说，直接通向他经过在第一实体问题上的犹豫不决之后最终确定的第一实体的学说。

四、第一实体学说

除了在《工具论》中亚里士多德把个体事物看成是第一实体之外，在《形而上学》中，他根据"不用述说他物的终极载体"的标准来界定实体时也把个体事物（以及质料）看成是具有优先性的实体，但是，当他用《形而上学》中的其他标准来界定实体时形式就具有了优先地位。从总体上说，在《形而上学》中，形式与个体事物及质料相比具有更为重要的优先地位，它是第一实体。形式是第一实体的表达是亚里士多德关于何谓第一实体的最终表达，这种最终表达系统完成于亚里士多德关于"第一推动力"（"不动的推动者"）和"最高目的"两种论证之中。关于"第一推动力"的论证最完整地表现在《物理学》中，至于关于"最高目的"的论证，则最完整地表现在《形而上学》中。在讨论这两个论证之前，我们先分析亚里士多德关于自然界的必然和目的的统一问题，他关于这一问题的讨论表明在他那里这两种论证存在着严格的内在统一，并且这种内在统一也充分地体现了他关于真与善之内在统一的思想。

（一）自然界的必然和目的问题

在西方哲学史上，绝大多数哲学家都用必然性来解释自然以及自然的运动，在古希腊哲学中也是一样。亚里士多德也同意哲学家们用"必然的原因"来解释自然事物。在他看来，在自然世界中存在着必然性，这种必然性与质料因相关。他把自然的必然性称为"假设"的必然性。他说：

---

① ［古希腊］亚里士多德:《形而上学》，参见苗力田主编:《亚里士多德全集》第七卷，第171页。

"……自然物里的必然的东西，就是我们称之为质料的那东西和它的运动变化。"① 例如，我们需要锯子的目的固然是为了锯东西，"但是，若不是用铁做的，就不能产生符合这个目的的锯子。因此，若要有锯子，并能锯得了东西，它必然是铁的。这样，必然的东西是因'假设'的，而不是作为在它以前的那些事物决定的必然结果。因为必然的东西是在质料之中，而为了的东西却是在定义里。"②

在解释了自然的必然性之后，亚里士多德进一步解释自然的目的性。在他那里，必然性与质料相关，而目的因则与形式因相关。他在表达同意用必然来解释自然的思想的同时问道：我们也能用"目的的原因"来解释自然事物吗？为什么一件自然的事情就不可以是为了目的或较好呢？为什么天下雨不是为了谷物生长而是出于必然呢？（对此可以参见恩培多克勒和阿萨克那哥拉的相关思想）。其实，"在事物的所有部分结合得宛如是为了某个目的而发生的那样时，这些由于自发而形成得很合适的事物就生存了下来；反之，凡不是这样长起来的那些事物就灭亡了……。"③ 对于这种现象"既然或是碰巧或是有目的，二者只能择一，又，既然这些事物是不可能出于巧合也不可能出于自发的，那么就是有目的的了。而这些事物又全都是自然的……。因此在自然发生着和存在着的事物里是有目的的。"④ 亚里士多德通过解释技艺制造活动和自然活动的关系来证明自己的思想。在他看来，技艺制造活动或者是完成自然所不能实现的东西，或者是模仿自然。一般来说，技艺的制造活动总是包含了目的。因此，就技艺的制造活动是模仿自然活动的角度说，既然技艺的制造活动是目的的活动，那么自然的活动显然也应该是有目的的活动；并且，既然技艺活动的产物包含了目的，那么自然活动的产物显然也包含了目的。亚里士多德强调，此点在人之外的其他动物的活动中表现得十分明显，它们做着各种事，既不经过研究，也不用什么技术。例如，蜘蛛结网、燕子做窝既是

---

① ［古希腊］亚里士多德：《物理学》，张竹明译，商务印书馆1982年版，第67页。
② ［古希腊］亚里士多德：《物理学》，张竹明译，商务印书馆1982年版，第66页。
③ ［古希腊］亚里士多德：《物理学》，张竹明译，商务印书馆1982年版，第62页。
④ ［古希腊］亚里士多德：《物理学》，张竹明译，商务印书馆1982年版，第63页。

出于自然，也包含了目的，植物也是为了目的而长出来，它长出叶子是为了掩护果实，它的根往下生长是为了吸取土中的养分。因此，亚里士多德说："……在凡是有一个终极的连续过程里，前面的一个个阶段都是为了最后的终结。无论在技艺制造活动中和在自然产生中（如果没有什么阻碍的话）都是这样。"[1]"……显然，自然是一种原因，并且就是目的因。"[2] 最后，亚里士多德强调这种目的作为世界或事物的原因就是形式作为世界或事物的原因，他说："……既然自然有两种涵义，一为质料，一为形式；后者是终结；其他一切都是为了终结，那么，形式该就是这个目的因了。"[3]

在必然性和目的因的关系上，亚里士多德更为推崇目的因。他说："虽然质料和目的这两个原因自然哲学家都必须加以论述，但比较主要的是论述目的因，因为目的是质料的原因，并非质料是目的的原因。"[4] 例如，对于墙壁来说，若要产生墙壁固然不能没有砖头、木材这些质料，但是，产生墙壁的目的则是为了某种别的东西，即掩护和保藏。不仅在产生墙壁的事情上是这样，"在其他一切含有目的的事情里也都一样，不能没有那种具有必然的本性的事物，但产生不是由于这些事情（除了作为质料）而是由于目的。"[5] 显然，在亚里士多德那里，自然既有与质料相关的必然性，也有与形式相关的目的性，并且，由于目的是质料（包含个体事物）的追求目标，所以更应该推崇的是自然的目的性；同时，由于目的与形式相关，所以，更应该推崇目的性也意味着在质料和形式的关系中更应该推崇形式。

尽管亚里士多德在这里所论证的必然和目的是"自然世界"的必然和目的，但是，若是联系到他关于第一推动力和最高目的的证明的话，那么，我们有理由认为他的论证也是存在论意义上的论证。

---

① ［古希腊］亚里士多德：《物理学》，张竹明译，商务印书馆 1982 年版，第 63 页。
② ［古希腊］亚里士多德：《物理学》，张竹明译，商务印书馆 1982 年版，第 65 页。
③ ［古希腊］亚里士多德：《物理学》，张竹明译，商务印书馆 1982 年版，第 64 页。
④ ［古希腊］亚里士多德：《物理学》，张竹明译，商务印书馆 1982 年版，第 67 页。
⑤ ［古希腊］亚里士多德：《物理学》，张竹明译，商务印书馆 1982 年版，第 66 页。

（二）关于第一推动力的证明

第一推动力的证明是关于运动来源的证明，它从自然运动的来源出发证明存在着不动的第一推动者的存在。他的基本思路是：任何运动着的事物都有它的推动者（无论在它内部还是在它外部），"既然任何运动着的事物都必然有推动者，如果某一事物在被运动事物推动着作位移运动，而这个推动者又是被别的运动着的事物推动着运动的，后一个推动者又是被另一个运动着的事物推动着运动的，如此等等，这不能无限地推溯上去，那么必然有第一推动者。"①这个第一推动者不从运动的目的（他在作为哲学而非科学的著作《形而上学》中则重点从"目的"的角度论证了这一第一推动者也就是最高目的）而从运动之根源的角度就是"直接的推动者"，它与被它推动的东西是"在一起的"。所谓"在一起"，就是在它和被它推动的事物之间不夹任何东西，他说，"这是对一切运动者和推动者都普遍适用的真理。"②

1. 不动的第一推动者的证明

亚里士多德把潜能（质料）的现实化（形式化）称为运动，其中，形式在这一过程中起到主导的推动作用。为了深入地研究事物的运动问题，亚里士多德在《物理学》中详细分析了推动者和被推动者的复杂关系，并在这种复杂关系中引出了第一推动者。

亚里士多德首先为运动的推动者和被推动者进行了分类。在他看来，在事物的运动中，事物或者是推动的，或者是被推动的，前者称为推动者，后者称为被推动者或运动者。推动者和运动者分为两类，或因本性运动，或因偶性运动。凡不属于直接推动者或直接运动者，并且不部分包含在直接推动者或直接运动者中的运动，它的推动者和运动者就是因本性推动和因本性而运动的；凡属于直接推动者或直接运动者，并且作为部分包含在直接推动者或直接运动者中的运动，它的推动者和运动者就是因偶性的推动者和运动者。同时，运动因推动者的不同还可以被分为自然的运动

---

① ［古希腊］亚里士多德：《物理学》，张竹明译，商务印书馆1982年版，第199页。
② ［古希腊］亚里士多德：《物理学》，张竹明译，商务印书馆1982年版，第202页。

和反自然的运动。自然的运动指的是不是被迫的运动，它包括那被自身推动的运动，也包括部分被其他事物推动的运动，例如，动物作为整体的运动就是明显被自身推动的因而也是自然的运动（尽管在它的部分例如某些躯体上的运动既可以是自然的运动也可以是反自然的运动）。反自然的运动指的是"被迫的"运动，它一般是被其他的物体推动的运动。根据这种区分，无论从具体的事物说，还是从所有的自然说，任何运动着的事物应该都是在被一个推动者推动着的运动。

在分析了推动者和被动者以及它们与运动的关系后，亚里士多德接着把推动者分为真正的推动者和非真正的推动者两类。根据他的论述，真正的推动者是指那种自身并不被推动的"或者直接跟着被动的事物或者通过一系列的中介而及于被动事物"①的推动者，而非真正的推动者指的是"一个自身也被真正的推动者推动的事物"②。例如，人不能再说被其他的事物推动了，但是棍棒虽能撬动石块，它自身却又被手所挥动，而手自身又被人所支配。需要注意的是，亚里士多德认为最后的推动者并不就是第一推动者，他说："因此我们说，最后的推动者和第一个推动者这二者都推动被动事物运动，但两者比较起来，尤其应该说是第一个推动者在推动，因为它推动最后的推动者，而不是被最后的推动者所推动……。"③亚里士多德由此引出了第一推动者。他说："因此，如果说每一运动事物都必然是在被某一事物推动着运动，这推动者又必然或再被另一事物所推动或不再被另一事物所推动，并且，如果再被另一事物推动的话，必然有一个自身不被别的事物推动的第一推动者，而如果直接推动运动者的正是一个这样的第一推动者的话，就不必有别的推动者了。"④

根据亚里士多德第一推动者、既推动又被推动者和纯粹的被推动者的区分，在他那里，有些事物是永远不运动的，有些事物是永远运动的，还有一些事物则能在运动和静止两种状态之间转换。因此，他说："……

---

① ［古希腊］亚里士多德：《物理学》，张竹明译，商务印书馆 1982 年版，第 234 页。
② ［古希腊］亚里士多德：《物理学》，张竹明译，商务印书馆 1982 年版，第 234 页。
③ ［古希腊］亚里士多德：《物理学》，张竹明译，商务印书馆 1982 年版，第 234 页。
④ ［古希腊］亚里士多德：《物理学》，张竹明译，商务印书馆 1982 年版，第 234 页。

运动中必然有三种事物：运动者、推动者和推动的工具。运动者必然被推动，而不必然推动；作为推动工具的事物既推动又被推动（它与被动者一起作同一进程的变化……）；推动者不像推动的工具那样，它只推动而自身不能运动。既然我们在运动中的一连串事物里看到有一个最后的事物，即一个能运动但不具备运动根源的事物，也看到有一个被自身而不是被别的事物推动着运动的事物，那么我们主张还有第三种事物，即只推动而不被推动的事物存在，也是很合理的……。"① 它就是不动的第一推动者。

根据亚里士多德在《物理学》中的论证，第一推动者以一种特殊的方式自我推动。他问：这个第一推动者自身运动吗？他回答说："如果第一推动者不是被别的事物推动着运动的，那么它必然是被自身推动着运动的"②。他的理由在于，既然任何事物的运动总是或者自身直接推动或者被另外一个事物推动，那么，那个最先的推动者也不例外。现在，它已被证明不被其他的事物推动，所以，它一定自己推动自己。亚里士多德问道："……如果说一个事物自己使自己运动的话，那么它是如何使自己运动，使自己以什么方式运动呢？"③ 也就是说，第一推动者如何自我推动呢？亚里士多德认为，它的自我推动乃是这样一种推动，即：事物的一部分作为推动者，它的另一部分作为被动者。但他提醒，这不是说这一事物的两个部分彼此互为推动者，否则，它就不可能是第一推动者。④ 他经过一番繁琐的论证之后得出结论："……整体事物的一部分只推动而不能运动，另一部分只被推动，因为只有这样才可能有事物自我运动。"⑤ 但亚里士多德依然肯定第一推动者是不运动的。或许，他在这里的意思在于：自我推动可以运动也可以停止运动，它随时能够经由自我推动而运动。

在第一推动者数量的问题上，亚里士多德强调："宁可认为只有一

---

① ［古希腊］亚里士多德：《物理学》，张竹明译，商务印书馆 1982 年版，第 241 页。
② ［古希腊］亚里士多德：《物理学》，张竹明译，商务印书馆 1982 年版，第 234 页。
③ ［古希腊］亚里士多德：《物理学》，张竹明译，商务印书馆 1982 年版，第 237—238 页。
④ 参见［古希腊］亚里士多德：《物理学》，张竹明译，商务印书馆 1982 年版，第 238 页。
⑤ ［古希腊］亚里士多德：《物理学》，张竹明译，商务印书馆 1982 年版，第 239 页。

个而不认为有许多个，宁可认为它是为数有限的而不认为它是为数无限的。……因为在自然物里（只要可能）应该支持有限者（即较好者）。这样的推动者一个就够了：它是永恒的，先于其他而自身不动的推动者，可以作所有其他事物运动的根源。第一推动者必然是一个并且是永恒的……"①

2. 第一推动者和第一运动

在《物理学》中，亚里士多德还从自然哲学的角度具体探讨了不动的第一推动者和第一运动的问题，他的意思似乎在于：第一推动者是一种自我推动的永恒运动者，它的永恒运动由于是一种永恒的圆周运动，因此，它也是不动的推动者。

亚里士多德在《物理学》中探讨了第一运动的问题，并把空间中的位移运动看成是基本的第一的运动。在他那里，运动包含了空间中的位移运动、质的运动和量的运动。他在探讨哪一种运动是先于一切运动的运动时指出，若是某一特定的运动能够先于一切运动并能连续地运动，那么，它应该就是第一推动者所引起的第一运动。亚里士多德经过一番论证指出，空间中的位移运动是先于一切运动的运动。他还就空间中的位移运动的先于一切之"先于"或说"第一"作出诠释。他说："所谓'第一'，正如在其他场合那样，在运动里也用作几种不同的意义：（1）如果一个事物不存在别的事物也不能存在，而没有别的事物它却照样能够存在，那么这个事物就被说成是第一的；（2）时间上的第一；（3）和事物的本性完成程度相关联的第一。"②

在论证了位移或空间中的位移运动是先于其他一切运动之第一运动的基础上，他还进一步论证了在位移或空间中的位移运动中哪一种位移是第一位移的问题。他说："因此，如果必然永远有运动，就也必然有位移作为先于一切的运动，并且，如果各种位移也有秩序，就还有第一位移。"③

① ［古希腊］亚里士多德：《物理学》，张竹明译，商务印书馆1982年版，第243—244页。
② ［古希腊］亚里士多德：《物理学》，张竹明译，商务印书馆1982年版，第248页。
③ ［古希腊］亚里士多德：《物理学》，张竹明译，商务印书馆1982年版，第248页。

在他看来，由于只有位移运动是连续的运动，所以，论证哪种位移是第一位移应该看哪种运动能够承担连续运动的职能，这种职能能够确保（证明）某种连续的永恒运动存在之可能性。他说，位移运动（位置移动）包含圆周形、直线形以及它们两者的结合三种形式。其中，直线运动由于若到达终点就必须折回因而不可能连续地位移，混合运动则由于包含了直线运动因而也不可能连续地位移，因此，需要重点思考的是圆周形的运动。圆周形的运动在圆周上的位移没有确定的限点，它的每一个点都能同等地既可以作为起点也可以作为中点还可以作为终点。因此，只有圆周运动能够无限地、单一地连续存在。所以，"……循着圆周线的运动是单一的连续运动。这里找不到任何说不通的地方。"[1] 如此看来，在所有的位移运动中，圆周运动作为唯一能无限地、单一地持续下去的运动就是在先的第一的位移运动，只有它才可能是永恒的运动。"……能够永恒的运动总是先于不能永恒的运动。圆周上的运动能够永恒；别的运动，无论是位移还是别的任何运动，都不能永恒"[2]，所以，圆周运动乃是所有包含位移运动中第一的运动，它是所有运动的根源。正如亚里士多德所说："还有一种互换的关系。一个是：循环运动是一切运动的尺度，所以它必然是第一运动……；另一个是：因为循环运动是第一运动，所以它是其他运动的尺度。"[3]

亚里士多德认为，圆周运动作为永恒的运动也可以被看成是一种静止。他说："因此一个作圆周运动的事物既可以说永远在起点或终点上，也可以说永远不在起点或终点上。因此球在转动着的时候也可以说在静止着，因为它占有的空间始终是同一个。原因在于：所有这些都已经是球心的属性了——因为球心是所通过的量的起点，也是这个量的中点、终点——因此，由于这个点不在圆周上，所以圆周上没有一个这样的点：运动事物走完了自己的路程之后在那里静止着，因为这里运动事物永远在围

---

① ［古希腊］亚里士多德:《物理学》，张竹明译，商务印书馆1982年版，第259页。

② ［古希腊］亚里士多德:《物理学》，张竹明译，商务印书馆1982年版，第261页。

③ ［古希腊］亚里士多德:《物理学》，张竹明译，商务印书馆1982年版，第262—263页。

绕着中心而不是在趋向终点运动。因为中心不动，所以整个的球在一种意义上说是静止的，在另一种意义上说则是连续运动的。"①

在提出了圆周运动之后，亚里士多德在最终的运动的意义上说明了潜能与现实（同时也是质料和形式）的先后关系。他说：在一种意义上说，潜能是在先的；但是在另一种意义上说，假如没有现实的原因，运动从哪里来呢？木料并不自己运动自己，而是木工去推动它，月经和土也不能自己运动，而是精子和种子推动它们。正因为如此，有些人例如留基波以及柏拉图认为现实是永恒的。他们说运动是永恒的，但它们并没说，是什么东西并为什么运动，也没说是某某方式的运动，以及运动的原因。任何东西都不是碰巧而被运动，而永远有某种东西在那里，例如或者由于自然这样运动，或者由于理智或强制或其他的原因而那样运动。那么，什么是最初的呢？这里有很多的争议。就是柏拉图也没说过，他有时想过存在着自我运动的本原，但是，他未能从潜能与现实的正确关系予以说明。亚里士多德指出"……如果现实先于潜能，那它们就要以圆周方式，或其他方式活动着。如果圆周永远保持着自身那就应该有一个东西持续存在，永远如此现实活动着。"②

亚里士多德把第一推动者看成是没有量的、在球面上的东西。他说，有限的事物不可能进行无限长时间的推动，无限的能力也不可能存在于有限的量中，因此，能够推动无限长时间运动的东西必然是没有量的无限的能力。这就是说，第一推动者作为能够无限地推动其他事物运动的动力，它自身一定是没有量的。这种自身没有量的第一推动者属于不动的推动者。

3. 第一推动者：从《物理学》走向《形而上学》

需要指出的是，亚里士多德在《物理学》中论证不动的第一推动者的主要目的乃是为了探讨自然界运动的最终根源，它应属于自然哲学或说自然科学的范围，但是，既然涉及了不动的第一推动者，它就与存在论联系

---

① ［古希腊］亚里士多德：《物理学》，张竹明译，商务印书馆 1982 年版，第 262 页。

② ［古希腊］亚里士多德：《形而上学》，参见苗力田主编：《亚里士多德全集》第七卷，第 276 页。

了起来。当然，由于亚里士多德在《物理学》中论证不动的第一推动者主要是立足于自然哲学探讨自然界运动的最终根源，所以，他必须考虑"自然的"不动的第一推动者作为"运动的推动者"如何从不动到运动的问题，从而使他始终纠缠于不动的第一推动者自身的运动和不运动的问题。他的总体观点是不动的第一推动者是"不动的"，在此观点下，他又为了使它能走向运动从而在它自身中寻找某种运动的根据，也就是说，把这一不动的第一推动者与某种运动联系起来。因此，他既认为不动的第一推动者自身的一部分能推动另外一部分运动从而能够自我推动，又认为不动的推动者始终在作一种连续不断地均整的运动（圆周形运动），指出"这个运动也是唯一均整的运动，或者说最均整的运动，因为这个推动者在运动过程中没有任何变化。"[①] 由于第一推动者的"不动"才是根本，所以，他在从不动的第一推动者自身中寻找某种运动的根据从而使它能够走向运动时又必须确保它的"不动"本性。为此，在他那里，就不动的第一推动者自身的一部分推动另外一部分能够引起自我运动说，他暗示说自我推动者当然可以自我静止，而就不动的第一推动者始终作着连续不断的圆周形运动说，他则强调这种运动由于球面（圆形）中心静止，圆周形运动的每一点距离静止中心的相对位置并无距离改变，所以，相对地说，这种运动也可以被看成是静止。既然亚里士多德在自己的自然哲学中探讨自然的运动根源时最终走向了不动的第一推动者，那么，即使他的探讨局限于自然哲学以及自然原因的范围之内，但是，它实际具有了形而上学的存在论的意义。所以，在《物理学》中，他还把不动的第一推动者称之为天，而到了《形而上学》一书之中，他则进一步清除了不动的第一推动者的"自然残余"，逐渐地由不动的第一推动者走向了神圣的上帝。

（三）关于最高的目的的证明

亚里士多德以上从运动的"何所源"探讨了不动的推动者，这种探讨是一种事实探讨，它不涉及关于第一推动者"善否"的价值评价，同时另

---

① ［古希腊］亚里士多德:《物理学》，张竹明译，商务印书馆 1982 年版，第 268 页。

一方面，他又从运动的"何所因"探讨了运动的最高目的问题，这种探讨涉及了第一推动者"善否"的价值评价。在他看来，"何所源"和"何所因"其实是一回事，它们都是"形式因"的不同表现。

根据亚里士多德的观点，运动是质料的现实化。"现实化"是形式赋予质料从而使质料在与形式结合的过程中成为现实的个体事物。这里，形式（现实）既是推动运动的动力，也是质料走向现实的目的。它把动力和目的归于一身，前者表示运动的根源、起点，后者表示运动的目的，终点。在他看来，正如我们可以把从作为更高级的个体事物之质料的低一级的个体事物被赋予新的形式使之不断走向更高一级的个体事物的过程看成是一个由潜能到现实（由质料到形式、由低级的个体事物到高级的个体事物）的不断发展序列一样，我们也可以把这一过程看成是一个由追求低级目的到追求更高目的的不断发展序列；同样，正如从潜能到现实不断发展的序列不可能是一个无穷的序列因而最后必然会有一个不动的第一推动者一样，不断追求更高目的的序列也不可能是一个无穷的序列因而最后也必然会有一个最终的最高目的。

目的就是善，最高目的就是最高的善。根据亚里士多德的理解，目的作为何所因，它是值得"向往"的对象。目的作为"向往"的东西就是"美好的东西"或"善"。亚里士多德认为潜能、质料、个体事物所追求的最高目的是理智、思想"向往"的对象而非感性、欲望所追求的对象。他说："它以这样的方式来运动；像被向往的东西和被思想的东西那样运动而不被运动。……被欲求的东西，只显得美好，被向往的东西，才是最初的真实的美好。"[①] 这就是说，意见的结果是欲求，而思想的结果则是本原，因此它的结果就是那最初的真正的美好。从理智与理智对象的关系来看，"理智被思想对象所运动，只有由存在所构成的系列自身，才是思想对象。而在这个存在的系列中，实体居于首位，实体中单纯而现实的存在者在先（单一和单纯并不相同。单一表示尺度，单纯则表示自身是个什么样子）。而美好的东西，由于自身而被选中的对象，都属于思想对象的

---

① ［古希腊］亚里士多德:《形而上学》，参见苗力田主编:《亚里士多德全集》第七卷，第 277 页。

系列。在一系列中，最初的永远是最好的或者和最好的相类。"①亚里士多德进一步认为，这种最美好的东西就是把秩序给予自然的东西，它作为把秩序给予自然的东西先于自然秩序而存在，就像一支军队先有将领然后才有将领安排的秩序一样。他说，万物都依靠某种秩序安排而存在着某种关联，但是，具体而言，它们又有着不同的秩序，例如鱼类、鸟类、植物。这种情况就像社会、家庭的人和活动至少大部分都有安排一样。但他认为，奴隶们和牲畜们的大部分活动都是未经安排的随意的活动。在总体的秩序安排中，一切都被分解但又对整体有益。因此，在自然中，我们应该研究善和至善在整个自然中的秩序安排。

（四）形式因：动力因与目的因

这种最高的目的究竟是什么呢？不错，它也就是不动的第一推动力。亚里士多德在谈到目的作为最高目的就是"不动的"目的因时，把这种目的因直接与第一推动者统一起来，称它为"天"。他说："……何所为或目的因可以是不运动的东西。'何所为'有对于什么的、有由于什么的。这两种何所为中，一种是不运动的，另一种则不是，它作为一个爱的对象而造成运动，它运动其他能运动的东西。如若某种东西被运动，那就是承认它可能成为其他样子。所以，如若天的现实性是最初的运动，就其被运动而言，是允许变成别样，尽管在地点上，而不是在实体上。既然有某种运动而自身又不被运动的东西存在着，现实地存在着，它不允许变成别样。变化的最初形式是位移，而位移的最初形式是圆周运动，不被运动的东西作着圆周运动。它由于必然而存在，作为必然，是美好，是本原或始点。"②这里，美好的本原或始点就是最高目的。当亚里士多德把第一推动力和最高目的统一起来时，他也在第一实体的意义上把事实与价值、真与善统一了起来。

---

① ［古希腊］亚里士多德：《形而上学》，参见苗力田主编：《亚里士多德全集》第七卷，第277页。

② ［古希腊］亚里士多德：《形而上学》，参见苗力田主编：《亚里士多德全集》第七卷，第278页。

在分析了第一推动者和最高目的的统一之后，需要强调的一个重要问题是：无论是第一推动者还是最高目的，都被看成是永恒因而不变的东西。正如亚里士多德所说："……显然有某种永恒而不运动的实体，独立于可感事物而存在。这种实体没有体积，没有部分，不可分……。此外，它不承受作用，不被改变"。① 这就是说，第一推动者和最高目的作为最初的本原无论自身还是它的偶性都是不被运动的，它们作为最初的不动实体推动了万物的单纯移动，在此之外，还有其他的运动，例如，永恒行星的移动。研究诸星体的实体、运动及其秩序是天文学的任务，它是数学中与哲学相近的一门科学。既然第一推动者和最高目的自身不被推动也不运动，那么亚里士多德为什么要把它们与运动（自我推动、圆周运动）联系起来呢？我们在前文已经作了解释。这里，我们将进一步引用亚里士多德自己的一段解释来作印证。他说：

"尽管有了运动能力或创造能力，如果并不现实地运动或创造，就仍会没有运动。因为具有能力也可能并不去实现。倘若没有内在的某种能使引起变化的本原，就是假设了永恒的实体也无济于事，如那些形式的主张者们。并且既或有了这样的本原也不够，再在形式之外加上另一个实体还不够，除非有了现实活动，才能有运动。进一步说，就是有了现实活动也还不够，如若这种实体是潜能的话，这样的运动不会是永恒的，因为潜在的存在也可能不存在。所以，应该有这样一种本原，其本质即是现实性。这些实体应该是没有质料的，应该是永恒的，如若还有什么永恒的东西的话。所以，它们当然是现实的。"②

根据亚里士多德的这一段话，我们认为，亚里士多德十分清楚柏拉图理念论哲学把理念与个体事物分离开来从而无法说明理念（形式）如何与个体事物的世界联系起来并使之运动的错误；同时，尽管他通过把质料和形式纳入潜能和现实的框架说明了运动的起源，但是，当他为了使从质料

---

① ［古希腊］亚里士多德：《形而上学》，参见苗力田主编：《亚里士多德全集》第七卷，第 279 页。

② ［古希腊］亚里士多德：《形而上学》，参见苗力田主编：《亚里士多德全集》第七卷，第 275 页。

到形式、从潜能到现实，以及从个体事物到新的个体事物的发展序列必须终止于第一推动力和最高目的时，他依然面临一个不动的推动者（最高目的）如何能使最初的运动发生并且一直持续下去的问题。这就是说，他提出不动的推动者（最高目的）固然是为了确定某种第一哲学的最高对象，但是，若是这个最高对象不能说明现实的个体事物世界的运动和持续运动的话，那么，他的哲学目的就不能完成。为此，他必须在肯定了不动的推动者（最高目的）的基础上说明现实的个体事物世界之运动的发源。他采取的方式就是说明第一推动者（最高目的）能够自我推动，并且在自然哲学（物理学）中把它与圆周运动结合起来。自我推动意味着不仅可以不动但也可以随时自我运动，圆周运动也表示着一种不动的永恒运动。所以，他说永恒的事物推动永恒的运动。

亚里士多德不仅认为动力因和形式因作为世界或个体事物的原因乃是同一种原因，而且他还在关于最终的动力因亦即第一推动者和最终的目的因亦即最高目的那里把它们统一了起来。如前所述，在他那里，质料和形式是一对最为基本的世界或个体事物的原因，动力因和目的因只是形式因衍生出来的原因，也就是说，它们只是形式因不同角度的表现。因此，在亚里士多德那里，形式因是动力因和目的因统一的基础，当亚里士多德在最终的意义上把动力因和目的因统一起来时，他实际上也是在最终的意义上把形式因、动力因和目的因统一了起来，也就是说，它实际上是把"纯形式"、"第一推动者"和"最高目的"统一了起来。所以他说："有些人，既不承认善是本原，也不承认恶是本原，尽管在万物之中，善是最高的本原。有些人是正确的，把善当作本原，但没有说它怎样才是本原，是作为目的，或是作为动力，还是作为形式。"[①]这就是说，在他看来，善是最高的本原，这种最高的本原实质上就是形式，并且还作为目的和动力，它是形式、目的和动力的统一。

---

① ［古希腊］亚里士多德：《形而上学》，参见苗力田主编：《亚里士多德全集》第七卷，第286页。

（五）上帝作为最终原因

在宗教中，人们对上帝有各种规定，这些规定最终包含了三种最为主要的规定，即：上帝是全智、全能、全善的规定。其实，宗教关于上帝的这三种最为主要的规定在亚里士多德的最终意义上的"原因"中都得到了体现。形式就是本质，它是"智"的对象；动力就是能力，而目的也就是"善"，所以，形式、动力、目的其实就是"智"、"能"、"善"，当它们作为最终也是最高意义上的形式因、动力因、目的因集中到一个实体之上时，那就意味着这个实体（真正的第一实体）就是"全智"、"全能"、"全善"的实体。亚里士多德对于实体的这种规定既是总结了以往神学思想的结果，也影响到了后来的基督教思想。无论是他所接受的思想还是他将要影响的思想都与宗教相关，所以，他的实体的这些规定也与上帝相关。正因为如此，当他在最终的意义上统一了第一推动力、最高目的以及纯粹形式之后，提出了上帝的存在的问题，从而把上帝当作了世界的最终的原因。

无论是论证不动的第一推动者的存在，还是论证最高目的以及纯粹形式的存在，亚里士多德所采取的论证方式都是在把低级个体事物经由赋予形式发展到高级个体事物的过程看成是由质料到形式的发展过程的情况下，通过拒绝这一过程的无穷性来实现的。这就是说，在他看来，这个过程不可能是一个无穷的过程，在这个过程的低端一定有一种没有任何形式的纯粹质料，而在这个过程的顶点则一定有一种没有任何质料的纯粹形式，它也就是第一推动力和最高目的。不仅如此，他在具体讨论位移的运动时，也通过这种终止"无穷尽性"的论证方式指出了某种在天上运动着的神圣物体的存在。他说："设若是这一移动是为了另一移动，而另一移动又是为了另一移动，而这一系列又不可能陷入无限，那么一切移动将有一个目的，即某种在天上运动着的神圣物体。"[①] 并且，天显然只有一个，就像人是众多的但人在本原的类上或原理上是同一的一样。"凡在数目上是众多的东西都具有质料……。最初的是其所是没有质料，它是种现实

---

① ［古希腊］亚里士多德：《形而上学》，参见苗力田主编：《亚里士多德全集》第七卷，第283页。

能力。所以，不被运动的最初运动者在数目和原理上都是单一的，故永恒的和连续的运动者也只有一个，所以，天只有一个。"①

　　有时我们在亚里士多德那里感觉到上帝就是天，有时他又明确地把上帝与天分开，因为他说"天界和自然就是出于这种本原"②，也就是说，这种本原（上帝）乃是天界和自然的本原。他说：这种本原"……过着我们只能在短暂时间中体验到的最美好的生活，这种生活对它是永恒的（对我们则不可能），它的现实性就是快乐（因此，清醒、感觉、思维是最快乐的，希望和记忆也因此而是快乐）。……如若我们能一刻享到神所永久享到的至福，那就令人受宠若惊了。如若享得多些，那就是更大的惊奇。事情就是如此。神是赋有生命的，生命就是思想的现实活动，神就是现实性，是就其自身的现实性，他的生命是至善和永恒。我们说，神是有生命的、永恒的至善，由于他永远不断地生活着，永恒归于神，这就是神。"③其实，这种上帝就是一种思想、是思想的现实化，它以自身中的至善为思想对象，在它那里，思想和被思想的东西是同一的东西，它是一种最善因而也是最高层次的思想，它在思想对象中实现自己。"这样看来，在理智所具有的东西中，思想的现实活动比对象更为神圣，思辨是最大的快乐，是至高无上的。"④

五、亚里士多德存在论的影响

　　亚里士多德存在论在形而上学史上的最重要的贡献是它明确地确立了形而上学的对象。我们知道，古希腊哲学作为西方社会最早的哲学处于西方哲学发展的童年时期，而形而上学的对象作为标志着世界共同的普遍本

---

　　① ［古希腊］亚里士多德：《形而上学》，参见苗力田主编：《亚里士多德全集》第七卷，第283页。

　　② ［古希腊］亚里士多德：《形而上学》，参见苗力田主编：《亚里士多德全集》第七卷，第278—279页。

　　③ ［古希腊］亚里士多德：《形而上学》，参见苗力田主编：《亚里士多德全集》第七卷，第278—279页。

　　④ ［古希腊］亚里士多德：《形而上学》，参见苗力田主编：《亚里士多德全集》第七卷，第278—279页。

质的对象乃是最为抽象的对象，它就是用来说明世界万物之根源的"一"的存在，通过童年时代的哲学思维抽象水平寻找如此抽象的哲学对象乃是一个艰巨的任务。因此，从自然哲学到亚里士多德哲学，古希腊的哲学家们为了完成这一个艰巨的任务付出了艰苦而漫长的努力。尽管在此过程中绝大多数哲学家都作出了不同的贡献，但是，在亚里士多德之前，巴门尼德、苏格拉底，特别是柏拉图的贡献尤其巨大。巴门尼德首先提出了作为哲学对象的"存在"，它是用来说明世界万物的"一"，它为后来形而上学的"存在"对象作了最早的奠基，但是，他的"存在"带有诸如"滚圆的球"等形象的残留；苏格拉底提出的"定义"倒是消除了巴门尼德之"存在"的形象残留，但是，他的"定义"却仅仅是伦理的"一"而非说明世界万物的"一"；柏拉图的理念应该就是说明世界万物的"一"，不过，他的理念作为说明世界万物的"一"却是众多的"一"，并且他也未能很好地将这些众多的"一"有效的统一和联系起来。在以往所有哲学特别是巴门尼德、苏格拉底和柏拉图哲学贡献的基础上，亚里士多德提出了实体特别是第一实体的概念，这一概念最终确立了形而上学的对象，并为后来的所有形而上学家承认和接受，在形而上学史上产生了巨大的影响。

在寻找形而上学对象的过程中，为了寻找和说明形而上学的对象，亚里士多德提出了一系列重要的概念，除了"实体"这一概念之外，还有诸如质料与形式、潜能与现实等。这些概念后来都发展成为形而上学这一学科的基本概念，并且以这些概念为基础，形成了后来的形而上学家们普遍采用的形而上学的基本原理并且决定着形而上学知识体系的基本特征。因此，亚里士多德的存在论学说像柏拉图的理念论学说一样，为形而上学之学科的创立作出了不可磨灭的贡献。当然，在形而上学的发展史上，亚里士多德和柏拉图所产生的影响却有着不同的方向，此点我们将在后面的章节中予以讨论。

第三章　亚里士多德的认识论

在存在论的基础上，亚里士多德提出了自己的认识论。其实，亚里士多德并未写过专门的认识论著作，他的认识论思想散见在他的《形而上学》、《论灵魂》、《论感觉及其对象》等著作之中。相对来说，《论灵魂》作为他的一本系统地探讨人的灵魂包括思维、感觉等等的心理学专著，比较系统地表达了他的认识论思想。像他的存在论相比于柏拉图的理念论具有更多的经验论倾向一样，他的认识论也较柏拉图的认识论具有更多的经验论倾向。

一、亚里士多德认识论的基础

在探讨亚里士多德的认识论思想之前，我们先分析一下亚里士多德认识论思想的前提，包括了解一下他的涉及认识论的主要著作《论灵魂》的内容，指出他的关于灵魂理论的以往哲学前提，以及他的认识论思想的存在论基础。

(一)《论灵魂》的产生与主题

亚里士多德的《论灵魂》主要是探讨灵魂问题的心理学著作，根据《论灵魂》的译者之一吴寿彭先生的梳理，亚里士多德关于灵魂的研究分为两个时期，从公元前 367 年 17 岁的亚里士多德来到雅典，并在柏拉图学院学习开始，一直到柏拉图逝世，他于公元前 348/7 年（37 岁）离开雅典止，属于第一个时期。他在此期间曾经模仿柏拉图的写作方式撰写了若干篇"对话"，但是，最后都佚失了。"在这些《对话》中，'关于灵魂'的观念，大体承袭着柏拉图《斐多》篇的智慧；灵魂限于人类，不是动物界所通有。灵魂先人身而存在。方人之诞生，把某一个灵魂摄入，而囚禁之于自己肉体之内，终生跟随着身体的物性活动。这些活动是反乎灵魂的'精神'本性的。迨其人死亡，此某灵魂者，乃得脱离物身，而还归于响所来处。灵魂既得返于宇宙，复其自由本性，犹能记忆着人世的烦恼。"①。第一个时期的灵魂思想应该属于亚里士多德早期关于灵魂的思想，它显然深受苏格拉底和柏拉图的影响。此后，进入了他探讨灵魂的第二个时期。在第二个时期中，亚里士多德从公元前 348/7 年离开雅典一直到公元前 335/4 年（49 岁）返回雅典，经历了大量的游历积累了大量的经验资料，这些使他在探讨灵魂以及认识论时像他在探讨存在以及存在论时一样，逐步从柏拉图的理性主义游离出来而更多地走向了经验主义，并往往在经验和理性之间动摇，这种动摇构成了他的《论灵魂》的基本特征。

根据亚里士多德本人的规定，他的《论灵魂》作为一部心理学的著作所研究的内容是灵魂的实质与"是其所是"，包括灵魂是什么亦即它究竟是某个东西或实体还是性质、数量或某一类别的范畴？灵魂是潜在的还是现实的？它有没有部分，以及所有的灵魂是同类的还是不同类的，等等。此外，它还追问："存在着某种可以运用到所有其实质正是我们所希望认识的事物之上的单一方法"吗？若是，我们必须找到。还有，灵魂与躯体的关系，以及在考察灵魂的各部分之前是否应当考察与它们相应的对象。例如，感觉所感觉的东西，思维所思维的东西。在他看来，凡此种种，都表明这里的研究十分困难。但是如前所述，尽管亚里士多德的《论灵魂》是一部心理学的著作，但是，他一开始就把它与求知（认识论）联系了起来（包括灵魂与身体的统一）。这并不奇怪，因为人的认识是人通过自己的感觉、思维对于对象的认识，哲学家们通常都把感觉、思维看成

---

① ［古希腊］亚里士多德：《灵魂论及其他》，吴寿彭译，商务印书馆 1999 年版，译者绪言。

是灵魂的技能，所以，研究灵魂乃是研究认识论的基础。因此，亚里士多德说，在某种意义上说，灵魂就是生命的本原，我们应把研究灵魂的学问放在第一重要的位置之上，理由在于"这门研究似乎对全部真理的认识，特别是对自然的研究大有裨益"[①]，而所有的知识都美好而有价值。

（二）前亚里士多德的灵魂学说

亚里士多德说，有无灵魂的最大区别在于"运动"和"感觉"，在以往的哲学中，哲学家们大都把"运动"或"感觉"看成是灵魂的特点。有些人认为"运动"是灵魂的显著特点，德谟克利特以及留基伯把球形的原子看成是火或热，认为它们也就是灵魂，它们的形状使得它们最容易穿过任何事物，并且由于自身的运动而引起他物的运动。毕达哥拉斯学派更为细致地解释了这种思想，他们或是认为灵魂与空气中的尘埃同一，或是认为灵魂是使尘埃运动的东西，它们自身则能自我运动。阿那克萨哥拉把灵魂与心灵等同起来，认为它是产生运动的东西。还有些人在认识和感觉的意义上来解释灵魂，他们把灵魂看成是事物的本原。其中，有人（例如恩培多克勒）认为这种本原是众多的，强调它由所有的元素所构成，柏拉图在《蒂迈欧篇》中也认为灵魂由元素所构成。此外，还有人则把灵魂同时与运动和感觉（知识）结合起来。泰勒斯认为灵魂像磁铁能使铁运动一样也是能使事物运动的东西，第欧根尼直接认为灵魂是气，而气是本原，它是最完美的事物，正是因为如此，它能进行认识并产生运动。赫拉克利特也曾探讨过灵魂的本原，认为它由热散发，它是无物质的东西并且总是不断地运动变化，而且运动只能通过运动来认识。由于涉及到本原，并且有人把非物质性的东西看成是本原，所以，亚里士多德说："几乎所有的人都用运动、感觉和非物质性这三个特点来假定灵魂。"[②]

以往哲学家关于灵魂的这些主要观点构成了亚里士多德灵魂学说的基

---

① ［古希腊］亚里士多德：《论灵魂》，参见苗力田主编：《亚里士多德全集》第三卷，中国人民大学出版社1992年版，第3页。

② ［古希腊］亚里士多德：《论灵魂》，参见苗力田主编：《亚里士多德全集》第三卷，第12页。

础，在此基础上，他把自己关于灵魂的经验研究和理论分析结合起来，提出了自己在当时来说最为系统的灵魂学说，并为他的认识论提供了主体基础。

二、统一：灵魂与躯体的关系

认识论主要解决的是人（认识的人）与认识对象的统一性问题，它内在地包含了这种统一性在人身上的实现，也就是说，它内在地包含了人的灵魂与躯体的统一问题。其实，无论是在亚里士多德之前的苏格拉底、柏拉图那里，还是在亚里士多德之后的典型形而上学家笛卡尔、斯宾诺莎、莱布尼茨等人那里，灵魂与躯体的统一问题都构成了他们哲学认识理论中的一个十分重要的问题。

（一）灵魂与躯体关系的存在基础

在存在论的意义上，亚里士多德把实体分为质料、形式（形状），以及它们的结合。其中，质料自身并非"这个"，由于形式与其结合质料才成为了"这个"；同时，他还进一步把质料和形式的关系理解成为潜能和现实的关系。其中，质料作为物质性的质料对将要成为的个体事物而言只是潜能，而形式则是使这种潜能成为现实的"这个"的东西。亚里士多德把这种在存在论意义上的质料和形式、潜能和现实的理论看成是他的灵魂学说的基础。在他看来，只有根据实体之质料和形式（潜能和现实）及其关系我们才能正确地找到灵魂的定义。他的具体做法就是把物质躯体和精神灵魂之间的关系理解成为质料和形式的关系，并且认为正是作为精神灵魂的形式使作为物质躯体的质料由潜能转化为现实，从而构成有生命的个体事物。在质料与形式、潜能与现实，以及物质躯体和精神灵魂的结合中，形式、现实，以及精神灵魂起着主导作用，它是生命的本质。所以他说，"'一'和'存在'有许多意义，但主要的是指现实性。"①

---

① ［古希腊］亚里士多德：《论灵魂》，参见苗力田主编：《亚里士多德全集》第三卷，第31页。

在以上理论的基础上，亚里士多德认为，在自然物体之中，除了无生命的物体外就是有生命的物体，亦即有自己摄取营养、造成生灭变化能力的物体。所有的有生命的自然物体都有躯体实体，"它是这样的躯体，即具有生命的躯体，但躯体并不是灵魂。躯体并不隶属于某个主体，它自身即是主体和质料。所以，灵魂，作为潜在地具有生命的自然躯体的形式，必然是实体，这种实体就是现实性。灵魂就是这一类躯体的现实性。"① 显然，亚里士多德这里把躯体看成是质料，认为这种质料或实体作为生命仅仅是潜在的生命，只有形式才能通过与躯体的结合把这种潜在的生命变成现实的生命，它把这种形式或实体看成是一种现实性，认为它就是灵魂。他说："所以，灵魂就是潜在具有生命的自然躯体的第一现实性"②；他还说道："灵魂是在原理意义上的实体，它是这样的躯体是其所是的本质"③。并且，亚里士多德说此处的现实性也有两层含义，其一类似于知识，其二类似于思辨。他说："类似于知识这层意义十分显然；因为灵魂的存在乃是睡眠和觉醒的前提，觉醒又如思辨，而睡眠则如同具有知识而不运用。"④ 此外，亚里士多德指出，灵魂存在于其中的躯体具有器官，所以，"如果必须要说出灵魂所共同的东西，那就是拥有器官的自然躯体的第一现实性。"⑤

（二）自然生命体的灵魂与躯体

探讨自然生命体（包括人体）的灵魂与躯体的关系，关键是要探讨灵魂的存在以及它与躯体的关系。在亚里士多德看来，灵魂是生命体的一种

---

① ［古希腊］亚里士多德：《论灵魂》，参见苗力田主编：《亚里士多德全集》第三卷，第 30 页。
② ［古希腊］亚里士多德：《论灵魂》，参见苗力田主编：《亚里士多德全集》第三卷，第 31 页。
③ ［古希腊］亚里士多德：《论灵魂》，参见苗力田主编：《亚里士多德全集》第三卷，第 31 页。
④ ［古希腊］亚里士多德：《论灵魂》，参见苗力田主编：《亚里士多德全集》第三卷，第 31 页。
⑤ ［古希腊］亚里士多德：《论灵魂》，参见苗力田主编：《亚里士多德全集》第三卷，第 31 页。

能力，只要有生命的东西就有灵魂，所有的生命体（包含植物）都有灵魂能力，其中，高一类的生命体的灵魂的能力以低一级的生命体的灵魂能力为基础，所以，高一级生命体的灵魂能力都包含了低一级的生命体的灵魂能力，但是，低一级的生命体的灵魂能力却并不能包含那些属于高一级的生命体的灵魂特有的能力，高一级的生命体之所以是高一级的生命体恰恰在于它拥有比它低的生命体所不具有的灵魂能力。根据亚里士多德对于灵魂（能力）的这种基本认识，我们来分析亚里士多德关于自然的生命体的灵魂以及躯体与灵魂相互关系的看法。

第一，我们来探讨亚里士多德关于自然生命体的灵魂的理解。

为了探讨自然生命体的躯体与灵魂，亚里士多德首先把无生命体排除出去，而仅仅探讨有生命的物体（生命体、生物）。在他看来，生命一词具有多种意义，只要以下条件存在，我们就可以说此一事物具有生命，即：理智、感觉，或者摄取营养的能力以及生成与灭亡等等。就此而言，不仅动物，而且一切植物似乎都有生命，因为它们也都既生长又死亡，只要它们能够得到食物，就能吸收营养继续生存。因此，在最低的或底线的意义上，亚里士多德把摄取营养看成是本原或灵魂，认为它使一切生物具有生命。他说："营养能力……指植物分有的那部分灵魂"①。

由于高级生命体包含了低级生命体的灵魂，所以，摄取营养的能力为一切生命体所拥有。但是，由于更高一级的生命体之所以是更高一级的生命体乃是因为它包含了低于它的生命体所不具有的灵魂能力，所以，在亚里士多德那里，动物作为更高一级的生命体就是因为动物具有更高的灵魂能力，那就是动物的感觉，动物因为有感觉而被看成是动物。当然，动物内部也有高级和低级的区分。亚里士多德说，动物的那种最先的最为本质的特征（无论是共同的还的独特的）"显然是那些既属于灵魂又属于肉体的特征，诸如感觉、记忆、情感、欲念以及一般的欲望，此外还有快乐和痛苦；因为这一切属于几乎所有的动物。除此之外，还有一些特征，为所有享

---

① ［古希腊］亚里士多德:《论灵魂》，参见苗力田主编:《亚里士多德全集》第三卷，第33页。

有生命的事物所共有，另外一些，则只为某些动物所特有。"① 所以，在动物内部中，不同的动物也有不同的灵魂能力，那种最低级的动物所具有的并且也为所有动物所包含的灵魂能力就是触觉。所以亚里士多德说："一切动物都具备的基本感觉是触觉；正如摄取营养的能力可以脱离触觉和其他感觉一样，触觉也能脱离躯体感觉而存在。"② 因此，在不同的动物之中，有些动物拥有全部能力，有些动物拥有部分能力，还有些动物则拥有一种能力；有些动物拥有全部感觉，有些动物拥有部分感觉，还有些动物则拥有一种感觉（亦即触觉）。正是这些不同的能力（灵魂）造成了动物的内部区别。

尽管更高级的生命体因其更高级的灵魂能力而使其成为更高级的生命体，但是，它却不能没有所有低于它的生命体的基本灵魂作为基础。"感觉包含了营养能力。……如果没有营养能力，那么感觉能力就不复存在了，……此外，如果没有触觉，其他感觉就不可能存在，但是如果没有其他感觉，触觉却仍可以存在。"③ 根据这种理解，灵魂就是一种能力的本原，它由低到高包含了各种各样的形式，例如营养能力、触觉能力、感觉能力、思维能力等等。尽管亚里士多德十分自信地把灵魂解释成为营养能力、触觉能力、感觉能力、思维能力等等，但是，他还是很谨慎地认为，"对于理智的论述还须另作说明"④，因为"……极少的生物具有推理和思维能力。"⑤ 他说："……对理智和思辨能力我们还一无所知，它似乎是另一类不同的灵魂，其区别有如永恒事物之于生灭事物，只有它是可分离的。"⑥ 灵魂的一切其他部分显然不能分离。

---

① ［古希腊］亚里士多德：《论灵魂》，参见苗力田主编：《亚里士多德全集》第三卷，第 97 页。

② ［古希腊］亚里士多德：《论灵魂》，参见苗力田主编：《亚里士多德全集》第三卷，第 33 页。

③ ［古希腊］亚里士多德：《论灵魂》，参见苗力田主编：《亚里士多德全集》第三卷，第 37 页。

④ ［古希腊］亚里士多德：《论灵魂》，参见苗力田主编：《亚里士多德全集》第三卷，第 37 页。

⑤ ［古希腊］亚里士多德：《论灵魂》，参见苗力田主编：《亚里士多德全集》第三卷，第 37 页。

⑥ ［古希腊］亚里士多德：《论灵魂》，参见苗力田主编：《亚里士多德全集》第三卷，第 34 页。

　　既然自然生命体之躯体与灵魂的关系是质料和形式的关系，那么，灵魂作为形式也应该是实体。如前所述，在亚里士多德那里，实体有各种各样的形式，在每一种形式中也有各种各样的表达方式，例如，他曾用诸如形式、是其所是、原理、定义等等来表达形式实体。但是尽管如此，在他那里，除了个体事物之外，实体主要就是质料和形式两种形式，他说："……实体具有两方面的意义，或者作为不用述说他物的终极载体；或者是作为可分离的整个而存在，每一事物的形状或形式便具有这种性质。"①这种情况若是落实到自然生命体（生物）这种个体事物时，灵魂就是实体。所以，亚里士多德曾说：实体"……是指内在于不述说主体的东西之中，是它们存在原因的东西，例如灵魂对于动物。"②

　　第二，我们来探讨亚里士多德关于自然生命体的灵魂与躯体关系的理解。在自然的生命体的灵魂与躯体的关系问题上，亚里士多德表达了两个方面的观点。

　　首先，灵魂不能离开躯体而存在。亚里士多德认为，"在多数情况下，无论是主动的还是被动的属性似乎都不能脱离躯体而存在，例如忿怒、勇敢、欲望以及一般的感觉。"③他把除"思维"之外的一切灵魂都看成是不能离开躯体而存在的东西，认为"灵魂的所有属性似乎都和躯体相联结，忿怒、温和、恐惧、怜悯、勇敢、喜悦，还有友爱和憎恨；当这些现象出现时躯体就受影响。"④

　　其次，灵魂应该比躯体更加重要。在强调灵魂（除思维外）不可能离开躯体而存在的同时，亚里士多德又认为形式乃是让生命成为生命（让某一事物成为某一事物）的东西，因此，它比躯体更为重要。正如在质料和

---

　　① ［古希腊］亚里士多德：《形而上学》，参见苗力田主编：《亚里士多德全集》第七卷，第123页。

　　② ［古希腊］亚里士多德：《形而上学》，参见苗力田主编：《亚里士多德全集》第七卷，第122—123页。

　　③ ［古希腊］亚里士多德：《论灵魂》，参见苗力田主编：《亚里士多德全集》第三卷，第5页。

　　④ ［古希腊］亚里士多德：《论灵魂》，参见苗力田主编：《亚里士多德全集》第三卷，第6页。

形式以及潜能与现实的关系中形式和现实起着主导作用一样，亚里士多德认为在自然的生命体的灵魂与躯体的关系中，作为形式和现实的灵魂起着主导的作用，它是生命的本质。所以他说："灵魂乃是生命的躯体的原因和本原。"①"灵魂在最首要的意义上乃是我们赖以生存、赖以感觉和思维的东西，所以，灵魂是定义或形式，而非质料或载体。""……躯体并不是灵魂的现实，相反，灵魂是躯体的现实。"②亚里士多德反复强调了灵魂的在先性。他说，在组合物毁灭后，"那原理分解后所归的部分总是部分地，或全部地先在着。"③就像圆作为整体要先于作为部分的半圆因而半圆要借助圆来下定义那样。"所以，那些作为质料的部分，那些事物毁灭了又归于它们的质料，是在后的。而那些原理的部分，理性实体的部分，是在先的，或者是全部，或者是某一些。"④"动物的灵魂（即有生命东西的实体），就是理性实体，是形式，是特定身体的是其所是。（如若给身体的部分下一个合适的定义，就不能离开功能；如果离开感觉，功能也就无所依存。）所以灵魂的部分，或者全部，或者部分，对整个生物是先在的，每一个别也都是如此。身体和身体的部分后于这种实体，只有组合物才能分解为这些作为质料的部分，实体却不能。这些部分，有时是先于组合物而存在，有时则不是，因为它们不能离开整体而存在。"⑤除此之外，他还曾用眼睛之所以是眼睛来说明这一道理。他说："我们还必须研究有关躯体的各个部分。如若眼睛是生物，那么视觉就是它的灵魂，因为视觉就是眼睛在定义意义上的实体。眼睛是视觉的质料，如果视力消失了，那么眼睛也就不复存在了，除非是在名称上相同的眼睛，如雕像和图画上的眼

---

① ［古希腊］亚里士多德:《论灵魂》, 参见苗力田主编:《亚里士多德全集》第三卷, 第39页。

② ［古希腊］亚里士多德:《论灵魂》, 参见苗力田主编:《亚里士多德全集》第三卷, 第35页。

③ ［古希腊］亚里士多德:《形而上学》, 参见苗力田主编:《亚里士多德全集》第七卷, 第171页。

④ ［古希腊］亚里士多德:《形而上学》, 参见苗力田主编:《亚里士多德全集》第七卷, 第172页。

⑤ ［古希腊］亚里士多德:《形而上学》, 参见苗力田主编:《亚里士多德全集》第七卷, 第172页。

睛。"① 这就是说："……'如果眼睛是一个动物，那么，它的视力就是灵魂：因为这是眼睛的实体；因为眼睛的实体符合这种描述。但是，眼睛是视力的质料，如果失去了视力，除了在同名的意义之外，眼睛就不再是眼睛了……'""这意味着这样的结论：灵魂是物体的本质，如果灵魂从物体中移去，它仅仅是一个同名而不是这个物体了。"②

总之，亚里士多德的观点在于：一方面，躯体和灵魂并不可分，灵魂寓于躯体之中。"……灵魂和躯体是不能分离的，如果灵魂具有部分，那么灵魂的部分也是不能和躯体分离的。"③ 灵魂不是躯体，但是它"依存于躯体，因此灵魂寓于躯体之中。存在于某一个别躯体之中；而不像前人所说的那样，把灵魂硬塞进任一躯体之中，而不论是什么东西的躯体或什么性质的躯体。"④ 另一方面，在躯体与灵魂的关系中，对于自然的生命体成为生命体（生物）而言，形式起着主导作用，它是自然生命体（生物）的本质。毫无疑问，亚里士多德这里关于自然生命体之躯体与灵魂关系的观点大致符合事实。

在他看来，灵魂作为躯体（生命）的原因可以表现在三种意义上，"它是躯体运动的始点，是躯体的目的，是一切拥有灵魂的躯体的实体。"⑤ 首先，灵魂是实体意义上的原因。实体是一切事物存在的原因，当然也是生物或生命体存在的原因。其次，"灵魂显然也是在目的意义上的原因，因为自然的活动也像有理智一样，它的一切活动总是为了某一目的的，自然也以此为目的，灵魂合乎自然地为生物提供了这样的目的，所有的自然躯体也是灵魂的工具。动物的躯体就是为其灵魂而存在，植物的

———

　　① ［古希腊］亚里士多德：《论灵魂》，参见苗力田主编：《亚里士多德全集》第三卷，第 32 页。

　　② Fred D Miller Jr, *Aristotle's philosophy of Soul*, The Review of Metaphysics, Dec 1999;53,2, p. 313.

　　③ ［古希腊］亚里士多德：《论灵魂》，参见苗力田主编：《亚里士多德全集》第三卷，第 32 页。

　　④ ［古希腊］亚里士多德：《论灵魂》，参见苗力田主编：《亚里士多德全集》第三卷，第 35 页。

　　⑤ ［古希腊］亚里士多德：《论灵魂》，参见苗力田主编：《亚里士多德全集》第三卷，第 39 页。

躯体也是这样。"①同时，就躯体作为工具而言，它们又构成了生命的质料因。最后，灵魂也是位移的最初始点。不过，这种能力并不为所有生物所具有。这里，亚里士多德其实也指出了这样一个事实：灵魂作为躯体及其生命的主导，构成了躯体及其生命的本质，它既是本质因（灵魂是实体意义上的原因），也是目的因（灵魂是目的意义上的原因），还是动力因（灵魂是位移的最初始点），正是这些原因表明灵魂是躯体和生命的主导。此外，躯体作为灵魂的工具则构成了整个生命体的一个原因亦即质料因，它虽然不是主导原因，但却与作为灵魂的三种原因一道构成了自然的生命体的完整的四种原因。

（三）人类的灵魂与躯体

亚里士多德认为，人类的灵魂与躯体及其关系既包含在自然生命体（生物）之灵魂与躯体及其关系的范围内，又超越它们之关系的范围外。人类的灵魂与躯体及其关系问题之所以出现了超越"它们之关系的范围外"的情形，乃是因为人类灵魂具有区别于其他所有自然生命体（生物）灵魂的特殊性。这种特殊性就在于唯有人的灵魂才有思维、理智。亚里士多德认为人不仅像动物一样具有感觉而且作为人更具有思维。他说："思维……不属于没有理性的动物"②。这就是说，只有人才有理性，并且只有有理性的人才具有思想或说思维，因此，思想或说思维为人所特有。这就是说，人的灵魂之所以是人的灵魂，就在于它具有思维和理智。因此，思维和理智也是人的灵魂区别于动物乃至植物灵魂的关键所在，也是人的生命体区别于其他一切生命体的关键所在。

既然人的灵魂的特殊之处在于它包含了思维和理智，那么，这一特殊性是否也体现在了人的灵魂与躯体的关系中呢？亚里士多德在谈到自然的生命体（生物）的灵魂存在于躯体之中因而不能离开躯体的时候，他又

① ［古希腊］亚里士多德：《论灵魂》，参见苗力田主编：《亚里士多德全集》第三卷，第39页。
② ［古希腊］亚里士多德：《论灵魂》，参见苗力田主编：《亚里士多德全集》第三卷，第72页。

说道:"思维有可能例外,但如若它也是一种想象,或者至少它依赖想象,那么它也不能脱离躯体而存在。如果灵魂的功能或属性中有某种独特的东西,它就能与躯体脱离而存在,但如若对灵魂来说并没有什么独特的东西,那它就不能脱离躯体而存在。"① 根据他的这种表述,我们可以推测:在他那里,纯粹的思维、理智(那种既不是想象也不依赖于想象的思维、理智)或许不能、但或许也能离开躯体而存在。关于亚里士多德的这一思想,我们将在后面具体讨论亚里士多德的认识论思想时再来论述。

三、认识:主体与对象的关系

(一)灵魂的诸种认识功能

在探讨亚里士多德关于诸种认识功能的思想时,我们既要注意他的相关思想的模糊矛盾之处,也要注意从这些模糊矛盾之中发现他想表达的基本思想。例如,在他那里,"意见"有时被包含在"思想"之中,特别是包含在属于"思想"的"判断"之中,因为他认为意见伴随着相信,相信伴随着信念,信念又伴有理性,有时他却又明确地表示意见与感觉相关。但是,根据他的总体论述我们还是可以发现,"意见"主要还是一种思想和感觉之间的认识功能。再如,他在说"感觉"时多次明确地说感觉总是真的,但又曾明确地强调感觉不仅在感觉偶性时和共同属性(这种属性伴随特殊事物所从属的偶性亦即运动、广延)时容易发生错误,而且即使在感觉特殊对象时也会发生细微的错误。但是,根据他的总体论述我们依然可以发现,他的基本意思在于人类对于特殊事物的感觉通常都是真的。为了讨论的清晰,我们在后面的讨论中一般根据他的基本思想分析他关于认识的诸种功能的思想。

在认识功能的讨论中,亚里士多德把感觉和思想(思维)作为重点。首先,亚里士多德把区别感觉与思想作为自己的一项重要任务。他说:

---

① 〔古希腊〕亚里士多德:《论灵魂》,参见苗力田主编:《亚里士多德全集》第三卷,第5页。

"确定灵魂最不一般的特征有两点，即位移和思维、判断、知觉。"① 有些人认为思考、思维与某种感觉相似，例如恩培多克勒、荷马都认为思维和感觉一样是肉体的某种功能，但这并不正确。根据他的看法，"很显然，感觉和思考并不同一；因为所有动物都分有前者，但只有极少数动物分有后者。而且，思维也和感觉不同，它包含了正确和不正确，'正确'属于理智、知识以及真实的意见，'不正确'则属于它们的对立面，所以它和感觉是不同的。"②

其次，就感觉来说，亚里士多德认为感觉是感觉器官的功能，它与作为躯体的感觉器官混在一起而不能分离。他肯定了人的感觉灵魂的重要性。因此，亚里士多德具体讨论了五种感觉。例如，就视觉说，可见的东西或者是颜色，或者是那可以用语言说明但实际上并没有名称的东西。就可见的东西主要是颜色说，"颜色乃是在本性意义上的可见物……。所有的颜色都能致使现实的透明物运动，这是它自身的本性。"③ 既然如此，"光"的作用便具有举足轻重的地位。若是没有"光"，那就不可能看见颜色。所以，亚里士多德说："光就是透明本身的现实。"④"……没有光线就不可能有颜色。光是颜色的本质和致使现实的透明物运动的东西，光是透明物的完全现实性。"⑤ 当然，也有一些东西无法在光线中被看见反倒可以在黑暗中被感觉到，例如真菌就是如此，它们中没有任何被看见的东西是它们自己特有的颜色。

再次，就思维说，亚里士多德认为思维是人的心灵的产物。正如感官是感觉的主体一样，心灵则是思维的主体。亚里士多德说：灵魂中的被称

---

① ［古希腊］亚里士多德:《论灵魂》，参见苗力田主编:《亚里士多德全集》第三卷，第71页。

② ［古希腊］亚里士多德:《论灵魂》，参见苗力田主编:《亚里士多德全集》第三卷，第71页。

③ ［古希腊］亚里士多德:《论灵魂》，参见苗力田主编:《亚里士多德全集》第三卷，第46页。

④ ［古希腊］亚里士多德:《论灵魂》，参见苗力田主编:《亚里士多德全集》第三卷，第46页。

⑤ ［古希腊］亚里士多德:《论灵魂》，参见苗力田主编:《亚里士多德全集》第三卷，第47—48页。

为心灵的部分，专指"灵魂用来进行思维和判断的部分"①。那么，心灵究竟是什么呢？它和感觉器官有什么区别呢？依亚里士多德的解释，心灵与感官不同，感官作为感觉的主体具有感觉器官因而与躯体不可分离，心灵作为思维的主体则并不具有什么心灵器官因而与躯体可以分离。这种情况造成了感觉能力的麻痹和思维能力的麻痹存在着不同的情况：感觉在过于强烈的感觉对象的刺激下就不能感知，就像轰鸣过后耳朵听不到声音、过分强烈的颜色和气味的刺激之下眼睛和鼻子不能立刻看到或闻到一样；但是，"心灵在思维了某一强烈的对象后，不仅不能减少思维细微事物的能力，而且还会加强这种能力"②。由于心灵并不具有什么器官，并且也不和躯体混在一起，所以，"认为它和躯体混合在一起是不合理的；如果是那样，它就会变成某种性质"③。若是心灵不和躯体混在一起并且没有器官，那它以什么方式存在并且又存在于何处呢？亚里士多德说："认为灵魂是形式的居所是不无道理的，但这并不适用于整个灵魂而只适用于思维能力，这些形式只是潜在的而不是现实的"④。这似乎意味着心灵就是灵魂中的潜在的形式。在亚里士多德看来，作为潜在的形式，心灵"在没有思维时就没有现实的存在"⑤。亚里士多德的这种观点不禁使我们想起了西方近代康德哲学的认识论，因为康德也把心灵或认识主体看成是形式（亦即他所谓的"先天认识形式"）的所在地，并且若不在现实的认识活动之中，它就没有现实的存在。

此外，除了灵魂的感觉和思想之外，亚里士多德还专门讨论了想象的问题。关于想象，根据亚里士多德的表述，它在亚里士多德的灵魂能力中

---

① ［古希腊］亚里士多德：《论灵魂》，参见苗力田主编：《亚里士多德全集》第三卷，第75页。

② ［古希腊］亚里士多德：《论灵魂》，参见苗力田主编：《亚里士多德全集》第三卷，第76页。

③ ［古希腊］亚里士多德：《论灵魂》，参见苗力田主编：《亚里士多德全集》第三卷，第75—76页。

④ ［古希腊］亚里士多德：《论灵魂》，参见苗力田主编：《亚里士多德全集》第三卷，第76页。

⑤ ［古希腊］亚里士多德：《论灵魂》，参见苗力田主编：《亚里士多德全集》第三卷，第75页。

究竟处于何种地位似乎不是十分清晰。他曾说思想由判断和想象构成，就此而言，他似乎把想象纳入到了思想的范围，但是他又明确指出想象与思想并不相同。既然如此，那么想象可以纳入到感觉的范围吗？然而他又强调："想象不是感觉，感觉或者是潜在的或者是现实的，例如，视觉和看，但即使这一切都不存在想象也仍然能够发生，就像在睡眠中所梦见的事物那样。"① 所有的感觉都是真的，动物都有感觉，但是，想象却未必都真，并且，有些动物例如蚂蚁、蜜蜂都有感觉但是并无想象。因此，在他那里，想象或许更像是感觉和思想之间的某种东西。亚里士多德曾把想象区分为两种，既：感觉的想象和思虑的想象。他的这一区分一面把想象与动物相联而另一面把想象与人的计算相联，从而更加表明在他那里想象是介乎感觉和思想之间的某种东西。他说："感觉的想象在所有动物中都可以找到，但思虑的想象只存在于能计算的动物中；因为决定一个人是做这个还是那个，这要求诸计算能力，人们必须依据某单一标准进行度量，因为人们总是追求更大的善。这意味着将多个影响合二为一的能力，人们认为想象不含有意见，其原因也就在此，因为它并不包含根源于推论的意见，虽然意见包含了想象，所以欲望不具有思虑能力。"② 当然，在亚里士多德看来，想象的形成最终还是不能离开感觉，它必须要以感觉为基础。他说："想象是相对于直接感觉所形成的意见"，"没有感觉想象就不可能发生"③。感觉的活动能够引起各种各样的运动，想象便是其中的运动之一。就此而言，想象或许更接近感觉。所以他又说道："由于想象存在于我们身上，并类似于感觉，动物在多数情况下就是按照想象而行动。"④ 亚里士多德还进一步指出了想象的实际作用，他说，当我们在想象中形成某一可怕、恐怖或鼓励勇气的意见时，我们便会立即受到影响。

---

① ［古希腊］亚里士多德：《论灵魂》，参见苗力田主编：《亚里士多德全集》第三卷，第72—73页。

② ［古希腊］亚里士多德：《论灵魂》，参见苗力田主编：《亚里士多德全集》第三卷，第88—89页。

③ ［古希腊］亚里士多德：《论灵魂》，参见苗力田主编：《亚里士多德全集》第三卷，第72页。

④ ［古希腊］亚里士多德：《论灵魂》，参见苗力田主编：《亚里士多德全集》第三卷，第75页。

(二) 人对对象的经验倾向的认识

我们将从以下几个方面来讨论亚里士多德关于人对对象的经验倾向的认识论理论。

第一，认识能力与认识对象。在认识论上，亚里士多德强调了认识对象的重要性。在他看来，要想了解灵魂的能力，除了理解这些能力自身之外，还应该进一步理解这些能力的对象。在他看来，若要了解灵魂的能力就应该清楚灵魂的每一种能力是什么，例如营养能力、感觉能力和思维能力各是什么；不仅如此，同时也应该思考与这些能力相关的对象，对这些对象加以规定，包括对营养的对象、感觉的对象和思维的对象加以规定。例如，"首先要说的是食物和生殖，因为营养灵魂寓于一切其他能力之中。它是灵魂最初的，最为共同所有的能力，一切生物靠了它而具有生命。"① 亚里士多德在就感觉的共同性讨论了所有的感觉之后说："这里有一个疑问，即，我们为什么感觉不到感觉自身，如果没有外部对象，为什么就不能产生感觉……。显然，感觉能力并非现实地存在着。就像燃料一样，如果没有某种东西把它点着，它自身是不会燃烧起来的；否则，即使没有现实的火种，它自身也会燃烧起来。"② 因此，在他看来，"感觉有赖于被运动和承受作用"③。

第二，感性认识。在感觉与感觉对象的关系上，亚里士多德正确地指出，感觉能力之所以不能离开感觉对象，"这是因为现实的感觉是个别的，而知识则是一般的。在某种意义上，一般即存在于灵魂自身之中。这就是人们只要愿意便能随时思维的原因，而感觉是不能随自己意愿的；它必须要受到感觉对象的启动。"④ 在感觉能力不能离开感觉对象的基础上，

① ［古希腊］亚里士多德:《论灵魂》，参见苗力田主编:《亚里士多德全集》第三卷，第38页。

② ［古希腊］亚里士多德:《论灵魂》，参见苗力田主编:《亚里士多德全集》第三卷，第42—43页。

③ ［古希腊］亚里士多德:《论灵魂》，参见苗力田主编:《亚里士多德全集》第三卷，第42页。

④ ［古希腊］亚里士多德:《论灵魂》，参见苗力田主编:《亚里士多德全集》第三卷，第44页。

亚里士多德进一步为感觉对象分了类，他说：各种感觉对象分为三类：一类指在本性的意义上被我们所感觉，另外一类指在偶性的意义上被我们所感觉；并且，在本性的意义上被我们所感觉的感觉对象中，可以进一步分为两类，即或为全部感觉所共有，或为各种不同的感觉所特有。这里，各种感觉共有的对象意味着那些被所有感觉或多种感觉共有的对象，例如运动、静止、数目、形态、广延等等；而各种不同的感觉所特有的对象则意味着"它并非由任意的感官所感觉，而且不能张冠李戴，例如，视觉与颜色，听觉与声音，味觉与口味等各自相关。"①

感性认识就是以感觉为基础的对于外界的感性对象（事物）的认识，它也表现为一种向外看的认识。感觉以外界的感性事物为对象，实际上是以实体中的可感的形式为对象。感官是能撇开事物的质料而接纳其可感觉的形式的能力，由于外界的客观感性世界是真实存在的世界，所以，来自人的肉体眼睛的"向外看"便是感性认识的主要基础，而感觉则成了感性认识的起源，只有有了感觉，我们才有记忆和回忆，才能有快乐与不快的感受，以及欲望；但是感觉并不是人所特有的能力，动物同样也有感觉和记忆，换句话说，感觉不能使人超越感性事物把握事物的本质（一般形式），它只能产生意见，而不能产生抽象的理论知识亦即普遍的知识，所以，认识必须"超越"感性世界和感性认识，依靠理性把握事物的本质（形式）。在认识超越感性世界和感性认识之后，心灵就开始发挥思维的作用，它借助于思维和判断来把握一般的形式。

第三，理性认识。理性的认识就是以心灵为基础的对于事物的一般形式的认识，它在亚里士多德那里显示的情形有些复杂。在思维对象的问题上，亚里士多德专门讨论了思维的对象作为抽象的一般形式是否寓于现实中的具体对象之中的问题。在他看来，尽管思维所思维的对象是一般形式，但是，它们也不可能离开感觉对象。他说："显然没有任何事物能够脱离感性的广延而分离存在，思想对象，所谓的抽象对象，感性事物的状态和属性，均存在于感性对象的形式之中。因此，离开了感觉我们既不可

---

① ［古希腊］亚里士多德：《论灵魂》，参见苗力田主编：《亚里士多德全集》第三卷，第45页。

能学习也不可能理解任何事物，甚至在我们沉思时，我们也一定是在沉思着某种影像。因为影像除了无质料外，其余都类似于感觉对象。"①"……如果没有感觉，灵魂就无法更好地思维，肉体就无法更好的存在"②。为了说明这一道理，他进一步说："心灵思维抽象对象就仿佛一个人思想'塌鼻'一样，作为'塌鼻的'，离开了肌肉就无法思维它……。"③显然，他在这里认为思维的对象作为抽象的一般形式并不能离开现实中的具体对象。但是，尽管如此，人们在思维具体对象中的一般形式时却可以将其设想成为可以脱离现实中的具体对象的东西，例如"当心灵思维数学对象时，它把它们设想为分离的，尽管它们并不能分离存在"④。其次，亚里士多德讨论了心灵如何思维它的对象的问题。在他的论述中，提到了心灵思维对象的诸多方式和手段，例如，想象、影像、概念、判断等等，其中，他还特别分析了影像和概念。他说："……思维能力以影像的方式来思维形式，就像感觉领域的情况一样，被追求和被回避的东西因为它而被限定，在没有感觉的情况下也是如此，一旦影像占有了它，它就会被驱动，例如感觉到了一缕烟，就会意识到那是烽火；看到它在移动，就会意识到有敌人。"⑤除了影像之外，概念是思维的一个基本因素，因此，亚里士多德进一步谈到影像与概念的关系。他说："……影像还不同于肯定与否定；因为真理和谬误产生于概念的联结。最简单的概念又与影像有什么不同呢？无疑，无论是这些概念还是其他概念都不是影像，但是离开了影像，它们就无从发生。"⑥亚里士多德的意思在于：概念的产生基于影像，但是，

---

① 〔古希腊〕亚里士多德：《论灵魂》，参见苗力田主编：《亚里士多德全集》第三卷，第83页。

② 〔古希腊〕亚里士多德：《论灵魂》，参见苗力田主编：《亚里士多德全集》第三卷，第90页。

③ 〔古希腊〕亚里士多德：《论灵魂》，参见苗力田主编：《亚里士多德全集》第三卷，第82页。

④ 〔古希腊〕亚里士多德：《论灵魂》，参见苗力田主编：《亚里士多德全集》第三卷，第82页。

⑤ 〔古希腊〕亚里士多德：《论灵魂》，参见苗力田主编：《亚里士多德全集》第三卷，第82页。

⑥ 〔古希腊〕亚里士多德：《论灵魂》，参见苗力田主编：《亚里士多德全集》第三卷，第83—84页。

它却比影像更为高级，只有概念之间的连接才有可能导向真理（知识），当然，也可能导向谬误。

第四，经验与技术。在讨论感觉和思维相互关系的同时亚里士多德还专门讨论了经验和技术的关系，在某种意义上说，他的这一讨论是他哲学中的感觉和思维相互关系的一个补充。亚里士多德认为，人们通过经验得到科学与技术。尽管对实际生活来说，经验与技术并没有区别，可实际上经验与技术依然有着一定的区别，"其原因在于经验只知道特殊，技术才知道普遍"①。这里，亚里士多德把经验看成是区别于普遍知识的一个因素，但它要高于感觉并因此更接近于技术（乃至科学和推理）。因为他认为经验主要是人的经验，动物生来自然具有感觉，甚至有些从感觉得到了记忆从而具有学习的能力，但是，"那些靠表象和记忆生活的动物，很少分有经验，唯有人类才凭技术和推理生活。"②因此，"看来经验大致类似于科学和技术"③。技术，它与科学接近因而更接近于思维，但是它又不是科学故而离经验更近。因此，经验和技术作为分别属于感性领域和思维领域的两个因素，又分别离思维领域和感性领域更近，它们之间的关系既可以被看成是某种意义上的感觉和思维的关系，又可以被看成是感性领域和思维领域的过渡环节。所以，亚里士多德认为，在实际生活中，经验作为更接近于个别的东西比技术更容易成功，理由在于一切生存都与个别相关。但是尽管如此，有技术的人比有经验的人更加智慧，因为它更接近科学，而智慧则伴随着认识，所以认识和技能更多地从属于技术而非经验，它不仅知其然而且知其所以然。在亚里士多德这里，只有智慧、科学、认识才把握一般、普遍，它不是为了实用，对于个别的经验才更有助于实用。所以，在那些人们有闲暇因而不是每日沉溺于生存的地方，才有可能先出现科学、数学、哲学。"……

---

① ［古希腊］亚里士多德：《形而上学》，参见苗力田主编：《亚里士多德全集》第七卷，第28页。

② ［古希腊］亚里士多德：《形而上学》，参见苗力田主编：《亚里士多德全集》第七卷，第27页。

③ ［古希腊］亚里士多德：《形而上学》，参见苗力田主编：《亚里士多德全集》第七卷，第27页。

智慧是关于某些本原和原因的科学。"①

亚里士多德认为，智慧或关于某些本原的科学就是关于离感觉最远的"普遍性"的东西。根据他的解释，我们若说某人是有智慧的人首先是指他尽可能地通晓一切，并且他通晓的知识是普遍而非个别的知识。因此，"只有具有最高层次的普遍知识的人，才必然通晓一切。因为，他以某种方式知道了事物背后的全部依据。""最普遍的东西也是最难知的，因为它离感觉最远。"②因此，那种探求最高普遍性、最初的原因和最可通晓的科学就是最高的科学，它就是智慧。其他的事物都通过这种科学知识或由于他们而被知道，它在诸科学中占有最主导的地位，与其他从属的科学相比，它起着更大的指导作用。这种科学也就是探讨最初本原和原因的思辨科学。

亚里士多德说："现在我们来对灵魂作一个概述性的结论，我们再一次说，在某种意义上灵魂是所有存在着的事物，因为存在物或者是感觉对象，或者是思维对象；在某种意义上知识是可知的事物，感觉就是可以感觉到的事物。"③他的这一段话无非是想表明：一方面，所有的事物都是灵魂能力（特别是灵魂的感觉能力和思维能力）的对象；另一方面，灵魂能力（特别是灵魂的感觉能力和思维能力）也必须以这些事物为对其对象。但要注意的是，根据亚里士多德的理解，灵魂的能力并不直接地与对象自身同一，它们只与这些对象的形式同一。感觉是感觉对象的可感形式，思维则是思维对象的一般的形式。到此为止，亚里士多德基本上像一个离异的形而上学家那样，认为认识应该先从感性认识开始，然后通过感性认识进一步进入到心灵的理性认识，尽管他此处关于理性认识的表述并不十分清晰。

---

① ［古希腊］亚里士多德：《形而上学》，参见苗力田主编：《亚里士多德全集》第七卷，第29页。

② ［古希腊］亚里士多德：《形而上学》，参见苗力田主编：《亚里士多德全集》第七卷，第30页。

③ ［古希腊］亚里士多德：《论灵魂》，参见苗力田主编：《亚里士多德全集》第三卷，第83页。

（三）人对对象的理性倾向的认识

正如在存在论中亚里士多德动摇于一般（形式）与个别（质料以及个体事物）之间最终倒向了一般一样，在认识论中，他也动摇于面对一般的认识（理性倾向）和面对个别的认识（经验倾向）之间最终倒向了关于一般的纯粹形式的认识。

心灵在亚里士多德那里被分成为两种心灵，即：主动的心灵和被动的心灵。他说，主动的心灵是不朽的心灵并且也不承受他物的作用，而被动的心灵则不一样，"被动的心灵是可灭的"①。刚才我们所讨论的亚里士多德所谈到的那种依赖于感性认识的理性认识，其实只是被动的心灵的理性的认识或被动的心灵的思维活动，它更像是一种离异形而上学或唯物主义经验论的认识或活动。一旦他谈到主动的心灵时，他的认识论就完全脱离了离异的形而上学而走向了典型的形而上学，并且完全倒向了苏格拉底和柏拉图的哲学。其实，亚里士多德在谈到被动的心灵思维对象的时候，并没有清晰地表明被动的心灵之思维如何依赖感性认识的问题，甚至不自觉把被动心灵思维对象与主动心灵思维对象混淆了起来，认为心灵是"潜在的形式的所在地"，相信它潜在地已与自己的对象完全一致。据此，他似乎认为感觉仅与感觉的对象相关，心灵则仅仅与心灵的对象相关，它们之间并无实质联系。他以"肉"的知识与"什么是肉"的知识来说明这一观点。他说，肉必然要牵涉质料，我们借感觉机能来识别热和冷，亦即那些按一定比例构成肉的因素；而肉的本质的特性，则是借某种不同的东西来知悉的，这东西或者是完全与感觉机能分开，或者是和它发生这样一种关系，就像一条弯曲的线对同一条线已被弄直之后所发生的关系那样。这样一来，他在通过"超越"感性事物和感性认识方面就已经逐步偏离了离异的形而上学。

我们在前面的讨论中曾说，在亚里士多德那里，感觉感受的是对象的形式，正如他自己所说："……感觉是撇开感觉对象的质料而接受其形式，

---

① ［古希腊］亚里士多德：《论灵魂》，参见苗力田主编：《亚里士多德全集》第三卷，第78页。

正如蜡块，它接受戒指的印迹而撇开铁或金，它所把握的是金或铜的印迹，而不是金或铜本身……。"① 心灵的情形也是一样，它所思维的也是对象的形式，只是它不像感觉那样感受感性对象的形式，而是思维对象的"一般"形式。因此，在某种意义上说，感觉是向外"看"感性对象的形式，心灵是（经由感觉）向外"看"思维对象的一般形式。这里，亚里士多德所说的与感觉对应的心灵属于被动的心灵。但是，即使是在这里，他也强调说，就以一般形式为对象而言，心灵作为形式的潜在地也已与对象同一。他的这一观点实际上隐藏着他关于主动心灵如何认识对象的思想。

主动心灵的独特性在于：它自己潜在地即是思维的对象。亚里士多德认为，由于只有在两个东西具有共同点时其中之一才会分别被看作是作用者和承受作用者，所以，若把心灵看成是单纯的、不承受作用的并且是和其他任何事物毫无共同之处的东西时，它只能以其自身为对象。心灵在思维之前什么都不是，但是，"一旦心灵变成其对象，就像有学问的人一样，即是说他是现实的有学问的人（当他由于自身而实现其能力时这就会发生），在某种意义上它仍然是潜能，但这和学习或研究前的潜能并不相同；它自身能够思维它自身。"② 这就是说，心灵在其思维自身时，虽然在某种意义上还是潜能，但是，由于已经思维了对象（尽管是它自身），它也是某种现实，成了现实的有学问的人。因此，在亚里士多德这里，既然心灵以其自身为对象，所以，思维和被思维者便先天同一。正如他自己所说："相对于心灵来说，……心灵自身就是思维的对象，就像其他思维对象一样。相对于没有质料的东西来说，思维和被思维是同一的；因为思辨知识和这种知识对象也是同一的。"③ 这就是说，心灵潜在地是形式的所在地并且又以形式为认识对象，所以，在心灵中，思维主

---

① ［古希腊］亚里士多德:《论灵魂》，参见苗力田主编:《亚里士多德全集》第三卷，第62页。

② ［古希腊］亚里士多德:《论灵魂》，参见苗力田主编:《亚里士多德全集》第三卷，第76页。

③ ［古希腊］亚里士多德:《论灵魂》，参见苗力田主编:《亚里士多德全集》第三卷，第77—78页。

体和思维对象是一样的东西，前者是一种理智，后者也是一种理智，认识就是作为思维的心灵思维自身，它在某种意义上使潜在的东西走向现实。既然心灵作为思维的主体潜在地就是思维的对象，那么，在主动的心灵的认识中，心灵就不再需要向外看外在的认识对象，它所需要的就是向内看，看它自己！

其实，亚里士多德这里所说的心灵乃是一种神圣不朽的实体。在他看来，在全部事物中像在自然界中一样，一方面存在着某种质料，它潜在地是所有这个种类中的个别事物，另一方面存在着原因（制作者），它造就了一切。它们之间的关系就像是技术与承受作用的质料的关系。"同样的区别也一定存在于灵魂之中。一方面，正是这种心灵，万物被生成，另一方面，心灵造就万物，作为某种状态，它就像光一样；因为在某种意义上，光线使得潜在的颜色变为现实的颜色。"① 同时，亚里士多德在探讨运动的原因时，指出这些原因有些是在先生成的，有些作为原理而同时存在（例如一个人健康了，这时健康也存在），"至于是否有什么东西以后还继续保留着，应加以研究。从某些方面看来倒是如此，例如灵魂就是这样，不是全部，而只是其中的理智，因为全部灵魂似乎是不可能继续保存的。"② 这就是说，在亚里士多德看来，灵魂中的理智部分是不朽的。所以他说："这样的心灵是可分离的、不承受作用的和纯净的，从实体的意义上说它就是现实性。因为作用者永远都比被作用者尊贵，本原比质料更尊贵。……一旦被分离开，它就仅仅是它所是的那个样子，只有这才是不朽的和永恒的，……离开了这种心灵就不可能思维。"③

我们知道，从巴门尼德起，思维与存在先天同一的思想就已作为典型形而上学认识论的一个基本特征提了出来。巴门尼德在思维的基础上认为思维与存在是同一的。苏格拉底认为灵魂自身先天具有作为认识对象的伦

---

① ［古希腊］亚里士多德：《论灵魂》，参见苗力田主编：《亚里士多德全集》第三卷，第 78 页。

② ［古希腊］亚里士多德：《形而上学》，参见苗力田主编：《亚里士多德全集》第七卷，第 271 页。

③ ［古希腊］亚里士多德：《论灵魂》，参见苗力田主编：《亚里士多德全集》第三卷，第 78 页。

理定义，认识就是采用精神助产术让人向内看，发现早已存在于心灵之中因而与心灵已经同一的伦理定义。柏拉图更进一步，他认为心灵是一种理念，它在出生之前就已经在理念世界获得了理念的知识，认识就是作为理念的心灵回忆理念的知识，也就是说，这种认识其实就是一种理念（作为主体的心灵）对另外一种理念（作为对象的理念）的认识，它通过心灵向内看便能实现。现在，亚里士多德在一方面表述了具有经验倾向的认识论的同时，另一方面又表述了带有理性倾向的认识论，他把心灵或理智对于对象的认识看成是心灵对于自己或理智的认识，并且认为它们先天一致，因此，认识也就是心灵向内看的认识。这样一来，他在认识论上就倒向了典型形而上学的认识论，或说倒向了唯心主义的唯理论。

四、实践：主体与对象的关系

除了把心灵区分为主动心灵和被动心灵之外，亚里士多德还进一步把心灵区分为思辨的心灵和实践的心灵。他在探讨人类灵魂能够产生运动根源时说，"……这两者，即欲望和心灵，似乎是运动的原因，……能产生位置运动。"①他在这里认为人类灵魂之所以能够造成人的运动、行动，主要是由于人的实践心灵，特别是人的欲望。人的实践"……心灵乃是为着某一目的而进行计算的东西……；它与作为其目的的思辨心灵不同。所有欲望都是为着某一目的，欲望所乞求的事物乃是实践心灵的出发点，而实践心灵的最后步骤又是行动的开端。所以……欲望和实践的思想，似乎更有理由被认为是运动的源泉；既然欲望对象产生运动，所以思想也产生运动……。当想象也是这样导致运动时，它就必须包含欲望，否则就不会引起运动。"②根据亚里士多德的理解，就实践心灵和欲望两者来说，欲望应是导致人的运动、行动的主要原因，所以他说："大凡有欲望的动物都能

---

① ［古希腊］亚里士多德：《论灵魂》，参见苗力田主编：《亚里士多德全集》第三卷，第86页。

② ［古希腊］亚里士多德：《论灵魂》，参见苗力田主编：《亚里士多德全集》第三卷，第86页。

自我运动①，并且欲望不能离开想象，所有的想象或者包含计算或者包含感觉；实践心灵也是在它的基础上的算计，在此意义上说，它也就是构成人的运动、行动的原因。总体而言，亚里士多德认为欲望是造成运动的东西，若要找两个根源来说明运动，那就也应包含了实践心灵。不过，亚里士多德强调，"心灵永远都是正确的，但欲望和想象既可能正确也可能不正确。所以，欲望的对象总是会产生运动，但是这种对象或者是真正的善，或者是表面的善；并非所有的善都能引起运动，只有实践的善才能如此。"②"有时它（欲望——引者）战胜并动摇意志……。"③亚里士多德的这种观点十分重要，因为既然人的欲望作为运动、行动的原因可能导致错误，而实践的心灵却不可能造成错误从而永远正确，那么，这种心灵便不仅可以导致行为的善，而且也可以把这种行为的善进一步与获得真理的路径结合起来（因为它永远正确）。因此，亚里士多德认为思辨的心灵也具有趋善避恶的能力。其实，在苏格拉底和柏拉图那里，他们都曾把行为的善（净化心灵）作为通向认识、通向真理的一条重要路径。就此而言，亚里士多德与苏格拉底和柏拉图保持着一致。

　　在心灵如何认识对象的问题上，亚里士多德也继承了苏格拉底和柏拉图乃至阿那克萨哥拉的观点，认为这种认识不仅是科学意义上的认识，而且也是道德意义上的修炼。他说自己同意阿那克萨哥拉的这种看法：心灵鉴于它能思维一切，它应该居于支配地位，为了它能够居于支配地位从而进行认识，它必须未被玷污，因为一切杂入了异质的东西都会阻碍着它。所以，"……它会鉴于现在而对未来进行部署筹划；一旦它主意已定，仿佛在感觉时一样，它断定了某一对象是令人惬意的或令人不悦的，如果这样，它就会追求或回避，一般而论在行动中就是这样。"④

①　［古希腊］亚里士多德：《论灵魂》，参见苗力田主编：《亚里士多德全集》第三卷，第 88 页。

②　［古希腊］亚里士多德：《论灵魂》，参见苗力田主编：《亚里士多德全集》第三卷，第 87 页。

③　［古希腊］亚里士多德：《论灵魂》，参见苗力田主编：《亚里士多德全集》第三卷，第 89 页。

④　［古希腊］亚里士多德：《论灵魂》，参见苗力田主编：《亚里士多德全集》第三卷，第 82 页。

需要注意的是，尽管亚里士多德在具体讨论人的运动和行动时认为欲望是促成人的运动和行动的主要原因，但是，在最终的意义上，他似乎又认为实践才是人的运动和行动的最后原因。因为他说："运动有三个方面的因素，一是引起运动的事物，二是运动所凭借的工具，三是被运动的事物；运动原因有两类，其一是不动的，其二是既运动又被运动。不运动者是实践的善，既运动又被运动者是欲望……，被推动的事物就是动物，欲望致动所凭借的工具属于躯体的范围；所以必须从躯体和灵魂的共同功能之中来思考它。"①这里，亚里士多德所说的实践似乎是一种更高的实践，它或许就是上帝的实践心灵的实践，若是如此，它就不仅是人的运动和行动的根源，而且更是一切事物运动和行动的根源，它作为最终的不动的推动者确保这些事物运动，并使人的欲望在善的轨道上运动和行动。

五、亚里士多德认识论的影响

亚里士多德认识论在形而上学史上的贡献与他的存在论在形而上学史上的贡献比起来有些复杂。亚里士多德存在论在形而上学史上的贡献十分明确，那就是他确立了形而上学的对象，但他的认识论在形而上学史上的贡献却较难评价。这种难以评价主要是由于他的认识论有着明显的模糊之处。这就是说，他的认识论思想不像柏拉图的认识论思想那样自我逻辑一致，而是包含了很多自我犹豫，这种自我犹豫往往导致了自我矛盾。就此而言，他的认识论在形而上学史上的贡献显然不像柏拉图认识论在形而上学史上的贡献那样明确。

但是，我们不能因此而否认他的认识论思想在形而上学史上的重要地位。因为他的认识论有着自己的特殊优势，这种特殊优势在西方古代其他哲学家那里难以寻觅。这种优势表现在两个方面，并且这两个方面都与他的认识论具有大量的实证资料作为基础有关。

---

① ［古希腊］亚里士多德：《论灵魂》，参见苗力田主编：《亚里士多德全集》第三卷，第88页。

第一，这些实证资料使他的认识论具有一系列在他的同时代人的认识论中难以见到的闪光点。一般来说，在哲学乃至一切学科的研究中，大量实证资料的占有都会促进相关研究的内容。这种情况在亚里士多德那里也是一样。弗朗·奥罗克曾专门提及亚里士多德的生物学"经验"和他的形而上学"研究"之间相互促进的关系。他说："亚里士多德的形而上学是被他的作为生物学家的经验不断培育起来的；亚里士多德的生物学数据反过来则频繁地被他的作为形而上学家的洞见所深化。"① 这一现象不仅表现在亚里士多德生物学经验与他的形而上学研究的相互关系之中，而且更表现在他的生物学经验和他的认识论研究的相互关系之中。正是亚里士多德的生物学经验使得他的认识论具有了一系列在他的同时代人的认识论中难以见到的闪光点。这些闪光点既表现在他在探讨认识论问题时所具有的独特的科学精神方面，又表现在他在自己的认识论中探讨了诸多在当时的其他哲学家那里难以见到的理论问题方面。就前者说，他在经验资料不足时一般都会持有谨慎态度，从而常用"不太清楚"等不确定的语言。就后者说，他探讨认识论问题时所具有的整体广度和在某些局部问题上的深度也远远超越了他的同时代哲学家，例如，在广度方面，他探讨了诸如认识与对象之间的关系、感性与理性之间的关系、思辨和实践之间的关系等问题，在深度方面，他细致分析了感性认识中的五种感觉等问题。这一切都为后来形而上学史上的哲学家们关于认识理论的研究方式和整体布局提供了某种基础。

第二，这些实证资料使他的认识论在西方形而上学史上产生了一种十分特殊的影响。与柏拉图整体哲学包括认识论思想的严格的理性或思辨特征不同，亚里士多德的整体哲学包括认识论思想在依然坚持着理性或思辨的同时，因其注重感性经验和实证资料的原因又具有了明显的经验倾向。这种基于感性经验和实证资料的经验倾向使得亚里士多德的认识论与柏拉图的认识论成为具有某种对立性质的两种风格的认识论（尽管在亚里士多德的认识论中也包含了一些与柏拉图认识论同样性质的内

---

①　Fran O'Rourke, *Aristotle and the Metaphysics of Evolution*, The Review of Metaphysics; Sep. 2004;58,1. p. 4.

容），从而（在某种意义上）导致了它们在形而上学史上形成了唯理论和经验论的两种认识路线。这就是说，在某种意义上说，在西方形而上学史上，唯理论的认识路线主要是柏拉图（以及巴门尼德）认识理论的延续，而经验论的认识路线则主要是亚里士多德（以及赫拉克利特）认识理论的延续。

第四章　形而上学的确立

亚里士多德系统总结了全部以往哲学特别是柏拉图哲学的理论成果，并且基于经验观察收集、整理和分析了大量的经验材料，在此基础上，他以深邃的思辨精神和精确的分析方法探讨了存在论和认识论的各种主要问题，提出了自己的独到的观点，形成了系统的哲学理论体系，从而使形而上学作为一门全新的学科得以正式确立。

一、第一哲学及其学科地位

亚里士多德作为一位"百科全书式"的学者，他在探索形而上学对象的同时，系统地研究了各门学科，所以，他在根据形而上学的对象提出形而上学这一学科时，系统地为各门学科进行了分类，并在这种学科分类中确立了形而上学这门学科之"第一哲学"的地位。

（一）哲学家的任务

哲学家的任务是什么？根据亚里士多德的理解，哲学家的任务就是追问智慧，"智慧就是某种关于本原的科学"①。因此，哲学家的任务就是探讨世界的本原，这个世界的本原就是世界的原因；更进一步，根

---

① ［古希腊］亚里士多德:《形而上学》，参见苗力田主编:《亚里士多德全集》第七卷，第 240 页。

据他对世界原因的思考，世界的原因主要被当成是作为本原（原因）存在的实体的存在。因此他说："存在是什么，换言之，实体是什么，不论在古老的过去、现在以至永远的将来，都是一个不断追寻总得不到答案的问题。有些人说它是一，有些人说它是多，有些人说它是有限的，有些人说它是无限的。所以，我们的首要的问题，或者唯一的问题，就是考察这样的存在是什么。"① 并且，"能够研究所有这一切是哲学家的本分。若不是哲学家，谁来研究苏格拉底与坐着的苏格拉底是否相同；或者是否一事物有一个相反者，或这个相反者是什么，它有多少种意义？"②

然而，在规定了哲学家的任务就是追求智慧或探讨存在之后，哲学家们依然面临困难，它的困难是智慧究竟是一门还是多门科学，若是一门，它又是什么样的科学呢？此外，证明本原的科学是一种还是多种，若是一种，那它为什么比其他种更强，若是多种，到底是哪些种类？还有，它以全部实体为对象吗？如果不是，那它的对象是哪种实体？最后，它仅仅是研究实体还是也研究偶性？亚里士多德指出，这里所寻求的科学，既不涉及物理学里所说的那些原因，也不涉及何所为（何所为就是善，它寓于实践行为之中）的问题。困难还在于：这里说的科学是以可感的实体为对象还是以其他的实体为对象。若是涉及其他实体，那么，它可能是形式还是数学对象，如此等等。在《形而上学》的第三卷中，亚里士多德共列举了哲学研究的十五类主题。在他看来，它们都是哲学家为了实现自己的任务应该探讨的问题。

（二）亚里士多德的第一哲学

在把哲学家的任务规定为研究存在或实体的基础上，亚里士多德进一步指出："有多少种实体，哲学就有多少种分支，因而其中必然存在着一

① ［古希腊］亚里士多德：《形而上学》，参见苗力田主编：《亚里士多德全集》第七卷，第153页。

② ［古希腊］亚里士多德：《形而上学》，参见苗力田主编：《亚里士多德全集》第七卷，第87页。

种第一哲学以及后继的分支。因为存在和——旦有了种类，知识或科学就要相应地分门别类。"① 他的意思是：在实体的存在问题上，实体有各种不同的种类，它们各有自己的属性并且它们之间还存在着一和多、相同和相异、运动和静止等等一系列的复杂情况，因此，它们应该属于不同的哲学分支；而在这些不同的哲学分支之上，应有一门哲学因其研究的对象（实体本身、存在本身）的优先地位而居于第一哲学的地位，其他的哲学分支都是它的后继的分支。

根据亚里士多德的观点，第一哲学和其他哲学一样要研究实体、存在，它和其他哲学分支的区别在于，它研究的实体是作为世界本原、原因的实体本身，而其他哲学分支研究的是某种实体；或说，第一哲学研究的是作为世界本原、原因的存在本身，而其他哲学分支研究的是某种存在。所以他说："一切科学都以本学科范围内的某种本原和原因为对象，例如医学、体育学以及其他各门创制科学、数学。在这些科学中，每一门学科都给自身划定了一个范围，而把它当作现存的和存在的东西加以研究，而不是作为存在。"② 只有第一哲学才去研究实体本身、存在本身。他把这种作为"本身"（或"全部"）的存在称为"作为存在的存在"。第一哲学正是因为其所研究的实体、存在的优先性才有资格称为第一哲学，而其他所有的学科都是第一哲学之后的特殊学科。

需要强调的是，第一哲学除了研究"作为存在的存在"或说实体本身之外，它还研究某些依存于"作为存在的存在"或实体本身的内容。亚里士多德说："存在着一门研究作为存在的存在，以及就自身而言依存于它们的东西的学科。它不同于任何一种各部类的科学，因为没有任何别的科学普遍地研究作为存在的存在……。既然我们寻求的是本原和最高的原因，很显然它们必须就自身而言地为某种本性所有。"③ 根据亚里士多德的

---

① ［古希腊］亚里士多德：《形而上学》，参见苗力田主编：《亚里士多德全集》第七卷，第 86 页。

② ［古希腊］亚里士多德：《形而上学》，参见苗力田主编：《亚里士多德全集》第七卷，第 253 页。

③ ［古希腊］亚里士多德：《形而上学》，参见苗力田主编：《亚里士多德全集》第七卷，第 84 页。

意思，这里所谓的"就自身而言依存于它们的东西"，主要是以实体为中心的范畴存在以及思维规律，具体地说就是：其一，"一"与"多"、"同"与"异"、"相似"与"相反"等最普遍的范畴；其二，矛盾律和排中律等最一般的公理。在公理方面，亚里士多德特别强调了矛盾律的重要性，认为在所有本原中最为确实的一条公理就是"同一种东西不可能在同一方面既依存于又不依存于同一事物"①，任何人都不可能认为同一事物存在又不存在，否则，不仅他会被提示具有彼此相反的意见，而且万物之间因缺乏明确的辨别也会造成某种混淆，甚至会认为一切事物都非真实的事物。"因此，所有进行证明的人都把它作为一个可以追溯到的最终论断，因为它本性上就是一切其他公理的本原。"②矛盾律的关键是不能自相矛盾。在第一哲学的研究对象中，上述三个方面的内容可以归纳为以实体为中心的最一般的范畴和最一般公理。当然，尽管第一哲学除实体（本身）外同时研究那些最普遍的范畴和最一般的公理，但是，由于这些范畴和公理都以实体为中心，所以，第一哲学作为研究"作为存在的存在"的学问主要就是研究实体（本身）特别是第一实体的学问；并且，这种"作为存在的存在"或实体（本身）特别是第一实体与其他所有学科所研究的可生可灭的对象不同，它拥有永恒性、独立性和不动性的特征。亚里士多德说："……如果有永恒的、不动的和独立的东西的话，显然关于这东西的知识就该属于一门理论的科学——不过不是属于物理学（因为物理学研究的是某种能动的东西），也不是属于数学，而是属于一门先于这两者的科学。因为物理学讨论的东西是独立存在的，但是并非不动的，某些数学部门所讨论的东西则是不动的，但是被假定为不能单独存在，只是体现在质料之中；反之，第一科学所讨论的，乃是既独立存在又不动的东西。"③所以，亚里士多德充满深情地说："理论科学固宜比其他的科学更为人所喜爱，这一门

① ［古希腊］亚里士多德：《形而上学》，参见苗力田主编：《亚里士多德全集》第七卷，第90页。

② ［古希腊］亚里士多德：《形而上学》，参见苗力田主编：《亚里士多德全集》第七卷，第91页。

③ ［古希腊］亚里士多德：《形而上学》，参见苗力田主编：《亚里士多德全集》第七卷，第245页。

科学尤应比其他的理论科学更被喜爱。"①这里，亚里士多德规定了一门全新的哲学学科，它以"作为存在的存在"为对象，研究"作为存在的存在"以及"就其自身而言依存于它们的东西"。亚里士多德的这一规定继承和进一步发展了柏拉图的辩证科学的思想，明确宣告了第一哲学（亦即形而上学）的诞生。

亚里士多德还指出了在研究实体或说存在问题上哲学家与辩证论者和诡辩论者的区别。在他看来，哲学研究事物的本性及其相应的一切属性。"显然是由同一门科学来研究作为存在的存在，以及依存于作为存在之中的东西；这同一门科学不仅研究实体，还研究依存其中的东西，既研究前面说过的东西，也研究在先和在后，种和属，整体和部分，以及其他类似的东西。"②但是，辩证论者和诡辩论者（智者）却不是这样，表面看来，它们也研究着哲学家们研究的存在问题，但是，他们实际上所研究的东西并不是作为存在的存在而是存在物的偶性，并且，他们与哲学家在研究目的和研究方式上也存在着本质的区别。正如亚里士多德自己所说："……辩证论者和智者拥有哲学家一样的外表，智者术仅仅是表面的智慧，辩证论者探讨所欲的问题，存在是所有之中的共同点；但他们探讨这些明显是因为它们是哲学固有的问题。智者术和辩证术与哲学思考的是同一种问题，但是哲学与前者在能力的方式上相区别，与后者在生活的意图或目的上相区别。辩证术把哲学力图认知的东西仅仅当作思想训练，智者术看上去是哲学，其实却不然。"③

科林伍德曾说："亚里士多德至少用三个不同的名称来称呼形而上学科学。有时他用第一科学来称呼形而上学，就我定义这一词汇来说，这是他称呼这一科学的正规的名称。这一词汇中的'第一'指逻辑优先。第一科学是它的论题在逻辑上先于每一门其他学科的科学，它是所有其他学

---

① ［古希腊］亚里士多德:《形而上学》，参见苗力田主编:《亚里士多德全集》第七卷，第 245 页。

② ［古希腊］亚里士多德:《形而上学》，参见苗力田主编:《亚里士多德全集》第七卷，第 89 页。

③ ［古希腊］亚里士多德:《形而上学》，参见苗力田主编:《亚里士多德全集》第七卷，第 88 页。

科的先决条件，虽然在研究的秩序上它来得最晚。有时他称形而上学为智慧……，科学，或探索；这再一次意味着除了它们研究直接的独特论题的直接功能之外，此一科学还有一种进一步的功能，即导向它们外面的另外一个目的：分析它们的逻辑前提。有时，他称形而上学为神学，或阐述上帝本性的科学。"① 科林伍德的说法符合亚里士多德形而上学的实际。尽管亚里士多德用来称呼形而上学的三个名称表示的意思各有差别，但是，它们之间也存在着内在的一致，特别是在第一科学和智慧之间。因为在他看来，智慧就是研究本原的科学，而第一科学所研究的作为存在的存在或实体特别是第一实体其实也就是本原；并且，本原或实体（作为存在的存在）同时都意味着时间、逻辑和认识在先，所以，智慧和第一科学（哲学）在逻辑上也必然是在先的科学。同时，就智慧和第一科学（哲学）所研究的终极意义上的本原亦即第一实体来看，它就是纯粹形式、不动的第一推动者和最高目的，我们曾说，亚里士多德之第一实体作为纯粹形式、不动的第一推动者和最高目的实际上也意味着全智、全能、全善，它们直接构成了上帝的特征，所以，当亚里士多德在实体的探讨中最终走向了终极意义上的第一实体时，也意味着他实际上走向了上帝。正如布赖恩·加勒特所说："最古老的形而上学问题之一是：上帝存在吗？在讨论这个问题时，在古典哲学的意义上，我们理解的'上帝'就是全能（omnipotent）、全智（omniscient）和全善的存在。"② 因此，在亚里士多德那里，智慧、第一科学（哲学）也能顺理成章地被称为神学或阐述上帝本性的科学。

（三）亚里士多德的学科分类

既然亚里士多德提出了第一哲学，那么，在他的思想体系中，一定包含了后于第一哲学的其他科学。第一哲学之"第一"只能相对于"非第

---

① R. G. Collingwood, *An Essay on Metaphysics*, Oxford At the Clarendon Press, 1940, pp. 5–6.

② Brian Garrett, *What is This Thing Called Metaphysics*? New York and London: Routledge: Taylor & Francis Group, 2006, p. 2.

一"或"后第一"而言。因此，亚里士多德在自己的思想体系中提出了学科分类，并在分类中恰当地安排了第一哲学之"第一"的地位。

亚里士多德对全部科学进行分类的根据是这些科学的研究对象和研究目的，其中，除了作为求知工具的"逻辑学"之外，他从一个角度把一切科学分为"理论科学"、"实践科学"，以及"创制科学"。理论科学是"以求知本身为目的"的学问，主要包括第一哲学和数学、物理学或自然科学；实践科学则是"探求行为标准"的知识，除了理财学之外，主要包括伦理学与政治学；创制科学则属于十分具体的学科，它是制作具有实用价值的东西和艺术价值的东西的知识。亚里士多德还专门谈到了理论科学中的自然科学与实践科学以及创制科学的区分。他说，自然科学研究的是那些在自身之内具有运动本原的对象，而在实践科学和创制科学那里则不一样。实践科学研究对象的运动的根源更多地在实践者中，创制科学研究对象的运动的根源则在创制者中，即它的本原或者是某种技术，或者是其他潜能。"由此可见，关于自然的科学显然不是实践的、也不是创制的，而必然是思辨的。"[①] 在亚里士多德那里，由于创制科学主要是一种"制作"性的知识，所以，他更加注重的是理论科学和实践科学；而在理论科学和实践科学的关系之中，尽管求善是人生的终极目标之一，但是，求知是人的本性，并且在求知中，追求作为世界本原的实体特别是第一实体的知识还是求善的必要途径并且与求善具有内在的统一，智慧的人才是最幸福也最有德性的人，所以，思辨科学特别是思辨科学中的第一哲学才是最为重要的学科。因此他说："……显然在各种科学中，只有那最精确的科学才可以称为智慧。……智慧既是理智也是科学，在高尚的科学中它居于首位。"[②] 正是因为如此，"人们认为，按照理智来工作，看顾它并使它处于最佳状况的人，是上帝所最宠爱的。"[③] 当亚里士多德把思辨科学置于他的

---

① ［古希腊］亚里士多德:《形而上学》，参见苗力田主编:《亚里士多德全集》第七卷，第253页。

② ［古希腊］亚里士多德:《尼各马科伦理学》，苗力田译，中国人民大学出版社2003年版，第125页。

③ ［古希腊］亚里士多德:《尼各马科伦理学》，苗力田译，中国人民大学出版社2003年版，第228页。

全部思想体系的顶端时，他的第一哲学的"第一"地位便顺理成章地呈现了出来。

亚里士多德进一步从探求原因的角度分析了思辨科学高于其他科学，以及在思辨科学中第一哲学（神学）高于其他思辨科学的思想。他说："总之，一切思想以及包含某种思想的学问都是或者较为严密地或者较为松散地研究原因或本原。"① 其中，实践的本原亦即意图在实践者之中，创制的本原或者是心灵或理智，或者是某种潜能，它们都在创制者之中，实践科学和创制科学都还未能指向真正客观的原因和本原。这就是说，它们都还未达到思辨科学的水平。物理学固然研究世界的原因或本原，也就是说，它研究存在的某一个种，但是，它只是关于这样"一种"实体的知识，这仅仅是一种在其自身之中包含运动和静止的本原。所以，"如若把全部思想分为实践的、创制的和思辨的，那么物理学就是某种思辨的。不过它思辨那种能够运动的存在，仅仅思辨那种在定义上大多不能独立于质料的实体。"② 至于同属于思辨科学的数学，亚里士多德则这样说："……数学同样是思辨的，但现在还不清楚它的对象是否既不运动、又能分离。"③ 因此，"如若存在着某种永恒、不动和可分离的东西，很显然认识它们的应该是思辨科学，而不是物理学（物理学是关于某些运动着的东西的），也不是数学，而是先于两者的科学。物理学所研究的是可分离的但并不是不运动的东西，某些数学研究不运动，却也不能分离存在而是在质料之中的对象，只有第一哲学才研究既不运动又可分离的东西。一切原因都必然是永恒的，这些原因尤其是永恒的，因为它们是那些可见的神圣事物的原因。故思辨的哲学有三种，数学、物理学和神学（用不着证明，如若神圣的东西在什么地方，它就在这种本性中）。最崇高的知识所研究的应该

---

① ［古希腊］亚里士多德：《形而上学》，参见苗力田主编：《亚里士多德全集》第七卷，第145页。

② ［古希腊］亚里士多德：《形而上学》，参见苗力田主编：《亚里士多德全集》第七卷，第146页。

③ ［古希腊］亚里士多德：《形而上学》，参见苗力田主编：《亚里士多德全集》第七卷，第146页。

是那类最崇高的主题。"① 因此，亚里士多德的最后结论是："思辨科学比其他学科更受重视，神学比其他思辨科学更受重视。"②

　　除了实用性的创制科学之外，亚里士多德关于理论科学和实践科学以及逻辑学的划分，对于西方哲学有着重要影响。在西方哲学史上，逻辑学其实只是发现和认识真理的方法，它并不涉及有关世界本原的研究对象问题，但是，它却是哲学探讨真理必不可少的工具。斯多葛派就认为逻辑学考虑理性，它也叫作辩证法，它是"以问答法来正确地讨论课题的科学"，因而也是"关于真、伪与既不真又不伪的论断的科学"，这一看法其实就是将逻辑学看成是发现和认识真理的方法。因此，逻辑学作为哲学的一个重要领域是哲学也是形而上学的题中应有之义。在从西方古代到近代的哲学发展进程中，尽管有些哲学家们（例如培根）对于哲学学科有着不同的划分，但是，就其主流而言，绝大多数哲学家都原封不动地或稍加改动地基本接受了亚里士多德的划分。古代斯多葛派明确地把哲学分为逻辑学、物理学与伦理学，在他们看来，除了逻辑学是发现和认识真理的方法之外，物理学是考察宇宙以及它所包含的东西的学科，伦理学是考虑人的生活的学科。正如他们所说："当我们考察宇宙同它所包含的东西时，便是物理学；从事考虑人的生活时，便是伦理学；当考虑到理性时，便是逻辑学，或者也叫辩证法。"③ 他们还分别用骨骼与腱、肉和灵魂，或者用蛋壳、蛋白和蛋黄等来比喻逻辑学、物理学和伦理学之间的相互关系。中世纪以综合哲学史上的各种哲学见长的英国启蒙哲学家哈奇森说："作为古代已经被接受的分类，哲学分为自然哲学，包括所有关于有形事物和无形事物的思辨科学；道德哲学，即伦理的和政治的哲学；以及逻辑哲学，它既包含了逻辑也包含了修辞学（rhetoric）。"④ 近代西方传统哲学的集大成

---

① ［古希腊］亚里士多德：《形而上学》，参见苗力田主编：《亚里士多德全集》第七卷，第 146—147 页。

② ［古希腊］亚里士多德：《形而上学》，参见苗力田主编：《亚里士多德全集》第七卷，第 147 页。

③ 北京大学哲学系编译：《古希腊罗马哲学》，商务印书馆 1982 年版，第 371 页。

④ Francis Hutcheson, *Logic, Metaphysics and The Natural Sociability of Mankind*, Indianapolis: Liberty Fund, Inc., 2006, p. 65.

者黑格尔也用"逻辑学"、"自然哲学"（物理学）和"精神哲学"（包含伦理学）来编撰自己的"哲学全书"，并在此基础上系统地表述了自己的全部哲学体系，"第一次……把整个自然的、历史的和精神的世界描写为一个过程……。"①

此外，仅从第一哲学说，亚里士多德把神学作为第一哲学（第一科学或智慧）的最终归宿的做法也得到了后来的形而上学家以及绝大多数唯心主义哲学家的认同。根据艾修斯的记载，斯多葛派在回答"哲学是什么"时说："……智慧是关于人的事物及上帝的事物的知识，哲学便是企图产生那样的知识的艺术实践。"②但是他们接着又说："……适合于这一目的的唯一艺术，以及一切艺术中最高的艺术，乃是美德，但是另外还说有三种美德附属于总的德性：物理的、伦理的与逻辑的。因此哲学也有三部分；就是：物理学、伦理学与逻辑学。"③显然，斯多葛派认为，哲学是研究上帝的知识与人的知识的学科，伦理学、物理学和逻辑学的分类只是上述总的"美德"之下的三种附属"美德"。尽管斯多葛派的说法并不特别清晰，但是，它的基本意思依然比较明确。哈奇森在自己的著作中在把哲学分为逻辑学、自然哲学和道德哲学的同时，又另外指出了"形而上学"的三个研究对象或"形而上学"的三个组成部分，即："论存在与事物的共同属性"、"论人类心灵"和"论上帝"。在他看来，讨论上帝的学问是形而上学的根本，它是讨论自然事物的学问（物理学）和讨论人类心灵的学问（伦理学）的基础，它应该是后面两种学问的最终归宿。

亚里士多德第一哲学的创立，对于西方形而上学史具有极为重要的意义，因为它明确地超越了早期自然哲学只把自然作为哲学研究对象的做法，真正确立了形而上学以及一般哲学自己的研究对象亦即"作为存在的存在"或实体本身，特别是第一实体。尽管早期自然哲学（尤其是南意大利学派）也试图做出这样的努力，但是，它们的哲学总体而言并未完全脱离哲学以"自然"为研究对象的窠臼，因而难以与自然科学划

---

① 《马克思恩格斯选集》第三卷，人民出版社 1972 年版，第 63 页。
② 北京大学哲学系编译：《古希腊罗马哲学》，商务印书馆 1982 年版，第 371 页。
③ 北京大学哲学系编译：《古希腊罗马哲学》，商务印书馆 1982 年版，第 371 页。

分界限；柏拉图的哲学确实提出了区别于自然哲学之哲学对象的理念，并且根据理念这一对象的差别提出了区别于自然哲学或自然科学的辩证科学，但是，他的理念依然没有上升到作为存在的存在或存在本身的高度。只有亚里士多德的第一哲学首先明确肯定了作为存在的存在（存在本身或全部存在整体）与其他存在（存在本身或全部存在整体的一个部分）之间的区别，认为只有第一哲学才以作为存在的存在为研究对象，其他学科都是研究某种特殊存在的特殊科学，从而在研究对象上明确而系统地把第一哲学（形而上学）与其他所有学科分离开来，特别是使第一哲学（一般哲学）与其他哲学（自然哲学或自然科学）分离开来，使之成为一门真正意义上的独立学科，并且成为其他所有学科的基石和基础。所以，近代英国启蒙思想家哈奇森说："亚里士多德主义者将有关事物的最一般的属性、上帝和灵魂的全部探索，从物理学领域转向形而上学领域；他们把形而上学称为'从物质中抽象出来的存在科学'；在他们看来，形而上学包含了全部关于最普遍属性、存在之一般划分的学说，以及上帝和人类心灵的学说。"[①]

（四）第一哲学与形而上学

亚里士多德的第一哲学其实就是形而上学，亚里士多德第一哲学的确立其实就是形而上学的确立。不过，"形而上学"这一名称产生于亚里士多德的第一哲学之后；并且，随着形而上学的发展，它的内容也逐渐超越了亚里士多德的第一哲学。

亚里士多德对于第一哲学的探讨体现在他专门研究作为存在的存在（实体本身）及其本性的一组论文之中。公元前1世纪吕克昂学院的第十一代主持人罗德岛的安德罗尼柯（Andronicus）在整理和分类亚里士多德的著作时，把讨论"第一哲学"的一组论文放在讨论自然事物的著作之后，称为"ta（biblia）meta ta physica"（"物理学之后诸篇"）。后来，中世纪哲学家用这个标题来称谓《形而上学》一书中所讨论的第一哲学问题

---

① Francis Hutcheson, *Logic, Metaphysics and The Natural Sociability of Mankind*, Indianapolis: Liberty Fund, Inc., 2006, p. 65.

来自"自然事物之后"。"物理学之后诸篇"在译成拉丁文时，省去了冠词"ta"，从而形成了"metaphysica"亦即"形而上学"一词。因此，形而上学就是亚里士多德的第一哲学，亚里士多德对于第一哲学的确立就是对于形而上学的确立。

然而，由于"'形而上学'这一术语作为这一学科的名称源自亚里士多德的一组论文。亚里士多德本人从来未用这一术语来称谓这组论文；给予这一名称的是后来的思想家"①，并且，亚里士多德本人又曾用诸如"第一科学"、"智慧"、"神学"等不同的名称来表示探讨实体本身特别是第一实体的学科，因此，形而上学一开始就成了一个充满歧义的概念。科林伍德说："只有弄清了亚里士多德创立形而上学的动机和他的形而上学体系的功能，我们才有可能理解形而上学后来的历史和围绕它的现代观点中的晦涩之处。因此，为了把这些晦涩之处清除掉，第一步就要回答在亚里士多德的作品中形而上学这个词代表什么。"②那么，这个词代表什么呢？他回答说："从字面上说，正确的回答是它并不代表任何这样的东西，因为它在那儿没有出现。亚里士多德的名称并不代表亚里士多德的科学。"③因此，形而上学这个词汇只表示"物理学之后诸篇"，并且这个短语并非被亚里士多德本人所用而仅仅被亚里士多德文集的编撰者所用。它首先并且也是最为合适的意义是一部作品的标题而非一门科学的名称。"毫无疑问，对于我们来说，形而上学这个词不再仅仅是亚里士多德一部著作的名称。它是一门科学的名称。在原始的意义上，'科学'这个词的适当意义不仅仅在英语之中而且还在于欧洲文明的语言系统之中，它意味着关于此一论题的系统而有序的思考。"④上述这些问题也成为后来形而上学在学科上的歧义的重要原因之一。

但是尽管如此，形而上学在亚里士多德那里的诞生毕竟还是一个十分伟大的哲学事件，"尽管人类的文明整个地或者说在很大程度上来自基督

---

① Micael J. Loux, *Metaphysics: A Contemporary Introduction* (third edition) , New York and London: Routledge: Taylor & Francis Group, 2006, p. 2.

② R. G. Collingwood, *An Essay on Metaphysics*, Oxford At the Clarendon Press,1940, p.3.

③ R. G. Collingwood, *An Essay on Metaphysics*, Oxford At the Clarendon Press,1940, p.3.

④ R. G. Collingwood, *An Essay on Metaphysics*, Oxford At the Clarendon Press,1940, p.4.

教或穆罕默德，但是，形而上学依然是亚里士多德创造的科学。"[1] 并且，"直到 18 世纪末，康德观察到自亚里士多德之后，逻辑都没有发生基本的改变。"[2]

二、形而上学的第一科学性质

当柏拉图初创形而上学时，形而上学在他那里就是以"辩证科学"呈现出来的第一科学。这里，具有两个关键词：其一是"科学"；其二是"第一"。就"科学"来说，它与物理学或自然科学（在形而上学的语境下，或许还包括数学）具有同等性质，也就是说，它是具有普遍必然性的确定知识（真理）；就"第一"来说，它就不仅是类似于物理学的科学，而且还是高于物理学的科学，也就是说，它是比物理学具有更广大的普遍性和更严格的必然性的确定知识（绝对真理）。柏拉图的这种观点在亚里士多德这里得到了坚定的支持，并且获得了进一步的发展。

（一）形而上学是关于普遍性的科学

任何科学都是关于普遍性的科学，也就是说，任何科学之所以是科学，就在于它的陈述因其反映了变动不居的众多个别事物的共同本质从而具有了普遍性的意义。既然亚里士多德把第一哲学称为科学乃至第一科学，那么，他也应该把第一哲学理解成关于普遍性的科学。探寻亚里士多德的第一哲学的普遍性就是探寻他的第一哲学对象的普遍性。我们可以从两个角度来理解这种普遍性。

第一，从一般实体的角度来理解。第一哲学的研究对象被规定为作为存在的存在。若仅从存在说，存在具有多种意义，我们用各种不同的字眼来表达它们，例如作为范畴表的存在，作为实体的存在，作为偶性的存在，作为真的存在，作为善的存在，以及作为潜能的存在和作为现实的存在等，或者换句话说，存在既能表示是什么，又能表示质或量，还能

---

[1]　R. G. Collingwood, *An Essay on Metaphysics*, Oxford At the Clarendon Press,1940, p.3.

[2]　R. G. Collingwood, *An Essay on Metaphysics*, Oxford At the Clarendon Press,1940, p.5.

表示这些范畴中的任何一个。但是，这些不同的多种意义都与某一种本性或说某一个本原相关。具体地说，"事物被说成是存在，有些由于是实体，有些由于是实体的属性，有些由于是达到实体的途径，有些则由于是实体的消灭、缺失、性质、制造能力，或生成能力；或者由于与实体相关的东西，或者由于是对这些东西中某一个或对实体的否定。"① 然而，"尽管存在的意义有这样多，但'是什么'还是首要的，因为它表示实体。当我们说这个东西的性质是什么时，或者说是善，或者说是恶，而不说三肘长或是人；而我们说它是什么时，就不说是白净的、是热的、是三肘长，而说是人，是神。"② "……其他一切都由于实体而存在，原始意义上的存在不是某物（例如善、恶、康复等——引者），而是单纯的存在，只能是实体。"③ 因此，"尽管最初由许多意义，但实体在一切意义上都是最初的，不论在定义上、在认识上，还是在时间上。其他范畴都不能离开它独立存在。唯有实体才独立存在。"④ 这种情况正如虽然是同一健康，但却又包含了如保持健康、造成健康、健康指标等等可以用多种不同字眼所表达的多种不同的意义一样。因此，"正如对于所有健康的东西只有一种科学，对于其他事物也应一样"⑤。就此而言，对于实体对象来说，也只有一类科学，那就是思辨的科学。在思辨科学中，唯有第一哲学才去研究实体本身，也就是说，唯有第一哲学才去研究作为存在的存在或存在整体。因此，亚里士多德说：若从对于同一对象的思辨来说，"对于作为存在的存在的思辨显然也属于同一门科学"⑥。我们认为，由于任何事物都由实体构

① ［古希腊］亚里士多德：《形而上学》，参见苗力田主编：《亚里士多德全集》第七卷，第85页。

② ［古希腊］亚里士多德：《形而上学》，参见苗力田主编：《亚里士多德全集》第七卷，第152页。

③ ［古希腊］亚里士多德：《形而上学》，参见苗力田主编：《亚里士多德全集》第七卷，第153页。

④ ［古希腊］亚里士多德：《形而上学》，参见苗力田主编：《亚里士多德全集》第七卷，第152页。

⑤ ［古希腊］亚里士多德：《形而上学》，参见苗力田主编：《亚里士多德全集》第七卷，第85页。

⑥ ［古希腊］亚里士多德：《形而上学》，参见苗力田主编：《亚里士多德全集》第七卷，第85页。

成，并且任何偶性以及真假、善恶、质量等都依附于实体，这就是说，实体作为实体是一种支撑其他一切存在的共同性的存在，这里的共同性也就是普遍性，所以，实体本身就意味着它是普遍的存在。卢克斯说："理解作为一种普遍科学的形而上学的核心是划定亚里士多德称为范畴的东西。它们是所有事物隶属于其下的最高的或最普遍的种类。"[1]"实体"正是亚里士多德全部范畴表中最为核心的范畴。就此而言，第一哲学是关于普遍性的科学。

第二，从第一实体的角度来理解。尽管亚里士多德曾把形而上学称为智慧、神学和第一哲学，但是，这三种称谓其实存在着异中之同，在亚里士多德的哲学之中，最能表达上述三种称谓的异中之同的就是它们的研究对象都是第一实体：纯粹形式。亚里士多德把作为一种低级个体事物的实体与作为另外一种高级个体事物的实体之间的关系看成是质料与形式的关系，或说作为个别的质料和作为一般的形式的关系，尽管如前所述实体作为一般实体（包括形式、质料以及个体事物）在笼统的实体意义上可以被看成是一种普遍性，但是，在一般实体内部，形式（作为众多个体事物的共同形状或本质）更属于表示共同性亦即普遍性的实体，形式这一概念作为共同性就是本质性、普遍性的意思。这里需要注意的是，在一般实体意义上，形式总是寓于个体事物之中的形式，因此，它作为普遍性乃是寓于个体事物之中的普遍性。但是，在亚里士多德讨论纯粹形式的时候，形式作为纯粹形式已经脱离了个体事物，它是一种脱离了个体事物的普遍性，也就是说，纯粹形式就是纯粹一般，纯粹形式是纯粹的普遍性。仅此而言，第一哲学作为研究存在作为存在的学问就是研究第一实体的学问，或者说，它就是研究纯粹的普遍性的科学。

（二）形而上学是关于最高普遍性的科学

在思辨科学中，第一哲学与其他哲学，或者说哲学与自然科学（自然哲学或物理学）都是研究实体的科学。尽管如此，但在亚里士多德那里，

---

[1]　Micael J. Loux, *Metaphysics: A Contemporary Introduction* (third edition) , New York and London: Routledge: Taylor & Francis Group, 2006, p. 3.

它们之间仍存在区别。它们之间的区别在于：第一哲学研究全部存在或全部实体（存在本身或实体本身），而自然科学则研究某种存在或存在的一个部分（尽管除第一哲学所研究的全部存在外这个部分乃是最广泛的存在），也就是说，自然科学只研究不断运动的存在。若说存在（实体）本身就意味着普遍性，那么，第一哲学所研究的全部存在或全部实体就意味着最高的普遍性。因此，我们可以认为，第一哲学就是关于最高普遍性的科学。正如前面可以通过一般实体和第一实体两个方面来理解第一哲学是关于普遍性的科学一样，我们也可以通过一般实体和第一实体两个方面来进一步理解第一哲学是关于最高普遍性的科学。

第一，从一般实体的角度来理解。第一哲学研究的是实体本身，它包含了全部实体并且不包含它们的偶性；自然科学所研究的则是运动着的实体，这种实体就是作为自然物的实体（自然实体），此外，尽管亚里士多德曾说"在现在的科学中，没有一门是投身于研究偶性的"①，因为"作为偶性的存在，显然不具有原因和本原，它们也不是就自身而言的存在；如若偶性也有原因和本原，一切都将要出于必然了"②，但是，他又强调自然科学也会考察各种偶性。因此，第一哲学和自然科学所研究的对象有所不同，前者更为普遍，并且不管偶性，后者的普遍性局限于自然的范围之内，并且考察偶性。他说：物理学研究的东西并不确定是作为存在的东西，还是作为分有运动的东西，"剩下的只有哲学家是以所说的东西为研究对象，以其为存在而言的东西为对象。尽管存在有多种意义，但整个却是单一的，有着共同点，它的对立物也是这样（可以归之于存在的最初对立和差异）。像这样一些东西可以置于一门科学之下"③，正是因为如此，所以，他进一步说："哲学所研究的部分并不是作为偶性的个体，而是其中作为存在而存在的个体。物理科学的研究方式和数学完全相同，物理学

---

① ［古希腊］亚里士多德：《形而上学》，参见苗力田主编：《亚里士多德全集》第七卷，第255页。

② ［古希腊］亚里士多德：《形而上学》，参见苗力田主编：《亚里士多德全集》第七卷，第255—256页。

③ ［古希腊］亚里士多德：《形而上学》，参见苗力田主编：《亚里士多德全集》第七卷，第247页。

考察各种偶性，也研究存在着的东西的本原，但它们是作为在运动中的东西，而不是作为存在。我们已经说过，第一科学的对象，是就其存在而言的主体，而不是作为其他什么。由此，应把物理学和数学当作智慧的一部分。"①

亚里士多德关于第一哲学和自然科学因其对象范围大小造成的上述区别重点在于他认为世界不仅仅是自然世界，尽管自然世界是整个世界中十分重要并且范围十分广大的部分，但是，它依然不能等同于全部世界。他甚至俏皮地说："设若在自然组成的物体之外没有别的实体，那么物理学就会是第一科学"②；"如果自然实体在存在的东西中是最初的，那么物理学就是第一科学了。"③ "设若存在着不动的实体，那么应属于在先的第一哲学，在这里普遍就是第一性的。它思辨作为存在的存在、是什么以及存在的东西的属性。"④

此外，由于数学也是思辨科学，所以，亚里士多德也讨论了第一哲学与数学的关系。在他看来，哲学研究普遍存在的实体，研究存在于一切事物中的东西，而数学所研究的东西（例如公理）对于各个学科来说也是共同的、普遍的，所以，哲学家也要研究数学中所谓的公理。他说："既然数学家把共同原理应用于个别情况，而对这共同原理的本原的考察，也是第一哲学的任务。"⑤ 这就是说，数学的公理既然存在于一切存在物之中，也被所有的人所运用，第一哲学就也应该去考察它。但是，哲学家对公理的研究有其特殊之处。在他看来，有些人直接把公理接受下来，并在特定的需要上运用它们，自然哲学家则去研究公理自身以及真假问题，"然而

---

① ［古希腊］亚里士多德：《形而上学》，参见苗力田主编：《亚里士多德全集》第七卷，第247页。

② ［古希腊］亚里士多德：《形而上学》，参见苗力田主编：《亚里士多德全集》第七卷，第147页。

③ ［古希腊］亚里士多德：《形而上学》，参见苗力田主编：《亚里士多德全集》第七卷，第254页。

④ ［古希腊］亚里士多德：《形而上学》，参见苗力田主编：《亚里士多德全集》第七卷，第147页。

⑤ ［古希腊］亚里士多德：《形而上学》，参见苗力田主编：《亚里士多德全集》第七卷，第247页。

还存在着一种高于自然哲学家的人（因为自然不过是存在的某一个种），对这些事情的考察就是普遍广博地研究实体的人的事。自然哲学是某种智慧，但不是最初的那种。"①"毋庸置疑，应由哲学家，即研究所有实体自然本性的人，来考察逻辑推理的本原。对于每一个种知道得最多的人能够讲出事物的最确实的本原，故研究作为存在物的存在物的人能够讲出万物的本原。这人就是哲学家……。"②

第二，从第一实体的角度来理解。在亚里士多德看来，在一般实体的问题上，尽管第一哲学与自然科学（物理学）以及数学存在着研究对象和学科界限上的区别，但是，它们在研究对象和学科界限上也存在着重叠之处。仅就第一实体而言，它作为"分离"并且不运动的实体仅仅是第一哲学的研究对象。这就是说，在运动的自然世界乃至其他运动的世界之外，"倘若还存在另一种自然，或分离的、不运动的实体，就必然有其他以此为对象的科学，它先于物理学，由于在先而是普遍的。"③这种在先而普遍的科学就是第一哲学。所以，亚里士多德认为，哲学、数学和物理学都是思辨的科学，但是，它们的对象也有所不同。他说："既然存在着一种以分离着的、作为存在的存在为对象的科学，那就应该研究，这门科学和物理学到底作为同一门科学呢，或更应该是另外的科学。物理学所研究的是在自身内具有运动本原的东西，思辨的数学则是一种研究恒久对象的科学，但不研究分离的东西。所以，和这两门科学不同，有一门科学以分离的、存在而不运动的东西为对象。如若真有这样的实体，我说的是分离和不运动的实体，让我们尝试着证明。如若存在物中果然有这样的本性，这里必定是在某处的神圣事物，它必定是最初的，高于一切的本原。现在说明了，思辨科学有三种，物理学、数学和神学。思辨科学在各科学中，是最高贵的，它的研究对象是存在物中最为显赫的。每一门科学因其自身所

---

① ［古希腊］亚里士多德:《形而上学》，参见苗力田主编:《亚里士多德全集》第七卷，第88—89页。

② ［古希腊］亚里士多德:《形而上学》，参见苗力田主编:《亚里士多德全集》第七卷，第90页。

③ ［古希腊］亚里士多德:《形而上学》，参见苗力田主编:《亚里士多德全集》第七卷，第254页。

研究的对象而分高低。"①科林伍德说得好："任何科学的论题都是某种抽象的或普遍的。抽象或普遍取决于程度。"②第一哲学或一般哲学和自然科学应是所有科学中抽象或普遍程度最高的两种科学，尽管如此，相比之下，第一哲学或一般哲学则属于抽象或普遍程度最高的科学，因此，亚里士多德认为，只有第一哲学才能被称为第一科学。

既然自然哲学就是科学，那么，自然哲学知识就是真理；既然第一哲学作为科学是第一科学，那么，第一哲学的知识也就应该是绝对真理。亚里士多德对于真理充满了崇敬之情，认为这种真理超越了实用的束缚，因而是高于一切的知识。他说："把哲学称之为真理的知识是正确的。思辨知识以真理为目的，实践知识以行动为目的。尽管实践着的人也考虑事物是个什么样子，但他们不在永恒方面进行思辨……"③在他看来，人都由于好奇才开始哲学思考，好奇的人乃是觉得自己无知因而要摆脱无知进行求知的人，他从身边不懂的事物逐渐前行，最后要去探讨太阳星辰的变化，以及万物的生成。因此，哲学思考不是为了实用，它必须在人们生活必需品全部齐备之后，为了娱乐消遣才能进行。所以，他深情地说："正如我们把一个为自己、并不为他人而存在的人称为自由人一样，在各种科学中唯有这种科学才是自由的，只有它才仅是为了自身而存在。"④因此，这种科学是最高尚、最神圣的科学。"唯有上帝才最大限度地具有这种知识。一切科学都比它更为必要，但却没有一种科学比它更为高尚。"⑤

---

① 〔古希腊〕亚里士多德：《形而上学》，参见苗力田主编：《亚里士多德全集》第七卷，第 254 页。

② R. G. Collingwood, *An Essay on Metaphysics*, Oxford At the Clarendon Press,1940, p. 6.

③ 〔古希腊〕亚里士多德：《形而上学》，参见苗力田主编：《亚里士多德全集》第七卷，第 59—60 页。

④ 〔古希腊〕亚里士多德：《形而上学》，参见苗力田主编：《亚里士多德全集》第七卷，第 31 页。

⑤ 〔古希腊〕亚里士多德：《形而上学》，参见苗力田主编：《亚里士多德全集》第七卷，第 32 页。

三、形式因就是目的因

把知识和美德统一起来的见解是传统形而上学（康德除外）的一个普遍接受的见解，自苏格拉底提出"美德就是知识"的命题以及把关于世界原因的探讨转变成关于世界目的的探讨从而在一定的程度上把真与善结合起来后，柏拉图在此方面做了进一步地发挥。他在自己的理念论哲学以及辩证科学中把理念和目的（理想）等同了起来，并把最高理念和善的理念等同了起来。亚里士多德继承和发展了苏格拉底的思想，在他看来，第一哲学的对象既是真的对象又是善的对象，它是以真为核心的真与善统一的对象，所以，第一哲学本身也是包含了善的真的学科，也就是说，它表现为关于世界本原的真理性的学科，而在它成为真理体系的时候，这一学科也因为内在地把握了本原的善而成为善的知识体系。亚里士多德关于第一哲学对象即实体（作为存在的存在）之以真为核心的真善统一思想主要表现在两个方面中：首先表现在他关于以形式因为核心的形式与目的之统一的论述中，其次则表现在他关于以（世界）本原之真为核心的本原之真与本原之善的直接论述中。

（一）以形式因为核心的形式与和目的的统一

早在苏格拉底把关于世界原因的探讨转变成关于世界目的的探讨时，世界的本质和世界的目的就有了某种关联，而在柏拉图把作为世界原因的理念也看成是世界的目的（理想）时，世界的本质与世界的目的就有了直接的联系。亚里士多德的形式作为所有个体事物的共同性就是所有个体事物的本质，所以，当他把形式因和目的因等同起来时，他比柏拉图更为明白也更为系统地论证了本质与目的亦即真与善相互统一的思想。

在亚里士多德那里，我们可以看到三个实体，即质料、形式和质料与形式的统一。质料由于不是"这个"并且也不是运动的原因，所以它虽然也可以被看成是实体但却并不能作为真正的哲学对象的实体，个体事物虽然是真正的实体因而也是哲学的对象，但是，形式作为使"这个"成为

"这个"的东西并且作为运动的根源，它在逻辑上优先于个体事物，因此，形式才是第一实体，因而也是更为重要的哲学对象特别是第一哲学的对象。我们知道，现实世界的本原和原因既是形式因也是动力因和目的因，它们可以分别被看成是全智、全能和全善。其中，形式因和目的因作为全智和全善正好就是真与善，既然形式与目的本来就是一个原因，所以，在第一实体中，真与善是统一的。这里，亚里士多德更为明确地表达了柏拉图真与善统一的思想。"从字源上看，亚里士多德的形式（ειδος）和柏拉图理念是同一个字"①，因此，他的形式就是柏拉图的理念，纯粹形式作为第一实体也就意味着普遍本质（共相）是第一实体，这一实体像柏拉图的理念一样是世界的"事实"本原，也是知识的对象。同时，亚里士多德也像柏拉图一样，把形式看成是目的。并且，亚里士多德还比柏拉图更为明确地指出了形式因与目的因的统一，并且在最终的意义上对其作了更为系统的证明。所以，邓晓芒说：亚里士多德用形式（ειδος）来表达柏拉图的理念，"也可以说，亚里士多德明确赋予柏拉图的（作为共相'一'的）理念以目的的含义。黑格尔有时就把ειδος一词直接译为'目的'"②。因此，亚里士多德比柏拉图更为明确地指出了实体（主要指的是第一实体）之真与善的统一。

其实，亚里士多德关于在形式因中体现出来的真善统一思想还可以通过他关于纯粹形式之存在的论证看出来。他的纯粹形式之存在的论证包含三个方面，除了那种把质料和形式的关系看成是潜能与现实的关系，并用"终止"从质料到形式、从潜能到现实、从低级个体事物到高级个体事物无限发展序列的方式来证明纯粹形式的存在之外，他的另外两个论证就是我们在前面讨论过的不动的"第一推动力"的论证和"最高目的"的论证。其实，这两个论证正好一个是事实的论证，另外一个是价值的论证。第一推动力的论证就是从任何运动都要有一个推动者的角度从事实上强调最终一定有一个不动的推动者的存在，认为只有存在着这个原初的不动的推动者才能终止万事万物作为运动者必须被某一其他的事物所推动、这一

---

① 邓晓芒：《思辨的张力》，湖南教育出版社1992年版，第55页。
② 邓晓芒：《思辨的张力》，湖南教育出版社1992年版，第55页。

其他事物作为运动者又必须被另一推动者所推动的不断上溯的推动者的无穷序列。第一推动者的论证作为强调"事实"的论证实际上就是揭露一种真实存在的现象，所以，它表明第一推动者的存在是一种客观存在的"真"的对象。最高目的的论证就是从任何质料（低级个体事物）在从潜能向现实（高级个体事物）运动的过程中都在追求一种目的，而新的个体事物作为新的质料（高级个体事物）在从新的潜能向新的现实（更高级的个体事物）运动的过程中又在追求新的目的，从而构成了一个不断追求新的目的的序列。若是没有一个最终的最高目的存在的话，那么，我们又要陷入无穷目的的追寻之中，因此，为了避免陷入这种目的追寻的无穷链条，我们必须终止于最终的目的，它就是最高的目的。目的作为理想是价值理想，它也就是善。由于在亚里士多德那里形式既是动力又是目的，所以，亚里士多德关于"纯粹形式"既是"第一推动力"又是"最高目的"的论证分别从事实和价值两个角度表达了"纯粹形式"（第一实体）乃是真善统一之存在的思想。

正如在柏拉图的哲学中理念在实质上就意味着本质，因而首先是真的理念、并且使真成为理念之真善统一的核心一样，在亚里士多德的哲学中，实体作为形式首先也是本质，也就是说，它首先也是真的实体，所以，在实体（包括第一实体）之真善统一的关系中，真也是核心。亚里士多德本人在哲学中讨论最多的是质料、形式和作为质料与形式统一的个体事物。在质料和形式乃至个体事物中，尽管亚里士多德经历了个体事物（以及质料）和形式哪个更为重要的犹豫，并且一直坚持认为在具体的个体事物中形式始终寓于个体事物之中，但是，他最终依然认为形式更为重要，特别是当他涉及到最终意义上的第一实体时更是如此。至于动力因和目的因，它们只不过是形式因的衍生形式，所以，在形式因和目的因（以及动力因）的关系中，形式乃是最为重要的核心因素。既然形式是最为重要的核心因素，并且形式就是本质，所以，真应该就是实体的核心内涵。正是因为真是实体的核心内涵，所以，在认识论上，尽管亚里士多德也像柏拉图一样把道德路径（具体表现为避免欲望妨碍心灵的正确认识）作为通向真理的途径之一，但是，他更加重视的还是通过认识路径来把握真理，也就是说，经由认识路径使心灵走向实体。

（二）以本原之真为核心的本原之真与善的统一

在形而上学最后一卷中，亚里士多德谈到了本原与善的关系问题。其实，从本义上说，哲学中所说的本原就是事实上的本原，因此，世界的最初本原作为世界的最初原因，它就是一种最为真实的存在，但是，亚里士多德却又明确指出这种作为最为真实的存在的本原内在地就是善，这种善不是别的东西赋予它的，也不是在它演化的过程中逐步生成的（它作为最初的本原不可能被别的任何东西赋予它任何性质），它本身就是善的和至善的。因此，本原自身就是真与善的统一。

在讨论本原的善和至善的问题时，亚里士多德说道：困难在于，我们必须弄清究竟本原自身就是善的和至善的，还是它的善和至善是后来才生成出来的。在此方面，有人认为本原自身就是善的和至善的，古代的诗人曾把宙斯看成是最初的统治和主宰，而当人们摆脱上帝之后，有人又以其他方式来表达同样的观点。例如，费来库德斯以及其他人把最高的善当作最初的生成者，恩培多克勒把属于善的友爱当作元素，阿那克萨哥拉则把与善相关的心灵（理智）作为本原。有些有神论者似乎和现在的某些人一样，"主张只有在物的本性进步了的时候，善和美才显现。"① 除了这些把本原自身理解成为善和至善的之外，还有一些人则持相反的态度，认为善和至善是后来才生成出来的。亚里士多德说："像毕达哥拉斯派中人和斯潘西波，认为最美好和最善良不在本原之中，不在事物之始。其论据是，虽然本原是植物和动物的原因，然而美好和完整却在它们的产物之中……"② 。亚里士多德反对毕达哥拉斯派中的人和斯潘西波的观点，明确指出"他们这种看法是不对的。"③ 然而另一方面，他虽然原则上同意恩培

---

① ［古希腊］亚里士多德:《形而上学》，参见苗力田主编:《亚里士多德全集》第七卷，第 331 页。

② ［古希腊］亚里士多德:《形而上学》，参见苗力田主编:《亚里士多德全集》第七卷，第 279 页。

③ ［古希腊］亚里士多德:《形而上学》，参见苗力田主编:《亚里士多德全集》第七卷，第 279 页。

多克勒和阿那克萨哥拉等人的观点，但认为他们的具体观点也有缺陷。他说："恩培多克勒也极为荒谬，他把友爱当作善，友爱是本原，既是动力（因为它在结合），又是质料（因为它是混合物的一部分）。如若事情果然如此，那本原就既是质料又是动力了。而实际上两者的存在是不同的。而所谓友爱是就什么而言呢？"① 同时，"阿那克萨哥拉把善作为动力，说成是本原。因为理智在运动着，但运动要有个为什么，这样就有另一个善了，只能像我们所说的那样，医学在某种意义上就是健康。"②

亚里士多德自己同意把本原自身看成是善。他说："如若原初的东西，永恒和最自足的东西，在最初并不作为善而拥有自足和自存，那就是件怪事了。它之所以不消灭并且是自足的除非它是处于最善状态，别无其他原因。所以人们很有理由说本原是如此，也可能的确如此。"③ 不过，亚里士多德认为，把本原自身看成是善的就应该把本原看成是单一而不能将其看成是元素或数目。他说："在那些认为不动实体存在的人们中，有人说一自身就是善自身，……他们认为善的实质就是单一。"④ 但是，也有认为本原即善的人把本原看成是元素或数目。在他看来，若把本原看成是元素或数目就会带来很多困难，那就是它将造成一大堆善；此外，这种观点还有可能得出一系列奇怪的结论，即："如若形式是数目，那么一切形式都是某种善。人们可以随意设想某物理念的存在。如若它们仅只是善的理念，那么理念将不是实体。如若它是实体的理念，那么一切动物、植物、分有理念的东西就都是善了。"⑤

正如亚里士多德在讨论形式因和目的因的统一时把形式因作为核心一

---

① ［古希腊］亚里士多德：《形而上学》，参见苗力田主编：《亚里士多德全集》第七卷，第286页。

② ［古希腊］亚里士多德：《形而上学》，参见苗力田主编：《亚里士多德全集》第七卷，第286页。

③ ［古希腊］亚里士多德：《形而上学》，参见苗力田主编：《亚里士多德全集》第七卷，第332页。

④ ［古希腊］亚里士多德：《形而上学》，参见苗力田主编：《亚里士多德全集》第七卷，第332页。

⑤ ［古希腊］亚里士多德：《形而上学》，参见苗力田主编：《亚里士多德全集》第七卷，第332页。

样，他在讨论世界本原之真善统一的时候，也把"本原之真"作为核心。之所以如此，乃是因为本原本身就是真的意思，首先它是真实的存在，然后才有善的性质。需要补充说明的是：无论在形式因是形式因和目的因统一之核心的问题上，还是在本原之真是本原之真和本原之善统一之核心的问题上，形式因和本原之真的核心地位都不排斥善的最高目的地位。我们强调形式因和本原之真或者说"真"的核心地位，乃是强调在"作为存在的存在"或实体特别是第一实体那里，我们首先遇到的是"真"的存在，"善"虽然是最高目的，但是，它之所以"善"恰恰在于它的"真"，它是"因真而善"。因此，我们可以通过求真实现求善，尽管求善或许是我们求真的目的。此外，由于在"作为存在的存在"和实体特别是第一实体那里所存在的"因真而善"的情况，所以，在亚里士多德那里，思辨（真）的生活才是最合乎美德（善）的生活。

（三）以真为核心的真善统一的生活

既然实体或说世界本原是以真为核心的真善统一体，既然思辨（真）的生活才是最合乎美德（善）的生活，那么，哲学的任务就是通过把握实体或说世界本原以获得真理，从而让人过上以真理为基础的既合乎真理（思辨、理论）又合乎道德（美德、实践）的生活。

早在苏格拉底以及柏拉图那里，他们就把善的生活作为人生目标。但是，由于他们相信知识就是美德，所以，他们强调，在实际生活中，善的生活离不开知识，只有明智或说正确的生活才有可能成为善的生活。苏格拉底认为有德性的生活一定是明智的生活，亚里士多德同意这一观点，但他强调不应该笼统地说德性的就是明智的，而应该说德性离不开明智，它是合乎正确原理的品质。他说："苏格拉底的探索，有时是正确的，有时是错误的。在他认为全部德性都是明智时，他是错误的，在他说德性离不开明智时，就完全正确。作为这一点的证明，就是现在所有的人，在对德性作规定时，除了所说的之外，总还要加上，它是合乎正确原理的品质。只有合乎明智，这种品质才是德性。不过这里需要做一小小的改动，这种品质不但要合乎正确原理，还要与它相伴随才是德性。而明智则是关于实践活动的正确原理。"① 其实，柏拉图的观点更加接近亚里士多德的观点。"柏拉图和亚里士多德对于我们如何构想善必须履行的角色谈了很多，尤其是当这个角色概念是'正确'的时候。在他们的解释中，正确的善的概念将会诠释这样一种善，即：使其他诸善成其为善。"②

正是由于正确的理性生活或说符合真理的生活就是善的生活，所以，亚里士多德认为，求知的生活也就是求善的生活。他把这种真善统一的生活看成是快乐幸福的生活。在他看来，最快乐最幸福的生活是一种"自足"的生活，所谓自足就是这种生活或活动本身就是目的，在它自身之外再无其他的目的，也就是说，它不服务于任何其他的目的。那么，究竟什么样的生活或活动才是自足的呢？那就是思辨性的生活或说思辨活动，这就是一种为了知识而追求知识的生活，为了真理而追求真理的生活。这种生活或活动就是合乎德性的生活或活动。这样，他便把快乐、幸福与思辨活动、德性活动统一了起来。他说："我们认为幸福应伴随着快乐，而德性活动的最大快乐也就是合于智慧的活动。所以，哲学以其纯洁和经久而具有惊人的快乐。"③"如若幸福就是合乎德性的现实活动，那么，就很有理由说它是合乎最高善的，也就是人们最高贵部分的德性。……可以说合于本己德性的现实活动就是完满的幸福了。……这就是思辨活动。""思辨活动是最强大的（因为理智在我们中是最高贵的，理智所关涉的事物具有最大的可知性），而且它持续得最久"④，所以，智慧的人是最幸福也最有德性的人。在此基础上，亚里士多德最终把合乎理智的生活（思辨生活）与上帝的生活联系了起来，让其向不朽延伸。他说："……合于理智的生活相对于人的生活来说就是上帝的生活。不要相信这样的话，作为人就要想人的事情，作为有死的东西就要想有死的事情，而要竭尽全力去争

---

① ［古希腊］亚里士多德：《尼各马科伦理学》，苗力田译，中国人民大学出版社 2003 年版，第 134 页。

② Edited by Douglas Cairns, *Pursuing the Good: Ethics and Metaphysics in Plato's Republic*, Edinburgh: Edinburgh University Press, 2007, p. 282.

③ ［古希腊］亚里士多德：《尼各马科伦理学》，苗力田译，中国人民大学出版社 2003 年版，第 224 页。

④ ［古希腊］亚里士多德：《尼各马科伦理学》，苗力田译，中国人民大学出版社 2003 年版，第 223—224 页。

取不朽。"①

　　亚里士多德从生活的角度进一步论证了自己关于以真为核心的真善统一的思想，他认为求知是人的本性，也就是说，符合本性的生活是求知的生活或说思辨活动；同时，他又认为，善就是符合本性。因此，求知的生活或思辨活动（追求真理的生活或活动）就是善的生活。正如赫尔曼（Fritz-Gregor Herrmann）和彭纳（Terry Penner）所说："在亚里士多德的说明中，善对于那种寻求理解它的人具有一种不同的关系。归结他关于人类之善的分析，他告诉我们：'那本性上属于每种生物的东西是最好的……；那么，对人类来说，与理智一致的生活也是如此。'这种对善的生活和理性生活之间关系的肯定使人想起亚里士多德非常早的时期的在《伦理学》中的主张，即一个最有资格承担伦理学研究的人是在行动中也被理性指导的受过良好教育的人。"②

　　这种观点作为一种生活的观点，它既能够引出一种特有的哲学研究对象，又能够引出一门追求真理服务于生活的哲学学科。亚里士多德认为，"求知是人的本性"，人类从感觉开始，经过记忆、经验、技能，最后形成理论知识，并且只有不以实用为目的的理论知识才是智慧；第一哲学就是最高并且与实用无关的理论知识，因而它也就是最高的智慧。因此，形而上学既是求知的产物，也是求知的学科，也就是说，形而上学所面对的对象是一种"真"的对象，形而上学本质上是一门求真的学科。但是，形而上学作为求真的学科，它内在地包含了求善的目的，它所追求的真同时也就是善，它追求真理的目的就是为了获得善的生活。所以，亚里士多德在讨论"四种原因"的时候，直接把形式因也看成是目的因。他除了把形而上学称为"智慧"之外，也还把它称为"理性神学"，他在理性神学中谈最高实体的善时，认为愿望（信念）和理性都可以达到它，但是愿望达到的只是"像善的东西"，只有理性才能认识真正的善，因此，愿望必须

---

① ［古希腊］亚里士多德：《尼各马科伦理学》，苗力田译，中国人民大学出版社 2003 年版，第 225 页。

② Edited by Douglas Cairns, *Pursuing the Good: Ethics and Metaphysics in Plato's Republic*, Edinburgh: Edinburgh University Press, 2007, pp. 282–283.

服从理性，之所以如此，因为最高的善是知识对象。只有"真"才是形而上学之对象真善统一的"核心"，"善"只是我们追求形而上学之对象的终极目的。

四、逻辑科学与理性本质

亚里士多德像柏拉图一样把形而上学看成是理性科学。理性与科学原本存在着内在的一致性。哲学作为科学，它必须以永恒不变的东西为对象并且必须把握这种永恒不变的对象；由于感官只能把握流变不息的东西，所以，只有理性才能把握永恒不变的对象，因此，只有理性才能成为形而上学的工具并让形而上学成为科学乃至第一科学，并使作为科学乃至第一科学的形而上学成为理性的学科。在巴门尼德和苏格拉底初步确立了理性在哲学中的地位的基础上，柏拉图在哲学与文学、理性与非理性的问题上实现了自我决裂。他放弃了文学家的梦想而成为了哲学家，并且放弃了非理性走向了理性。在他那里，理性取得了胜利，它成为哲学特别是辩证科学的基本特征。在此基础上，亚里士多德可以腾出手来专注在哲学特别是第一哲学中发展理性，使之成为一门内在于形而上学并且帮助形而上学成为科学或说第一科学的有效工具。亚里士多德也曾像柏拉图那样贬低文学，认为哲学远非诗歌能比，甚至说荷马的本事无非是能把谎话说得更圆，他说："如诗人们说什么神性生来是忌妒的，……然而神性是不可能忌妒的，俗谚云，诗人多谎。"[1]，但是尽管如此，他还是比柏拉图更宽容一些，乃至还专门写了《诗学》，认为诗能够描写"普遍性"。之所以会出现这种状况，原因正是在于柏拉图已经为在哲学中确立理性的地位扫清了障碍，而他要做的工作则是在理性已经取得胜利的地基上系统地制定理性的工具，既表明这个工具是形而上学认识真理的工具，又表明这个工具是形而上学的一个有机组成部分。这个理性的工具就是逻辑的工具。

亚里士多德对于逻辑进行了深入系统的研究，探讨了形式逻辑的基本

---

① ［古希腊］亚里士多德:《形而上学》，参见苗力田主编:《亚里士多德全集》第七卷，第32页。

内容，使之成了一门科学，从而创立了真正意义上的逻辑学。他不仅提出并深入分析了诸如实体、数量、性质、关系、地点、时间、姿态或领有、活动等十大范畴，以及诸如定义、种、属差、属性、偶性等五种谓词表，而且还提出并系统地研究了概念、判断、推理等逻辑形式，确定了形式逻辑的三大基本规律亦即同一律、矛盾律和排中律。更为重要的是，他对三段论进行了创造性的探讨，分析了三段论的各种可能的形式和规律，首创了三段论推理的格和规则的学说。亚里士多德的逻辑学在西方哲学史和西方形而上学史上占有十分重要的地位，以至于海德格尔认为，在陈述命题的意义上，亚里士多德对 logos（逻各斯）作出了比较明白的形而上学解释，他"对 logos 的本质的这些看法对后来形成逻辑学与语法学都起典范与标准作用了"①。特别需要指出的是，尽管亚里士多德的逻辑学所研究的是思维的形式和规律，并且作为思维形式和规律的学科它主要关注的是思维自身的不矛盾而非思维的内容，但是，他在具体的分析中仍把逻辑学与现实世界联系起来，认为范畴与现实世界密切相关，定义就是事物的本质，逻辑的形式和规律则是客观事物存在的形式和规律的反映。正是这种范畴、思维形式和规律与现实世界之间的联系使得亚里士多德的逻辑学和逻各斯联系了起来，也使得他的逻辑学成为认识世界（在传统形而上学中，把这种世界理解成为外在或客观的物质世界和理解成为外在或客观的精神世界都是一样）的理性工具，并且构成了关于这一世界之知识或说真理体系的一个部分。

　　逻辑显然与苏格拉底和柏拉图的辩证法乃至与智者的诡辩论具有一定的联系，但是该词却源自逻各斯。我们在讨论柏拉图的哲学时说，逻各斯一词源自古希腊自然哲学家赫拉克利特的哲学，它在西方传统哲学中特别是传统形而上学中既指世界的本质也指人的本质，并且无论指世界的本质（规律、理性、上帝的命令）还是指人的本质，它的本质内涵都是理性。同时，我们还指出，亚里士多德把逻各斯看成是"定义"（公式）等，使其逐渐演变成了"逻辑"。就此而言，亚里士多德的逻辑（以及理性）思

---

① ［德］海德格尔：《形而上学导论》，参见孙周兴选编：《海德格尔选集》上卷，第497页。

想也来自赫拉克利特的逻各斯。尽管以海德格尔为代表的一些哲学家认为柏拉图、亚里士多德以来的传统形而上学家在解释逻各斯的含义时误解了希腊早期哲学家赫拉克利特之逻各斯的本质含义亦即话语，但是我们依然可以认为，无论这种评价是否属实，都不妨碍关于亚里士多德从赫拉克利特的逻各斯中发展出了理性的逻辑的理解。若是海德格尔的评价是错误的，那么，亚里士多德就在积极的意义上接受了赫拉克利特的逻各斯的影响，他像赫拉克利特一样把逻各斯看成是变中之不变，并且认为智慧就是承认"一切是一"，也就是说，智慧与理性相关；若是海德格尔的评价是正确的，那么，亚里士多德就在消极的意义上接受了赫拉克利特的逻各斯的影响，也就是说，亚里士多德改造了逻各斯，他（以及柏拉图）在自己的哲学中遮蔽了逻各斯的本真的含义，"λογο被'翻译'为，也就是说，一向被解释为：理性、判断、概念、定义、根据、关系。"[①]沿着海德格尔的观点，邓晓芒曾说："随着亚里士多德用枯燥的、学究气十足的散文（书面语）取代了早期哲学家诗意的语言，取代了柏拉图的生动活泼的对话体，这一起源也就被遮蔽了，哲学成了可读的，而不是可说的了，人们注意的是语言的骨骼，而不是它的血肉了。"[②]当然这里所说的柏拉图主要是早期的柏拉图。

正是因为如此，继柏拉图确立了理性在哲学特别是他的辩证科学中的地位之后，亚里士多德把逻各斯解释成为"定义"或者"公式"，并且由此引申出了"逻辑"，建立了一门以研究推理形式为主要内容的科学亦即逻辑学。逻各斯与逻辑的渊源关系表明了理性与逻辑学的渊源关系。若是逻各斯（像我们在第一篇中所说的那样）所表示的是世界的规律、理性，那么，逻辑学便是一门理性的科学，并且正是由于它是一门与世界的理性具有渊源关系的理性的科学，所以，它才能因与世界的理性具有的内在统一性而成为认识世界理性（规律）的工具。即使像海德格尔那样认为亚里士多德误解了赫拉克利特之逻各斯的含义，那结论也

---

① ［德］海德格尔：《存在与时间》，陈嘉映、王庆节合译，三联书店 1999 年版，第 39 页。

② 邓晓芒：《思辨的张力》，湖南教育出版社 1992 年版，第 31 页。

是一样，因为亚里士多德已经把逻各斯改造成了理性，并且据此也把逻辑学变成了理性的科学。例如，邓晓芒说："逻各斯在赫拉克利特这里的作用，主要就是暗示。"① 更进一步，甚至在柏拉图那里（当然是早期的柏拉图——引者）逻各斯还是带有诗意的对话。然而，"在亚里士多德那里，逻各斯失去了他丰富的暗示性含义，变成了干巴巴的'定义'和'公式'的意思。在这方面，黑格尔追随的是亚里士多德。"② "所以，黑格尔最感兴趣的，并不是柏拉图早年提出的那个更带诗意的、粗糙而无系统的'理念论'，而是柏拉图晚年对理念论的思辨的改造，这种改造突出地体现在《巴门尼德篇》中。"③ 邓晓芒也承认逻各斯的理性主义和科学主义精神的解释有着某种道理，但他也强调，这种解释与海德格尔的解释则完全不同。他说："基尔克（G.S.Kirk）认为，λογος 的词根是 λεγ，原有挑选、选择之意，由此引申出计算、尺度、比例和规律的意思。这种解释当然有利于将赫拉克利特的思想追溯到毕达哥拉斯的数学原则，也颇符合当代哲学中科学主义的思路。从某种方面说，也不是没有道理。但这种解释遭到了海德格尔的强烈反驳，指出这些局限于'科学的语言用法范围之内'的解释是自柏拉图和亚里士多德以来对于 λογος 本来含义的'掩蔽'。"④

巴雷特把理性在古希腊哲学中的崛起看成是一个意义十分重大的历史事件，他承认理性的崛起在古希腊有一个过程，但是，他坚持认为柏拉图和他的学生亚里士多德在理性的崛起过程中具有决定性的作用。他说："我们可以看到的发生在柏拉图作品里的这种理性的崛起，是一个重大的历史事件，它跨越柏拉图本人的一生。我们可以测度出这种时间跨距，这就是在它的源头标划出两个比柏拉图更早的思想家：赫拉克利特和巴门尼德，他们的鼎盛期在公元前 480 年左右，而在它的终点标划出柏拉图的学生亚里士多德，他实际上把柏拉图在后期学院草拟出来的理性理想推向了极致。"⑤ 就亚里士多德来说，巴雷特认为他在柏拉图之后以最严格最强有

---

①　邓晓芒:《思辨的张力》，湖南教育出版社 1992 年版，第 24 页。
②　邓晓芒:《思辨的张力》，湖南教育出版社 1992 年版，第 31 页。
③　邓晓芒:《思辨的张力》，湖南教育出版社 1992 年版，第 31 页。
④　邓晓芒:《思辨的张力》，湖南教育出版社 1992 年版，第 23 页。
⑤　［美］巴雷特:《非理性的人》，段德智译，上海译文出版社 1992 年版，第 84 页。

力的措辞表达了理性主义，并且长期影响着西方人的思想和西方人的生活。他说："亚里士多德告诉我们，理性是我们人格中最高的部分：人真正说来就是理性。因此，一个人的理性，就是他的真正自我，他个人身份的中心。这是以最严格最强有力的措辞表达出来的理性主义——一个人的理性自我是他的真正自我——这种理性主义迄今一直支配着西方哲学家的观点。"①并且，这种情况也使生活在西方哲学特别是形而上学熏陶下的西方人也逐渐把人看成是理性的人，并且把合乎理性的生活看成是完善的生活。总之，"从公元前480年赫拉克利特和巴门尼德时代起到公元前322年亚里士多德谢世，只不过一个半世纪多一点。而在这一个半世纪里，人作为理性的动物进入了历史。"②并且，"西方人一直在希腊人的阴影下思想。"③

五、形而上学的内在分歧

亚里士多德在苏格拉底特别是柏拉图哲学的基础上提出了第一哲学，从而使形而上学作为一门学科最终独立于自然科学（自然哲学）而被确立起来。但是，由于创立一门新的学科（特别是像形而上学这样的囊括世界万象的新学科）的及其复杂性，所以，在创立形而上学这一学科时亚里士多德又给我们留下了一系列有待解决的疑问，从而使形而上学在创立之时就包含了诸多歧义，并且由于后来形而上学家们按照各自的偏好继承和发展形而上学，所以使得这些歧义越发复杂。因此"说形而上学是什么并不容易。假如某人从事形而上学的工作，他就会发现这一学科的十分不同的特征。""2000多年以来，针对所谓的形而上学，哲学家们一直做着或尝试去做一些事情；他们努力的结果已经涉及到了各种各样的主题和方法。区分出形而上学的唯一主题和方法的困难并不能简单地追溯到这一学科的悠久历史。甚至在它的起源处，关于形而上学

---

① ［美］巴雷特：《非理性的人》，段德智译，上海译文出版社1992年版，第92页。
② ［美］巴雷特：《非理性的人》，段德智译，上海译文出版社1992年版，第84页。
③ ［美］巴雷特：《非理性的人》，段德智译，上海译文出版社1992年版，第91页。

是什么就已经有了歧义。"[①] 在形而上学众多的歧义中，最为基本的歧义就是我们在本书的"导言"中提到的两个歧义，即：一般形而上学内部典型形而上学和离异形而上学的歧义，以及一般形而上学和下属形而上学的歧义。

（一）一般形而上学的两条路线

如在"导言"中所说，一般形而上学就是研究存在本身的哲学。在一般形而上学内部，存在着典型形而上学和离异形而上学的歧义，这是一个十分重要的歧义，因为它彻底地动摇了形而上学作为一门科学或第一科学的地位，并且对形而上学后来的发展命运起了举足轻重的影响。我们曾说，亚里士多德的哲学研究与他拥有的大量实证资料相关，对于那些大量实证资料的考察使他的整个哲学研究都比较注重个体事物和经验观察，并使他的存在论、认识论，以及灵魂学说都带上了浓厚的经验色彩。为此，他不惜凭着"吾爱吾师但吾更爱真理"的精神批判他的老师柏拉图理念论中的使理念脱离经验的个体事物的做法。但是另一方面，亚里士多德毕竟受到了他的老师柏拉图哲学的影响，特别是作为一个形而上学哲学家，作为一个要把哲学（第一哲学）变成科学乃至第一科学的哲学家，他必须寻找到某种永恒不变的世界本原来作为自己哲学的对象，从而使自己的哲学能够变成科学乃至第一科学。由于从经验世界出发实际上不可能寻找到这种永恒不变的世界本原，从而使他的哲学或第一哲学成为科学乃至第一科学，所以，他最终不得不回到了他的老师柏拉图的哲学立场，把"纯粹形式"看成是第一实体，看成是哲学或第一哲学的终极意义上的对象，甚至进一步把上帝也看成是哲学的对象，把哲学理解成为神学。由于亚里士多德在哲学对象的问题上动摇于作为不变实体的纯粹形式和作为可变实体的个体事物（质料）之间，以及（与此相应）在认识论上动摇于经验倾向的认识和理性倾向的认识之间，所以，他的哲学态度也有某种摇摆不定，这就导致了他的哲学整体具有某种犹豫不定特征，以及他在对柏拉图哲学的

①　Micael J. Loux, *Metaphysics: A Contemporary Introduction* (third edition), New York and London: Routledge: Taylor & Francis Group, 2006, p.2.

态度上既有批判的方面又有坚持的方面。正是因为如此，在他的哲学内部以及在他的哲学与柏拉图的哲学之间产生了一种分歧，这种分歧最终便造成了一般形而上学内部典型形而上学和离异形而上学的分歧。

亚里士多德哲学的犹豫特征首先表现在存在论方面，也就是说，首先表现在他关于第一实体的规定方面。我们在讨论亚里士多德创立第一哲学时曾经指出，在确定究竟何为"第一实体"因而更有资格成为第一哲学的研究对象时，亚里士多德其实具有两种说法。在《范畴篇》中，他把个体事物看成是第一实体，并把种和类（形式）看成是第二实体。他还依据这一观点毫不犹豫地批判了他的老师柏拉图的理念论。但是，到了《形而上学》一书，他又推演出了"纯形式"，并把纯形式看成是第一实体。从根本上说，亚里士多德最终还是倒向了他的老师柏拉图，认为纯形式才最有资格成为第一哲学的对象。亚里士多德哲学的犹豫特征其次表现在他的认识论方面。在感性认识和理性认识的关系方面，他既主张感性认识相对于理性认识的基础作用，但又主张有些理性认识其实与感性认识并无关系；在感性认识内部，他强调经由感官的感觉是认识的起点，但又强调感觉仅仅是感觉对象的形式；在理性认识内部，他重视被动心灵的依赖经验的认识，但又肯定主动心灵的独立作用，从而为新的灵魂不朽留下了后路。其实，在亚里士多德哲学的其他所有方面，我们都能看到他的这种犹豫不决的特征。

正是由于亚里士多德曾经有过的动摇和犹豫，从而使得后来的形而上学家们有可能重点抓住亚里士多德哲学思想的某一个方面加以发挥。尤其重要的是，亚里士多德在第一实体究竟为何问题上的犹豫，意味着他在重视个体事物以及经验的自己和重视纯粹形式以及理性的自己之间的犹豫，也意味着他在他自己（作为重视个体事物以及经验的他）和柏拉图（作为重视纯粹理念以及理性的柏拉图）之间的犹豫。因此，后来的持有不同哲学立场的哲学家便有可能根据自己哲学立场的需要而抓住他哲学中的某一方面加以发挥。由于柏拉图是典型的形而上学的代表，后来的作为典型形而上学的唯心主义或唯理论哲学家已经有了这个古代的权威哲学家作为自己的鼻祖，而那些后来的作为离异形而上学的唯物主义或经验论哲学家总想自己也有一个古代的权威哲学家作为自己的鼻祖，所以，他们便抓住了亚里士多德哲学中的不利于柏拉图而有利于重视个体事物和经验的离异形而上学的"亚里士多德思想"以对抗典型形而上学。这样一来，在亚里士多德之后的形而上学的发展中，在一般形而上学内部便出现了"柏拉图路线"和"亚里士多德路线"的对立，亦即重视一般和理性的典型形而上学（唯心主义或唯理论）和重视个别和经验的离异形而上学（唯物主义或经验论）的对立。这种对立既表现在中世纪哲学的实在论和唯名论的对立之中，也表现在近代哲学的唯理论和经验论的对立之中。例如，《人类理智新论》是作为典型形而上学重要代表的莱布尼茨系统驳斥作为离异形而上学重要代表的洛克的唯物主义经验论的著作，在此著作的开篇伊始，莱布尼茨就说："一位有名的英国人所著的《人类理智论》，是当代最美好、最受人推崇的作品之一，我决心对它作一些评论，……他的系统和亚里士多德关系较密切，我的系统则比较接近柏拉图，虽然在许多地方我们双方离这两位古人都很远。"[①]

在西方近代哲学发展中，由于近代早期哲学亦即唯理论和经验论在认识论上的危机导致了形而上学在存在论上的危机，所以，康德试图在批判以往旧的形而上学的基础上重建科学的形而上学。他在重建科学的形而上学时所持有的基本立场在于：他在退一步（放弃旧形而上学的超验实体）的同时依然坚持典型形而上学（唯心主义或唯理论）的立场；并在进一步（在经验世界寻找确定知识）的基础上又接纳了离异形而上学（唯物主义或经验论）的观点，从而在新的唯心主义和唯理论的立场的基础上把唯心主义和唯物主义、唯理论和经验论调和起来。黑格尔则在批判包括康德在内的所有以往形而上学的基础上重建科学的形而上学，他的重建是在康德哲学的启示下并在典型形而上学的基本立场上用辩证的方法把唯心主义和唯物主义，唯理论和经验论综合到一个辩证发展的系统中去，力图形成一个庞大的既包含了实体也包含了现象、既包含了理性也包含了经验、既包含了典型形而上学也包含离异形而上学的绝对的真理体系。

---

　　① ［法］莱布尼茨:《人类理智新论》上册，陈修斋译，商务印书馆 1982 年版，第 1—2 页。

（二）形而上学的两种基本类型

形而上学首先以一般形而上学的形式出现（它内部又包含了典型和离异两种形而上学），在后来的发展中，又逐步形成了下属的形而上学（分别探讨世界或宇宙、心灵和上帝之存在的形而上学），从而形成了形而上学的两种基本类型亦即一般形而上学和下属形而上学。这就是形而上学的另外一种主要歧义。其实，尽管亚里士多德以及柏拉图创立的形而上学主要是一般形而上学，但是，早在它们那里，下属形而上学也已在一定的程度上存在着。

就研究对象说，最早的自然哲学提出了"自然"（宇宙）这个对象；而巴门尼德在提出"存在"这个表示外在世界本质的抽象概念的同时，也提出了思维这个与心灵相关的概念，并且提出了上帝的概念；苏格拉底更是十分明确地把上帝和心灵作为自己哲学的研究对象。在柏拉图的理念论中，本质世界是善统辖下的世界，灵魂（心灵）属于理念世界的一个部分，并且，在某种意义上说，善统辖下的世界也就是上帝统辖下的世界。大体而言，从下属形而上学的角度看，在亚里士多德之前的形而上学的创立过程中，哲学的主要研究对象还是外在世界（宇宙，无论它表现为外在的物质世界还是外在的精神世界都是一样），但是尽管如此，上帝以及心灵在部分意义上也构成了哲学的研究对象。

亚里士多德受到以往哲学的影响，他在创立形而上学时尽管也专门研究了灵魂的问题，并且把心灵作为一种专属于人的实体，但是，他在探讨世界最初原因的总体目标下重点还是探讨了作为哲学（第一哲学）对象的"作为存在的存在"和上帝。我们曾说，在创立形而上学时，亚里士多德分别采用了第一哲学、智慧和神学三个术语来指称自己的形而上学，并且他所采用的表示自己的形而上学的三个术语其实存在着内在联系。其中，智慧探讨的是世界的最初原因，这个最初原因既可以被看成是"作为存在的存在"（实体，特别是第一实体），也可以在最终的意义上被看成是上帝。当世界的最初原因被当作"作为存在的存在"时，哲学就是"第一哲学"；而当世界的最初原因被当作上帝时，哲学就是理性神学。这样一来，在他那里，除作为实体之一的灵魂（灵魂作为与躯体质料相对应的形式也是一种实体）外，形而上学主要包含了两种对象：作为存在的存在，它是第一哲学以及智慧的研究对象；以及上帝，它是神学（其实也还是智慧）的研究对象。所以，卢克斯说，在究竟什么才是第一原因的问题上，亚里士多德认为"或许有许多不同的事物；但是，这里中心的东西则是上帝或不动的推动者。因此，后来被称为形而上学的东西是关于上帝的学科"①；同时，亚里士多德又"……告诉我们它是理论学科。与那各种关注生产的技艺和各种意在指导人类行为的实践科学（伦理学、经济学和政治学）不同，形而上学的目标仅仅在于理解真理。在此方面，它与数学和各种物理学一样。"② 因此，"亚里士多德并不满足于把形而上学描述为探讨第一原因的学科，他还告诉我们这是一种研究作为存在的存在的学科。由于这个特征，形而上学被证明不是另一种具有自身特殊主题的部门学科，而毋宁是一门一般的学科，它思考所有的存在对象"③。这样，在亚里士多德那里，存在着两种关于形而上学的解释，一方面，它要探讨第一原因，特别是上帝；另一方面，它又要为存在的整体领域提供一般的特征。"乍看起来，在这两种形而上学之间存在着一种张力。想要理解为何一门学科既是学科部门又是普遍科学将会非常困难。亚里士多德本人意识到了这里的紧张关系，他费尽苦心要表明这种紧张关系只是表面的现象。"④ 正是由于他的这种苦心，所以，我们在他那里才确实能够看到上帝与第一实体之间的内在联系，通过这种内在联系，我们也能够看到以上帝为对象的学科亦即神学和以作为存在的存在为对象的学科亦即第一哲学（它们都是智慧）之间的内在联系。当然，不可否认的是，在亚里士多德那里，形而上学作为第一哲学，它的最为主要的对象还是作为存在的存在。

---

①　Micael J. Loux, *Metaphysics: A Contemporary Introduction*（third edition）, New York and London: Routledge: Taylor & Francis Group, 2006, p.2.

②　Micael J. Loux, *Metaphysics: A Contemporary Introduction*（third edition）, New York and London: Routledge: Taylor & Francis Group, 2006, p.2.

③　Micael J. Loux, *Metaphysics: A Contemporary Introduction*（third edition）, New York and London: Routledge: Taylor & Francis Group, 2006, p. 3.

④　Micael J. Loux, *Metaphysics: A Contemporary Introduction*（third edition）, New York and London: Routledge: Taylor & Francis Group, 2006, p. 3.

在中世纪的哲学中，亚里士多德形而上学的两种对象都得到了更多的研究。卢克斯说："在中世纪亚里士多德主义传统中，我们继续碰到形而上学的这种双重特征；像亚里士多德一样，中世纪人相信形而上学的两种概念能在单独一个学科中实现，它的目标既是勾画现实的范畴框架也是建立神圣实体的存在和本性。"① 但是，中世纪的哲学家已彻底转换了解决形而上学双重特征的紧张关系的视角，它完完全全地把上帝作为最为基本的基础。在这方面，做得最好的应该就是中世纪伟大的宗教哲学家托马斯·阿奎那，他不仅最为系统地研究了上帝这一对象，从而在下属形而上学的意义上极大地丰富了形而上学的研究内容，而且还卓有成效地在建立神圣实体的存在和本性的同时勾画了现实的范畴框架，从而力图通过把亚里士多德那里的形而上学的一重特征建立在另外一重特征（上帝）的基础上以消除他的形而上学的双重特征的紧张关系。

近代早期哲学在坚持亚里士多德形而上学双重特征的同时把形而上学的研究对象系统地扩展到了心灵实体上面。随着形而上学从中世纪向近代的发展，十七、十八世纪欧陆理性主义"哲学家们关心形而上学本性时具有不同的观点。亚里士多德和中世纪哲学家给了我们关于这一学科的两个不同的解释。有时，他们把它描绘成试图确定第一原因的学科，特别是确定上帝或不动的推动者的学科；有时，他们又把它描绘成关于作为存在的存在的最一般的学科。不过，他们相信这两种描绘指的是同一门学科。相比之下，十七、十八世纪的理性主义者扩大了形而上学的范围。他们关心的不仅是上帝的存在和本性，而且也关心心灵与肉体的区分，灵魂不朽和自由意志。"②"他们认为形而上学不是简单的关心上帝的存在和本性，而且也关心心灵与身体的区别，它们在人类之中的关系，一致的本性和自由程度。"③ 这就是说，

---

① Micael J. Loux, *Metaphysics: A Contemporary Introduction* (third edition), New York and London: Routledge: Taylor & Francis Group, 2006, p. 4.

② Micael J. Loux, *Metaphysics: A Contemporary Introduction* (third edition), New York and London: Routledge: Taylor & Francis Group, 2006, p. 1.

③ Micael J. Loux, *Metaphysics: A Contemporary Introduction* (third edition), New York and London: Routledge: Taylor & Francis Group, 2006, p. 4.

除了亚里士多德主义的形而上学传统的两个主要对象之外，近代早期哲学家在形而上学对象的研究方面突出了心灵以及心灵与身体之间的相互关系的研究。其实，早在 1636 年，当德国经院哲学家郭克兰纽首先在其著作中使用"存在论"一词时，除了有些经院哲学家在存在论的意义上理解形而上学之外，还有一些哲学家就把存在论理解成为形而上学的一个分支，认为除了存在或宇宙外形而上学还应该研究心灵和上帝，例如，哈奇森就已经开始分别从宇宙、心灵和上帝三种对象来划分形而上学并对其进行研究。但是，只是到了笛卡尔的哲学，存在（物质实体）、思维（心灵，精神实体）和上帝才作为形而上学的三个清晰独立的实体对象共同呈现出来。在此基础上，德国哲学家沃尔夫（C. Wolff）具体绘制了形而上学版图上的一般地图，他明确地把存在论与探讨上帝的（理性）神学、探讨宇宙的（理性）宇宙论和探讨心灵的（理性）心理学区分开来，认为后面三个学科属于形而上学的不同分支。形而上学的这三个不同分支正是我们所说的形而上学中的一种类型，即区别于一般形而上学或存在论的下属形而上学。卢克斯说，当形而上学把心灵纳入形而上学作为其中的一个主要对象后，"有些适应了亚里士多德主义传统的人将会对'形而上学'术语的新的用法感到困惑，并且指责那被设定为具有单一主题的单一学科在理性主义者手里被弄成了研究无关主题的大杂烩。显然，理性主义对于这种指责十分敏感，它们寻求为重绘形而上学在哲学中的学科边界提供合理的说明。最终出现的东西是形而上学版图上的一般的地图。"① 它最终表现为沃尔夫所绘制的地图：形而上学存在论和形而上学的三个分支学科，它们也就是一般形而上学和下属形而上学。

　　近代晚期的康德在近代早期形而上学因认识论危机而面临着存在论危机时认为，"……形而上学，无论是理性主义者的形而上学还是亚里士多德主义者的形而上学，都代表了一种企图，即：知道人类感觉经验范围之外的东西。它寻求回答感觉经验不可能提供回答的问题，这些问题包括灵

---

　　① Micael J. Loux, *Metaphysics: A Contemporary Introduction* (third edition) , New York and London: Routledge: Taylor & Francis Group, 2006, p. 4.

魂不朽、上帝存在和自由意志。"① 所以，他试图通过先验论的方法把传统形而上学的宇宙对象置于不可知的领域而仅仅在经验领域寻求哲学知识的确定性，并且把上帝和灵魂转换成实践领域实现自由的道德信念支撑。黑格尔作为近代晚期形而上学的集大成者并不满意康德对于传统形而上学的处理，他通过辩证的方法重建了关于存在论的绝对真理体系，把形而上学的不同对象一概纳入其中，把它们变成了他的绝对精神自我运动、自我发展和自我认识的不同环节。

---

① Micael J. Loux, *Metaphysics: A Contemporary Introduction*（third edition）, New York and London: Routledge: Taylor & Francis Group, 2006, p.6.

第三篇
上帝论: 形而上学的发展

　　形而上学这一学科在由柏拉图发端、亚里士多德创立后，在中世纪时期有了新的发展。在中世纪这一特殊的时期中，基督宗教是时代不变的主题，哲学是在基督宗教的气氛中发展出来的。从整个时期来看，在漫长的中世纪中，哲学始终没有为自身取得在思想领域中的独立地位，它自身的发展是和基督宗教信仰相互交织、相互渗透的表现。基督教是在古希腊文化和犹太教的土壤下孕育而生的，而从第一教义上来看犹太教中的至上神——上帝和古希腊哲学中精神性的"神"的概念，就在基督教的原始教义中第一次碰面，也就表明了信仰和理性的关系问题成为了基督教内部不可消除的内在矛盾。从整个基督教的发展来看，它始终在理性和信仰、神学和哲学之间徘徊。而"上帝"作为最高的存在，一方面是信仰中的至上神，另一方面是形而上学的最高对象。因此，关于"上帝"对象的建立，同样是在信仰和理性相互交织的进程中完成的。在基督教建立之初，为了普及其教义，护教者们必须面临一个棘手的问题，即如何将信仰中的"上帝"作理性说明的问题。从护教者的著作内容来看，"逻各斯"概念的引入在解决这一问题上起到了至关重要的作用，在他们看来，逻各斯是上帝的产物，并且它在某种程度上是耶稣基督，这一过程也即是"道成肉身"。逻各斯虽然是上帝的产物，但是它在本质上和上帝同一，并且和上帝一起永恒存在。这样，古希腊哲学中的逻各斯第一次和基督教信仰中的上帝结合了起来，虽然这只是一种间接的结合。在尼西亚会议期间，逻各斯和上帝的关系问题成为了会议的主要议题，而从成果来看，尼西亚会议确定的基本原则则是"产生"不等于"制造",逻各斯虽然从上帝而来,但是和上帝是完全同一的实体,"上帝"数量是一、本质是一。这样,基督教信仰中的上帝,通过"逻各斯"概念的说明,第一次有了形而上学意义上简单的阐述。而使关于"上帝"的学说真正成为哲学的学说则是始于教父时期,这也是有些学者将教父时期称为中世纪哲学真正开端的原因。教父哲学的集大成者是奥古斯丁,在奥古斯丁看来,唯一的真理是关于上帝的知识,所有人终其一生都要为通达真理而磨炼。上帝自身作为真理的永恒法,以一种先天地方式烙在了我们的心灵之中,我们所要做的就是重新揭示他,这样我们才能获得拯救。在奥古斯丁看来,理性的作用在我们通达上帝的过程中十分重要,关于上帝,我们需要理性来理解信仰,上帝概念在心灵中被理解是需要理性的功能。但是,在另一方面,信仰确认了理性,奥古斯丁虽然承认人在理解上帝过程中的重要作用,然而理性思维本身还是很脆弱的,它会犯错,这时候就需要神启的信仰来为我们的理性提供判断依据。奥古斯丁的这种"信仰追求理解"的思维方式也是教父哲学家们一贯的思维方式,他们保留了哲学的方法,但是将其置于一次要的位置,以便给信仰的教义留下充分的空间。特别是在关于"上帝"的问题上,他们都主张,正确的关于上帝的知识都是来自信仰的知识,它具有唯一的、不可置疑的确定性,在此基础之上,我们通过哲学的方法去阐述加以理解。在他们看来,信仰是核心,理性无条件地服务于信仰。教父哲学家的这一尝试将哲学和神学结合在了一起,进一步把古希腊哲学引向了宗教,但是从另一个角度来说,这种做法也将神学和哲学、信仰和理性置于了一种更加紧张的关系之中,而这一关系和格局的改变是在经院哲学时期发生的。在经院时期,理性和信仰的关系问题是这一时期的核心问题,而这一关系则在托马斯·阿奎那的时代以一种对立的方式显现。在13世纪前后,亚里士多德的思想广泛传入到了古罗马地区,亚里士多德思想中的理性思辨方法对当时占统治地位的"信仰追求理解"的方法产生了极大的冲击,第一次造成了十分严重的信仰危机。托马斯作为坚定的护教者,意识到修复这一危机的关键则在于重新梳理理性和信仰的关系。特别是在关于"上帝"的学说中,要给予理性以充分发挥的空间。教父哲学在这一问题上采取的是一种"解释"的方法，也即是由信仰确立其上帝之后再用理性解释真理；托马斯所希望的是一种"构建"的方法，也即是将上帝的学说建立在理性的基础之上，在另一个方面，我们通过信仰的方式确保我们理性思维的结果是正确的。托马斯敏锐地观察到了亚里士多德的形而上学理论能够完成这一构建。关于形而上学，亚里士多德还有两种名称，一种是"智慧"，另一种是"神学"。所谓智慧，也即是涉及了经过理性思维论证的四因学说、潜能与现实等理论知识，其中最纯粹的形式、最初的动力、最高的目的和最纯粹的现实即是"最高智慧"，在此同时，亚里士多德也将它们归结为作为研究最高的存在的"神"，从这一角度上来说，形而上学又是研究"神"的学问。在托马斯看来，亚里士多德的"神"和基督宗教中的"神"有许多相似之处，他们都是"至善"、"最高目的"和"至上存在"等，因此借鉴亚里士多德的"智慧"的方法构建起以基督教的"神"为对象的形而上学体系在托马斯看来即是可行的。托马斯正是在这一思路的指引下构建起了一种新的形而上学，进而在这一基础上完善了整个基督教哲学体系。托马斯强调了理性的作用，在他看来理性是上帝的恩赐，我们要最大限度地发挥它，甚至在认识"上帝"的领域中理性也有着十分重要的作用，进而托马斯提出了"双重真理"的标准。但是，托马斯并没有放弃奥古斯丁的信仰至上原则，在托马斯看来，信仰是第一重要的，缺乏了信仰我们的人格和本性将不是完整的，信仰告诉我们的知识一定是无可置疑的。托马斯和奥古斯丁的分歧在于，在缺乏了信仰的帮助下，理性自身能够在认识"上帝"的过程中达到何种高度。托马斯的这一构建，从哲学史上看，不仅在很大程度上调和了基督教哲学内部一直存在的理性和信仰的矛盾，并且也第一次比较完善地建立起了下属形而上学分支中的"上帝"这一条理路。

第一章　托马斯上帝论的思想基础

一、托马斯其人其事

托马斯·阿奎那（Thomas Aquinas）是中世纪经院哲学的集大成者，也是罗马教会著名的神学家和哲学家，其最主要的贡献为，在 13 世纪基督教信仰权威受到理性思潮的冲击和挑战之时，托马斯在奥古斯丁主义所尊奉的教义的基础之上，通过引入亚里士多德的思想而构建起一种新的理性与信仰相平衡的上帝论，从而挽救了基督教的信仰危机。在托马斯的时代，基督教哲学是以教父哲学的集大成者奥古斯丁的思想为主流教义的，而奥古斯丁主义的理论根源是柏拉图主义，它所极力排斥的正是突出了经验的亚里士多德思想。因此，在托马斯进行有如"异端"般的改革后，在一段时间内，他的理论遭受了来自以奥古斯丁主义者为主要代表的保守势力的猛烈谴责。然而从长期的历史角度来看，无论是在基督教会内部、还是作为人类思想史发展中的一个部分，其思想的价值和地位却在稳定上升，1323 年托马斯被教会追谥为圣徒，并且在一段时期内先后被教廷宣扬，称其为"哲学导师"、"天使博士"等，其著作及理论被视为教会的正统权威和神学院中的教学教材。虽然此后在宗教改革时期，托马斯思想的地位和境遇在一定程度上有所下降，但是到了 19 世纪末、20 世纪初教廷倡导研究他的思想之后，这种情况就完全改变了。

据历史考证，托马斯大致于 1224—1226 年之间出生于现意大利境内那不勒斯地区，由于家族名望的显赫，托马斯在他五岁那年就被送到了当地颇具影响力的卡西诺山基督教学府本笃会修道院接受初级教育，13 世纪的修道院教授的课程是中世纪学校规定的"七门自由艺术"（Septem artes liberales），包括语法、修辞、逻辑、算数、天文、几何、音乐。虽然这七门学科在表面上是关于自然学科和社会学科的理论，但实质上传授的是关于基督教基本教义的理论，这样托马斯第一次接触到了基督教哲学理论。

1245—1252 年是托马斯哲学思想的开端时期，其标志为托马斯开始接触亚里士多德思想。在当时的思想领域中，亚里士多德的自然哲学思想通过阿威洛伊学派（Averroes）[①] 和阿维森纳（Avicenna）学派[②] 传入意大利地区，这对当时在基督教内部占统治地位的奥古斯丁主义产生了极大动摇，托马斯顺应时代的潮流，前往当时研究基督教神学的最高学府巴黎大学跟从亚里士多德的追随者大阿尔伯特（Albertus Magnus, 1193—1280）学习。在大阿尔伯特看来，亚里士多德思想的盛行已经是一股不可阻挡和逆转的潮流，于是他便致力于用亚里士多德思想来对宗教神学进行重新论证，以挽救基督教哲学的信仰危机。在他的指导之下，托马斯开始大量接触亚里士多德的著作及思想，这也是托马斯人生中的重要转折点，同时也是他独有的哲学思想的开端。

1252—1267 年是托马斯哲学思想的发展时期，其标志为托马斯开始利用亚里士多德学说公开演讲和辩论。托马斯沿着导师的思路继续用亚里士多德主义改造基督教哲学，同时在这条道路上托马斯比大阿尔伯特走得还要远，他不仅对亚里士多德的大量著作进行了点评和注疏，并且还利用自身巴黎大学教师的身份和雄辩的口才，积极宣传经过了亚里士多德主义改造的基督教思想，这在当时的哲学领域和神学领域引起了巨大的反响。在此期间，他著述了诸多反驳性的文章及著作，例如《斥希腊人的谬误》

[①] 阿拉伯哲学中主张亚里士多德唯物主义的教派，由阿威洛伊（1126—1198）创立。

[②] 中世纪的阿拉伯哲学学派的一支，由阿维森纳（980—1037）创立，该学派对亚里士多德的形而上学思想进行了充分的发挥，代表著作有《指导书》、《治疗书》等。

（1263）以及《驳异大全》（1259—1264）等。

1267—1273 年是托马斯哲学思想的成熟时期，其标志为《神学大全》的完成。托马斯于 1256 年获得博士学位之后，把自己余下的生命都用在了教授、布道和写作之中，从 1267 年开始托马斯开始撰述在此后轰动了整个基督教世界的《神学大全》，在此书中他系统完整地阐述了他所有的哲学思考和观点，可以说是他一生思想的总结，该书于 1273 年完成，标志着托马斯思想的顶峰。1273 年托马斯在被要求参加第二次里昂主教会议时病倒在途中，结束了约为 49 岁的生命。

虽然托马斯的这一生并不长久，但其留世的著作可谓不胜枚举。在基督教内部，托马斯是可与其前辈奥古斯丁相媲美的高产作家，即使从整个哲学史来看其著作之多也是屈指可数。在托马斯去世之后，其秘书曾为其整理了著作集，并交由罗马教廷主持修订、出版，全书约为 1500 万字。在托马斯所有的著作当中，有代表地位的当属《驳异大全》和《神学大全》。

《驳异大全》成书于 1264 年，全书共分为 4 卷 463 章，40 余万字。从内容上来看，该书的主要论点在于为基督教哲学辩护，通过驳斥非基督教学派的异教思想以达到解救基督教信仰危机的目的。就如他在书中所说"著作本书的宗旨，是竭尽全力，显扬公教信仰所宣证的真理，排除与之相反的谬说"①。该书在托马斯哲学的发展时期中占据着重要地位，因为在这部著作中托马斯第一次系统地把亚里士多德的思想融入到基督教哲学中，从而进一步把哲学理性思维的运用加入到基督宗教教义的论证当中。他的另一部著作《神学大全》成书于 1273 年，全书共 3 集 512 题，160 余万字。其中，第一集为上帝论，第二集为伦理学，第三集为教理神学，在这三集中，第一集是托马斯哲学思想的核心所在，托马斯在这里主要讨论了三个问题：上帝的本质、上帝的位格和上帝的运行，其中上帝的本质部分是托马斯整个上帝论的制高点和拱顶石。《神学大全》是托马斯最宏大的一部著作，也是其最后一部著作。在内容上，该书系统地汇集了托马

---

① ［意］托马斯·阿奎那：《驳异大全》第一卷，吕穆迪译，安徽人民出版社 2013 年版，第 7 页。

斯的所有思想观点，不仅极为详细地阐述了几乎所有的基督教教义，还逐条逐句地用理性的方式对其进行了哲学上的论证。其涵盖面之广、内容程度之深，在基督教哲学著作内部可以说无一能与其匹敌，在很长一段时期内，《神学大全》都被教廷奉为教义的权威解释著作，并且成为世界各地神学院的必修教材，该书也是托马斯宗教哲学思想的集中体现。

托马斯的著作不仅在主观上是其个人哲学思想的反映，在客观上更是整个社会思想变革的缩影，当时在思想界内引起广泛争论的是理性和信仰之间关系的问题，这一争论一方面来自于基督教哲学内部奥古斯丁主义的理论局限，另一方面则是来自于亚里士多德思想中的经验主义的冲击。

二、托马斯所面临的问题

托马斯所处的时代是基督教哲学的危机时代，这一危机体现为两个方面：第一，内部奥古斯丁主义的困难；第二，外部亚里士多德思想对奥古斯丁主义的挑战。这两种不同思想交锋的前沿正是理性与信仰、哲学和神学的关系问题。在奥古斯丁主义的宗教哲学中，理性思维是完全服务于信仰的，哲学是和神学浑然不分的；而在中世纪亚里士多德主义的阿威洛伊学派的主张中，理性思维是要独立于信仰的，哲学是要对抗神学的。因此，对理性和信仰这一对关系的回答是托马斯在构建自身的宗教哲学之前所首先要处理的问题。

（一）理性服务于信仰

在托马斯所处的时代，基督教哲学的解释是基于奥古斯丁主义的，奥古斯丁主义的最大特征是信仰决定一切，理性无条件地服务于信仰。

1.奥古斯丁及其思想

奥古斯丁是基督教早期最伟大的哲学导师，他对一些教义的阐释和论述可以说奠定了督教之后几百年的发展方向，他代表了教父时期哲学思想的巅峰，同时被教会尊奉为"圣奥古斯丁"。奥古斯丁的思想可以说在很大程度上是以柏拉图主义为根据的，这种哲学方法在托马斯之前一直在基督教世界占据着统治地位。在他看来，真理是我们人生追求的目标，而真理也即是上帝的显现，上帝作为真理不仅是客观的存在，在某种程度上，也像柏拉图的先天知识一样内在于我们的心灵当中等待着被我们所揭示。崇高的真理被污浊的贪欲（libido）所掩盖，我们的终极追寻不仅是回归真理、与永恒的秩序融为一体的过程，也是一个不断禁欲，将自身与尘世隔绝的过程，这也是一种斯多葛主义的禁欲方法。在我们能否在此生通过自身的努力通达上帝的问题上，奥古斯丁是不乐观的。在他看来，朝觐上帝之路是在一种不断地追求中逐步延长的，虽然我们发现这条路是多么的模糊和遥远，至上真理又是我们理性所难以理解琢磨的，但是我们只要相信我们是朝着善在迈进，并坚信上帝会最终显现，我们的心灵就越加接近澄澈。也许在来生某个阶段，会与上帝一同结合在永恒的秩序之中获得至真至善。在奥古斯丁的理论体系之中，上帝是核心，关于上帝的学说也作为第一真理是审视其他所有学科的永恒不变的标准。可以说，没有关于上帝的知识，也不会有其他任何学科的知识，上帝是永恒的法则，规定了一切。在奥古斯丁看来，在关于上帝的知识的获取上，我们理性思维是具有一定的作用的，他将理性称之为人之中最为高贵的部分，并且是以此和其他动物区别开来的部分。这种理性认识能力已经不仅仅是一种分析抽象的能力，它是一种能理解永恒秩序的能力。在奥古斯丁看来，永恒秩序是上帝赋予世界的原则，世界在这一原则下按照低级事物服从于高级事物的秩序排列，构成上帝永恒计划的一个环节。我们不仅要通过理性认识到真理的秩序还要通过意志的能力实践秩序。自由意志在奥古斯丁的学说中是另外一个重要的内容，在他看来自由意志是双向的，其中的善良意志是我们回归永恒秩序的根源，善良意志的抉择不仅是道德上的根源，也是我们迈向真理的第一步。奥古斯丁模仿了柏拉图的"洞穴比喻"，提出了我们要循序渐进地逐步回归真理，真理就像太阳一样十分刺眼无法直视，如果我们先从眼前的事物开始，再到远处的事物；从阴暗的事物开始，再到明亮的事物，我们距离洞见真理就更加地接近了。之所以说这是一种接近，是因为在奥古斯丁看来，凡人在此生获得上帝的至福是不可能的事情，实际上，奥古斯丁也没有给予现世间的个体太多关注，他把希望寄托在了来世的和上帝以一种神秘方式的结合之上，个体的努力只是我们面向真理的第一步，而不是最关键的一部。我们需要信、望、爱来完善我们的理性，这些都是奠定在信仰的基础之上的。可以说，在通向上帝的路途中，"理性"并不是十分必要的，它只是来自上帝的恩赐让人们从污浊的尘世生活中发现一丝真理的痕迹，从而走上信仰的道路。

2. 理性服务于信仰

奥古斯丁主义的原则集中体现为：信仰至高无上、理性处于从属地位，这一思想特征来自于教父哲学的传统。教父哲学的主要代表除了奥古斯丁还有德尔图良等人，虽然其各人思想有异，但是他们总体的思想特征则是一致的，那就是在有关于宗教哲学的最高对象——上帝的理论构建上，他们坚持信仰绝对在先的主导地位，这也表述为教父哲学的第一原则"除非相信，否则你不能理解"。在这个主导原则下，关于其终极本体上帝的知识，以及在经验范畴内的自然界的知识，其可靠性和真实性完全是建立在信仰之上的。而我们说形而上学乃至哲学的基本问题之一即是如何获取"本原"的知识的问题，而在基督教哲学中，这一问题就体现为如何获取关于上帝的知识上。对于这一问题的解答，奥古斯丁主义完全排斥了人类理性思维的作用，这也来自于他的"光照论"（Iluminatio），在奥古斯丁看来，真理的昭示完全是靠上帝的启示的，具体来说，也即是在我们认知上帝的过程当中，信仰神启是决定性的因素，而我们凭借理性是无法达到上帝的。通过对奥古斯丁的著作的研究亦可发现，关于上帝存在的问题，奥古斯丁并没有进行过系统的理性论证，在他看来我们只要信仰这一真理就足够了，用理性的方式去追问和证明上帝既是不可能的、同时也是不必要的，信仰即一切、信仰即可获得至真至善。并且，不仅对于上帝来说信仰必不可少，在经验的范畴内，我们只靠自己的理性思维而没有上帝"光照"的帮助同样是无法获取关于自然界的真正的知识的，关于经验世界的真理我们同样需要上帝的"光照"的指示，上帝的神启是我们所有知识的最根本的来源。

在奥古斯丁的著作中，虽然他给予了人类的理性能力正当的地位，但是在和信仰的相互关系中，理性的地位和作用还是十分微小的，特别是在关于上帝的知识获取上，理性所能发挥的余地少之又少。虽然理性作为人类的最高能力其活动的最终目的在于认知上帝这一世界的终极本原。然而，"完满的理性需要信、望、爱"，我们的理性就其自身而言并不具有完整的认识能力，唯有靠信仰、希望和爱上帝，我们才能有完满的理性，才会达成基督教哲学认知上帝的终极目标。这样，在奥古斯丁看来，虽然我们具有理性能力，但是这一理性可以说毫无自身的尊严可言，其不仅在于我们唯有依靠信仰才能通向至善；并且关于自然界事物的知识，其最终的可靠性同样也只能依靠上帝才可以"被知"，理性完全沦为信仰的奴隶。反映在哲学与神学的关系上，在奥古斯丁主义的视界中，哲学和神学是浑然不分的，哲学不再是作为一门独立的思辨学科存在的，它是依附于神学的。奥古斯丁主义继承了教父哲学的传统，将哲学看作是神学的仆人，其作为一门工具学科只有服务于神学才有其存在的价值。中世纪的另一位哲学家爱留根纳（Joannes Scotus Erigena,810—817）甚至提出了"真正的宗教是真正的哲学，真正的哲学是真正的宗教"的同义反复的命题。总之，种种论据都表明，在教父哲学和奥古斯丁主义的视野之下，哲学不是作为一门理性思辨的学科独立存在的，它不存在思辨至上真理的任务，它是因为神学才成为哲学的，离开了神学，哲学也不能独自依存。阿威洛伊学派正是抓住了奥古斯丁主义的这一弱点，对其进行猛烈的批判，在此过程中宣传亚里士多德的经验主义的哲学思想。奥古斯丁主义中的无条件的信仰至上原则，在 13 世纪遭到了前所未有的质疑。一方面，随着亚里士多德思想的传入，从经验出发的理性推理的方式引起了人们的普遍兴趣，一些人们开始用理性思考去面对这个世界。他们发现在这个世界中，自然界的知识依据科学理性的方法的获得是真实可靠的，并不需要上帝的神启；而关于这个世界的本质问题，在他们看来，从经验出发并不能得出信仰中的上帝的结论，甚至有人开始质疑上帝及有关其的一切学说，理性和信仰的矛盾以一种对立的方式体现出来。

（二）理性独立于信仰

如果说奥古斯丁主义内部的理论困难削弱了基督教的尊严，那么亚里士多德思想的传入则借助这一内部困难从其根部动摇了整个基督教体系大厦。亚里士多德思想在 13 世纪能够广泛地传播不仅是阿维森纳学派对亚里士多德本人著作翻译的结果，也是基于阿威洛伊学派对奥古斯丁主义的批判而展开的。他们呼吁用理性思维抵抗神启信仰，用哲学真理对抗神学真理。

1. 亚里士多德思想的流行与阿威洛伊学派

亚里士多德思想开始大量传入基督教世界最早可追溯到 12 世纪，当时亚里士多德著作中的一部分书籍被主教学校作为课本在使用，但是这些教材的选择仅限于逻辑（辩证法）领域，其被作为学生学习《圣经》前必备的逻辑训练来使用，所以当时在社会中流行的亚里士多德的著作也仅限于亚里士多德所讲的辩证法的内容，包括人们所谓旧逻辑的《范畴篇》和《解释篇》和新逻辑的《前分析篇》、《后分析篇》、《论题篇》、《辩谬篇》。到了 13 世纪，阿威洛伊学派和阿维森纳学派开始大量翻译亚里士多德的著作并对其广泛地进行宣讲、传播，这时亚里士多德的其他著作例如《论灵魂》、《形而上学》和《物理学》以及《政治学》也在社会上流行起来，特别是在这一过程之中亚里士多德经验主义的哲学思想被阿威洛伊学派用作了有利的武器来对抗基督教神学。阿威洛伊学派主要的观点皆来自于亚里士多德，他们的观点大致可概括为三个要点：第一，人的理智是唯一的，不存在个人的不朽性；第二，世界是永恒的和独立的，而不是神创的；第三，哲学研究要从神学之中独立出来，最高的智慧是理性思维的智慧而不是基督教信仰的智慧。

2. 理性独立于信仰

阿威洛伊学派强调感性经验和理性思维方式的重要作用，他们认为哲学的思维方式是理性，而神学的思维方式是信仰，奥古斯丁主义把哲学和神学融为一体的做法损害了哲学的尊严，因此明确地要求将哲学和神学分离开来理解，将哲学从神学的统治下独立出来。在阿威洛伊学派的影响下，亚里士多德的思想特别是他的形而上学思想，例如世界的永恒性、不动的推动者等观点严重地撼动了基督教哲学的信仰基石，这是自教父时代以来基督教哲学第一次遭遇到异教哲学家的挑战。在阿威洛伊哲学的流行下，一些人逐渐发现神学中所要昭示的真理正是哲学中所要否定的，这不仅打破了奥古斯丁主义的哲学与神学完全融为一体的体系，并且基督教哲学的基石——上帝的概念，在人们的信念之中也变得不那么明确了。在当时的这一社会思潮下，阿威洛伊学派的理论说要比奥古斯丁主义的理论受到了更多人们的追随，很快在社会上就形成了一股研究亚里士多德主义的热潮。罗马教廷曾多次将亚里士多德的《范畴篇》、《形而上学》等著作列为禁书，但是从历史的进程来看，亚里士多德思想的传播已经成为一股不可阻挡的潮流，不仅是在教会外部，甚至在教会内部也出现了西格（Siger of Brabant）这样的亚里士多德主义者。

在这两种观点激烈对抗的时代，托马斯首先确认的是在奥古斯丁主义中，那种把信仰抬高到至上的地位而过分忽视理性的原则不仅不能够坚定人们的信仰，反倒在新的时代浪潮中给自身带来了不可估量的危机；其次，在托马斯看来，阿威洛伊学派将哲学完全从神学中独立出来的做法过于激进，这种做法撕裂了基督教哲学中固有的理性和信仰的关系，将会从根本上动摇整个基督教哲学的体系。因此，只有对二者进行调和折中，在理性和信仰之间确定一定的张力，基督教哲学才能在激变之中延存；而理性和信仰的关系问题，就其最终关注点来说也是世界的本质的问题，也即是我们所说的形而上学问题，因此这一新的关系的确立也是新的形而上学原则的确立，这一原则在我们看来也即是理性和信仰相平衡的原则。

三、托马斯形而上学思想的诞生

针对这两种完全相对立的观点，托马斯开始着手于构建新的基督教哲学体系。他明确意识到要对旧的体系进行改革，必须从其根部着手，因此托马斯首先要做的就是针对上述的矛盾构建起新的理性和信仰相平衡的形而上学层面的理论体系。

（一）理性与信仰的相平衡原则的确立

理性与信仰关系的问题是 13 世纪时期哲学家们讨论的主要议题，这一讨论不仅仅限于基督教的内部，也来自于基督教的外部。内部是奥古斯丁主义的理性服务于信仰的观点，外部则是阿威洛伊学派的理性独立于信仰的观点，托马斯对这两种观点进行了折中的调和。

1. 强调理性思维的作用

针对奥古斯丁主义的理性服务于信仰的观点，托马斯意识到在无条件的"信仰追寻理解"的原则之下，哲学完全淹没在了神学之中，这样一方面使哲学丧失了思辨的特性，另一方面使基督教的基础建立在了纯粹的信仰之上，缺乏令人信服的力量。因此，必须打破这一哲学和神学完全融为一体的局面，适当地抬高理性思维能力在认识万物和上帝中的作用，在一定程度上打破信仰在哲学最高问题上的垄断地位。因此，托马斯主张要给理性确立一定的地位，让理性和信仰在不同的范围内和不同的程度上对知识做出解答，这是托马斯进行哲学构建前首先要明确的。托马斯认为人类正当地运用理性是上帝赐予我们的神圣权利，正如他所说，"神圣学问甚至也利用人的理性，神恩并不是要破坏自然"①。在托马斯看来，我们的理性能力自身就能把握经验世界的知识，理性在经验世界中具有绝对的权威，其不需要信仰来为知识的确真性做依托，这样也就否定了奥古斯丁的神圣光照理论，"如果人的理智完全认清了某物的本体（定义），那某物的其他一切真理，便无一是超越人的理智能力的"②。更为重要的一点是，在认识宗教哲学的最高对象上帝这里，信仰不再是垄断的了，理性在其中也有了极其重要的作用。在关于上帝的知识领域中，托马斯划分出了两种不同的知识体系，一种是理性的知识体系，另一种是信仰的知识体系。托马斯认为我们经由理性推理的方式也可以在一定程度上认知上帝，例如上帝的存在、上帝的本质和属性等知识，但是经由理性推论的关于上帝的知识并不总是可靠的，因为在托马斯看来我们的理性推理有时会犯错，而关于上帝的知识的最终确真性的获得要依靠信仰神启，这也构成了信仰的知

① 参见［意］托马斯·阿奎那：《神学大全》第一集第一卷，段德智译，商务印书馆2014年版，第18页。

② ［意］托马斯·阿奎那：《驳异大全》第一卷，吕穆迪译，安徽人民出版社2013年版，第9页。

识体系。此外，在信仰的知识体系中还包括了一些在任何程度上都无法用理性论证的真理，包括三位一体、上帝创世和道成肉身等知识内容。

托马斯关于双重知识体系的划分在首要意义上是针对其宗教哲学的终极对象"上帝"来说的，在他看来关于上帝的知识，不仅是一个信仰的真理，并且还是一个可以经由理性澄清的真理。这样人类理性的思维方式在托马斯的视界中就得到了很大程度的重视，并且在托马斯看来，从本源上来说理性知识和信仰知识是殊途同归的，在源头上它们都来自于上帝。他在《驳异大全》中是这样说的，"人本性理智，下学而上达，由下方的宇宙万物上进而得天主至高无上的某些知识。信仰的知识，却适得其反，是上学而下达的：先上学于天主《圣经》的启示，然后那些与天主及万物有关的奥理之知识，乃从天主降到吾人心智以内。知识的历程，交通天人，是相同的"①。这就是说，在托马斯看来，理性的知识和信仰的知识都是具有相同的源头的——那就是上帝，只不过它们在求证方法上有着不同罢了，理性知识的获得是自下而上的经验之路，而信仰知识的获得是自上而下的信仰之路。

从客观上来说，托马斯通过对人类理性思维重要性的确认，在一定程度上分离了奥古斯丁主义中的无条件"信仰追寻理解"的原则，这一努力对于哲学从神学的神秘中独立出来、促进人们进行独立的理性思考具有十分重要的作用。但是，我们不要忘记的一点是，托马斯重铸基督教哲学只是一个手段，他的最终目的是复建基督教的信仰权威，这也意味着基督教自成立以来，作为其宗教支柱的"信仰至上"的原则绝对不能够抛弃。

2. 坚持信仰至上

托马斯首先意识到在奥古斯丁主义内部，过分强调信仰而忽视理性的做法是不利于树立基督教的权威的，需要将理性和信仰做出一定的区分，并适当抬高理性的地位。但是同时，托马斯又注意到阿威洛伊学派的亚里士多德主义所主张的将哲学完全从神学中独立出来，用理性反抗信仰的做法是完全不可取的，这样就不仅仅是有损于基督教的尊严了，在一定程度

---

① ［意］托马斯·阿奎那:《驳异大全》第四卷，吕穆迪译，安徽人民出版社2013年版，第7页。

上甚至会摧毁整个基督宗教。在理性和信仰中间必须找到一种适当的张力，维持着两者的平衡，这时托马斯又回到了奥古斯丁主义内部，维护了其信仰至上的原则。

首先，在理性知识和信仰知识的问题上，虽然托马斯强调理性和信仰是殊途同归的，但是理性的知识永远不可能像信仰的知识那样永远完善和可靠，"诉诸人类理性的权威的论证是所有论证中最弱的，但是诉诸上帝启示的论证的权威却是所有论证中最强的"[1]。并且，虽然在托马斯看来人的理性虽然在认识现象世界具有一定的积极作用，但是这一认识能力和信仰相比还是软弱的，"吾人灵智，判断力薄弱，又有（形界）物像的搀杂挍扰，为此，人理智考究之中，许多次混杂着错误，也就是因此，许多人在不知明证法的实力时期，对于证明极真确的真理，仍踌躇徘徊于怀疑状态中"[2]，因此托马斯认为"哲学不可能不犯错误"。其次，在关于上帝的知识上，信仰的方法总是比理性的方法要更为可靠，这体现为两个方面，一方面，托马斯认为我们虽然可以通过理性的方式把握上帝，但是这一把握只是一定程度的把握，其并不具有最高的确真性，而我们想要具有最具确真性的把握必须要依靠信仰；另一方面，一些关于上帝的其他知识，我们完全无法通过理性获得，例如上帝的创世和耶稣的道成肉身的理论，关于这些知识我们只能够通过信仰的方式获得，这样，信仰至上的原则就在托马斯那里被重新提及。在关于上帝的问题上，信仰确立真理，理性澄清真理。这样"信仰追寻理解"的原则就不是无条件的了，而是有条件的了。

综上，托马斯在奥古斯丁主义和阿威洛伊主义之间用了一种折中的办法确立起了"理性与信仰平衡的原则"，在托马斯看来，一味地高扬信仰、贬低理性，将哲学和神学完全混为一谈的奥古斯丁主义做法不利于基督教自身权威的论证，并且，将理性思维跟宗教信仰、将哲学和神学完全割裂

---

① ［意］托马斯·阿奎那：《神学大全》第一集第一卷，段德智译，商务印书馆 2014 年版，第 18 页。

② ［意］托马斯·阿奎那：《驳异大全》第一卷，吕穆迪译，安徽人民出版社 2013 年版，第 14 页。

开的阿威洛伊主义的做法将导致基督教尊严的覆灭。唯有在这两种道路中间权衡取舍，找到一个平衡的支点维持理性和信仰这对关系的张力，才能为基督教在新局势的生存找到空间。托马斯适当地抬高理性思维的地位结束了信仰在知识界的垄断地位，但另一方面又不至于让理性与信仰并驾齐驱，既符合了时代所追求的理性思维精神，又维护了基督教信仰的权威。当然，作为一个宗教哲学家，在托马斯那里，从最终的意义上来看，信仰一定高于理性。托马斯的这一尝试可以说是成功的，这种折中的办法从方法论上来看十分符合亚里士多德所主张的过犹不及的"中庸"方法论原则，而托马斯的形而上学的建立正是在此原则之上通过引入亚里士多德的思想内容完成的。

（二）基于亚里士多德建立形而上学

在托马斯的著作之中，我们可以看到无处不在的亚里士多德的印记，虽然托马斯并没有直接提及亚里士多德的名字，他一般都用"哲学家"来代替。

1. 将亚里士多德思想引入神学的可行性

亚里士多德思想对托马斯的影响始于其跟随导师大阿尔伯特的学习，大阿尔伯特就曾经试图把亚里士多德主义引入宗教神学中，但是并没有取得太大的成就，托马斯继承了导师的衣钵，在学习期间，他大量地研究了亚里士多德的学说，并且在与阿威洛伊学派论战过程当中，通过揭露他们对亚里士多德思想的误解，重新解读亚里士多德的思想。在托马斯看来，亚里士多德的形而上学思想能够很好地融入到基督教的理论之中，例如亚里士多德《形而上学》中的终极实体有真与善统一的哲学意义，其作为形而上学所研究的对象既是我们求真的对象，同时也是我们求善的对象。而在基督教的思想中，上帝作为至上的存在不仅创造万物，是万物的原因，同时万物又朝向上帝，其又是万物的目的，上帝的全知、全能、全善正是真与善的统一的表现。并且，在亚里士多德的思想中，实体是按等级排列的，一般实体是形式和质料的结合，最低级的实体是纯质料，最高级的实体是纯形式，这与基督教理论中的人类—天使—上帝之间依据肉体和灵魂的等级划分能够联系起来。在亚里士多德形而上学思想的概念内容上，他提出的关于存在和本质、形式与质料、现实与潜能的关系学说能够很好地当作理性推论的论据，为上帝的有关论证作支撑。

但是在托马斯看来，亚里士多德的思想和基督教教义之间也有一些相悖之处，例如亚里士多德认为"神"作为最高实体是原动者而不是创造者，而基督教教义中阐释了上帝不仅是原动者还是创造者，亚里士多德的"神"是和世界相分离的，而托马斯的上帝是在世界的秩序之中的；又如在亚里士多德看来，世界是永恒存在的，而基督教义则认为世界是被上帝创造的。但是托马斯认为这些并不妨碍我们利用其中的相似之处来为基督教作辩护，加之时下亚里士多德思想的流行亦是一股不可避免的趋势，因此，使其契合于基督教教义当然也就变得十分必要了。因此在我们看来，构建亚里士多德式的形而上学就成了托马斯的主要努力方向，这一亚里士多德式的形而上学体现为两个特征：第一，从经验世界出发；第二，注重理性的逻辑推论。

2. 托马斯形而上学的框架

在我们看来，托马斯的形而上学在内容上主要分为两个方面，分别是他的哲学的本体思想和认识思想。同时，他的本体思想自身又包含三个方面，即：上帝存在的证明、上帝的本质与属性、上帝创造万物。在托马斯看来"上帝"是神圣科学所要研究的对象，而托马斯所说的神圣科学即是我们在一般意义上所说的研究超越经验背后的世界本体的形而上学学科，"科学的对象即是其所要研究的东西。但是在这门科学中，所研究的主要对象是上帝，也正因为其主要研究的是神（上帝），故而被称作神学。所以，上帝是这门科学的对象"①，基于此故，我们也将托马斯的形而上学的本体论思想称之为"上帝论"。

在"上帝论"中，上帝存在的证明是第一个方面的内容，托马斯认为说明上帝的存在是我们在讨论上帝前所必须要做的，这是因为，上帝的存在对于我们来说不是一个先天自明的问题，而是一个后天有待证明的问

---

① ［意］托马斯·阿奎那：《神学大全》第一集第一卷，段德智译，商务印书馆2014年版，第15页。

题。他据此批评了安瑟伦的先天证明法，并提出了从经验出发的后天证明法，即著名的"圣托马斯五路证明"，虽然这五路证明在表面上看都是基于经验的，但是在论证的关键一步上托马斯还是坚持了信仰至上的原则，他把经由理性推论得出的结论和经由信仰预设的结论直接连接在了一起，把经验的第一存在和超验的上帝划了等号，从而完成了从理性到信仰的一跃。这样，在最终的原则上，托马斯的论证和安瑟伦的先天证明是同出一辙的。上帝本质与属性的讨论是第二个方面的内容，这也是托马斯形而上学思想的核心内容。在我们看来，形而上学是研究"存在"的学科，而关于存在与本质的关系问题也是形而上学的核心问题，这一问题自柏拉图发端形而上学以来就被广泛讨论，托马斯构建的"上帝论"无疑也要着重解答何为"存在"以及"存在与本质"为何关系。托马斯对这两个问题的回答基本上是对亚里士多德主义和柏拉图主义的调和，在这一过程中也显示出了折中的色彩。首先，在托马斯的理论中，真实的实体既包含了经验的存在同时又包含了超验的上帝的存在，这样就等于说在某种程度上同时坚持了亚里士多德和柏拉图的思想。而关于两者的关系，则较为复杂。在经验实体中，存在先于本质，一物只有存在的现实才具有本质可言；在经验实体和上帝的相互关系中，本质先于存在，上帝作为本质的存在创造了具体的存在；最后，在终极实体上帝那里，存在与本质同一，两者之间没有区分。在对存在与本质讨论的基础之上，托马斯又阐述了上帝六个方面的属性，它们分别是单纯性、完满性、无限性、不变性、永恒性和独一性，这也即是托马斯形而上学思想中第一实体的六个特征。上帝存在与万物的关系是第三个方面的内容，这一部分的讨论是对前两部分的延伸。具体论述的要点如下：首先，万物是藉上帝的存在而存在的，上帝是万物的第一因，万物是上帝的结果，这一过程在宗教中也被描述为上帝创世的过程。其次，上帝在创造的过程中将自身的善不同程度地赋予了万物，万物在"善"的基础之上得以区分开来。最后，万物不仅被上帝创造，还接受着上帝的管理，这一管理在首要的意义上就体现为上帝将万物求善的秩序赋予了万物，万物正因有这一秩序而得以向善，并且上帝还通过这一求善的秩序使高级的善的事物成为低级的善的事物的原因，最终逐级推动万物善的实现并且引导万物向自身的至善前进。

在托马斯的认识论中，按照亚里士多德的方法，人类的认识能力被分为了感性认识能力和理性认识能力两个层面，这两个不同的层面构成了经验界知识的可靠的根据。但是，托马斯认识论的最终目标不在于认识经验事物，而是指向了超验的最高实体——上帝，但是和奥古斯丁主义所不同的是，托马斯认为人的这两种认识能力也能为关于上帝的知识提供在一定程度上可靠的根据。但在另一方面来看，经由人类理性获得的上帝的知识并不总是可靠和真实的，它只能使我们理解关于上帝的知识，而最为确真性的上帝的知识则来自于信仰。这样，在认识上帝这里，就有了两种不同的知识体系，理性的真理体系和信仰的真理体系，二者在很大程度上是我们获取同一知识的不同方法，前者是自下而上的道路，后者是自上而下的道路，从优先性上来说，信仰真理要优越于理性真理。

这即是托马斯形而上学思想的整个框架，关于这些理论的论证，托马斯无一例外地用了亚里士多德的理论，但是其思想在本质上是和亚里士多德不一样的，一个在本质上是神学的、一个在本质上是哲学的，亚里士多德的思想在托马斯的形而上学体系中只是作为工具而存在。总的来说，在背景上，托马斯的形而上学是在基督教的危机当中诞生的；在原则上，托马斯的上帝论是以"理性—信仰相平衡的"为原则的（也即是我们所说的逻辑和信念相统一）；而在内容上，这一上帝论又是以基督教原始教义为论点、以亚里士多德思想为论据的。虽然他的大多著作哲理思维都非常强，但是他重构形而上学的目的是维护基督教信仰至高无上的地位，在这一点上他是和奥古斯丁主义者一致的。

第二章　托马斯的上帝论

一、上帝存在的证明

　　"上帝"是托马斯形而上学的对象，托马斯的上帝论也是其整个思想体系的基础，而托马斯的上帝论是以上帝存在的证明为基础的，就如他在《驳异大全》中所说，"未开始以前，先应研究如何证明天主存在。研究这一点，是本书全部研究工作，必须具备的基础。缺少了这个基础，全部讨论天主的神学研究，将如空中楼阁，无法建立起来。无根基的楼房，岂能不倾覆？"[①] 因此，关于上帝存在的证明是托马斯上帝论的起点。

（一）上帝存在证明的前提

　　关于上帝是否存在，是基督教哲学家无法回避、也一直在试图解答的问题。在中世纪基督教哲学内部，上帝存在的问题随着理性精神的逐渐被重视也由一个信仰的问题逐渐转为了一个理性问题。托马斯在对上帝是否存在这一问题的回答上首先批评了他的前辈奥古斯丁和安瑟伦的由因到果的先天证明，接着在此基础上提出了自己的由果到因的后天证明，这即是

---

　　① ［意］托马斯·阿奎那:《驳异大全》第一卷，吕穆迪译，安徽人民出版社 2013 年版，第 29 页。

297

著名的圣托马斯五路证明。

1. 上帝存在的先天证明

在托马斯之前，以奥古斯丁为代表的教父哲学家把对"上帝是否存在"这一问题的回答完全建立在了信仰之上，在这个层面上，教父们对上帝存在与否的回答是独断的。如奥古斯丁在《论自由意志》中说道，"若有比真理更完美的东西，那就是上帝；若无，则真理本身就是上帝，无论哪种情况你都不能否认上帝存在，请你记住我们在信仰中接受的一点，永恒之父所产生的智慧与他是同等的"①。在奥古斯丁看来，"上帝存在"这一观念自身是不需要通过证明的，它是自明的，我们无需解释。这种证明方法与其说是证明上帝存在，毋宁说是以一种独断的方式说明上帝的存在。中世纪的另外一位哲学家安瑟伦（Anselmus 1033—1109 年）也对上帝存在与否的问题做出了相似的解答，首先安瑟伦在心灵中设置了上帝存在的观点，他认为我们心中有一个上帝的观念，这一关于上帝的观念在我们心灵中被表述为一个绝对完善的存在；又因为，最完善的观念绝不仅仅是存在于心中的东西，否则我们就能设想现实中的存在物可能比它更完善；所以，上帝的观念作为最完善的存在物的观念，既存在于理智中，也存在于现实中。我们可以看到，在论证方式上，安瑟伦遵循了奥古斯丁的方法，他提前设定了上帝概念的完善性，从这一概念出发进行分析论证，这也同样是完全基于信仰的一种论证方式。

这即是两种关于上帝存在的证明，托马斯将其称为"从绝对在先事物出发予以证明的先天证明"②，其特点是由因到果，前提即是预设的结论，所以这种先天的证明方式就是一种语义游戏，准确来说是基于信仰的同语反复。在这一命题中，主语和谓语是完全同义的，它并不能给我们带来事实上上帝存在的知识，我们也就不能够理解上帝是存在的。托马斯正是在对这一先天证明的批判基础之上提出自己的后天证明的。

---

① ［古罗马］奥古斯丁：《论自由意志》第二卷，成官泯译，上海世纪出版社 2010 年版，第 127 页。

② ［意］托马斯·阿奎那：《神学大全》第一集第一卷，段德智译，商务印书馆 2014 年版，第 32 页。

2. 上帝存在的后天证明

首先，在托马斯看来，我们无法从观念的上帝推出实存的上帝，"他在理智中存在，我们也不能由此推论出：他在现实中存在"[①]，这是对安瑟伦的先天证明的批判。其次，托马斯认为"上帝存在"这一命题对于我们的理智来说不是自明的，"'上帝存在'这一命题是自明的，因为这个命题的主谓项是同一的，上帝即存在，然而我们并不知道上帝的本质，这个命题对于我们就不是自明的"[②]。托马斯在这里所要表达的意思是，"上帝存在"这个命题在信仰上是成立的，上帝必然存在，但是我们不仅要通过信仰确信上帝是存在的，我们还要理解上帝是存在的，但是因为人类的理性有限，我们无法直接理解上帝和存在之间的关系，所以我们需要对上帝存在进行一种间接证明来将这一真理昭示给人类，使人们理解到上帝存在。

因此，当先天证明的方法不能够完成证明上帝存在这一任务之时，托马斯提出了自己后天证明的方法，也即是"当结果比原因更为我们所知时，我们就从结果进展到原因的方法"[③]。上帝存在的先天证明方法是一种基于信仰的论证，而托马斯的后天证明借助了亚里士多德的认识论观点——我们对事物的认知都始于感性的经验，因此托马斯把眼光放在我们生活在其中的经验世界，放在上帝的"造物"之上，我们对上帝的认识起始于我们对自己所生活的世界的认识，这种后天的证明方法则是一种基于理性的论证。在这一基础之上，托马斯提出了自己的由果到因的上帝存在的五路证明。

（二）上帝存在的五路证明

在托马斯的著作中有多处关于上帝存在的证明的论述，其中较为集中的表述出现在《驳异大全》第一卷的第九章和《神学大全》第一卷的问题

---

① ［意］托马斯·阿奎那:《神学大全》第一集第一卷，段德智译，商务印书馆 2014 年版，第 30 页。

② ［意］托马斯·阿奎那:《神学大全》第一卷，段德智译，商务印书馆 2014 年版，第 30 页。

③ ［意］托马斯·阿奎那:《神学大全》第一卷，段德智译，商务印书馆 2014 年版，第 32 页。

二中。相比较下,《神学大全》中的证明更加系统和详细,我们也将选取这一部分作为我们阐释的来源。为了行文的简洁和思想脉络的突出,我们将在保持思路连贯的前提下选取其主要内容呈献给读者,并针对每一条内容进行简单的分析。

1. 从运动出发的证明

任何事物的运动都是被其他事物所推动,所谓使之运动,就是使原本潜在的成为存在。而一个运动着的事物不可能是由它自己造成这样的运动,它不能推动它自己。任何事物的运动必然是由于其他事物所推动,不过我们一定不能无限地推论下去,否则就不会有事物运动的第一原因,因而人们一定会停在事物被推动的第一原因上,而它本身是不被任何事物所推动的,这就是人们所理解的上帝。

这就是托马斯的第一路证明——从运动出发推导出上帝存在。在这里我们很明显地看到了亚里士多德的印记,首先比较明确容易发现的是,托马斯在其中所使用的"潜能"、"现实"以及"运动"的定义,是与亚里士多德完全一致的。在《物理学》中亚里士多德把运动定义为"潜能的事物的实现"①,而潜能在亚里士多德的形而上学中是和质料相照应的,是"被动的",而现实则是和形式相照应的,是"能动地";其次,从推动物与被推动物之间的关系来看,托马斯也延续了亚里士多德的传统,"如果说每一运动事物都必然是在被某一事物推动着运动,这推动者又必然或再被另一事物所推动或不再被另一事物所推动,并且,如果再被另一事物推动的话,必然有一个自身不被别的事物推动的第一推动者"②。到这里,托马斯关于第一推动者的论证和亚里士多德的论证是如出一辙的,所不同的是,托马斯从这个第一推动者直接推出了上帝。

2. 从动力因出发的证明

在感性世界里,我们发现存在有一个动力因序列。在这一序列中,我们找不到一件事物是它自身的原因的,倘若如此的话,这一事物就会先于自身而存在,而这是不可能的。这样一个动力因序列一定要终止在某一

---

① [古希腊]亚里士多德:《物理学》,张竹明译,商务印书馆2004年版,第69页。
② [古希腊]亚里士多德:《物理学》,张竹明译,商务印书馆2004年版,第234页。

处，所以承认第一动力因是非常必要的，而每个人也都把这第一动力因称作上帝。

　　这一"动力因"原文为（causae efficientis），也有的学者将其翻译为"原因"，将"动力因序列"翻译为"因果序列"，从托马斯和亚里士多德的理论相对照的角度出发，我们在这里倾向于采用动力因的说法，在这第二路的证明中，其思路基本延续了第一路的证明，从一个已知的结果往前追溯它的原因，整个下来构成一个相互关联的序列，因为这种序列不允许无穷的倒退，所以必须存在着"第一者"，这个第一者不再成为其他任何事物的结果。亚里士多德将"动力因"的内涵概括为"变化和停止的来源"①，从这个层面上来看，托马斯的"动力因"是与其内涵是一致的，但是托马斯的"动力因"相比较于亚里士多德"动力因"的任务的"一次性"上来看，其不仅仅是担负着造就"某一原因"后面的"某一结果"的任务罢了，其还作为整个链条不可或缺的一员担负着维系整个链条连续性和完整性的任务。

　　3. 从可能性与必然性出发的证明

　　我们发现，在自然界，诸多事物既可能存在也可能不存在，倘若每一件事物都可能不存在的话，那么至少在一段时间内能够没有什么东西存在。而如果事情果真如此的话，那么甚至现在也会没有什么东西存在。因为不存在的事物只有藉某种业已存在的事物才能够开始存在。所以，必定存在某种事物，其存在是必然的。不过，正如在动力因的证明中所指出的一样，在其必然性为另一件事物所引起的必然事物之间，要持续不断地推演下去是不可能的。所以，我们必须承认某件事物的存在在其自身具有它自己的必然性，所有的人都把这种其存在在其自身有它自己必然性的事物称作上帝。

　　在托马斯的语义中，"可能的存在者"意为可朽坏的事物，"必然的存在者"意为不可朽坏的事物，这里托马斯所要表达的同样是一个序列关系，可朽坏的事物的根基是某种不可朽坏的东西，而不可朽坏的东西不依

────────────

① 《西方哲学原著选读》上卷，商务印书馆 1981 年版，第 133 页。

赖于任何关系。在思路上，托马斯同样是从经验世界出发，从已知的现实出发进行推论；而在具体的论证内容上，我们可以在亚里士多德的《形而上学》中关于事物的真实性等级区分的论述中找到相似的描述。

4. 从事物等级出发的证明

在各种存在物中，有一些具有较多的善、真和尊贵，而另一些则具有较少的善、真和尊贵。但是，"多"或"少"之被断言为不同事物的属性，乃是就它们以不同的方式同最大值的事物相类似的程度而言的。因此，就有某件事物是最真的、某件事物是最善的，某件事物是最尊贵的，从而也就有某物是最伟大的存在，因为那些在真实性方面是最伟大的，在存在性方面也就是最伟大的。所以必定也存在某种东西为所有事物的存在、善和其他所有完满性的原因，而这个我们就称之为上帝。

托马斯的这个关于上帝存在的第四路证明，其理论背景涉及了亚里士多德、柏拉图和奥古斯丁。托马斯在这个论证中想要表达的意思是，我们之所以说某个事物更真、更善，不是在某一具体事物和其他的具体事物相比较下而言的，而是因为我们有一个其最高的标准能与这一事物进行比较，这一最高的标准即是最真、最善的存在。这一思路同样来源于亚里士多德，"一个东西能按其自身而赋予其他事物以相似性，那么它就是各种东西中自身最高的，例如火是最热的，因为它是其他东西热的原因，使后来事物成为真的原因就是最高一级的真"[1]。而关于真、善、完美的等级划分，我们在奥古斯丁和柏拉图的著作中都可以见到相似的论述。从这一点来看，托马斯虽然是反奥古斯丁主义的，但是对教父哲学的理论支柱——柏拉图的一些思想也并没有完全放弃，而是各取百家之长。

5. 从上帝管理出发的证明

某些缺乏自我意识的事物，例如身体，依照一个目标而活动，然而，除非它们是在某种具有意识和理智的存在者的引导之下，否则它们不会趋向一个目标，因此，在自然界中的每个事物都是被某个理智的存在者引向它的目标，而这一存在者，也就是我们所谓的上帝。

---

[1] ［古希腊］亚里士多德:《形而上学》，参见苗力田主编:《亚里士多德全集》第七卷，第60页。

在这里托马斯是用亚里士多德的"目的因"概念进来行证明的，在亚里士多德的形而上学思想中，"目的因是做一件事情的缘故"①。在亚里士多德看来，事物所追求的目的即是善，这个目的也表现为事物的秩序或秩序的安排者的形式，这一安排者在亚里士多德看来就是"最高的目的"，也即是"至善"，只不过亚里士多德并没有将这一至善归结到"上帝"，有时他只是称之为"神"。托马斯在这里认为万物作为存在，其都是朝着一个最高的目的而存在的，这一最高的目的即是上帝。

（三）上帝存在五路证明的评价

这即是托马斯关于上帝存在的五种后天证明，其总体是在"理性与信仰相平衡"原则的指导下进行的。

1. 理性思维的重视

首先，从论证方式上来看，托马斯抛弃了安瑟伦的先天证明方法，采取了"由果到因"、"由现象到本体"的后天证明方法，也就是一物之存在，必有其理由，这是对人类理性思维能力重视的体现。先天证明的方法也即是一种从已知出发的演绎法，这一演绎从普遍到特殊，从一个原理出发去验证这一原理，在上帝存在的证明这里，这种方法只是对上帝的说明，并且这一说明并不能使我们理解到上帝的存在。托马斯所要的证明是"理解"上帝存在的证明，是从特殊到一般的方法。在托马斯看来，从经验出发的演绎比从观念出发的演绎更为重要，更何况如果先天演绎的前提是建立在独断的信仰上而非建立在可靠的科学推论上，这样的论证又何以能让人信服呢？因此托马斯将眼光放在了自然界之中，试图建立一条理性的"事实到本体"之路。托马斯的这种论证方式可以说是对奥古斯丁主义的一大突破，他从自然界的实存出发而不是从观念出发、从理性的逻辑思维出发而不是从信仰的信念出发，这种论证的方式哲理性更强，体现了托马斯的形而上学中对理性思维的重视，从另一个角度来说，这种从人们易于发现的事物出发展开的推理，在基督教信仰权威受到质疑时，其更容

---

① 《西方哲学原著选读》上卷，商务印书馆1981年版，第133页。

易使人信服。

其次，在论证的原理上，托马斯重新审视了许多哲学家在推理时一直在用的"矛盾律"和"排中律"原理，这两个原理首先由亚里士多德提出，亚里士多德将其合称为所有学术上公共的第一原理。矛盾律的内涵即是说"一物不能是如此又非如此"，排中律的内涵即是说"一物不是如此，便是非如此"，可以说这两条原理从形式上来说是一切真理的试金石。在托马斯看来，之前的许多哲学家在用这两条原理进行关于"存在"或"上帝"的论证时都将其误用了，他们都将这两条原理直接用在了根据结论预设的前提之上了，如巴门尼德的"存在者存在，他不可能不存在"和奥古斯丁的"上帝就是存在，因为他不存在是不可能的"。在托马斯看来，这些哲学家在利用二律对一个根据结论预设的前提进行的论证最终将导致一种同语反复的语义游戏。基于这一认识，托马斯认为从在先的概念出发展开推理根本无法使人获取真正意义上的知识，我们要想理解到上帝的存在方式就必须从经验中出发展开推理，这样在证明上帝存在的方法原理上，从"上帝"出发的先验原则就被从"经验"出发的后验原则所取代。然而，我们说虽然托马斯强调从经验出发，但是托马斯并没有把这种经验当成是具体的经验，而是在大多数情况下把它当成了一种"经验性的概念"来进行分析使用了，因此托马斯的后天证明和安瑟伦的先天证明相比，只是把作为抽象概念的"存在"或"上帝"换为了作为经验概念的"万物"，因此，归根到底来说也是在概念上的演绎推理，并且托马斯在证明的关键一步中，也是采取信仰的方式对理性的推论和信仰的真理进行了联结，因此从根本上来说，这种后天证明的方法也是从提前预设的结论出发去说明这一结论。

2. 信仰的逻辑预设

虽然在托马斯的五路证明中，其总体思路上都是理性的，但是在一些关键的论证上，托马斯抛弃了理性的方法而诉诸信仰，这也体现出作为新时代的"护教者"，托马斯在第一原则上是和奥古斯丁主义者保持一致的。

从论证的具体内容上来说，托马斯的五路证明的大部分内容延续了亚里士多德的思想，可以说每一条论证的最后一句话——"这即是上帝"之前的内容，我们都可以在亚里士多德的论述中找到十分相似的照应，例如亚里士多德从质料和形式的关系中来看待宇宙万物，整个世界是一个质料和形式不断统一的阶层式的序列，低一级的事物是高一级的事物的"质料"，高一级的事物是低一级的事物的"形式"，形式是质料的原因，而在这个序列中，最高的存在是不包含质料的"纯形式"，它是宇宙的"第一因"。从潜能和现实的关系中看待运动，世界万物是一个完整的由潜能到现实的过程，现实是能动的方面，潜能是被动的方面，现实推动潜能的实现，而这一序列有一个最绝对的现实，它是整个运动序列的"第一推动者"；而从目的上来看，万物都趋向于一个目的，不仅是有自我意识的生物、并且连没有自我意识的无生物也在完成这一个目的，所以必然在世界之外存在着"最高目的"，它规定世界所有的目的。亚里士多德就这样推出了"第一因"、"第一推动者"和"最高目的"，到这里亚里士多德的论证就结束了，托马斯关于这三者的论证是和亚里士多德的论证十分相似的，但是托马斯比亚里士多德走得更远，他没有仅仅满足于推出第一因、第一推动者、最高目的，他直接把它们和上帝之间划了等号。并且，托马斯不仅分别把这三者和上帝划了等号，还把这三者归到了同一"上帝"之下，而这个归摄也是一句带过的。虽然我们或许可以说"有因必有果，所以必然存在第一因"、"有运动者必有推动者，所以存在着第一推动者"，这是真理的形式条件。但是我们如何能将这一经验世界的第一因和第一推动者等同为信仰中的上帝，这是我们的逻辑能力所无法做到的，是不必然的；并且根据亚里士多德的理论，有些学者推断在亚里士多德的心目中可能存在着许多的神，而托马斯将所有属性的最完善性都归于上帝，这就不是理性逻辑的任务了，在一定程度上是出于维护基督教教义中的上帝是至真、至善、至全的理论的目的了。最重要的一点是，亚里士多德的"第一因"或者"神"的观点是哲学的，不是宗教的，他的哲学思想虽然最终显现出了有神论的一些痕迹，但是他是完全从理性上出发来进行论证的，而不掺杂有信仰的成分在其中，这种"神"的存在只有逻辑上推论的理由，没有宗教上信仰的条件。而在托马斯的证明中，其五个证明的都暗含了宗教的信仰预设。综上看来，在托马斯的五路证明中，其共同存在的特征即是在论证的关键一步上，从理性跳跃到了信仰，这样从本质上来说，托马斯的证明和安瑟伦的本体论证明在原则上是一致的，具体来说，托马斯在论证前已经用信仰提前预设了"上帝是第一因"、"上帝是第一推动者"和"上帝是最高的目的"，因此，当我们能用理性思维的方式推出"第一因"、"第一推动者"和"最高目的"时，我们就可以把它们归之于信仰中的上帝。

托马斯的五路证明是他的"理性与信仰相平衡原则"的贯彻。不可否认的是，托马斯关于上帝存在的五路证明在和他的前辈奥古斯丁和安瑟伦的证明相比较下来说，是一个重大的突破。在上帝是否存在的问题上，托马斯打破了信仰在这一问题上的垄断，为理性在神学中的发挥留下了余地，使神学更加哲理化也更加系统。我们说人类对世界本原的追问是一个"求真"的过程，而无论这一"真"是物质实体、还是精神实体，抑或上帝，只有诉诸理性的精神，我们才能理解到这一真；但是，就如我们所说，这五路证明并不是完美无瑕的，在逻辑运用上，虽然托马斯避免了本体论证明中使用的从先天的观念推出实在、从一个概念分析出另一概念的做法，但是在论证的核心问题上，托马斯把理性推出的"至真"、"至善"和基于信仰的"至真"、"至善"之间划了等号，从而和本体论证明一样，提前预设了结论。在托马斯的上帝存在的五路证明提出后，在哲学史上也遭到了不少的批评，康德就曾在《纯粹理性批判》中对上帝存在证明的不可能性有过详细的论述，具体就托马斯的证明来说，托马斯在五路证明中无一例外地运用了因果序列的法则去连接变动的经验世界和恒存的超验世界，然而在康德看来这一因果的法则只是对经验世界有效的，它不能突破这一经验世界的时空联系，因此它不能去指向一个超验的世界。康德认为，因果性只是我们主体思维中的一个范畴，是我们加到经验事物之上的形式条件，通过范畴对经验事物的把握我们能形成一种在主观意义上的真正的知识，因此，在康德看来人类只能从经验世界中通过知性的综合统一获得真正意义上的知识。然而康德同时提出，人的理性能力有一种先天的倾向，为这些知识进行追溯和推理，这样的追溯就不可避免地超出经验世界从而陷入到"先验幻象"的境地，"上帝存在"即是先验幻象之一，因此，任何关于上帝存在的证明方式都是人的思辨理性所无法完成的，只有诉诸信仰，也即是在实践的领域，"上帝存在"才有其应有的位置。

二、上帝的本质与属性

这样托马斯就在信仰预设的前提下通过亚里士多德式的理性推论完成了上帝存在的证明，那么在托马斯看来，现在上帝存在是已经确证的了，接下来的问题是我们理解了上帝存在，是否就意味着我们获得了上帝存在的知识？在托马斯看来，这两者是不同的，"当一件事物的存在确定了之后，依然还有一个它的存在的方式这样一个进一步的问题，为其如此，我们才可能知道它是什么"[①]。在托马斯看来，获取上帝存在的知识问题也即是认识上帝的本质的问题，"事物是借着其本质而认识的"[②]，只有认识了上帝的本质，才是真正认识到上帝的存在，这一知识才是真正的知识。因此，上帝的存在和上帝的本质的问题，是托马斯形而上学中论述关于上帝存在的知识问题上首先要处理的问题。

（一）上帝的本质

对"本质"的思考是形而上学的根本思考，而形而上学的根本对象是"存在"，因此，对本质的考察也就离不开对存在的考察，但是在二者的定义和相互关系上，自形而上学这门学科发端以来就呈现出明显的分歧和矛盾，这一分歧和矛盾也影响了托马斯的思考，托马斯在对本质考察前，必须要对存在与本质的关系有一个明确的回答。而在具体的论述上，托马斯对本质的论述也是在其和存在的相互关系中进行的。

1.本质的存在还是具体的存在？

"存在"这个概念首先来自于巴门尼德，巴门尼德的著名论述就是

---

① ［意］托马斯·阿奎那：《神学大全》第一集第一卷，段德智译，商务印书馆 2014 年版，第 39 页。

② 参见 ［意］托马斯·阿奎那：《论存在者与本质》，段德智译，商务印书馆 2014 年版，第 15—16 页。

"存在者存在，它不可能不存在"，这个"存在"有唯一性、永恒性和抽象性的特点。柏拉图在关于世界本原问题的讨论上基本延续了巴门尼德的思想，简单来说，柏拉图的"理念"就像巴门尼德的"存在"一样是一种超越感官世界的本体，而在"理念"和"本质"的关系上，柏拉图认为理念就是脱离个别、完全抽象的一种存在，它使个别事物成为其自身——因此，理念作为超验的存在其就是本质，存在就等于本质。

亚里士多德在关于"存在"这一问题的回答上是前后不一、自相矛盾的，这也是源于他对"存在"到底是抽象的本质还是具体的实存犹豫不决。在《范畴篇》中，亚里士多德把个别的事物称作为真正的实体，"一切实体似乎都意指个别事物"[①]，"存在"即具体的经验实存，存在是与本质不同的。但在《形而上学》中，他又把抽象的形式因当成是第一实体，"那些出于自然而生成的东西，尽管其由之生成和存在的东西已经存在着，倘若还不具有形式，我们就不能说它具有了本性"[②] 这样"存在"又是抽象的形式，存在与本质同一。

形而上学是以"存在"为研究对象的学说，在传统的形而上学中，这种作为最终对象的"存在"不是特殊的存在，而是普遍的存在，因此我们也可以说这一对"存在"的研究是超越于经验世界的"本质"的研究，所以通常来说，在传统形而上学家那里存在即是本质。但是作为形而上学这门学科的创立者，亚里士多德在一定程度上并非完全走在这条"存在即本质"之路，如果把"存在"理解为具体之物，存在就不等于本质，如果把存在理解为抽象的形式，存在即是本质。虽然最后亚里士多德表现出了一种更倾向于后者的态度，但是他的这种思想上的分歧被托马斯敏锐地察觉到了，并在此基础上对两条不同的论点进行了深入的发挥。

2. 托马斯论"存在与本质"

基于对亚里士多德和柏拉图的考察，托马斯在《论存在者与本质》中提出了自己关于"存在"与"本质"关系的看法。首先关于存在，托马斯

---

① ［古希腊］亚里士多德：《工具论》，李国武译，广东人民出版社1984年版，第16页。

② ［古希腊］亚里士多德：《形而上学》，参见苗力田主编：《亚里士多德全集》第七卷，第115页。

将"存在"区分为了两种意义，在第一种意义上，它指的是一个作为存在的"现实"，例如作为经验存在的具体之物和作为超验存在的上帝；在第二种意义上，存在即系动词"是"或"有"，"存在既可以指本质的现实，也可以指系动词'是'，在心灵上将命题的谓项同命题的主项连接起来，组合成一个命题"①。在形而上学中，托马斯所关注的是第一种意义上的作为现实的存在，托马斯也将其称之为存在者，存在者被托马斯区分为两个大类（托马斯也在首要的意义上将其称为实体），这两种实体分别是复合实体和单纯实体。而关于本质的问题，托马斯认为只有在实体之中才有本质可言。

在托马斯的语境中，本质指的是一事物的根本性和实质性因素，是一事物得以存在的基础。除了上帝以外的所有实体，它们在被上帝赋予存在之前，这一本质只是潜在的，而这些实体被赋予存在之后，这一本质才能成为现实，因此，托马斯也将两者的关系表述为"存在即本质的现实"②。这样，在除上帝以外的实体中，存在和本质的关系也即是现实与潜能的关系，它们两者是相互规定、相互制约的。首先，存在制约了本质，托马斯认为除上帝以外的实体的本质都是在"存在"之中的，这种本质只是作为一种潜能，其不是柏拉图意义上在先、独立存在的理念。一物只有有了存在的现实，这一本质才能从潜在的变为现实的；其次，从另外一个角度上来说，本质又规定了存在，在托马斯看来，一实体没有本质便不能称之为存在，"存在者没有本质便不足以为存在者"③，并且从理解的角度上来说，他在《论存在者与本质》中说道，"我们能了解到一个人之所是或一只凤凰之所是，然而并不知道其究竟是否实际存在"④，也就是说本质是一事物得以成为现实的根本因素，没有了本质，一物既无法存在、也无法被理

---

① 参见［意］托马斯·阿奎那:《神学大全》第一集第一卷，段德智译，商务印书馆2014年版，第50页。

② ［意］托马斯·阿奎那:《神学大全》第一集第一卷，段德智译，商务印书馆2014年版，第50页。

③ ［意］托马斯·阿奎那:《哲学基础》，吕穆迪译，译林出版社2016年版，第50页。

④ ［意］托马斯·阿奎那:《论存在者与本质》，段德智译，商务印书馆2014年版，第42页。

解。最后，在上帝这里，存在和本质则没有任何的区分，同时也没有现实与潜能的相互对应的关系，上帝的存在是纯粹现实的存在，上帝的本质也是纯粹现实的本质，二者完全一致。上帝的这一本质是独立存在的，而万物的具体存在也是藉这一本质的存在而得以存在，这也表明在存在与本质的最终关系上，托马斯是和柏拉图一致的。

托马斯讨论存在与本质的最终目的在于认知上帝的本质，但是这一本质由于其卓越性我们无法直接认识到，因此，同在证明上帝存在中所使用的从经验到本体的方法一样，我们也应该从对经验存在的复合实体本质的考察逐渐上升到对作为超验存在的单纯实体本质的考察，最终达到对上帝的至上本质的考察。

第一，对复合实体存在与本质的考察。托马斯的复合实体是与亚里士多德的意义上所谓的个别事物的含义是一致的。而关于一复合实体的本质即是"由定义所指明的东西"①，在托马斯看来定义关乎于一物之中形式和质料两个方面，"本质这种一件事物借以被称作存在者的东西，便既不应当单单是形式，也不应当单单是质料，而应当是它们两者"②，这是对柏拉图以来本质只关乎于形式的传统理论的批判；在这个层次上，托马斯区分了普遍的本质和特殊的本质，它们虽然都包含了有形式和质料，但是这两组形式和质料是在不同的层面上来讲的，普遍的本质指的是对一"概念"描述，例如我们说人是由肉体和灵魂组成的，这种"人"是概念上的人，不是具体的人，并且肉体和灵魂是没有任何特殊的指定的，同样也只是概念上的；但是当我们说特殊的人的本质时，则是对一具体的人的描述，比如说苏格拉底的本质时，托马斯认为苏格拉底中的特殊的质料使其有了特殊的本质，就是说苏格拉底肉体中的这块骨头和这块肉使苏格拉底有了特殊的本质。在普遍的本质和特殊的本质两者之间，我们不能用普遍的本质去描述特殊的本质，更不能用特殊的本质代替普遍的本质，在这两种定

① ［意］托马斯·阿奎那：《论存在者与本质》，段德智译，商务印书馆2014年版，第17页。

② ［意］托马斯·阿奎那：《论存在者与本质》，段德智译，商务印书馆2014年版，第16页。

义的本质的优越程度上，托马斯认为普遍的定义要更加优越和真实，"事实上真正的定义都是普遍的"①，这种普遍的定义在托马斯看来是真正的知识。

综上，从对复合实体的考查来看，存在与本质是不同的。复合实体的存在是现实的实存，而本质是一实体藉以存在的潜能。而在复合实体中，本质不仅仅关乎于其形式、也是关乎于其质料的，并且就具体的一物来说这一事物的本质还是特殊的本质，这是对柏拉图和亚里士多德的一大突破。但是在本质内部，从形式和质料两者的关系上来看，形式仍然是一事物规定性的因素，其对质料有着在先的决定性的作用，从这个方面上来看，托马斯又是对柏拉图思想和亚里士多德思想的有所保留。

第二，对灵魂和天使存在与本质的考察。在托马斯看来，复合实体中的本质包括了形式和质料两个方面，它们之间是有着因果性的关联的，形式是原因，质料是结果，而原因是可以脱离结果而存在的，也就是说形式离开了质料可以独立存在。而单纯实体中的天使和人的灵魂就是这种能够离开质料独立存在的形式实体，因此，它们自身的本质就和复合实体的本质所区别了，它们的本质仅仅是纯粹的形式，而不含有质料，"其本质中除了所接纳的形式外是根本不存在任何别的东西的"②；其次，与复合实体的本质另一个区别是，在复合实体中，一事物因特殊质料成为了特殊个体，拥有了特殊本质；而就单纯实体来说，其是没有质料接纳进它们之中的，因此在一定程度上来说，它们是没有普遍的存在和特殊的存在之分的，而是有多少个这样的形式就有了多少个这样的单纯实体。在天使和灵魂之中，就存在与本质的关系来说，其存在是不同于本质的，在托马斯看来，虽然灵魂和天使是纯粹的形式，但是和上帝相比它们还是混杂有潜在性的，不是纯粹的现实。这是因为，灵魂和天使作为上帝的创造物，其存在是从上帝领受而来的，而在其领受存在之前，这一本质只是潜在的，而

① ［意］托马斯·阿奎那：《论存在者与本质》，段德智译，商务印书馆2014年版，第16页。
② ［意］托马斯·阿奎那：《论存在者与本质》，段德智译，商务印书馆2014年版，第41页。

一经领受存在，这一形式就从潜在的本质变为了现实的本质。因此托马斯说道，"在每一件别的事物中，这件事物的存在是一回事，而它的本质则是另外一回事。所以，灵智除了它们的形式外还必定另有其存在"①。

第三，对上帝存在与本质的考察。在托马斯的理论中，有时上帝作为纯粹的形式是"单纯实体"的一员，但是有时托马斯又把上帝从这一实体之中分离出来，认为上帝不能被划分在实体的范畴内，在我们看来，托马斯的这两种不同的划分标准只是从不同的侧面突出上帝的至上性罢了。在《神学大全》中，托马斯也将上帝的存在与本质的关系单独拿出来进行了论证，这一论证是分三步进行的。

第一步，上帝是纯形式。托马斯在《神学大全》中提出，"在上帝里是不可能有质料的"②，在他看来，质料都是包含着潜能状态的东西，而上帝是纯粹的现实，所以上帝之中不包含任何质料，是纯粹的形式。并且，在托马斯看来，质料对一个事物的善的实现有制约的作用，个别事物中善的实现也因为形式的实现受到质料的制约而不完善，而上帝是至上的、最完满的善，因此上帝的本质是纯形式而不含质料的；最后，从运动的角度讲，运动的主体都是由于其内在的"形式"而运动的，所以一物具有形式的方式也即是其运动的方式，基于此，那么本质上即为运动的主体也即是在本质上是形式的，这一本质上为运动的主体即是上帝，上帝是第一动力因，因此上帝是不受任何质料制约的纯粹的形式。

第二步，上帝的本质是纯形式。在托马斯看来，一个复合实体的本质因个体化质料而成为特殊的本质，而在没有质料和形式的组合关系的单纯实体中，托马斯认为这一特殊"本质"仍然是存在的，只不过单纯实体中缺乏了使"个体化"得以实现的质料，只存在形式，所以这一特殊的本质一定是由这一形式单独完成的，这一"纯粹的形式"也就有了"个体化形式"的意味，又因为上帝即是纯形式，所以上帝自身作为纯粹的形式就等

① ［意］托马斯·阿奎那:《论存在者与本质》，段德智译，商务印书馆2014年版，第43页。
② ［意］托马斯·阿奎那:《神学大全》第一集第一卷，段德智译，商务印书馆2014年版，第44页。

于他的本质。在这个第二步论证中，托马斯采取了一种排除的方法建立了上帝作为形式与本质之间的关系，在论证的过程中托马斯将"个体化"这一词也应用到了上帝的本质之上，认为上帝的本质来源于其"个体化的形式"。但整个来看，托马斯在《论存在者与本质》这本书中更多地将"个体化"的描述用在复合实体之上，它意味着"特殊的"，是和"普遍的"相对立而言的；但上帝是最纯粹的形式、是最完全的现实、是第一因，这就意味着上帝包含了所有的事物，是大全，那么上帝的本质从这个角度讲就是"普遍性"的本质了，在这个层面上托马斯是和柏拉图一致的。由此可见，托马斯用复合实体本质的特殊性概念去论证上帝的普遍性本质，在措辞上并不是十分严密的。

　　第三步，上帝的本质即是存在。从本质过渡到存在，这是托马斯讨论上帝的存在与本质关系问题的最后一步。在托马斯看来，"存在"就是一物潜在"本质"的实现，如果"存在"和"现实"对应的话，那么"本质"就和"潜能"相对应，但是又因为上帝是纯粹的现实，没有任何潜能的存在，所以在上帝之中，本质并不区别于他的存在，本质是和存在同一的。上帝的本质就是存在，这一本质的存在是复合实体和其他单纯实体的来源。在托马斯看来，一物实存的原因可以假设为两种情况，由自身本质引起的或者由外部引起的，接着，他提出一物实存的原因是由自身本质所引起是不可能的，因为"如果事物存在是被引起的话，那就没有什么事物能够成为它自己存在的充足原因"[①]，托马斯在这里所要表达的意思是说一物的实存如果从自身找原因的话将会陷入到无限的追溯，不可能找到一充足的理由去说明这一物的实存，因此只能从事物的外部去找原因，只有外因才可以作为一物"实存"的充足理由。在这一论证中，托马斯之所以要将事物的原因引向外部世界，其根本出发点还是在想要通过理性推理的方式证实自己早已通过信仰预设好的"第一因"——上帝的存在，这一存在是本质的存在，他使具体存在成为可能。

　　这样，托马斯就完成了存在与本质关系问题的全部论述。在他看来除

---

　　① ［意］托马斯·阿奎那：《神学大全》第一集第一卷，段德智译，商务印书馆2014年版，第44页。

上帝以外所有实体的存在与本质都是不同的，而上帝自身等于存在、同时也等于本质。

3. 评价

在托马斯看来，上帝存在的五路证明只是让我们理解了上帝存在的方式，但是这一证明并没有带给我们关于上帝存在的知识。而上帝存在的知识关乎于上帝的本质，因此，对存在和本质关系的梳理是我们在探讨这一知识的内容之前首先要做的。对于存在与本质的讨论在哲学史上已经不是新鲜的事情了，最早从巴门尼德提出"存在"的概念，经过柏拉图和亚里士多德的发挥，已经形成了有关这一关系问题一定的论述。而在托马斯的时代，也有不少哲学家对这一问题进行了研究，例如阿拉伯哲学家阿尔法拉比（Muhammad al Farabi）和阿维森纳等，他们都通过对亚里士多德著作的研究发表了自己对这一问题的看法，托马斯也正是在这样一种理性思辨的思潮下，提出了自身对这一问题的理解。第一，在对"存在"的概念界定中，托马斯在一定程度上背离了传统的柏拉图主义。柏拉图主义者认为，"存在即为本质"，存在是抽象的存在，是与我们客观世界完全分离的存在，它作为一种先验的理念在逻辑上是先于并独立于具体事物而存在的，是万物得以实现的原因和本质。柏拉图的这一论断在当时奥古斯丁主义占主流的情境下是有着权威地位的。而在托马斯看来，"存在"意为"实存"，这一实存包括了经验的实存，"存在"不只是存在于超验世界中了，这一"存在"在基础的意义上更是作为具体之物实存于我们的经验世界中，这样，托马斯就在一定程度上把"存在"从天上拉回到了人间。虽然在最终的意义上来说，"存在"是作为一种"最纯粹的形式"和"第一因"独立并先于万物的上帝，但是我们如果想要达到这一至高至善的"存在"，非要通过对经验世界存在者的研究不可。柏拉图主义抛弃经验世界，一味地追求理念世界的做法不仅是一种对经验世界的逃避，更在基督教的信仰中被作为一种原则渗透到各个领域当中，而奥古斯丁主义和教父哲学家的无条件的"信仰追寻理解"的方式，不能不说在一定的程度上是对柏拉图的"存在即本质"理论的一种呼应，这种把存在完全建立在彼岸世界的做法在中世纪基督教哲学统治的时期必定会导致信仰对理性的奴役。托马斯认为对知识的渴望是人类的先天需求，而真正的知识在首要的意义上是来源于理性的，这种压抑人的先天需求的做法在理性精神的冲击下受到普遍质疑是理所当然的；第二，在关于本质的问题上，在柏拉图的视界下，本质即是纯形式，它是完全脱离于质料和经验之物的，并且本质在和具体存在的关系上占有决定性的在先作用，每一个具体事物的存在都是分有了来自理念世界的本质之后才得以存在的。而在托马斯看来，本质在基础的意义上体现为经验之物中的本质，它不是一种独立的存在，我们要想认识经验之物的本质首先要接触经验之物的存在，并且我们要想研究上帝的本质也必须要从对经验世界的本质的研究开始着手；第三，在存在和本质的相互关系上，它们是相互规定的，并且在这种双向规定中，托马斯强调了存在的作用，正是存在使得潜在的本质成为现实的，没有了现实的存在，也就没有本质可言，而这一现实的存在首先就体现为经验世界的存在。虽然说在最终的原则上，托马斯还是和柏拉图站在了一起，坚持上帝作为本质的存在要优先于其他所有存在，但是同柏拉图主义者不同的是，在托马斯看来，我们对这一"至上本质"知识的获得首先是通过对"经验之物的本质"考察的，如果缺少了对"经验之物"本质的考察，"至上之物"的本质将变得模糊和难以捉摸。

托马斯关于上帝本质关系问题的论述基本上是基于五路证明的结论和亚里士多德的形式与质料、潜能与现实的概念展开的，这是一种理性的方法。但是，在这些论证进行的关键阶段，其最终的结论是靠信仰联结理性的。我们可以看到，托马斯关于存在与本质的论述总共分三步进行，首先是复合实体的存在与本质，其次是单纯实体的存在与本质，最后是上帝的存在与本质。在复合实体的存在与本质中，托马斯的论证是完全根据理性思维来进行的，这也体现出他对柏拉图主义的革新和从事实出发的尊重客观世界的精神。但是在进行单纯实体和上帝的存在与本质的论述时，托马斯没有从客观的经验事物出发进行论证，很显然这些"单纯实体"并不具备经验实存的可能性，虽然托马斯意识到了这一点，然而为了使论证更加有力并且"符合"他所遵循的理性精神，他借用了上帝存在的五路证明中的结论将其作为论据，并且把形式与质料、现实与潜能这几组本来在首要意义上是应用到经验之物上的概念用在了超验之物上。从这两个方面来看，上帝本质的讨论是上帝存在证明的延续，这两个论证是前后相接、逻辑严密的。但是就如我们在上一部分的评价中所说，在上帝存在的五路证明的最终结论上，托马斯进行了理性到信仰的重要一跃，通过信仰的方式在逻辑中在先地规定了上帝的存在，将信仰的"真理"和理性的"真理"之间划了等号，而这将不可避免地导致在这一部分的论述中托马斯同样要把理性的推理和信仰的真理结合在一起，例如，将"纯粹现实不包含质料"和"上帝是纯粹的现实"结合到了一起，得出了"上帝是不包含质料"的结论。这样看来，托马斯的关于上帝的本质的论述同样是建立在"信仰"之上的，理性只是作为一种使这一"信仰"的真理更加明确的清晰一种手段，理性是没有主体的地位的。在这个层面上来说，托马斯是和奥古斯丁主义同源的，同时这也是托马斯作为一个具有坚定信仰的神学家所不可避免的。

我们说形而上学是研究"存在"的，而关于存在的知识也是形而上学的第一知识，托马斯认为经验存在的知识是人类理性能确真地把握的，这样人类理性在"第一知识"的获得上便有了自己的地位，这无疑是对人类理性价值的极大肯定。在坚持柏拉图思想的奥古斯丁主义者看来，人类理性在知识的获取过程中是十分弱小和无力的，一切确真知识的获得非得借助于神圣的光照不可。而柏拉图将"存在"完全建立在"超验"的领域的做法，在奥古斯丁主义者那里就表现为关注于超验的世界而逃避感官的世界的态度，这样奥古斯丁主义者在一定程度上也将第一知识的获取完全建立在了人类理性所能及的范围之外的，人们除了"信仰追寻理解"和"神圣光照"的方式外，便没有任何获取真正知识的可能性，从这个意义上来说，托马斯的关于"存在与本质"的论述是具有批判性的。我们可以看出，在"存在与本质"关系的论述上，托马斯延续了他在证明上帝存在中所使用的经验的方法，他首先从区分"存在"的两个不同所指出发，为存在在经验界和超验界的实存做出了界限和划分。接下来的讨论按照了从经验界的实存到超验界的实存，从经验界的本质到上帝的本质的逻辑顺序展开，环环相扣，每一论证前后的衔接非常之紧密，这种推理的思路是理性的思路，它从客观的经验出发，重视人们的理性思维能力在认识客观经验中的作用，这是对柏拉图和奥古斯丁主义的一大突破。

（二）上帝的属性

这样我们不仅理解了上帝存在，还认识了上帝的本质，这一知识在托马斯看来即是最终的知识，是形而上学的终极对象的知识。那么如果我们说世界的第一知识就是"上帝存在等于上帝的本质"，这不免让人感到困惑，这一知识似乎只是"形式上"的知识，它没有告诉我们实质的内容，但是我们还是想要更清晰地描述这一知识，也即是对这一知识进行"内容上"的描述，这样才能从完整的意义上说我们理解了上帝的本质。因此，托马斯在得出了上帝的存在即为本质的结论后，又进行了关于上帝属性的讨论，这一讨论即是上帝存在"内容上"的知识。这一内容上的知识也即是上帝的属性，在托马斯看来上帝主要有六个属性：单纯性、完满性、无限性、不变性、永恒性和独一性。

1. 单纯性

上帝这一形而上学终极对象首先是单纯的，托马斯讲的"单纯"是从两个大的方面来刻画的。首先，上帝是纯粹的。上帝是一种非质料性的纯粹形式，我们也就不能用任何"形体性"的语言去描述它，上帝是看不见、摸不着的，但是他确实客观存在。并且上帝的存在是绝对必然的，上帝由于是完全纯粹的现实，也就是说上帝之中没有任何潜在性的因素，也就是不包含有任何的偶然性的因素，在上帝这里，他是"自存在"、并且是本质的存在，上帝不需要任何其他的因素来成为完整意义上的存在，而"凡是自行存在的事物都是先于藉偶性而存在的事物"[1]，从这一角度来说上帝是纯粹必然的。其次，上帝是单一的。托马斯所讲的单一性是指上帝是区别于其他任何存在的独立地、卓越的至上存在，也就是说我们不可以说上帝是哪一"类"的物体，这是因为我们在生活中所说的"类"的概念只适用于上帝的造物，其不能用于上帝之上。上帝是至上的存在，其拥有

---

① ［意］托马斯·阿奎那：《神学大全》第一集第一卷，段德智译，商务印书馆2014年版，第55页。

最完满的善，而上帝的造物都是在不同的程度上分有了上帝的至善，所以上帝是不能够和他的造物放在一起来说明的。

2. 完满性

上帝的第二个属性是完满性，在托马斯看来，上帝不仅是完满的、并且是绝对完满的。关于这一观点曾经有人提出过异议，在他们看来，既然世间万物都是由上帝而造，并且万物都有缺陷和恶的存在，那么作为这些万物的创造者，也即是万物的原因，上帝也是有缺陷和不完满的。而在托马斯看来，万物之所以有缺陷是因为它们之中有质料和潜在性，这些因素阻碍了它们"善"的程度的实现，而上帝是不包含质料的纯粹的形式、也是纯粹的现实，所以上帝的善的实现程度是完满的。并且上帝不仅自身的善的程度是最高的，他还包含了万物所有的善，从这个角度上来说，上帝的完善性是绝对的。托马斯认为这一问题也可以从另一个角度来说明，在一定的程度上万物和上帝之间的关系可以用因果关系来看待，而在因果关系中，每一结果在自身的实现之前就已经以一种潜在的方式存在于它的原因之中，因而每一结果的完满性也以某种方式存在于它之前的原因当中，因此上帝作为万物第一原因，其包含了万物所有的完满性，他是绝对完满的，是绝对的善。

3. 无限性

上帝的第三个属性是无限性，托马斯所讲的"无限性"和我们日常所用的"无限性"在内涵上是不同的。一般来说，我们将"无限"应用到量的描述上，这一用数学解释的传统来自于亚里士多德，他在《物理学》中这样说到过，"在'无限'的定义里用到的是数量的概念，而不是本质或属性的概念"①。而托马斯认为，"无限性"在量上的描述不是其真正的内涵，其真正的内涵指的是一物不受限制的状态。具体来说，在托马斯看来，"受限"有两种情况，一种是质料的实现受到了形式的限制，也就是说在质料在被形式接纳之前，其自身实现的可能性是多样的，但是一旦被一个形式所接纳，他就只能按照这一个形式来实现自身；另一种情况是形

---

① [古希腊]亚里士多德：《物理学》，张竹明译，商务印书馆2004年版，第18页。

式的实现受到了质料的制约，这就是我们前面所讲到的形式的单纯性和完满性的实现。作为纯粹形式，它并不是因为质料的加入而趋于单纯和完满的，而是因为由于质料的加入给这一单纯性和完满性带来了贬损。而上帝即不包含质料，其自身又是至上完满的，所以上帝是无限的，他不受任何的限制。

4. 不变性

上帝的第四个属性是不变性，托马斯在上帝存在的五路证明中已经提到过，上帝是不动的推动者，从物理运动的角度上来说上帝是不变的。但是托马斯看来，"变"或"不变"不仅可以从物理运动的层面去考量，也可以从逻辑层面的变化上去考量，具体来说，就是一物从潜能转变为现实的逻辑变化。就上帝而言，上帝是纯粹的现实，他不包含任何的潜能，所以从逻辑层面上来说，上帝也是不变的。托马斯进一步提出，除了上帝之外的其他实体都是变化的。这首先体现在上帝与万物之间的关系上，万物都是由上帝而来，所以我们可以在一定的程度上来说，万物借着上帝从不存在的状态转变为了存在的状态。此外，就万物内部来说，复合实体就其未形成前的质料而言是潜在的，而通过形式的加入，这一复合实体从潜在的转变成为了现实的；而在单纯实体的灵魂和天使中，它们自身在从上帝那里领受存在前是潜在的，所以这里也有从潜能到现实的变化，它们也是可变的。综上来说，上帝自身不仅是不变的，并且上帝是唯一的、绝对的不变的。

5. 永恒性

上帝的第五个属性是永恒性，托马斯认为在进行这一讨论之前，应该要对"永恒性"的概念在内涵上进行重新界定。在他看来，永恒性是和时间相比较而言的，亚里士多德给时间的定义是："时间是关于前和后的运动的数，并且是连续的"[1]，这样时间就有三种特征，衡量运动的尺度、衡量有限物的尺度和连续性。而相比较下，永恒性就有三个相反的属性：不衡量运动、至全无连续性、不适用于有开端和终点之物。关于上帝的永恒

---

① ［古希腊］亚里士多德:《物理学》，张竹明译，商务印书馆 2004 年版，第 127 页。

性的论证也正是基于这三个界定来展开的。在托马斯看来，上帝既然是不动的推动者，那么他自身就不在运动的范畴内，并且上帝是必然的第一存在，也就是说是自在的存在，他始终如一，这样上帝就不会是连续相随的，并且无开端和终点，因此综合这三点，永恒性是上帝的一个属性，"天主是永恒的，无始无终"①。托马斯还补充说明了我们日常生活中所说的永恒性和上帝的永恒性之间的区别，在他看来，例如《圣经》中所说的"大地永远长久"的用语都是在相对的意义上而言的，也就是说我们在现实中说的一些事物是永恒的是在"类比"的意义上说的，或者说这一事物的永恒性是"分有"了上帝的永恒性，但绝不是在绝对的、最真确的意义上来说一物是永恒的，在绝对的意义上只有上帝是永恒的。

6. 独一性

上帝的最后一个属性是独一性，这一部分的讨论涉及了"一神论"还是"多神论"的问题。在托马斯看来，只有唯一的上帝，不存在许多的上帝，这可以在一定程度上被看成是对亚里士多德主义的修正，根据前面的"存在与本质"的讨论，任何特殊的本质只能有一个对应的特殊的存在，比如苏格拉底的本质只能成为一个苏格拉底，不能成为许多个苏格拉底，就如他在《驳异大全》中所说，"须知任何个体化的原因或因素，是某个体所独有，不能被许多个体所共有"②，而上帝的本质也就是自己的存在，他唯一的本质也只能是自己唯一的存在。并且，如果上帝是"多"的，那么这将与其"完满性"相冲突。因为如果上帝是"多"的，那么这一个上帝必然与另一个上帝由于不同的属性或完善程度而相区分，这也就是说一个上帝所有的完善程度在那个上帝那里没有，这样的话，"上帝"就是不完满的了，而我们已经证明了上帝是完满的，所以只有一个上帝的存在。

7. 评价

托马斯在阐述上帝六种属性的过程中，从行文上来看，这一部分的

① 参见［意］托马斯·阿奎那：《驳异大全》第一卷，吕穆迪译，安徽人民出版社2013年版，第66页。

② ［意］托马斯·阿奎那：《驳异大全》第一卷，吕穆迪译，安徽人民出版社2013年版，第169页。

论证是承接了上帝的存在与本质的论证的，同时又是以上帝存在的五路证明为基石的，前后相贯、思维清晰；从论证方法上，托马斯采用了"否定的排除法"，通过否定一物"不是"来达到一物"是"的结论。托马斯的这个论证方法在中世纪教父哲学和经院哲学中是比较常用的一种方法，但是托马斯对这一方法的使用更为严密和谨慎。首先和他的前辈的哲学家一致的是，托马斯认为理性思维的开端是"矛盾律"，因此，我们在具体的论证推理的过程中，也要从矛盾律出发。矛盾律我们在前面已经提到过，简单来说就是，一事物在同一方面的"是"与"不是"不可能相容，因此我们在判断推理的过程中，通过肯定或否定一方面的"是"也就证明在另一方面的"不是"。但是，我们在论证过程中所基于矛盾律选取的两个性质相反的概念必须是对立的，并且合起来就是一整体的，例如"普遍"与"特殊"、"一"和"多"、"质料"与"形式"等，这样我们通过否定或肯定一方也就否定或肯定了另一方。这两组概念不能是平行的或者包含的或者不相关的，例如"上帝"和"天使"、"单纯"和"有限"，这样你是无法来通过否定或肯定一方来达到认识另一方的目的的。托马斯显然在这些对立的概念上的选取是非常谨慎的，托马斯在具体论证的时候抛弃了安瑟伦和奥古斯丁那种"他存在、因此他不可能不存在"的这一信仰预设的否定论证了，托马斯转而采取了众多的经验概念的理性推理的否定论证，例如通过质料和形式、变动和不变、单纯和复合等等这些在首要意义上是描述经验之物的概念来论证上帝的属性。例如通对上帝是"质料"的否定来达到我们对上帝是"纯形式"的属性肯定、我们通对上帝是"有形的"否定来达到对上帝是"无形的"属性肯定等等。在托马斯看来，上帝的存在是建立在经验的推论上的，因此关于上帝的知识，无论是从形式上（上帝存在即本质）还是从内容上（上帝存在的六个属性）来看，其也都是要建立在经验的基础之上的而非信仰的基础之上的。这样从经验世界的"质料与形式"、"潜能与现实"到上帝存在的"纯形式"和"纯现实"，再到上帝的"完满性"和"独一性"等，关于上帝存在的知识就饱满了起来。在托马斯看来，经验的结论要比先天的演绎更加令人信服，这一亚里士多德式的论证使神学表现为一种理智和富有推论的科学，其关注点在通过推论得出的结果，而不是作为结果的本身；它通过一种层层递进的推论达到结论，而不是以一种令人困惑的方式直接展现在人们面前。托马斯坚持认为，在哲学中，我们希望的是从现实世界论证上帝，而不是从上帝论证现实世界，因此我们必须从我们周围的事物出发进行研究。

上帝的本质即是存在，上帝的属性则有六个方面的内容，到这里，托马斯的理论体系中以上帝为核心的形而上学已经初步建立了起来。托马斯对这一上帝本质以及属性的构建无一例外是遵循了从现象到本体的亚里士多德式的方法，虽然这是一种线性向上的追溯，但在这一追溯中，现象和本体之间是否存在着更加深刻的联系，这是托马斯接下来要深化的。

三、上帝创造万物

上帝存在与万物的关系是托马斯上帝论第三个方面的内容，在内容上，这一部分内容可以说是对前面两部分的深化，这体现为两个方面：首先，在上帝存在的证明中，上帝已经被证明是万物的第一因了，那么他是以什么方式成为第一因的，这是有待深化的；其次，在存在与本质的关系上，上帝已经被证明是第一存在或本质，那么万物的存在与本质和上帝的存在与本质之间又有什么样的更深层次的联系，这同样是有待深化的。在这一部分的内容中，托马斯着重探讨了三个方面的问题：第一，造物的产生；第二，造物的区别；第三，造物的管理。

（一）造物的产生

造物的产生问题也即是关于上帝"创造"的理论。这一理论有两个方面的内容：什么是创造？创造的本质是什么？在托马斯哲学的研究学者看来，托马斯的上帝的创造理论是他整个思想体系的关键，也可以说我们可以借助对"创造"的理解，来进入托马斯的整个思想体系大厦。这一创造的理论不仅是哲学上的"第一存在"和"具体存在"的关系理论，同时也是神学上的"造物主"与"造物"关系的核心问题。

1. 上帝与创造

当我们在神学中讲"创造"这一概念时，其往往会和哲学中的"变化"概念发生冲突。遵循古希腊的传统，在一些哲学家看来，任何的存在物的存在都必须遵循的原则即是"有中生有"，而绝不可能是"无中生无"，甚至在有些学派诸如埃利亚学派看来，从严格的意义上讲，没有什么东西是可以被"创造"出来的，一切都只是"变化"。而神学中的"创造"指的是上帝的"从无到有"的创世过程，而"变化"则是在事物被创造后才发生的。因此，托马斯在处理"创造"这一概念时首先就要把哲学意义上的"变化"和神学意义上的"创造"区分开来。

在托马斯看来，"创造"即是从作为第一存在上帝的"溢出"，这一溢出描述了万物从第一因产生的过程，因此在托马斯看来，凡是我们讲到的创造，都是指以上帝为第一因的。这一创造的性质是从无到有，"创造，作为所有存在的溢出也是来自作为'无'的非存在的"①，托马斯所理解的创造指的是从无到有，从"非存在"到"存在"的过程，这样托马斯的创造就和自然哲学意义上的"变化"分离开来了，古希腊的哲学传统是以自然哲学为基础的，自然哲学家们往往是从一物质化的"原子"出发，它们通过聚合或者分散，造就了不同的存在物，而整个宇宙都是在这一秩序下运行的，一切都可以解释为"变化"。因此托马斯声称，他所讲的这一"创造"绝不是"变化"，"创造并不是变化，因为变化意味着同一件事物现在区别于它先前曾是的样子"②。在托马斯看来，变化包含了两个方面，首先是事物内部逻辑层面的变化，例如从质料到形式的变化、又如从潜能到现实等等；其次是事物外部物理层面的变化，例如物体的运动和工具的制造等。但是无论这些变化有多少种形式，在托马斯看来它们都是以"存在"为基础的，事物内部的变化是借"自身存在"而发生的，而来自事物外部的变化则是借"另一存在"而发生的。而"创造"，则是指的从"不

---

① ［意］托马斯·阿奎那：《神学大全》第一集第三卷，段德智译，商务印书馆2013年版，第279页。

② ［意］托马斯·阿奎那：《神学大全》第一集第三卷，段德智译，商务印书馆2013年版，第282页。

存在"到"存在"的过程，它不是、也绝不可能是以任何现实的存在为基础的，因此创造就不是在具体存在的基础上加以施工，而是一种完全的使"存在"产生的过程，这是变化和创造本质上的区别。在创造和变化的比较上，托马斯认为创造是要优于变化的，因为所有的变化都是在"存在"的基础上产生的，而"存在"则是靠创造而来的，因此不仅在顺序上创造要先于存在，并且在重要性上，没有了创造就不可能有任何的存在，也不可能有任何的变化。

那么，我们说创造是"从无到有"的产生，那么如何将这一创造归于上帝，这是托马斯第二个要解决的问题。虽然在"创造"的定义当中，托马斯通过信仰把创造归于了上帝，是"来自于第一因的溢出"，但是托马斯仍希望通过一种理性的方式对这一信仰的教义进行澄清。托马斯把创造归于上帝，这一论断是基于原初质料的理论和上帝存在的第二路证明做出的。

奥古斯丁曾经说过上帝曾经造就了两样东西，一个接近于上帝自身，另一个接近于虚无。在托马斯看来，奥古斯丁所指的接近于上帝自身的东西，就是天使，它最接近于"存在"，而奥古斯丁所指的接近于虚无的东西，就是原初质料，它最接近于"非存在"，因此我们讨论如何从"非存在"到"存在"的关键就在于对原初质料的由来的考察。在托马斯看来，复合实体都是由形式和质料所组成的，质料是基底，质料通过一个形式的限定成为一具体的物，而在质料当中有一个最低等级的"基底"，这即是"原初质料"，在一定程度上这一原初质料可被理解为自然哲学家口中的最基础的物质，它是最低等级的"存在"，而在原初质料之前，就是"无"、就是"非存在"。在上帝存在的第二路证明中，托马斯提出了任何事物的存在都不是以其自身为原因的，如果一物是因自身而存在的，这就意味着在存在之中要有一物先于自身而存在，在托马斯看来这是不可能的。因此，一物的存在必定来自于另一存在，但是存在着一个不以任何存在为前提的第一存在，他自身是所有存在的来源，这即上帝。既然所有的存在都来自于上帝，那么作为最低一级的存在的原初质料也来自于上帝的创造，因此上帝通过对原初质料的创造完成了造物的从"非存在"到"存在"的过程。而又因为原初质料包含在复合实体的质料当中，因此我们也可以说自然万物也是来自于上帝的创造。

2. 上帝的创造与造物

我们已经明确了万物受造的过程也即是万物藉上帝从无到有的过程。那么接下来我们要讨论，上帝的创造与他的造物是什么关系，对于这一问题有两个方面需要考虑，第一，上帝造物是否是必然的；第二，上帝、创造和造物三者之间的关系。

在关于上帝造物的必然性的问题上，遵循着从经验出发的思路，托马斯认为"创造"的必然性必然要从"变化"的经验事物中去寻找。在"变化"的过程中，例如我们在具体制造的过程中，为了制造出一个物体我们都要有一个原型或是形式，好比我们想要盖一个房子，我们要么先在脑海中有一个房子的样子抑或看见现实中一个房子的样子。而作为结果我们在现实中盖出来的房子正是接受了这一确定的原型或形式，才成为了具体的存在。而这种确定的原型在托马斯看来都是可以归结为上帝的，上帝既然是完满的，那么在知识上也是完备无缺的，所有万物赖以规定的原型都存在于上帝之中，"凡是在任何事物中藉分有所发现的东西，都必定是在其中由它本质上属于的东西所产生的"①。这一分有也体现在事物的完善性上，托马斯认为每一事物的形式在一定程度上都是对上帝的纯形式的分有，只不过在完善性上是不同的。总而言之，上帝之中存在了万物的原型或形式，这也是从经验世界中的具体存在者之中发现了上帝"创造"的根据。因此，虽然创造不等同于变化，但是我们仍然能从具体存在的"变化"中发现上帝"创造"的必然性。在创造和变化的关系中，我们可以说"创造"是"变化"的预设。这是因为，虽然在变化之中事物都是先借一预设得以产生的，也即是说藉一"形式"得以产生，但是这些变化它们都是以具体的存在为基础的，而其是来自上帝创造的结果。上帝的创造使"非存在"变为了"存在"，而有了"存在"的基础，事物才有了变化可言，因此从这个角度上出发，上帝的"创造"是"变化"的预设。

托马斯关于上帝、创造和造物之间关系是基于"运动"而展开讨论

---

① ［意］托马斯·阿奎那：《神学大全》第一集第三卷，段德智译，商务印书馆 2013年版，第 267 页。

的。托马斯的论点是，"创造"作为上帝和造物之间的一种关系，存在于受造者之中。首先，对于何为"关系"的问题，托马斯否定了"关系"只是一种观念而不是一种实在的观点。在托马斯看来，"关系"有三种形态，第一种形态是关系的两端都是理性概念，例如理性理解中的"人"和"动物"作为概念的关系；第二种形态是关系的两端都是实在事物，例如这一个具体的人和那一个具体的人的关系；第三种形态是关系的一端是客观实在，另一端是理性概念，例如现实实在的一具体人和观念中"人"的概念的联系。在托马斯看来，上帝和造物之间的关系涉及了后两种形态，第一，从上帝作为第一推动者和造物是被推动者的关系来看，上帝和造物在运动中是"实在"之间的关系，"其两个端项都是实在事物，这也同样适用于由主动和被动所产生的关系，如运动着的力和可推动的事物"①；第二，从我们能从作为结果具体的存在者中发现作为原因上帝来看，上帝和造物是"实在"和"观念"之间的关系，"而只是就造物总关涉到上帝而言才有一种观念上的关系"②。因此，在上帝和造物之间就有两种关系，运动的关系和因果的关系，而把"创造"加入到上帝和造物之中去考察的话，这两种关系是否还是存在？在前面，当我们从运动的关系上说上帝和造物时，它们是处于运动的序列之中的，也就是说是作为第一推动者和受动者是一种运动的关系，但是我们所说的创造不是一种"运动"的活动，因为运动或变化都是在已经存在之物的基础上产生的，而创造是在非存在的基础上产生的，因此它不是一种运动的关系，取消了运动的关系，上帝和万物之间就只剩下了因果的关系，当"运动被撤销的时候，只有不同的关系依然存在于造物主和造物之中"③。那么上帝、创造和造物的这种因果关系是以怎样的一种方式存在的呢？在托马斯看来，一个造物的存在是藉上帝的创造而存在的，因此创造可以被视为上帝和造物中间的一种

---

① 参见［意］托马斯·阿奎那:《神学大全》第一集第一卷，段德智译，商务印书馆2014年版，第217页。

② 参见［意］托马斯·阿奎那:《神学大全》第一集第一卷，段德智译，商务印书馆2014年版，第217页。

③ ［意］托马斯·阿奎那:《神学大全》第一集第六卷，段德智译，商务印书馆2013年版，第282页。

中介，这一创造就蕴含了一种关系，那就是上帝是造物的原因，造物是上帝的结果。不仅"创造"代表了上帝和造物之间的因果关系，并且"创造"自身作为这一关系蕴含于造物中，"在造物中，创造就只是同作为它的存在的原则的造物主的一定的关系"①。综上，在上帝、创造和造物三者的关系中，上帝是造物的原因，造物是上帝的结果，而创造则代表着这种因果关系存在于造物之中。

3. 上帝的创造与世界

通过对上帝创造学说的考察，我们已经明确了上帝的创造是一种从无到有的"流溢"，在此过程中，创造作为上帝与其造物之间的关系凝聚在造物之中。并且，通过理性论证的方式，托马斯试图用后天证明的方式来说明上帝创造造物的必然性，那么作为"造物的宇宙"（universitas crea-turarum）——这个世界，我们是否能同样通过的理性论证的方式在世界和上帝之间建立一种稳定的"创造"的联系呢？

我们在前面说到，托马斯的上帝论是在亚里士多德的形而上学的基础之上确立起来的，托马斯虽然看到了亚里士多德著作中许多理性的因素可以被很好地加以利用为基督教义做辩护，但是亚里士多德的思想中也有一些理论是与基督教义相悖的，这一相悖最集中明显地体现在世界的永恒性的问题上。

亚里士多德是一个哲学家和自然科学家，他所理解的世界是"运动"中的世界。从这个意义上来讲，亚里士多德理论当中的"运动"在整体的意义上来讲就可以代表"世界"，在《物理学》当中，亚里士多德将世界万物的运动看作一个整体，其是永恒的、无开端也没有断点，这一运动是圆周的运动，"有某种无限的，单一的和连续的运动存在是可能的，这个运动就是圆周旋转"②。因此，作为一个自然科学家，亚里士多德看来，世界整体就是一个连续的永恒的运动，它如何"开始"存在的问题不是他要考虑的，亚里士多德所关怀的是世界作为一个整体其"存在的方式"是什

---

① ［意］托马斯·阿奎那：《神学大全》第一集第六卷，段德智译，商务印书馆2013年版，第284页。

② ［古希腊］亚里士多德：《物理学》，张竹明译，商务印书馆2004年版，第251页。

么。虽然我们说亚里士多德从这一运动中的万物也推出了有"第一推动者",但是这第一推动者只是作为维持世界的运动的"存在"而存在,而不是作为创造世界的存在而存在的。他是一个"推动者"而不是一个"创造者","既然运动必然永远存在而无中断,那么必然有永恒不动的第一推动者"①,进而亚里士多德认为这一永恒的第一推动者存在与永恒运动的"球面"之上推动运动序列的发生,而他自身则不是运动的,"离推动者最近的事物运动最快,球面上的运动是最快的,因此推动者在球面之上"②。这样亚里士多德在把运动和"第一推动者"孤立开来的同时,也就把作为运动整体的"世界"和"第一推动者"孤立开来了,我们在这里还不能说和"上帝"孤立开来了,因为在亚里士多德的视界中,其所关注的只是自然界之中的终极原因,虽然这一关注隐含有有神论的倾向,但是亚里士多德并没有明确将自然界的终极原因诉诸宗教。在亚里士多德看来,经验的世界是其研究的主体,而第一推动者的存在只是为了说明这一主体。但是,亚里士多德的这一世界永恒性的理论无疑是对基督教教义的"创世论"的极大挑战,特别是在托马斯所处的年代,自然哲学的流行和亚里士多德思想的传播,世界的"永恒性"命题就作为和基督教"创世"学说相抗的力量被许多人加以论述,他们除了诉诸上述"运动"的论证之外,还诉诸于"质料"理论加以论证。首先,亚里士多德形而上学中的"质料"是万物的原始基础,其作为万物的底料只是描述经验世界的存在而存在,质料就是作为经验世界的"基础"而存在的,万物都由它而来,而这一质料是不可"产生"的,因为如果质料是从一物产生出来的,那么这就说明有一物就是质料的原始基础,这显然是和"质料是万物的原始基础相违背"的,因此既然质料是不可产生的,那么以其为基础的世界在某种程度上也不是由产生而来的;同时,这一质料也是不可灭亡的,因为事物中都是有形式存在的,而和形式相应的就是质料,形式是现实,从结果来看,如果我们说质料是可以灭亡的,也就是说一物的形式将失去依托,这样现

---

① 参见〔古希腊〕亚里士多德:《物理学》,张竹明译,商务印书馆2004年版,第242页。

② 〔古希腊〕亚里士多德:《物理学》,张竹明译,商务印书馆2004年版,第268页。

实的存在也就失去了依存的基础，因此"作为可获得形式的潜能者，它的本性是不可灭的"①，这里也是亚里士多德受古希腊自然哲学传统影响的体现。因此，质料是不生不灭的，而以其为基础的世界整体也是不生不灭的，也即是永恒的。

但是，在托马斯看来，世界永恒性的问题是一个我们无法用理性进行论证的问题。托马斯认为，从另一个角度来看，世界是否是永恒的问题我们也可以通过对世界是否有一个开端的问题的回答来尝试解决，如果我们不能用理性论证的方法证明世界是否有一个开端，我们也就同样地无法用理性论证的方法证明世界是否是永恒的。又因为世界是否是永恒的或者世界是否有一个开端是关于世界本质的问题，因此关于这一问题的知识也是关于本质的知识。而根据托马斯的认识论学说，我们关于本质的知识都是从具体事物之中抽象出来的知识，是要从"此时此地的具体事物"抽象出来的②，因此，如果我们想要面对世界永恒性的问题，就必须面对"永恒的具体的世界"，这是我们所无法做到的；并且，如果我们不直接面对世界的永恒性，而从论证世界有一个开端出发去进行否定论证，我们就同样需要去面对"那一时那一刻"的世界去进行认识。因此，从坚持知识都是来自于经验的角度出发，我们既然不能获得关于世界的开端的命题，也不可能获得关于世界的永恒性的命题。那么关于世界的永恒性问题我们不能够从世界本身得到证明，那么能否能从上帝的永恒性出发得到证明呢？在托马斯看来，虽然上帝是必然永恒的，但是这并不代表他所产生的结果也必然是永恒的。第一，从上帝作为第一推动者来考虑的话，他是所有运动的原因，所有的运动都是上帝在"永恒意志"下的结果，而这些运动是变化的，而我们在前面讨论上帝的永恒性时说过，永恒性指的是一种始终如一的状态，因此上帝作为必然原因其产生的结果未必是必然的，"第一活动主体是一个有意志的活动主体。而且，虽然他具有永恒意志，产生一些结果，然而他所产生的却不是永恒的结果。一些变化之被预设也是不必

---

① ［古希腊］亚里士多德:《物理学》，张竹明译，商务印书馆2004年版，第41页。

② 参见［意］托马斯·阿奎那:《神学大全》第一集第六卷，段德智译，商务印书馆2013年版，第312页。

然的"①；第二，虽然我们可以说世界中的具体事物都是藉分有了上帝的存在而存在的，但是我们不能够必然地推出上帝是世界开始的原因，因为在托马斯看来"造物"的开始和"造物的宇宙"的开始是不同的，前面是具体之物的存在，而后者是作为整体的存在，而对造物知识的考察我们可以通过理性推理来得出结论，而对于作为整体的世界的知识的考察，其在时间上有一个开端是我们所无法证实的，"所以，虽然上帝永恒地是世界的充足原因，但是，我们不应当说世界是由他产生出来的"②；第三，从上帝的认知的角度出发，世界作为结果是上帝的意志的产物，而上帝的意志我们是无法通过理性去勘察的，进而作为意志的结果，我们就无法靠理性获得确实可靠的知识。综上，从理性的角度出发，我们无法证明世界是否是永恒的。

上帝的创世理论是基督教中最基础的教义，因此在托马斯的视界中，"世界是永恒的"这一命题是他所无法接受的，世界必然有一个开端，它来自于上帝的创造。既然采取理性推论的方式我们无法否定世界的永恒性，因此我们就必须在信仰上把世界是来自于上帝的创造当作真理来相信，"上帝的意志是可以藉启示显示给人的，而启示正是信仰所依赖的。所以，世界开始存在是一个信仰对象，而不是一个推证对象或科学对象"③。而在上帝与世界的关系上，世界是由上帝创造的，世界在时间上有一个开端，但是我们不能说世界的开端是上帝。当我们说世界有一个开端时，指的是就世界作为一个上帝创造的结果，其自身是在时间上有一个开端的。而把世界纳入到上帝的创造过程中去，我们就不能说世界在上帝的创造中有一个开端。就如我们在前面讲到的一样，当我们说到开端时，它指的是一物在运动过程当中的起始的一种状态，但是上帝的创造活动不是一种运动，运动都是在存在的基础之上发生的，而上帝的创造活动是在非

---

① ［意］托马斯·阿奎那：《神学大全》第一集第六卷，段德智译，商务印书馆 2013年版，第 307 页。

② ［意］托马斯·阿奎那：《神学大全》第一集第六卷，段德智译，商务印书馆 2013年版，第 309 页。

③ ［意］托马斯·阿奎那：《神学大全》第一集第六卷，段德智译，商务印书馆 2013年版，第 313 页。

存在的基础之上发生的，因此上帝的创造就不是一种运动，因此取消了"创造"中的运动，也就没有开端可言。并且，我们说运动都是依靠时间来衡量的，其刻画了一物从在先时间的移动变化到在后的时间。而上帝的创造过程当中没有运动，同时也就没有时间可言，因而从某种程度上说，上帝的创世是在"一瞬间"完成的，因此在上帝与世界的关系上，我们不能用时间观念中的在先和在后来描述上帝和世界。因此我们不能说上帝在时间上先于被创造的世界，只能说上帝在逻辑上先于被创造的世界的，托马斯也将这一逻辑上的在先性称之为"永恒性的在先性"①。

这就是上帝创造万物的第一部分知识，其要点如下，创造是一种从无到有，有非存在到存在的流溢过程，并且这一创造的执行者只能是上帝；从上帝、创造与造物三者的关系来说，创造代表了上帝和造物的因果关系，其也凝聚在造物之中；从上帝与造物的整体——世界的关系来说，世界由上帝创造不是一个理性推证的问题，而是一个信仰的问题，只有在信仰中我们才能以明确的方式解决世界的永恒性的问题。

（二）造物的区分

这样，造物就在上帝的"流溢"中被创造出来，接下来，托马斯要讨论的是造物是如何区分的。关于这一问题，托马斯分了三个层次来讲。第一，造物区分的原因是什么；第二，造物区分的表现是什么；第三，在区分的基础上，世界是否有统一性。

1. 造物的区分性

在进行造物区分的原因的讨论之前，托马斯首先要明确的一个论点就是造物是"有"区分的，他们不是同一的。

在有些人看来，造物是没有任何区分性可言的，因为万物都是由上帝而来的，而同一个原因只能产生同一个结果，因此万物虽然作为上帝的结果在数量上是众多的，但是它们在实质上是同一的、没有区分的。而在托马斯看来，虽然万物都是来自于"独一的"上帝，但是他们仍然是有

① ［意］托马斯·阿奎那：《神学大全》第一集第六卷，段德智译，商务印书馆2013年版，第309页。

区分性可言的。这是因为，虽然万物的共同原因都是上帝，但是上帝作为"一"的原因和万物作为"多"的结果并不矛盾，万物的活动都是藉其每一特殊的"形式"而发生的，每一物都有每一物独特的形式，而万物的不同的特殊形式都是以一种先在的方式在上帝的"第一原型因"中所预设了，因此我们虽然可以理解事物不同的特殊的形式，但是在每一特殊的形式中我们都能发现上帝作为第一原型因的存在。并且，虽然每一物存在的形式都是分有了上帝的形式，但是这一分有都不可能是完满的分有，它们是在分有程度上有所区别的，因此事物在作为结果的完善性上同样是有所区别的，"上帝的本质就不仅能够就他存在于他自身之中而被认识，而且还能够就他为造物依据类似的一定等级所分有而被认识"①。

2.造物区分的原因

因此，万物之间是有区分性的，并且这一区分的依据即是每一物得以规定的特殊的形式，但是使万物得以区分的原因又是什么呢？是每一物的特殊质料，抑或是每一物特殊的形式，抑或还有更高层次的原因存在？在托马斯看来，我们必须从最深层次的原因着手去考察，虽然每一物都有特殊的质料和特殊的形式，但是这些原因都不是事物之间得以区分的最终原因，这一最终的原因只能是上帝，因此他提出，"事物的区别和众多来自第一活动主体即上帝的意向"②。

托马斯否定了关于事物区分的最终原因的众多意见。在古希腊的自然哲学家那里，事物之间只是通过不同的质料而得以区分，他们认为质料之间的运动和变化、组合和分散造成了不同的事物。但是在托马斯看来，质料不可能是事物得以区分的最终原因，因为质料总是要依靠形式而认识的，但是每一事物之中的特殊形式也不可能是事物得以区分的最终原因，因为每一事物的"形式"虽然是这一具体存在的规定性因素，但是就其最终来源上来说，其都是来自于上帝的"第一原型因"的。因此，万物得以

---

① ［意］托马斯·阿奎那:《神学大全》第一集第一卷，段德智译，商务印书馆 2014 年版，第 292 页。

② ［意］托马斯·阿奎那:《神学大全》第一集第六卷，段德智译，商务印书馆 2013 年版，第 322 页。

区别的最终原因即是上帝。万物虽然都是因分有了上帝的存在而存在，但是这一分有在程度上是不同的，一造物的形式可能在某种程度上较多地体现了上帝的至善，例如天使；而另一造物的形式则在某种程度上较少地体现了上帝的至善，例如人类，"由于他的善不可能为单独一个造物充分体现出来，他就创造了许多各色各样的造物，这样在体现上帝的善的方面为一件事物缺乏的东西就可以由另一件事物提供出来"。并且，所有造物的形式合在一起就体现出了上帝的完满的善，"因此，整个宇宙一起更其完满地分有了上帝的善，比任何一个无论什么样的单个造物都更其充分地体现了它"①。

3. 造物区分的体现

通过上面的论述我们明确了，上帝是万物得以区分的最终原因，万物通过分有上帝的至善而拥有了不同等级的善而得以区分，而一物"善"的程度的实现就取决于其"形式"的实现程度，又因为每一物的形式都是来自于对上帝的纯形式的分有，因此在不考虑其他因素的前提下，每一物都本应该在"善"的程度上是较高的或者趋近于上帝的，但是由于有一部分造物其中蕴含了有质料的成分，因而不同的质料就造成了不同的形式的实现，同时也就造成了不同的善的等级的实现，这样无质料的造物例如天使和灵魂在"善"的程度上就要高于有质料的造物，"在实体界中，我们常见到物体的美善和圆满，有许多等级，并是从低级渐渐升至高级，但某物能否从一级升到另一级，全看他的本质中具有的形式的因素如何"②。因此，基于"形式"的实现程度不同，我们可以把造物划分为有质料的造物和无质料的造物，前者形式的实现程度较低而后者形式的实现程度较高。

关于有质料的造物，其构成大体上与复合实体相当，只不过有质料的造物中不仅包括复合实体，还包括了有"原初质料"。关于原初质料，我们前文略有提及，在此做一个完整的阐释。原初质料指的是仅仅具有质料而没有形式的一种特殊的"存在"，在形式与质料的相互关系上，形式可

---

① ［意］托马斯·阿奎那：《神学大全》第一集第六卷，段德智译，商务印书馆2013年版，第323页。

② ［意］托马斯·阿奎那：《哲学基础》，吕穆迪译，译林出版社2016年版，第64页。

以脱离质料而独立作为一个实体，例如天使和灵魂，但是质料却不能够脱离于形式而作为一个实体，"形式是实体生存的原因之一，实体无形式就不能称之为实体"①。因此原初质料不可以作为实存来理解，但是其可以在观念中去理解，只是作为观念上的"有"存在，但是原初质料同样是来自上帝的"创造"，这个问题我们在上帝从无到有的创造过程的部分已经论证过了。所以它不是一种"实存"的造物而是一个"观念"上的造物，这一无形式的造物在万物中是作为最低级的"善"的存在，一物的善的程度是由一物的形式决定的，而原初质料没有任何的形式，所以在原初质料当中就没有"善"可言，它是善的完全的缺乏。有质料的造物还包括复合实体，在复合实体中，形式和质料是相互结合不可分离的，这一相融性最显著地体现在了托马斯关于造物"人"之中的灵魂和肉体的关系理论中，托马斯一反柏拉图主义的传统，不再将人的本质仅仅看成是"灵魂"了，而是把人看作是灵魂和肉体、形式和质料的组合体，两个因素缺一不可，"一个个体的人，如苏格拉底并不是一个灵魂，而是由灵魂和身体组合而成的。我这样说，乃是因为一些人坚持认为：只有形式属于人，而质料则只是个体事物的一部分，而不是人的一部分"②。在托马斯看来关于一复合实体本质的描述就是其定义的内容，而复合实体本质是关乎形式和质料两部分的，因此一复合实体的定义中也必须要有形式和质料，而当我们用这一定义指向现实化的人之时，其也是灵魂和肉体的组合体。人的灵魂和肉体互相交融不可分割，在功能上它们也是相互配合而工作的，这显著地体现在人的认识的功能上。托马斯在人的认识功能上继承了亚里士多德的理论，在他看来，我们想要获得一物的知识需要感性认识和理性认识的配合工作，而在感性认识中，我们获取对象的第一步即是要依靠身体的外感官来捕获物体的性状，没有了例如眼、耳、口等外感官我们是不会有任何知识的，这是我们认识的起步，但是一经外感官对外部对象的接收，我们的认识活动就开始了，这时候灵魂就作为我们的认识原则和能力而与身体结合在一起，

① ［意］托马斯·阿奎那：《哲学基础》，吕穆迪译，译林出版社 2016 年版，第 80 页。

② ［意］托马斯·阿奎那：《神学大全》第一集第六卷，段德智译，商务印书馆 2013 年版，第 14 页。

它指导我们的知识从感觉印象到理性概念的前进。人在有质料的造物中是最为高级的存在，这种卓越的特征就在于人有认识活动，人的认识活动是肉体和灵魂的相互结合，是质料和形式的相互结合，因此有质料的造物中质料和形式的相融性就以最卓越的方式体现在人的认识活动当中。

无质料的造物包括人的灵魂和天使。在完善的程度上来说，天使要更加优越于人的灵魂，这是因为从形式的实现的完善性上来说，人的灵魂是要和作为质料的肉体相结合的，而天使是不需要与质料相结合的，因此从"善"的程度上来说，天使在无质料的造物中是最高的善，虽然它们在完善的程度上有所区分，但是在性质上它们都是作为纯形式的独立存在，托马斯依据形式与质料的关系提出了人的灵魂和天使的不朽性的学说，因为形式可以脱离质料而独立存在，而质料却不能脱离形式而独立存在，因此对于人的灵魂来说，人的灵魂在脱离肉体之后依然是可以存在的，而天使没有质料的依存其不可朽性就更不待言说。天使也有理性认识的能力，只不过在天使的纯形式中，由于其不必与质料进行结合，因此天使的认识就不必通过肉体的因素来完成（例如身体和外感官），天使的认识是一种直接的认识、一种完全理智的认识，相当于"理智直观"，他们能够直接洞察到低级事物的本质，从而获取确定无误的知识。同时，作为纯粹的形式，人的灵魂和天使都还具有意志的功能，意志的功能主要体现在对善和恶的选择上，这一意志是绝对的自由的，因此人和天使能够通过自身的意志进行行为的抉择从而选择趋向上帝或者走向堕落。人的灵魂和天使虽然和上帝一样是作为纯粹的形式的存在，但是在完善性上都不如上帝的至善，这不仅体现在人和天使有可能通过自身的自由决断趋于堕落，也体现在其自身之中蕴含了潜能的因素，虽然人的灵魂和天使都是作为纯粹的形式而存在的，但是这种纯粹形式的存在是来自于对上帝的领受的，在从上帝那里接受存在之前，它们的存在是处于潜能的，只有从上帝那里领受了存在之后它们才是成为现实的。

（三）造物的管理

造物藉分有上帝的存在而被创造，并且在造物被创造后，造物的世界还接受着上帝的管理，上帝就不仅仅是万物的创造者，还是万物的管理者。在托马斯看来，关于造物接受上帝的管理，有下面几个问题需要考察：第一，何为管理；第二，上帝管理万物的方式是什么；第三，上帝管理万物的效果如何。

1. 何为管理

托马斯区分了"管理"的两个层面的含义，第一个层面的含义指的是"规定"，第二个层面的含义指的是"执行"，"天主的管理，有两个要务。一是规定秩序，一是执行规定"①。所谓规定，在首要的意义上指的是规定了万物实现善的秩序，其次指万物的一切产生和变化所带来的结果都是上帝预先规定好了的，这也即是说万物的原因无论是自然之物中的特殊的偶性原因、抑或是人的自由意志中的原因，上帝都给这些原因预定了一定的结果。所谓"执行"，指的就是在具体的场合将规定的因素付诸实行，具体体现为上帝通过因果关系序列使具有较高善的事物成为具有较低善的事物的原因，在这一过程中使较低级的事物实现善，最终通过这一序列实现万物整体的善。

"规定"的管理有两个方面的内涵，第一个方面是上帝赋予一事物以善为目的的秩序，在这种管理秩序中万物不仅按照秩序实现自身的目的，还追求自身最高的目的。在托马斯看来，世界上的万物不受管理是不可能的，每一物作为一个存在，其都是在追求着某种目的，并且这种目的还是向着最好的事物逐级攀升，"事物总是或几乎总是追求最好的东西"②。这一目的即是善，而每一物都向着自身的最高的善而前进。并且，每一物的善都是对上帝至善的分有，因此托马斯也将具体事物这一特殊的完善性称之为特殊的善，而上帝则是作为普遍的善，它是所有事物的普遍目的，因此上帝作为它们"普遍的目的"便将这一追求自身特殊的目的的秩序赋予了万物。在托马斯看来，"原因既产生某物，便尽

---

① ［意］托马斯·阿奎那:《驳异大全》第三卷，吕穆迪译，安徽人民出版社 2013 年版，第 284 页。

② ［意］托马斯·阿奎那:《神学大全》第一集第七卷，段德智、徐弢译，商务印书馆 2013 年版，第 4 页。

力保全某物"①，他的意思是在说，上帝作为万物的第一因创造了万物，那么在万物存在之后，上帝还履行着管理它们的职能，而所谓的"保全"也即是指的是一物特殊的完满性的实现，也即是说上帝不仅要创造万物，还要帮助万物实现自身的目的，一件事物的终极的善就在于它的目的达到，因此上帝就是以这样一种方式，即通过"引导它们，按秩序进行，以达到某目的"②的方式来使事物达到自身终极的善。第二个方面的内涵指的是万物的一切产生和变化所带来的结果都是上帝预先规定好了的，这也说明即使是事物中的特殊的偶性原因、抑或是善的缺乏（恶）的存在，上帝都给这些原因预定了一定的结果。在古希腊的一些哲学家看来，这个世界的存在充满了偶然性。这一主张以德谟克利特和伊壁鸠鲁为代表，他们认为这个世界是偶然形成的，是没有一种恒定的秩序的，因此这个世界是不受管理的。此外，在有些人看来，上帝虽然创造了世界但是在上帝创世之后就不再对这个世界进行管理了，他们的理由是既然上帝是全知全能全善的，那么作为管理者他就应当排除掉造物中的各种缺陷。托马斯解释道，万物的向善不仅是上帝管理的秩序的体现，万物的偶然性、善的缺乏体现同样也是在上帝的管理秩序之中的。对于偶然性来说，托马斯认为这是万物的一个特殊的原因，人们虽然会说一个特殊的事件的发生是偶然的，但是在托马斯看来，这特殊的原因的背后存在着某种普遍性的原因，这一普遍性的原因就是上帝，他作为普遍的原因代表着的是一种必然性，这种必然性支配了偶然性，因此，既然所有事物的特殊的原因都蕴含在上帝这一普遍的原因之中，因此任何一个特殊的原因产生的特殊的结果也就不可能在上帝所意料到的结果之外发生。上帝是全知的，上帝不仅知道过去、现在还知道将来，并且知道任何的偶然性和必然性。简单来说，在我们看来，两个人的偶然相遇虽然是一种偶然的原因导致的结果，但是托马斯认为这一偶然的结果

---

① ［意］托马斯·阿奎那:《驳异大全》第三卷，吕穆迪译，安徽人民出版社2013年版，第274页。

② ［意］托马斯·阿奎那:《驳异大全》第三卷，吕穆迪译，安徽人民出版社2013年版，第276页。

背后是上帝的必然性预设，也即是说这一特殊的事件是被上帝所预料到的，并且上帝作为普遍的原因知道了这种偶然的结果的发生。并且，在托马斯看来，有时候事物正是凭借着一些偶性的原因和事件而逐渐达到自己的善的，而上帝的管理正是体现在将追求善的秩序赋予万物。关于善的缺乏，由于造物都是对至善的不同程度的分有，因此每一造物都不是完整的善，其都存在善的缺乏。但是这种善的缺乏在托马斯看来是从相对的意义上来说的，虽然造物中的每一个个体都存在不完善性，但造物作为整体却体现了上帝的完满的善。不但如此，每一件造物善的缺乏往往能在另一个方面创造出另一种善出来，例如一件事物的腐败和凋谢的过程往往就是另一件事物产生的过程，因此在托马斯看来，如果每一物中的善的缺乏被取消了，从另外的角度上看，就代表着其他事物的许多的善实现了。因此，从具体的一物出发来看，这种善的缺乏是一种不完善性的体现，但是从整个宇宙来看、从整个世界的完善性的实现来看，每一物的善的缺乏都是在上帝的实现绝对意义上的完满的善的宏大的管理计划下发生的。恶行也是一种善的缺乏，它来自于人的自由意志的抉择。虽然在关于恶的来源上，自由意志的抉择是恶行的来源，并且我们之所以拥有自由抉择的能力，是因为这一自由抉择的意志是来自于上帝的赋予，但是上帝赋予人以自由意志是为了让人选择善，从而按照善的秩序达到自身目的的实现。虽然这一自由意志有可能被我们误用从而导致恶行的发生，但是这一恶行的发生同样是在上帝的管理之中的。虽然我们能通过自由意志作出各种各样或善或恶的选择，但是自由意志的拥有是源自于上帝的第一因的，因此所有根据自由意志所作出的结果也同样是在上帝的管理之中的，"既然自由意志的活动本身要一直追溯到上帝作为原因，那就必然可以得出结论说，自由意志活动中所产生的每一件事物也都必定处于上帝的运筹之中"①。

所谓"执行"的管理，指的就是在具体的场合将"规定"的因素付诸实行，具体体现在上帝使高级的事物成为低级事物善的实现的原因，从而促

---

① ［意］托马斯·阿奎那:《神学大全》第一集第一卷，段德智译，商务印书馆2014年版，第416页。

进万物整体的善的实现。在"执行"的管理中，柏拉图曾提出过三级管理的办法。首先，上帝通过上级的管理方式照顾自身和无质料的造物，例如天使和灵魂；其次，上帝通过中级的管理方式管理动物植物以及各类有生死变化的个体事物，只限于主宰它们的生死和变化；最后，上帝用下级的管理方式管理人类生活范围以内的事物。并且，在对第二级和第三级的管理之中，柏拉图还提出了上帝委派天使和神灵来代替他进行管理。而在托马斯看来，上帝的执行管理不是柏拉图所说的这种分层、委任的间接管理，他认为上帝的管理是一种直接的管理。他认为上帝有能力直接管理万物，这是从上帝的全知、全能和全善而出发的。上帝具有全知的能力，因此上帝可以直接洞察到造物中的每一物的知识和秩序；并且上帝具有全能的能力，它的力量是无限的，不仅能够创造出无数的造物，还能够亲自管理这些造物；最后，上帝还是全善的，这在于不仅万物的善都是来自对上帝的至善的分有，并且上帝还依靠赋予万物追求善的秩序来管理万物，因此上帝也可以用这一秩序直接管理万物。总之，上帝是有能力对万物直接进行管理的，并不需要通过一种分级的间接的方式抑或是天使和神灵来实现自己的管治。这一直接的执行管理是通过因果序列来完成的，上帝作为第一因是处于万物的因果序列的顶端的，这一顶端的作用不仅体现在万物都是由上帝来的，并且还体现在上帝可以使一些较高善的事物成为其他较低事物善的原因，上帝通过这种逐渐递进、由高到低的因果关系使所有事物的善的完满性实现出来。

上帝是最完满无缺的，因而上帝的管理方式也是最好的，上帝通过规定的管理和执行的管理为所有造物详细地作了规划并推动它们善的实现。托马斯还指出，上帝是这一世界唯一的管理者。在有些人看来，人世间也存在着许多"管理者"，具体体现为上级对下级的管理、较高智慧的存在物对较低智慧的存在物进行管理，它们都因为有较高和较完善的智慧和管理才能而成为"管理者"的。但是托马斯并不这样认为，在他看来这种所谓的"管理者"并不是真正的管理者，因为人世间"管理"的智慧都是来自于上帝的赐予，并且他们在智慧的程度上远不及上帝的智慧，并且更为重要的是，这种"管理者"只能赋予相对的下级之物以秩序，并不能赋予所有等级的造物以秩序。因此，"各级的智慧和聪明，都是天主造生的；

任何智力的活动，没有不仰赖天主能力之赐与的"①。而上帝的管理也即是赋予万物追求善的秩序，而万物的善作为整体即体现了最完满的善，因此万物的善的秩序作为整体也就体现了最完满的秩序，而这一最完满的秩序必然是"独一的"上帝所赋予来进行管理的。

2. 万物必然接受上帝的管理

上帝对万物的管理有两个方面的内涵，一方面是规定，另一方面是执行。通过规定的管理，上帝赋予了所有造物追求善的秩序并预设了造物之中的所有结果；通过执行的管理，上帝通过因果序列推动万物整体善的实现。这些都是从上帝出发来考虑的，那么对于万物来说，他们是否必然接受上帝的管理呢？在有些人看来，万物存在着偶然性并且人类和天使可以通过自由意志做恶，这是不符合上帝的必然性和赋予它们追求善的秩序的目的的，因此从这个角度上来讲，万物并不必然地服从上帝的管理。

在托马斯看来，这种在人们看来是"偶然性"地逃脱上帝的管理实际上都是在上帝的"必然性"的管理之中的。托马斯认为，事物中的必然性和偶然性都在上帝的意志中有其根源，上帝对于他所希望的必然的结果预设了必然的原因，而对他期望的偶然的结果设置了偶然的原因。虽然在我们看来，必然性意味着"被决定的"，也就是说原因对其产生的结果是必需的；偶然性则意味着"未被决定的"，也就是说原因产生的结果可能"是"也可能"不是"。但是在托马斯看来这种从一个事物的角度来看的"被决定"和"未被决定"都是在上帝的意志下发生的，它们从上帝的角度来看，发生的一切都是"被决定"的。因此，我们认为的偶然性的发生实际上是在最高的管理者的运筹之中的，"事物的产生虽然是偶然的，但是却又服从一个更高原因的安排"②。

而关于自由意志的作恶，我们在前面的部分已经提及，在此对其展开。托马斯对自由意志的定义是"自由意志是它自己的运动的原因，因为

---

① ［意］托马斯·阿奎那：《驳异大全》第三卷，吕穆迪译，安徽人民出版社 2013 年版，第 281 页。

② ［意］托马斯·阿奎那：《神学大全》第一集第七卷，段德智、徐弢译，商务印书馆 2013 年版，第 14 页。

人是藉着他的自由意志而推动他自己去活动的"①。也就是说自由意志的活动是人的行为的原因，但是这一自由意志的决断虽然是人的活动的原因，但是却不是第一原因，第一原因只能是上帝，"上帝是第一因，他既推动着自然的原因，又推动着自愿的原因"②。那这里就出现了一个矛盾，那就是人既然被赋予了自由意志，其就应该是可以自由地做抉择的，而上帝作为第一因预设了所有的结果也就意味着预设了所有的通过自由意志展开的行动的结果，因此从上帝的角度来看，人的自由意志选择的结果又是被决定的。在托马斯看来这种上帝的决定和人类的自由并不是矛盾的，因为上帝的决定并没有用强迫的力量使人别无选择，这一点反倒从人类可以通过自由意志作恶而显著地体现出来。正是因为有人可以通过自由意志的抉择为善，而有人可以通过自由意志的抉择为恶，这样才体现出最为公正的上帝的管理世界的一切事物，他既管理善也管理善的缺乏，既管理必然的结果也管理偶然的结果。因此，从一定的意义上来说，虽然我们可以根据自身的意志进行自由地选择，但是这种自由的选择则是指不受人世间其他的造物以及偶性的变化的影响，但是并不代表着人的意志的自由抉择逃脱了上帝的管理。因此，一切自由意志抉择的结果都体现在上帝的管理之中。

总的来说，在上帝的创造过程中，万物借"流溢"而被创造出来。万物的被创造也是对上帝的至善的分有，万物借以有了不同程度上的善。然而这一分有的善只是一种潜在，它等着被激发和被实现。而上帝的管理的过程也即是这一激发和实现万物的潜在的善的过程，通过"规定"的管理，上帝赋予万物以秩序，万物得以以这样一种善的秩序去实现自身的善，同时上帝又通过"执行"的管理，让事物按照由上到下的秩序接受管理，在这一过程中上帝使一物的善成为另一物善的原因，并且这种秩序通过整个造物的因果序列延续下去，从而推动了整个世界在完满的善的实现，也即是推动万物按照秩序去追求作为最高的善——上帝。

---

① ［意］托马斯·阿奎那：《神学大全》第一集第七卷，段德智译，商务印书馆2013年版，第190页。

② ［意］托马斯·阿奎那：《神学大全》第一集第六卷，段德智译，商务印书馆2013年版，第190页。

第三章　托马斯的认识论

　　上帝论也是托马斯关于上帝存在的知识内容，在形式上表现为"上帝存在即本质"，在内容上表现为上帝的六个属性，在内在联系上是上帝与万物之间善的秩序。那么我们如何认识这些知识，是托马斯进一步要说明的。这一问题关涉了两方面的内容，第一，人的认识能力，第二，在认识的基础上的两种知识体系。托马斯认识论的最终归宿在于对上帝的认识，托马斯认为我们是可以认知上帝的。首先，从上帝的本质和属性出发，托马斯认为所有处于现实状态的事物都是可以认知的，而上帝作为纯粹的现实也必然可被我们认知；其次，从伦理学的角度出发，托马斯坚定地和亚里士多德站在了一道，认为人的终极幸福在于获取"智慧"，这一智慧即是关于世界本质的知识，在托马斯这里也即是关于上帝存在的知识。如果我们把获取上帝存在知识的可能性取消的话，那么无论是在理性上还是在信仰上都是说不通的。在理性上，人类对世界本质的探求是一种自然欲求，人类不仅要从现实出发寻找原因，更要寻找所有现实的终极原因。在托马斯看来，如果我们否定了认知"第一因"的可能性，那么也就是否认了认识的自然倾向的合理性，"如果理性造物的理智达不到万物的第一因，则这种自然欲望就依然会落空"①。另一个方面，从信仰上来说，基督教的教义规定了我们幸福的源泉是上帝，而如

---

　　① ［意］托马斯·阿奎那：《神学大全》第一集第一卷，段德智译，商务印书馆2014年版，第160页。

果我们否认了获取上帝知识的可能性，也就把我们的幸福来源建立在了上帝之外，这是不能接受的，因此托马斯认为我们必然可以获得上帝存在的知识。

一、人的认识能力

（一）感性认识

基于亚里士多德在《论灵论》中的区分，托马斯把人类的灵魂按照能力分为三种，营养灵魂、感觉灵魂和理智灵魂。而人类的认识能力所依赖的即是感觉灵魂和理智灵魂。在此基础上，托马斯强调人的认识能力必须从感性认识出发，也即是说我们的知识都是从经验世界所出发的，这就否认了柏拉图提出的"回忆"的认识学说。在感觉灵魂中，托马斯把人的感觉能力划分为了两种，外感官能力和内感官能力。

1. 外感官能力

外感官能力是我们的感官受到来自外物的刺激而引起的感觉能力，分为视觉、听觉、嗅觉、味觉与触觉等五种，这种感觉能力是随着外物的性质而变化的，"外感官自然地为外在感性事物所变化的。所以，这样一种变化的外在原因便是那种其自身为感觉所知觉到的事物，而且由于外在原因的多样性，感觉能力也就随着多样化了"①。

在外感官的能力中，基于不同的感觉器官我们便有了不同的感觉能力，例如我们有眼睛的器官就有了视觉的能力、我们有耳朵就有了听觉的能力等等，在五种外感官能力中，托马斯认为触觉是最为基础的外感官能力，其他的外感官获取外物信息的方式从广义上来说就是一种"接触"的方式。而在五个外感官能力中，视觉是最为优越的外感官能力，它最直接同时也最真实，"视觉，在所有感觉中，是最富于精神性、最

---

① ［意］托马斯·阿奎那：《神学大全》第一集第六卷，段德智译，商务印书馆2013年版，第105页。

完满，而且也是最普遍的"①，这即是托马斯关于外感观能力的界定和划分。

在托马斯看来，我们的外感官能力是灵魂和肉体共同作用的结果，虽然说"能力"是属于灵魂的部分，但是这一能力想要发挥功效就必须要借助于肉体的"感官"，二者缺一不可。在托马斯看来，虽然我们的外感官获得的性状诸如冷和热、硬和软、大和小这些，但这一过程并不是我们从感觉的"能力"出发去直接和外物接触得来的、也不是灵魂的"能力"命令外感官去接受这些外在事物的表象的。从首要的意义上来说，这些作为肉体的外感官本身就有一种向外获取事物信息的趋向，而这种趋向的具体表现就是外感官的"能力"，"感觉工作之所以需要这些性质并不是由于只有通过这样的性质感觉运作才能够发生，而只是由于形体器官的专门性向的缘故"②。在托马斯看来，感性认识中的外感官能力是我们灵魂和肉体共同起作用的结果，而非仅仅是灵魂的一种能力，托马斯的这一结论也是对柏拉图主义认识论的批判，在柏拉图主义者看来，人虽然是由灵魂和肉体组合而成的，但是灵魂在这一组合中是占据着绝对的统治地位的，灵魂是必然的，其进入肉体是偶然的，"人"只有在讲到灵魂上时才能说一个人是"人"，这样的认知导致的结果就是"人"被片面化的理解为了一个"灵魂"，那么认识能力作为人的基本能力之一也就是完全是灵魂的官能了，而与肉体无关。并且在柏拉图主义者看来，人的认识能力不仅不需要肉体的参与并且还会在一定的程度上阻碍我们的认识能力。而在托马斯这里，就如我们在前面所说，托马斯讲到的复合实体的本质是关于形式和质料的，而人作为一个复合实体，其本质就不仅仅关乎于灵魂，更关乎于质料了，因此托马斯讲到的"人"就不是作为纯粹的灵魂的人了，而是灵魂和肉体的统一体，因此在托马斯看来，人的认识能力不仅仅关乎于灵魂的"能力"，还关乎于肉体的"感官"，

---

① 参见［意］托马斯·阿奎那：《神学大全》第一集第六卷，段德智译，商务印书馆2013年版，第106页。

② ［意］托马斯·阿奎那：《神学大全》第一集第六卷，段德智译，商务印书馆2013年版，第97页。

这是对柏拉图主义的修正。

2. 内感官能力

基于外感官能力的区分，托马斯又提出了感性认识中的第二种认识能力——内感官能力，这一能力是对外感官获得的性状进行加工的能力。在托马斯看来，人的感性认识是由两个步骤完成的，第一步是外感官对外部事物进行"接受"的过程；第二步是内感官对接受所形成的性状进行"加工"的过程，因为外感官提供给我们的性状是杂乱无序的和低级的，它需要我们认识能力对其进一步的深化。这一"加工"的能力被托马斯分为了四种，按照逻辑上起作用的先后顺序分别是通感、估计、记忆和想象的能力。

首先，我们来看通感（Sensus communis）的能力。在托马斯看来通感是我们内感官能力中最重要的一种，它相当于一个信息的处理系统，对外感官呈现给我们的信息进行处理和综合，"通感，尽管只是一种能力，却能够扩展到五官所及的任何对象"[1]，因此我们可以说综合感是外感官能力的提升，是内感官能力的基础。这种作为"基础"的能力具体体现在两方面：第一，综合的能力，当我们获得一物的体积和大小的感觉时，这一感觉不是一个感官能够完成的，它需要多个感官的共同配合，例如触觉、视觉等。我们只从一种外感官能力出发是得不到关于"大小或体积"的性状的，必须对外感官能力进行综合的考察，这一综合的能力即是"通感"；第二，判断的能力，也可以称为分辨的能力。在我们的感性认知中我们能把一种具体的感觉判断到某一具体的外感官官能下，把另一种具体的感觉判断到另一具体的外感官官能下，例如我们在感觉中认识到雪是白的和凉的，我们就通过通感把这两种不同的性状分别划归到视觉和触觉之下，因为单单从外感官的一个方面出发，我们是不能够把感觉的性质区分开来的，就如我们只从视觉出发，怎么会区分出"白"和"凉"，只有通过"通感"的判断和分辨的能力，我们才能把这两种不同的性状区分开来，"识别判断必须委派给通感，感觉

---

[1] ［意］托马斯·阿奎那：《神学大全》第一集第一卷，段德智译，商务印书馆2014年版，第6页。

的所有领会都必定关涉到这种通感，就像关涉到一个公共项一样；而且，感觉的所有内涵也都是通过它们而被知觉到的"①。在通感中，综合是判断的基础。

其次，估计（Aestimatio）的能力。这种估计的能力指的是动物以及人所产生的"趋利避害"的能力，这是建立在共感的基础上的。我们可以说通过共感，人们在感性认识中已经有了对一物的大致的整体认知，那么基于这一初步的整体认知，我们可以将这种感觉和我们自身联系起来，来看看我们的认知对象对我们自身是有利的还是有害的，进而在此基础上我们会产生一种"有利"的感觉或者"有害"的感觉，这种感觉的产生是外感官能力所不能及的，"动物之所以需要寻求或避免一定的事物，这不仅是因为它们令感官感到快乐或不快，而且也是由于别的好处、用处或不利之处。动物是需要知觉这样的意象的，然而外感觉却知觉不到这样的意象。"②就人来说，人的这种"趋利避害"的感觉要比动物高级一些，因为动物的这一估计的能力是出自于本能，而人类的估计是来自于主动的"感觉的综合"，因此在人类身上，这一估计的能力也能被称为"慎思能力"（cogitativa）。

再次，记忆（Memorativa）的能力。在托马斯看来，记忆的能力是过去形成的关于一事物的整体感觉的重现，它同样是以共感为基础的，共感在第一次形成整体感觉后，通过记忆的方式重新呈现在我们的思维当中，"至于记忆能力，人不仅可以像其他动物那样突如其来地搜索到过去的印记，具有记忆，而且也能够借助三段推论具有回忆，仿佛是运用个别意象来寻求对过去的记忆似的"③。

最后，想象（Imaginatio）的能力。这也是人的感性认识活动中的最后一项能力，它的完成标志着感性认识的完成。"想象"的能力在托马斯

① ［意］托马斯·阿奎那：《神学大全》第一集第六卷，段德智译，商务印书馆2013年版，第114页。

② ［意］托马斯·阿奎那：《神学大全》第一集第六卷，段德智译，商务印书馆2013年版，第112页。

③ ［意］托马斯·阿奎那：《神学大全》第一集第六卷，段德智译，商务印书馆2013年版，第113页。

看来是"通过感觉所接受的那些形式的一个仓库"①，所谓的"感觉所接受的形式"在内容上也即是"通感"经过综合的功能对事物整体上的认知的感觉，之所以说这是一种"形式"，是因为相对于外感官而言，这一能力所处理的对象就并非外在实体呈现给我们的经验表象了，而完全是一种内心的活动。"通感"用综合的能力一定程度上把我们的感性认识从经验的表象拉向了观念的知识，但是这一通感所形成的"整体的感性认知"，还掺杂着许多质料化的因素，这也是因为"通感"往往是和外感官协同起作用的。而"想象"的能力则是用"形式化"的方式将这一物质对象的经验表象作为一种感性的印象或是初步的概念确定下来，保存在我们的思维当中，当下次一旦有来自同一对象在外感官上的刺激，我们就马上能用一个感性的印象或概念和这一对象联结起来。比如说从内感官上来说我们有了"苹果"的感性的印象，当下一次有一个具体的苹果出现，我们内感官中的感觉形式就会和这一现实的苹果建立起一种联系。想象的能力在托马斯看来是至关重要的。"因为当想象力的活动为身体器官的损伤所障碍的时候，我们就会看到一个人受到障碍而不能现实地理解他先前曾对其具有知识的事物"②。想象力不仅标志着我们感性认识的最终完成，同时也是我们理性认识的起点。

托马斯遵循了亚里士多德的认识理论，认为我们的一切知识都要从感觉出发、从经验出发，并且在一定程度上来说，我们感觉能力的限度也限制了我们的知识领域。在他看来，我们的自然知识是从感觉开始的，因此，感觉能够把我们引导到哪里，我们的自然知识也就能够前进到哪里。托马斯和柏拉图一致的是，他们都认为真正的知识是关于一物本质的知识，也即是概念的知识。但是与柏拉图完全不同的是，托马斯认为这一概念的知识是在"感觉"中有其起源的，没有感觉我们就不会得到任何方面的知识，而不是像柏拉图那样完全抛弃感官、诉诸自身的理性，"柏拉图

---

① ［意］托马斯·阿奎那：《神学大全》第一集第六卷，段德智译，商务印书馆2013年版，第112页。
② ［意］托马斯·阿奎那：《神学大全》第一集第六卷，段德智译，商务印书馆2013年版，第226页。

主张理智区别于感觉，理智是一种非物质的能力，它的活动并不利用身体器官"①。托马斯抛弃了柏拉图的先验论，认为没有什么知识是作为概念先天存在的，他认为人的心灵就像一块白板一样，在我们进行认识能力的活动之前是什么都不存在的，"在一开始，它就像一块上面什么也没有写的白板一样，它也不可能藉从事物中抽象出来的概念进行理解"②。总之，在托马斯看来，我们的知识不仅在完成的形式上是"概念"的，而其起源一定是"感觉"的，人类的知识不是先天地在心灵中准备好的，而是经过了我们的外感官能力的"接收"和内感官能力的"加工"才第一次作为初级的知识进入到我们的心灵当中。

（二）理性认识

通过感性的认识能力，认识对象就在我们的心灵中被加工成了一种被托马斯称为"感觉形式"的知识，但是这一知识在托马斯看来只是一种初级的和粗糙的知识，不具有必然性，"因为即使在可感觉的事物中，我们也会看到：形式在一个可感觉的事物中是不同于在另一个可感觉的事物之中的，这里是没有任何必然性的"③。托马斯认为真正的知识是具有普遍性的知识，而要获得这一普遍的知识我们必须要诉诸我们的理性的能力，"通过理智我们能够把这些对象理解成普遍的，而这是超乎感觉能力的"④，这种抽象的能力也被托马斯称之为"认识本质"的能力。既然托马斯也把真正的知识理解成关于事物"本质"的知识，因此真正的知识的获得是需要理性活动的抽象的。这一理性认识活动的过程在托马斯看来总共有两步，"能动的理智"运作和"可能的理智"运作。通过"能动的理智"我们形成理性概念，通过"可能的理智"我们将这一概念指向实体，从而

---

① ［意］托马斯·阿奎那：《神学大全》第一集第六卷，段德智译，商务印书馆2013年版，第226页。

② 参见［意］托马斯·阿奎那：《神学大全》第一集第六卷，段德智译，商务印书馆2013年版，第303页。

③ 参见［意］托马斯·阿奎那：《神学大全》第一集第六卷，段德智译，商务印书馆2013年版，第203页。

④ ［意］托马斯·阿奎那：《神学大全》第一集第一卷，段德智译，商务印书馆2014年版，第169页。

标志着最终的认识活动的完成。

1. 能动的理智

首先，托马斯区分了理性认识能力和感性认识能力在认识对象上的不同，感性认识能力的对象是物质性的实体，而理性认识能力的对象是作为抽象的形式，因此我们的理性认识活动不是起始于有形之物，而是起始于抽象之物。这一作为理性认识活动起点的抽象之物即是托马斯所谓的"心像"（Phantasma），它不仅是理性认识活动的出发点，更是作为一个"桥梁"联结了感性认识活动和理性认识活动，因为我们在前面所说，理性认识的对象是抽象的、不是可感的，但是这一抽象的对象又是来源于可感之物的，因此我们如果想要从具体可感之物中抽取出它们的普遍形式，就必须要兼顾感性和理性两者，这一充当中介的就是"心像"。对于"心像"托马斯有时也将其称之为感性认识中的"想象"，作为感性认识的完成标志，"感性形式"进入到理性认识当中也就成为了"心像"，其实质上就是一物通过了内感官的综合分析之后所呈现出的一种抽象图像。从这一程度上来说，理智活动在感觉中是有它的起源的，"因此，按照这种意见，就心像而论，理智知识是由感觉所引起的"①。

通过"心像"的作用，理性认识就和感性认识衔接了起来。理性认识的起点正是"心像"，就如托马斯所说，理性的活动是一种抽象的活动，因此，理性认识的第一步是能动的理智对"心像"的抽象，这一抽象的过程使"心像"作为一种潜能变成了现实可理解的理智形式。例如说我们看见了一块石头，我们通过对这块石头进行感性认识后形成了关于这一块石头的心像，随后我们又看到了另外一块石头，经过上面重复的步骤，我们又获得了另一个心像，但是虽然这是两个不同的心像，但是我们从中只能抽象出同一个"石头"的概念或者是理智形式，因此人的能动的理智正是这样一种能力，通过分析事物的具体"心像"，抽象出事物的普遍本质，用托马斯的话来说，能动理智的照明使潜在的形式成为了现实，"正如感觉须藉现实可感觉的东西而成为现实的一样。所以，

---

① ［意］托马斯·阿奎那：《神学大全》第一集第六卷，段德智译，商务印书馆2013年版，第224页。

我们必须在理智方面指派某种能力，通过从物质条件抽象出概念来使事物成为现实地可理解的"①。

　　这样，通过能动的理智，人们在具体可感的事物中发现了普遍而抽象的因素，托马斯也把这种能动的理智的结果称之为"可理解的形式"。那么这个可理解的形式是否就是我们最终的知识呢？托马斯认为这个"可理解的形式"应该从两方面来理解，第一方面是其作为我们理智用来理解的工具，第二方面是其作为我们理智理解的结果。在第一种意义上，托马斯强调这一可理解的形式是"事物之中"的实体形式，它在这里是被传递到了我们的思维当中，但是我们还没有对其理解，就如他所说，"可理解的形式相对于理智，一如感性的形象之相对于感官。然而，感性形象并不是被知觉到的东西，而毋宁是感觉借以知觉的东西。由此可见，可理解的形式并不是被现实理解的东西，而是理智藉以理解的东西"②。在托马斯看来，作为"工具"意义上的实体形式，表现的是在某种程度上外在事物传递到心灵后的状态，外在事物自身的形式通过人的认识作用在心灵中呈现了出来，而我们这时候还不能说一事物被理解了，而我们要通过这一"可理解的形式"来进行再加工；在第二种意义上，托马斯强调这一可理解的形式是"理智之中"的实体形式，并且我们通过"形式"自身来理解"形式"，托马斯在这里指的是理智能够进行自我反思，"藉同样的反思理解它自己的理解活动以及它藉以理解的形式两者"③。在这个意义上说，"可理解的形式"就是一物最终被理解的知识，总体来看，在第一种意义上的可理解的形式指的是具体事物的形式，代表了事物之中的本质；第二种意义上的可理解形式是这一具体事物的本质通过抽象的方式成为我们的知识，它存在于我们的理智当中，这时可以称其为"理智概念"。

---

　　① ［意］托马斯·阿奎那：《神学大全》第一集第六卷，段德智译，商务印书馆 2013年版，第 125 页。

　　② ［意］托马斯·阿奎那：《神学大全》第一集第六卷，段德智译，商务印书馆 2013年版，第 240 页。

　　③ ［意］托马斯·阿奎那：《神学大全》第一集第六卷，段德智译，商务印书馆 2013年版，第 240 页。

2. 可能的理智

可能的理智也可以被称为被动的理智，这一理智是要和客观的存在建立起关系的，也就是说我们的思维的最终活动是要指向存在的。托马斯对可能的理智的定义是这样的，"所谓可能理智就是那种一切在其中都处于潜在状态的东西。所以，可能理智就不会因为存在的任何差异而有所不同"①。在托马斯看来，虽然我们藉能动的理智形成了一种知识，但是这一知识只是在思维之中的，我们完整的认识活动是主观和客观的统一，也就是要把这一主观的知识和客观的存在联系起来，在它们之间建立起一种可靠的联系。这一主客观的联系是靠可能的理智来建立的，托马斯也用潜能和现实来表述这种主客观的联系，也即是说我们的主观理智都是潜在地可理解客观实体的，而一旦客观实体进入到我们的思维当中，我们马上可以用一个理智概念指向这一客观存在，这时这一客观实体就转化为现实地可被理解的。比如我们通过能动的理智有了一个"人"的概念的知识，这时具体的人对于我们的理智来说都是潜在地可被理解的，而我们一经接触到具体的人，比如说苏格拉底，我们能马上把这一"人"的概念赋予苏格拉底，这时潜在地可被理解也就转化为了现实地可被理解，可能的理智标志着我们认识活动的最终完成。

托马斯在理性认识活动中区分了主动的理智和可能的理智，其中我们通过主动的理智从作为个别的心像中抽取出它们的普遍形式，这样也就通过个别的可感之物形成了对它们本质的认识。关于本质的知识即是从具体事物之中剥除个体化因素，从中抽象出普遍的知识，这种普遍的知识在托马斯看来是可靠的，他用比喻的方式来说明这一问题，就像在感性认识中我们看到一个红苹果后，我们会有一个红的观念，而这个具体的苹果就算离开了我们的视线，我们同样可以来思考"红"这个颜色，并且可以把这一红"红"赋予那个苹果之上。在理性认识中也是同样的道理，我们认识到了这一个人和那一个人，从中抽象出来了人的本质，那么当我们离开了具体的人，我们同样可以思考人的本质，并且这一本质是可以准确无误地

① ［意］托马斯·阿奎那：《神学大全》第一集第六卷，段德智译，商务印书馆2013年版，第138页。

运用到任何人身上去的。虽然这时我们得到了一种可靠的知识，但是还不能说我们的认识活动就结束了，我们的认识活动是从存在中来并且最终要指向存在的，因此可能的理智就作为这样一种功能在主观和客观、思维和存在之间建立起一种指向性的联系。

托马斯的理性认识论是基于亚里士多德的经验主义的，并且是对柏拉图的认识论的一种批判。在柏拉图看来一切人获得事物知识的过程就是一回忆的过程，这些知识是先天地给我们准备好了。但是在托马斯看来，人类的心灵在原初状态下就是一块白板，它什么都没有，虽然我们的人的理性能够通过主动的理智获得关于事物本质的知识，但是在外部经验事物呈现给我们之前，这一理性的认知是处于潜在的状态的，只是一种潜能，而绝不是一种现实的知识。因此人类理性认识的"可理解的形式"就不会是来自对"理念"的分有，更不是作为一种独立的客观存在，所以人类的知识是从无知到有知的过程，并非是回忆的过程。并且对于完整的认识过程来说，人们的知识最终是要指向客观的经验世界的，而柏拉图则认为客观的经验世界既不是我们知识的来源也不是我们知识的所指。

二、以上帝为核心的两种知识体系

托马斯认识理论的最终目标在于认识上帝，在上帝这里托马斯区分了两种知识体系，分别是"理性知识"和"超越理性的知识"，亦称"神圣知识"。理性知识我们通过自然理性的认识能力（包括感性认识和理性认识）加以把握，神圣知识我们神圣光照（信仰）加以把握。

一般来说，我们所说的理性的知识指的是人类通过理性认识能力获得的关于事物的本质的知识，这一知识最终完成的标志就是事物定义的获取，"对于某物，实有所知的知识，全部是以知其物的本体定义，为出发点"①。这一理性的知识体系可以包括自然界实体的知识、概念、观念的

---

① ［意］托马斯·阿奎那:《驳异大全》第一卷，吕穆迪译，安徽人民出版社 2013 年版，第 9 页。

知识，也可以包括上帝存在的知识。在托马斯这里，理性的知识和神圣的知识的区分主要针对的是上帝的知识领域。在托马斯看来，我们同样可以从经验世界出发利用我们的自然理性获取关于上帝存在的一些知识，例如上帝的存在、本质以及属性的知识。这些知识需要我们对经验世界观察，在观察的基础上用理性思维进行推理和抽象。但是我们通过理性获得的关于上帝的知识只能在一定程度上"说明"这一至上的对象，严格来说，它并不能给我们带来上帝最为确真性的知识，而这一确真性的获得是来自于神圣光照的"神圣知识"，神圣知识是通过信仰来获取关于上帝最为确真性的知识体系。在两者的关系上，虽然理性知识体系并不总是可靠的，但是我们能通过理性思维的方式使我们理解到信仰的知识。例如关于上帝存在的证明，在教父哲学家看来，这一知识是完全根据信仰来获得的，它不需要我们理解、更不需要证明，只要我们相信就足够了。在新时期下，这种独断的说明必定会受到来自理性的质疑。而托马斯从经验世界出发，采取理性的方式推论出上帝的存在，印证了信仰的真理，使人们真正的理解到了这一知识，这是对"无条件"的信仰主义的一大突破。

（一）关于上帝的理性知识

托马斯坚信关于上帝存在的知识在一定程度上是能够被人类理性所认知的。从"求真"上来说，在托马斯看来人的理性有一种先天的倾向，它要为结果寻找原因，为事物寻找根源，并且对这一原因的追寻会不断追溯下去，直到第一个原因为止，这一第一因在托马斯看来即是上帝。那么如果我们取消了认知上帝的可能性，那么我们人类的理性能力没有了存在的合理性，在托马斯看来，我们人类利用自然理性获取具体之物的本质知识只是我们追寻着第一因的过程，而非目的，也就是说我们自然理性存在的合理性根据完全在于认知上帝的欲求，而不是认知具体事物的本质；而从"求善"上来说，这一关于上帝认知的可能性同样不可能取消，人的这一认知上帝的自然倾向，其最终指向就在于获取上帝的知识，对这一知识的获得也是我们"至福"的获得，因此我们的幸福在一定程度上就建立在了对上帝的认知上，这一幸福也即是"智慧"，"因此，智慧被说成是关于上帝事物的知识"①。如果我们将这一"智慧"的获取的可能性取消，那么人类的幸福就失去了目标，也就是说我们永远无法获得幸福，这与基督教教义中的"上帝是一切幸福的源泉，他赐予人们幸福"是相违背的，并且"世人的得救在于上帝，从而也就完全依赖对这一真理的认识"。综上，托马斯坚信在一定程度上，我们的自然理性是能够获取关于上帝存在的知识的。

在托马斯看来，为了认识上帝，我们必须从自然理性出发对经验世界进行考察。第一，从追寻上帝所采用的方法来看，托马斯是采取了由果到因、由被推动者到推动者，由具体存在到自存在的方法去考察上帝的，而这些方法的应用首先就体现在经验世界中的事物序列之中，我们正是通过对经验世界的结果与原因的关系、物与物的关系，存在与本质的关系的考察发现了这些序列，而我们对经验世界序列的回溯就会发现上帝，因此，关于上帝的考察我们是从经验世界的序列出发的；第二，从上帝存在的五路证明的论点出发，上帝作为第一存在、第一因是万物的创造者，万物借上帝的自存在成为了经验世界中现实的存在，并且万物在形式上或是完善性上都是在一定程度上分有了上帝的形式和至善，因此我们可以从万物出发，去追寻其来源，从而进一步了解到关于上帝的知识，而考察经验世界中的万物，我们需要感性认识能力和理性认识能力的参与；第三，从关于上帝存在与本质的讨论的论点出发，上帝存在的本质是一种至上卓越的存在，并且由于这一至上卓越的属性，它也变得更加不易被我们所捕获，因此，我们想要考察上帝本质的知识，同样需要应用理性认识能力从对自然之物的本质的考察逐渐上升到对纯粹形式的本质的考察。

但是在托马斯看来，上帝的本质是无法完全用自然理性捕捉的。从感性认识能力来说，"藉视觉，或者说藉感觉能力中任何一种别的感觉或功能都是不可能看到上帝的"②；从理性认识能力来说，"任何受造理性藉他

---

① ［意］托马斯·阿奎那：《神学大全》第一集第一卷，段德智译，商务印书馆2014年版，第13页。

② ［意］托马斯·阿奎那：《神学大全》第一集第一卷，段德智译，商务印书馆2014年版，第165页。

自己的本性看到上帝的本质是不可能的"①。在托马斯看来，我们仅仅从自然理性出发，是无法获取关于上帝存在的最确真知识的，只能是在一定程度上"说明"和"澄清"这一知识，而最具有确真性的上帝存在的知识我们需要通过信仰来获得。

（二）关于上帝存在的信仰知识

在托马斯看来，既然上帝是纯粹的现实，那么作为一现实他必定可知，因此在这一意义上来说，神圣科学也是一门科学。在托马斯的理论体系中，一般意义上的科学指的是我们通过自然理性的"光照"获取关于具体事物的本质的知识，而在神圣科学中，同样存在着这种光照，那就是神圣光照，上帝通过信仰的方式被我们所知，托马斯也将其称之为人类理性能力的增强，"既然受造理性的本质不能够使它看到上帝的本质，则这种理解能力之为恩典进一步增强也就非常必要了"②。在托马斯看来，为了完全认知上帝，既需要我们人类的自然理性，同时神圣光照又是必不可少的。

这一神圣光照的理论在一定的程度上是对奥古斯丁主义的回复。在自然之光和神圣之光两者间，神圣光照比自然理性的光照要更加具有确定性，因为在托马斯看来，人类理性在进行判断或推理的时候是会出现错误的，而上帝所发出的光照，根据信仰是绝对不可能出错的。因此从这个角度上来说，神圣科学比通过自然理性获得的其他科学具有更大的确定性，"诉诸人类理性的权威的论证是所有论证中最弱的，诉诸上帝启示的论证的权威却是所有论证中最强的"③。这一确定性不仅体现在神圣科学的真理是永恒不变的，还体现在所有其他科学的知识都是经由神圣科学知识的规定的。在托马斯看来，我们对一门科学的原理认知是通过比这一门科学更

---

① ［意］托马斯·阿奎那：《神学大全》第一集第一卷，段德智译，商务印书馆2014年版，第168页。

② ［意］托马斯·阿奎那：《神学大全》第一集第一卷，段德智译，商务印书馆2014年版，第171页。

③ ［意］托马斯·阿奎那：《神学大全》第一集第一卷，段德智译，商务印书馆2014年版，第18页。

高的科学的原理认知出发的，比如说我们的医学是借生物学的原理建立的、运动学是借物理学的原理建立的等等。那么作为所有科学中最高贵的科学——关于上帝的神圣知识，也就成为了所有其他科学原理的来源，同时也成为其他科学中所发现知识的真假判断标准，"在其他科学里所发现的无论什么同这门科学的任何真理相反的东西都必定被谴责为荒谬"①。这也体现在信仰和理性的关系之中，虽然托马斯认为人类的理性思维能力应该得到重视，但是信仰才是至高无上的，信仰判断一些、衡量一切，信仰的真理是绝对的真理，理性的真理是相对的真理，这也是对奥古斯丁主义信仰至上原则的回复。

（三）两种真理体系的统一

托马斯认为在上帝这里理性的真理和信仰的真理并不矛盾，它们是同一真理的两个不同的层面，信仰的真理使我们获得关于上帝存在的最为确真的知识，而理性的真理则是"澄清"这一知识，帮助我们理解这一知识。这两个方面在我们获取上帝存在的知识的过程中是不可分割的两个部分，我们只相信而无法理解就会陷入到奥古斯丁主义的错误中；同时，我们通过理性推论获得的上帝存在的知识在确真性上永远无法达到信仰真理的高度，因此在理性论证的同时要把这一结论置于信仰真理的审视下去检验它的正确性。因此，托马斯认为神圣科学的知识同样需要利用人类的自然理性，只不过这种需要是一种"工具式"的需要，虽然人类的理性的论证不足以证明我们根据信仰获得的东西，但是我们可以运用人类的自然理性来"澄清"这门神圣科学基于启示的真理，用托马斯的话来说就是，"既然神恩并不是要破坏自然，而是要使之完满，则自然理性就应当侍奉信仰"②，尽管我们不能够直接认识到上帝的本质，但是我们能够利用他在自然界所产生的种种结果去取代定义。这样在某种意义上来说，关于上帝

---

① ［意］托马斯·阿奎那：《神学大全》第一集第一卷，段德智译，商务印书馆2014年版，第13页。

② ［意］托马斯·阿奎那：《神学大全》第一集第一卷，段德智译，商务印书馆2014年版，第13页。

的知识也是依赖于我们的自然理性的，这一需要是为了使上帝知识的学说更为清晰一点，神学是要把人类的自然理性当作"婢女"来使用的。我们通过由自然理性所认知的东西的引导，逐渐进入超越自然的领域，这种方式对人类的理解是十分重要和有益的。

综上，在托马斯看来，我们是完全可以获得上帝存在的知识的，虽然这一知识的获取在最终的层面上来说是在我们先天的理性能力之上，但是我们仍然可以利用我们的理性认识能力去理解这一知识。在托马斯的认识论理论中，他十分巧妙地运用了他所确立的"理性与信仰相平衡的原则"，首先，托马斯基于人类认识能力的两种区分提出人类的知识都是从经验出发的，这是对亚里士多德经验原则的坚持和对柏拉图主义先验论的批判，在这一认识的基本原则中已经蕴含了我们获取上帝存在的知识也是要从经验界出发的；其次，在关于上帝这一形而上学的终极对象的知识上，托马斯同样认为理性的推理和论证在获取和理解这一知识的过程中是必不可少的，但是我们自然理性自身已经不能够单独完成这一任务，这时托马斯把信仰拿了出来，将信仰的知识奉为最高标准和原则。在托马斯的思想体系中，他早已通过信仰的方式预设了上帝存在知识的所有内容，从经验出发的理性论证只是将这一真理"展现"出来的过程而不是"推论"出来的过程，因此从这个方面上来说，托马斯与其前辈奥古斯丁与安瑟伦一致，都采取的是一种提前预设结论的论证方法，同样是信仰先于理性、信仰追随理解的方式，但是托马斯迎合了时代科学理性精神的需要，克服了奥古斯丁主义无条件的信仰追随理解的原则，而将其变为一种有条件的信仰追随理解的原则。托马斯将理性的元素更多、更广地加入到了宗教神学中，这样的宗教神学在托马斯看来更容易使人信服，因为人们关心的是推论，而不是结论，这是托马斯作为一个新时代的"神学家"，对旧传统的一大突破。

三、托马斯形而上学思想的总结

这一章即是托马斯形而上学思想中的认识论内容，加上前面的本体论内容，托马斯的形而上学思想到此就阐述完毕了。他从上帝存在的后天证明出发，进而延伸到上帝存在与本质的讨论，得出形式上的最终知识；接着又论述了上帝存在的六个属性，也即是内容上的最终知识；之后，将对上帝这一终极实体的讨论延伸至对上帝——万物这一"现象和本体"关系的讨论，在上帝和万物之间建立起更深层次的"善"的联系，这是对上帝论的进一步深化；最终，在人的认识过程中，托马斯在区分两种认识能力的基础上提出了两种真理的体系，并将上帝确立为我们认识的最高对象，这即是托马斯形而上学的线索，下面我们将从论证的内容和论证的逻辑两个方面出发对托马斯形而上学思想进行简要的总结。

（一）论证的内容

就如我们在前面所说，托马斯的整个形而上学是在亚里士多德的形而上学的基础之上建立起来的。托马斯在这个体系中应用了大量的亚里士多德提出的形而上学概念进行论证，除了形而上学的核心概念"存在"与"本质"外，还有现实与潜能，形式与质料，实体与偶性等等。这些亚里士多德的概念就如砖石，它们构成了托马斯上帝论的大厦不可缺少的一部分。

1.存在与本质

存在与本质的概念是我们在研究托马斯的形而上学时首先要处理的一组概念。首先，我们来看"存在"，"存在"这一概念作为形而上学的核心概念是在亚里士多德那里首次比较明显地体现出来的，但是在亚里士多德的理解中，这一对"存在"的描述是不确定的，有时"存在"被描述为那种既不能被断言于主体又不依存于主体的事物，是个别的具体实体；有时"存在"又被看作"存在者的存在"，也即是特殊的存在物背后的那一普遍的本质，在这个意义上来说，存在首先意味着本质。而在托马斯的哲学体系中，"存在"同样是作为形而上学的核心概念需要首先得到解释的，在托马斯这里，存在首先意味着实存，这一实存是作为一种"现实的"存在。这一现实的存在并不仅仅是指经验世界的实存，例如复合实体，同时还包括超验的实存，例如灵魂和上帝等。这样托马斯就将"存在"分别在两个世界进行了确立，经验世界的存在是具体的存在，存在不同于本质；而超验世界中上帝的存在是本质的存在，存在与本质同一，这样就在一定的程度上综合了柏拉图和亚里士多德的形而上学的思想

其次，在本质的问题上，托马斯首先批判了柏拉图把本质仅仅归于形式的做法，在柏拉图看来，一个人之所以被称为"人"，完全在于形式的因素，也即是灵魂的因素，因此人在最根本的意义上来说就是一灵魂。但在托马斯这里，在复合实体中，一个事物既然由形式和质料两个方面组成，那复合实体的本质就是既关乎于形式又关乎于质料，具体就"人"来说，人的本质既关乎于灵魂又关乎于肉体。并且托马斯不仅仅强调复合实体中本质的复合特性，还强调在具体的某一个物中本质的特殊特性，这一特殊的本质是因为"个体化质料"的因素而形成的。举一个例子来说，虽然我们可以说苏格拉底和柏拉图都作为"人"而言是有着相同的本质的，他们都有泛指的灵魂和肉体；但是具体就苏格拉底和柏拉图之间而言，苏格拉底的本质是和柏拉图的本质不同的，这一本质不同的原因在于他们有自己特殊化的质料，这一特殊化的质料使"人"有了特殊的本质，在某程度上来说，也就有了特殊化的形式。

在存在与本质两者的关系上，托马斯认为二者虽然在逻辑上可以区分开来，存在不等于本质，但是在实际上它们是同一实体中的两个方面，"存在"作为实存是"本质的现实"，因此存在和本质是相互规定的。一方面我们认识到事物的本质是在认识事物的存在的基础上的，我们只有通过现实的存在，才能认识一物的本质。另一方面，一实体存在的实现要在潜在的本质的基础上完成，因此在本质与存在的关系上，它们两者是互相规定的。虽然托马斯强调存在与本质的互相制约的关系，这在一定程度上是对柏拉图的本质决定存在的突破，但是在最终的原则上，本质还是要优于存在的，这就是在至上的上帝那里，其自身即是本质，这一至上的本质决定了所有具体存在的存在。因此，虽然托马斯突出强调了"存在"在我们认识事物本质过程中的在先作用，这是形而上学上的革新。但是在最终的原则上，本质在逻辑上是要优先于存在的，因此在这个程度上来说，托马斯是和柏拉图一道的，抽象决定了具体。

2. 现实与潜能

在托马斯的具体论证中，他大量使用了现实与潜能的理论来说明上帝的存在、本质和属性，例如在上帝存在的证明中，他从运动过渡到潜能与现实的关系，最终得出上帝作为纯现实是不动的推动者的结论；又如在存在与本质的关系的论述中，他将存在与现实相对应，本质与潜能相对应，来说明二者作为同一事物的两个不同方面的关系。在现实与潜能概念上的内涵，托马斯基本上延续了亚里士多德的定义，所不同的是亚里士多德大多将这一组概念在首要的意义上用来说明具体的经验实体，而托马斯将这一组关系应用在了上帝本质的说明上。

首先，现实意味着一物的完成、完满的状态，也可以说是一物实存的状态；而潜能则相反，意味着一物的未完成、未完满的状态。其次，在二者的关系上，现实是优于潜能的，这首先体现为我们只有先认识到一物现实的状态，才可以认识到其潜在的状态，例如我们只有先看见现实的桌子，才能知道它的潜能是木材。在存在与本质的关系中也是同样的道理，我们只有先认识作为现实的存在，才能认识到作为潜能的本质。这也即是说，我们不能直接设想潜能，我们如果想要了解潜能，就必须先了解它的现实。从另一个方面来考虑，现实是潜能的目的，而潜能是现实所用的手段，也就是说现实是吸引潜能前进的因素，因此现实是优于潜能的；最后，潜能在其实现之前是不确定的，它可以实现为这一物、也可以实现为那一物的，而现实是确定的存在，因此从这个意义上来说，现实也是优于潜能的。但是我们需要注意到的是，二者这种先后的关系不是时间上的先后关系，而只是我们为了说明一物在逻辑当中的不同阶段的状态所做出的区分。

3. 形式与质料

形式与质料的理论是托马斯在上帝论的论证中使用最多的一组概念，在亚里士多德那里形式指的就是一物的本质，一物依靠形式得以存在和被规定，形式是一物最根本的存在方式，这是与柏拉图一致的。但是在托马斯这里，形式有了狭义和广义之分，首先作为狭义的形式，其就不再作为"本质"的描述而存在了，托马斯的形式指的是一物"规定性"的因素，虽然在这个意义上来说，托马斯的形式与亚里士多德的形式在内涵上有一定的相似性，但是托马斯讲到的本质一定是考虑到质料的本质，而非仅仅是形式的本质，这是我们一定要注意到的。就如讲到作为普遍的"人"，在亚里士多德的意义上，人的本质就是"理性"；而托马斯则更倾向于使用"人是理性的动物"这种表达方法，因为在托马斯看来一物的本质就是一物的定义，而要定义一物，质料和形式的因素都需要考虑进去。其次，作为广义的形式，托马斯认为真正的知识也是对一物本质的认识的知识，也即是要透过这一"存在"去看事物的"本质"，因此在知识领域中，在"存在"和"本质"这一关系的对应之下，我们可以说存在是一物的质料而本质是一物的形式，因此在最终知识上，我们也是力图获得"形式"的知识。下面我们来对形式和质料做具体分析。

关于狭义的形式，形式是一物得以定性的因素，并且这一形式既可以是普遍的也可以是特殊的。普遍的形式使一种事物和另一种事物区别开来，而特殊的形式是藉个体特殊的质料形成的，它使每一种事物下的具体个体之间相互区分开来。具体来说，首先，在"人"中，"理性灵魂"即是"人"的普遍的形式，它使人与其他事物得以区分开来，并且人的这一规定性的因素可以应用到所有的人身上，所有的人都是有"理性灵魂"的，但是在托马斯看来，虽然这一"理性灵魂"能对人进行定性，是普遍的。然而我们并不能说人的本质即是理性灵魂，因为这一理性灵魂仅仅只是"形式"，而要构成一物的本质，我们还需要"质料"，因此在柏拉图的语境中人的本质即是理性灵魂，到了托马斯这里，人的本质就是泛指的灵魂和肉体的组合；其次，当我们将理性灵魂这一普遍形式应用到个体化的人之上时，这一普遍的形式也因特殊的质料而成为了特殊的形式，进而每一具体人的本质也就成为了特指的灵魂和肉体的组合，并且因此而与其他的具体的人区别开来，因此在托马斯看来，作为个别具体的人，比如苏格拉底的本质和柏拉图的本质，它们是不同的。

而广义的形式相关于实体的本质，而本质的知识则是形式上的。在复合实体中，托马斯认为"形式"的知识是我们通过理性能力的抽象作用形成的"理智概念"，它是我们心灵的产物，只存在于我们的思维当中，并不是作为柏拉图的"理念"独立而客观地存在，这是对经院哲学内部的极端的实在论的一种否定，同时也是对奥古斯丁和柏拉图的批判，虽然托马斯强调普遍的"形式"的知识，但是这一知识是我们从众多的具体个别中抽象出来的"共性"，其只是一种"观念"上的存在，远远不是一理念的独立"实在"。但是，最终极意义上的"形式"，也即是作为"纯形式"的上帝，他是独立存在的，这也表明了在终极的原则上托马斯是与柏拉图主义相一致的。

在质料方面，同亚里士多德一致的是，托马斯将其只是作为一种在先的"状态"来理解，是万物在成为现实前的基底。并且质料也只能通过"形式"去理解，就如我们首先看到一个作为形式的桌子，才知道这一桌子是由作为质料的木材而来的。托马斯在形式与质料关系理论上最大的突破在于"个体化质料"的提出，在托马斯看来苏格拉底和柏拉图就"人"来说都是泛指上的灵魂和肉体的组合，但是，是什么因素使他们成为区别于彼此的特殊的人呢？这即是个体化的质料。在托马斯看来，个体化的质料是复合实体个体化的因素，正是因为有了个体化的质料，普遍定义之下的具体的人得以相互区分开来。需要注意的是，我们也不能仅仅把"质料"简单地理解为物质化的质料（例如肉体），这是对质料的一种误解，其实质料和形式都是在诉说一个东西，只不过我们诉说一物实存之时，会为它规划出逻辑上有先后的两个概念，比如"潜能"和"现实"，在逻辑上这一对关系就能与"质料"和"形式"相互照应；从另一个层面来说，质料和形式也是相对而言的，二者在一定情况下相通和转化，在某种关系下的质料在另一种关系下是形式。

我们在前面说过，存在与本质的关系也可以理解为质料和形式之间的关系，托马斯在强调"存在"的重要性的同时也在另一方面强调了"质料"的重要性，但是最终来看，托马斯还是和柏拉图以及亚里士多德站在了一道，认为形式优先于质料，这不仅体现在复合实体的本质虽然由形式和质料共同组成，但是只有形式是规定性的因素，在重要性上其是要优于质料的；更体现为在上帝那里，其自身即是纯形式的独立存在，并且万物都是因这一纯形式而成为具体的存在。

4. 实体、本质和偶性

实体、本质和偶性也是在托马斯的形而上学中经常被用来论证的三组概念。首先，在托马斯看来，从完整的意义上来说，实体不等于本质。但是在一定的意义上我们可以用现实的本质去代表实体，因为本质就是一实体最核心的因素，是这一实体之为这一实体的根本特征，这与亚里士多德是一致的，他们都认为实体即是意味着藉本质而存在。其次，基于亚里士多德的范畴学说，托马斯认为我们在诉说一个实体的时候可以用十类范畴去界说，这十类范畴在属性上可分为两类，第一类是本质，第二类是偶性。"本质"即是我们前面所说的一实体之所以"是"这一实体的那个东西，在一定的程度上可以代表、诉说实体；而偶性则是附属在实体上的，它表现在三个方面，性质（如颜色）、动作（如肢体动作）和外在环境。对于实体而言，它是独立存在和逻辑上在先的存在的；而偶性则不然，偶性不决定实体，是依附于实体上的，并且缺乏了实体的依附，偶性也不能独立存在。本质决定了实体，是不变之物；而偶性则描述实体，是可变之物。举个例子可能有助于理解，"人"之为"人"，是由于其本质决定的，虽然随着时间的推移，人在思想、动作、生理上会发生变化，但是"人"还是"人"，这一人还是这一人。虽然说我们在分析一实体时可以按照范畴分析出它的偶性，但是这一偶性并不是包含于它的实体之中，而是附着在实体之上的，因此托马斯所说的偶性就完全是外来的、非涉及自身本质的偶性。

实体和偶性的关系是十分密切的，虽然在逻辑上说，只有先有实体，偶性才有了依附的对象；但是在认识上，我们只有首先通过对偶性的诉说才能描述一实体，并且在更深的意义上来讲，这一实体的本质的展现正是通过在对偶性的把握的基础之上完成的。比如说我们看到一匹马的时候，我们看到的不是"马"这个本质，而是藉它的身型、颜色、声音等来判断出这一物是"马"的，如果缺乏了对偶性的考察，实体也无法被诉说，我们也就根本不可能知道实体是什么。

（二）论证的逻辑

托马斯的整个形而上学体系也是一个逻辑论证的体系，这典型地体现在他的著作《神学大全》中，在其中托马斯运用了大量的概念分析、命题判断和三段论推理的方式去论述。虽然有时这些论证过于繁琐让读者疲倦，但是仔细考究这些论证，我们会发现它们的内在逻辑是十分完善和严密的，不得不惊叹托马斯是逻辑使用的大师。在这一部分，我们将通过逻辑的三个维度——概念、判断和推理，分别对托马斯的论证方法做一个简要的分析。

1. 概念

"概念"被托马斯界定为主观和客观两个维度，托马斯认为一概念是心灵对实在抽象的产物，其并不是先天的存在，我们更不可能通过回忆的方法获取这些概念的内容，我们的概念是从实存的东西中得出来的，没有了对实存的考察，我们是不可能有关于任何事物的概念的；在概念的最终意义上，概念也是要指向实存的，也即是我们通过认识的活动建立起主客观的统一（概念和实存的统一）。因此，在概念的两个维度——主观和客观中，缺乏了任意一个方面，概念就失去了其完整的内涵。例如我们心灵中有一个"马"的概念，这一概念不是像柏拉图所说的先天就有的，如果我们不是在实存中看到了这一匹马和那一匹马，我们就根本不会有什么"马"的概念；其次，当我们有"马"的概念之后，它就成了我们认识过程中主观和客观之间的一个工具，它标志着我们认识活动中一个尚未确定的关系，而只有当一具体实在的马出现之后，我们心灵中的这一"马"的概念马上被用来指称这一具体的实存，这时我们就通过概念达到了认识上的主观与客观的统一。因此，托马斯所说的"概念"，就不是柏拉图所谓的先天存在于我们心中的，而是我们要在自然界中去发现的，并且当我们建立起一个概念后，这一概念又是我们认识的工具，在经验的实存中通过它建立起主客观的统一。更重要的是，这一概念的界说同样可以应用到关于上帝的讨论中。在托马斯看来，上帝这一概念对我们的心灵来说不是自明的，这一概念在我们心灵中是需要建立的，而这一建立的过程就来自于对经验事物的考察。托马斯从经验事物的因果序列推出了"第一推动者"、"第一动力因"等这些概念，当然这些概念的建立是一种更高层面的抽象，不是像从具体的"马"抽象出概念的"马"那样，而是从作为整体世界的存在到这一世界的本质的这样一种抽象。而当我们建立起这些概念之后，托马斯还要将这一概念指向一个实在，在我们认识中建立起主客观的统一。但是这种指向是超验的指向而不是经验的指向，因为我们不可能在经验世界之中去找到一个客观存在的上帝，因此托马斯就从理性跳跃到了信仰，把信仰中的上帝作为了我们的指向对象，这样"上帝"这一概念的内涵就在托马斯这里就有了主客观两个方向的维度。

在"概念"的来源和内涵上，托马斯坚持认为每一概念其最初的来源都是经验的感觉，甚至连"上帝"这一"概念"，我们也是在具体的经验实存当中认识到的。在前面我们讲到的获取知识的方式中，托马斯认为概念在感觉中是有其起源的，这一起源在于我们通过内感官对外感官呈现给我们的不同形状进行综合，得出一个"感觉形式"储存在想象之中。但是这一感觉形式是不清晰和不具有普遍性的，而就一般而言，我们所说的逻辑使用是要剥除掉一物的不清晰的因素的。逻辑作为一种思维工具是为了使我们抛弃怀疑、抛弃模糊，以求达到对一事物清晰的认识。并且，逻辑作为一种科学的工具，它与形而上学一样是较少地考虑个体的因素的，它所追寻的是一种普遍的形式和次序。因此，虽然我们的认知起源于感觉，但是这种不稳定的个体化的描述不是我们理性逻辑所要求的，它要求普遍的认知，因此，在逻辑的这种普遍化要求下，"概念"就不是我们内感官想象的产物，它拒绝个体化，而是要求普遍化。因此，在托马斯看来，一物可能会被唤起而没有得到揭示，而要揭示一物就要用普遍的知识去描述一物，因此，我们还要用理性的抽象能力对"感觉形式"或是"心像"进行抽象，使其普遍化，这也即是托马斯概念的内涵和实质所在。

最后，在概念的使用上，托马斯首先运用了对立概念进行了上帝存在的知识在内容上的论述，也即是我们所说的通过对一个概念的"否定"，来达到对其对立概念的"肯定"，进而完成对上帝存在的六个属性的描述，例如通过对上帝"有形体"的否定来达到对上帝"无形体"的肯定、通过对上帝"有限的"否定来达到对上帝"无限的"肯定。在托马斯看来，一个论题无论多么深奥，我们总是可以应用否定概念的方法来论证的，而这种方法在具有深远意义的探究中也是卓有成效的，因此，托马斯在他关于上帝存在的属性的论述中一开始就说"首先我们考虑上帝不具备哪些属性"。我们仔细观察托马斯的论证过程，可以发现他的"否定论证"在使用上是十分严密和谨慎的，这不是一种"简单否定"，也即是否定一个"黄"，来肯定一个"红"，这一否定论证是不具备必然性的，它也可能是"黑"。而托马斯所使用的"否定论证"是"缺失否定"，缺失意味着"是"和"非"的关系。这是基于矛盾律的否定，矛盾律自从亚里士多德提出以来，就被视为是所有科学真理的试金石，它是自明的，不需要论证也无法进行论证的，只要我们思维就一定包含着矛盾律。虽然我们基于矛盾律所选取的对立概念会陷入到逻辑的空洞中，例如"存在者存在，它不可能不存在"，但是托马斯意识到这一问题是来自于所选取的概念的空洞而非这一论证方法本身的问题，因此他试图从经验之物的概念当中选取几组对立概念用来描述上帝，试图为上帝存在的观点增添一些新的内容，使人们更容易接受，例如有形的、质料的、复合的、偶性的，通过否定上帝的有形来论证上帝的无形，通过否定上帝的质料性来论证上帝的形式性等。托马斯试图在经验和超验的结合之中利用"否定论证"，他的目的是使上帝的存在和本质以更为明显的、理性的方式凸显给世人，但是归根到底托马斯也是在玩一种文字游戏，通过信仰中早已预设好的上帝属性，将其展开；通过信仰中早已预设好的上帝存在，将其用理性的话筒讲出，这种否定论证的方式和安瑟伦、奥古斯丁的本体论论证是同出一辙的，只不过欺骗性更大。而托马斯第二个概念使用的技巧就是严格区别了"特称概念"和"全称概念"，特称概念例如"这一个人"，全称概念例如"所有人"。我们可以说在柏拉图和亚里士多德讨论的关于一物的本质的问题上，特称概念和全称概念的区分是没有任何意义的，这个人的本质和那个人的本质是完全一样的，所有人的本质都是同一的。但是托马斯在讨论本质的问题时明确拒绝了这种模糊概念的做法，虽然他认为在全称概念中存在着所有人的共性，但是对于一个特殊概念，在本质的问题上，其是不能够与全称的概念画等号的。

2. 判断和推理

判断也是一个命题，在广义上我们可以把命题区分为必然命题和或然命题。当一个命题不依赖于外在经验而得到形式上的证明时，我们就说一个命题是必然的，这一必然命题也可以叫作分析命题，也即是说在这个命题当中，其谓词是包含在主词的本性之中的，这种命题严格来说不能给我们带来任何新的知识，它只是谓词对主词的一个描述。当我们说"上帝的存在是本质"的时候，也即是在表达着这样一个信仰上的必然命题，本质包含在存在的本性中，或者说上帝的存在和本质是一回事，主词和谓词是可以互换的。但是托马斯看来，这一上帝的存在和本质是同一的虽然在信仰上是最必然和最明显的真理，但是这一"真理"对于我们心灵来说是一个"不自明"的真理，如果只讲"上帝的存在是本质"，托马斯认为这是存在和思维之间的未经解释的跳跃，因为虽然可以肯定的是上帝的存在和本质是同一的，但是这种同一的观念却不是在我们心灵中有效的。这时托马斯把目光转向了经验世界，在他看来信仰的知识经过理性的发挥更容易引起人们的关注，更符合时代要求下的实证精神，因此如果我们想要使这一"上帝的存在是本质"的观念在我们心灵中更加地清晰明白，我们就需要把这一观念建立在经验现实的基础之上。而在托马斯看来，我们从经验世界获取的知识都是具有不确定因素的，这一知识是通过归纳获得的，是一种"或然命题"，也即是说在这一命题中谓词不是必然包含在主词的本性当中的，是偶然地附加在主词上的。在托马斯看来，虽然这些命题或知识不具有必然性，但是这并不妨碍我们通过或然命题去"说明"必然命题，在托马斯看来"必然命题"肯定是真理，人们只要相信它就好，但是又因为这一必然命题过于抽象，人们在心灵中无法理解他们，因而托马斯想要做的是，通过对"偶然"的总结和抽象中发现"必然"的因素，来使必然命题以一种清晰明确的方式呈现给我们。

"判断"同时也是对两个概念进行"是"的联结，例如"他'是'托马斯·阿奎那"，这样就形成了一个判断，它是对一物存在的判断。在另一方面，我们在前面探讨事物的本质时讲到，在托马斯看来一事物的"本质"的知识也就是一事物的定义，而定义也是通过"是"来联结的，如"人是理性的动物"。虽然定义和判断都是靠"是"进行的联结，但是它们的联结所起的作用在托马斯这里是完全不同的，判断的"是"表明的是对存在的一种肯定，而定义的"是"表明的是对本质的一种表达。因此定义和判断就完全不是一回事，就如他所说，"我们能够了解一个凤凰的定义，但是却无法确定它是否实存"，因此托马斯的形而上学思想中所讲的"存在"不等于"本质"，正是基于他逻辑思维中"判断"不等于"定义"而展开的。而就托马斯的最终关怀上来说，托马斯认为真正的知识也即是本质的知识，因此托马斯就更加侧重于定义的知识，而较少地关注于事物的实存的知识。因为在托马斯可看来，我们肯定一物存在是对一物现实上的"描述"，它包含着许多偶性和个体化的因素，这不是形而上学所要考察的，形而上学所要求的知识是剥夺了个性的普遍化的知识，因此我们要透过事物的存在去了解本质，透过"判断"去了解"定义"。但是在关于上帝的知识中，这种区分在托马斯看来是不必要的，因为在上帝那里，其存在是不包含任何偶性的存在，我们看到了其存在，也就看到了规定他的东西。但是就如托马斯所说，我们对一个实体本质的认识往往是借助于偶性来认识的，在偶性的基础上进行抽象，因此，对于上帝的知识，我们也可以通过具有"偶然性"的造物来了解"必然性"的上帝，这即是他所说的，"尽管我们不可能知道上帝之所是，但是，在这门学问中，我们却能够利用他在自然界所产生的种种结果取代定义"。

　　而在推理的过程当中，托马斯所应用的是以一种"回推"的方式去讨论上帝存在的知识，在托马斯看来人类的理性有一种先天的倾向，这就是从存在的现实出发寻找原因，一直回推上去，最终找到"第一因"，这第一因既是思想上的第一原理，也是形而上学的最高原理。因此，托马斯坚持了"由果到因"、"从存在者到上帝"的后天经验之路，试图从经验的事物当中去发现事物的本质，从经验事物的本质发现终极事物的本质。这一回推的方法也即是演绎的方法，我们所说的演绎推理总是和必然命题联系在一起的，也即是从一个经过了矛盾律检验的命题出发去追寻这一命题产生的原因。与演绎相对的是归纳，归纳推理总是和或然命题联系在一起的，也即是从经验中的偶然出发通过比较和抽象得出一普遍的条件。演绎的方法是不用考虑经验的实存的，它只是对概念进行联结，但是，归纳的方法所接触的是具体的经验之物，试图从中抽取出普遍的概念。我们在上一段说，托马斯论证上帝存在的知识的逻辑是将必然命题和或然命题联系在一起，试图通过或然命题去解释必然命题。因此，按照托马斯的思路，这一逻辑的起点在理论上应该是"或然命题"，也就是说应该是"归纳"。但是，我们却很难说托马斯的推理过程是归纳的推理，这是因为，虽然托马斯的整个思想体系是从经验出发的，但是他并不是在众多的经验实存中采取归纳的方式去获得一个普遍的共性，而是直接把经验当成一具有普遍性的"概念"，例如"万物"，通过一个概念来分析出另一个概念，因此归根到底托马斯的论证手法这是一种演绎的方法，而演绎的方法只是告诉我们一个命题中两个概念"形式上"的联系，它并不能给我们带来任何新的知识，因此虽然这是一种后天论证，但是其本质和安瑟伦的先天论证是一致的，他只是"说明"了早已在思维中预设的上帝的存在和本质，而不是在严格的意义上"证明"出了上帝的存在与本质。

在这里，我们通过对托马斯逻辑使用的剖析终于发现了他在论证中所使用的技巧。在阿维森纳和阿威洛伊学派的影响下，托马斯所处的时代中出现了一种普遍要求从"经验"出发的求真精神，体现在命题或知识上，人们所普遍希望的是一个"真命题"，这一"真命题"是和形式逻辑中的"必然命题"所完全不同的，形式逻辑是不考虑经验事物的，它只管对两个概念进行联结，也即是说一物在实存中的真假不是形式逻辑所要考虑的问题，而真命题指的是通过了现实经验检验的命题，它必须通过一个概念指向一个经验的存在物，使主观和客观相符合，这才是真正意义上的真命题。托马斯意识到了人们的这种"求真"的欲求，因此他努力把上帝纳入到对经验世界的考察当中。这一纳入分为了两种方式，一种方式是把上帝纳入到经验世界的序列中去考察，也即是上帝存在的证明；另外一种方式是从经验世界的实存出发来描述上帝的本质和属性，这一纳入乍一看是天衣无缝的，但是在这一纳入的过程中托马斯已经把宗教上的上帝偷换为了经验上的上帝，细心的读者可能会发现，无论是在上帝存在的证明的论述中，还是上帝的存在与本质的论述中，托马斯都是把信仰和理性混在一起讨论的。在上帝存在的证明中，托马斯从经验世界出发进行推论，推论出一个"经验性"的第一存在、第一因、最高的完善性，但是这一"经验性"的至上者如何和"超验性"的上帝联系在一起，这是托马斯所无法解决的，他只是简单地用"这一第一推动者即是上帝"等陈述来一笔带过。这样，上帝作为一个宗教上的存在，在这里已经被托马斯偷换成了经验性的存在，因此从严格的意义上来讲，托马斯的整个上帝存在论中的"上帝"已然不是宗教中的"上帝"了。而在上帝的本质与属性的论述中存在着同样的概念偷换，托马斯在否定论证中所选取的对立概念都是来描述经验事物的，而托马斯将其用在上帝的描述之上就不可避免地使宗教上的上帝呈现出经验的色彩。因此从根本上来说，托马斯只是在用一个个经过信仰预设的演绎推论来"假装成"一个个真命题，而我们所说的真命题在任何时候都是要以经验的实存为检验对象的。

　　虽然我们说托马斯所坚持的"理性与信仰相平衡"的原则是对奥古斯丁主义的修正和对人类理性思维的重视，但是作为一个神学家，缺少了信仰上的关于上帝存在的知识的预设，所有的论证都是不可设想的，这也是他作为一个立志于要维护基督教信仰权威的"护教者"所必须坚持的原则。因此，无论在托马斯的著作中理性的逻辑推论有多么地严密和完整，理性和信仰始终是无法逾越的鸿沟，进一步来说，在涉及到上帝的问题上，想要通过理性的推论去论证这一宗教上的命题，也最终将导向自相矛盾。托马斯在用了大量的理性推论进行上帝存在和本质的论述后，无奈地告诉人们要想获得这一神圣知识的最终确真性我们还是要依靠信仰。但是尽管如此，托马斯还是认为只用信仰的独断式的教条去讲述上帝只会让这一个"至上的存在"受到更多的质疑，如何巧妙地给这一信仰的对象披上理性的外衣，是托马斯的志趣所在。

第四章　形而上学的发展

一、形而上学的上帝对象

从古希腊哲学开始，人们就有了关于"神"的讨论。在巴门尼德那里，"存在"已经有了"神"的意味，但是这一"存在"作为终极的本体只是我们求真的对象，它并不是一种最高目的，也就不是我们求善的对象。苏格拉底第一次明确地将"神"作为哲学的对象，并且在"神"这里，求真和求善是同一的。在他看来，世界上一切事物的变化运行都出自神的意志，这一意志凝结在事物的目的之中，因此我们应该对事物的目的进行研究，进而去探求神的意志。这样，在苏格拉底这里，"神"不仅作为最高的存在是"真"，还作为最高的目的是"善"，而对于我们来说，"神"既是我们求真的对象，也是我们求善的对象。在苏格拉底那里，神主要是"善"亦即目的，但是，由于他的目的因是改造自然哲学家的自然原因的结果，所以，在消极的意义上说，它也包含了真的意义，就此而言，它也能被看成是真与善的统一。亚里士多德继承了苏格拉底的这一思想，在他看来，形而上学这门学科既可以被称为"智慧"的学科，也可以被称为"神"的学科，"智慧"中的最高的实体，在"神学"中即是"神"，"神"作为纯粹的形式和第一因既是世界的终极原因，同时作为最高目的也是这世界的终极目的。古希腊对"神"的探究直接影响到了中世

纪的基督教哲学，基督教自护教时代以来就一直寻求与古希腊哲学的融
合，在教父哲学时代，神学家们往往诉诸柏拉图主义对基督教中的"上
帝"进行哲学上的解释，诸如在上帝的存在及本质上，把上帝视为永恒
的、不动的、本源的；又利用分有的学说解释圣父、圣子、圣灵的三位一
体理论。总之，在基督教创立至教父哲学时期以来，基督教哲学是以信仰
为核心的，在他们这里，关于"上帝"的讨论完全是一个信仰问题，但是
如何对这一问题进行解释论证，则是一个哲学问题，因此，基督教哲学必
须增加新的内容来弥补它的局限。而第一个把"上帝"的理论建立在哲学
基础之上的是经院哲学的集大成者托马斯，托马斯是形而上学史上第一个
系统地表述了有关"神"（上帝）的理论的思想家。他采取的是一种亚里
士多德的办法，首先他通过四因说以及现实和潜能的理论证明了上帝的存
在，从哲学上把上帝确立为我们研究的对象，其次又对上帝的本质与属性
进行了理性逻辑的论证，这赋予了基督教信仰中上帝以哲学上"真"的内
涵。接下来，他又通过上帝创造万物的理论，将上帝与万物之间建立了一
种善的联系，这又赋予了上帝以哲学上"善"的内涵。这样，"神"就从
信仰上的至真至善的存在过渡到了哲学上的最本源和最高目的的存在。托
马斯与苏格拉底以及亚里士多德所不同的是，在他这里，"神"或"上帝"
不仅仅是作为对万物探究所最终发现的对象的存在，而是一开始，"上帝"
就是整个体系的核心和起点，所有的哲学论证都是围绕着"上帝"、为
"上帝"做准备的，因此，尽管托马斯建构的是以上帝为中心的宗教哲学
体系，但是，在形而上学发展史上，他的哲学构成了形而上学发展的重要
环节。

二、以上帝为对象的真与善的统一

在苏格拉底那里，神在一定的意义上就具有真善统一的含义，柏拉图
进一步将这种统一的关系明确化了，而在亚里士多德看来，最高的目的和
纯粹的形式也就是"不动的推动者"、至真至善的神，真和善也是统一的。
作为亚里士多德主义的继承者，托马斯所说的"上帝"同样是真与善的统

一，并且和亚里士多德所一致的是，在这一统一关系中，"真"是核心，"善"是最高目的。

（一）上帝是真与善的统一

我们在前面说到，形而上学的研究对象是"存在"或作为世界整体的"本质"，这一对象既是真的或事实的对象，也就是说它是最为真实的存在；同时又是一个善的或价值的对象，即是整个世界的最高目的。在托马斯的形而上学思想中，在对"存在"的定义上，托马斯一方面把柏拉图所拒斥的可感之物当成了真实的存在，另一方面也把"上帝"这一本质的存在当成了真实的存在，那么，形而上学中的真的对象是否就有了两个领域的存在呢？在我们看来，上帝才是托马斯的整个形而上学所最终要关注的，上帝才是最为真实的存在。在我们看来，托马斯把"存在"界定为经验实体是因为我们在求真的过程中，亚里士多德的从经验出发的认识论方法是一种有效的办法，因此，必须把经验世界的存在（复合实体）确立为真实的存在，这样我们的"求真"才有了坚实的出发点和依据。但是，我们所求的"真"的对象却不在经验世界中，它是上帝，是我们所要最终追寻的真理。在托马斯看来，真理是相关于本质的，并且这一本质是最为普遍的本质，这一最为普遍的本质就是最为"真实"的存在。我们通过对复合实体的研究都可以发现每一经验存在中的"特殊本质"，但这一特殊本质中作为规定性因素的形式因，却是来自于对上帝的第一形式的分有。在托马斯"创造"的理论中，万物借以在不同程度上对上帝的分有成为了具体的存在，因此，在上帝与万物的关系之中，这也是一种"一"与"多"的关系，上帝作为普遍的本质是至上的本质，万物是这一至上的本质的多样性的体现，也就是说，上帝是本质的存在，万物是具体的存在。上帝才是我们最终要研究的普遍的本质，才是最为真实的存在，也就是真理的对象，"上帝就是真理本身，并且还是至上真理和第一真理（summa et prima veritas）"①。从另一个方面来看，虽然托马斯抛弃了亚里士多德和柏拉图的

---

① ［意］托马斯·阿奎那：《神学大全》第一集第一卷，段德智译，商务印书馆2014年版，第308页。

传统，不将"本质"看成是纯粹的形式，而看成是形式和质料的结合。但是，在实体内部，形式仍然是占主体的地位的，对实体的本质有着决定性的作用。因此，在托马斯看来，"形式因"才是更为高贵和重要的因素，形式因往往会受到质料因的影响而趋于不完善，而最为纯粹的形式也就是最为至上的存在，上帝作为纯粹的形式不仅不包含质料，并且还是完全的现实，因此，上帝才是最为真实的存在，上帝是托马斯形而上学中"真"的对象。

上帝不仅作为普遍本质是"真"的存在，还作为最高目的是"善"的存在。在托马斯看来，"善"包括了两方面的含义，一种是作为欲望的善，即"向善"；一种是作为欲望的对象的善，即"目的"。在托马斯看来，在这两方面的意义中，作为目的的"善"才是"善"的最终的意义。具体来说，善首先是作为值得意欲的对象存在于客观对象之中的，它表现为目的，并且正是这种可意欲的对象在引导我们趋向它，这时它也就表现为向善，"善是就一件事物相关于欲望而言存在于这件事物之中的，并且因此善的方面就从可意欲的事物过渡到了欲望，这是就如果所意欲的事物是善的话，这欲望也就被称作善而言的"①。因此，托马斯所讲的"善"在首要的意义上是作为目的的善，它是一种价值对象，并且作为价值对象推动万物向它自身趋近。那么作为目的的"善"是如何来的呢？在托马斯看来，万物被创造的过程也是分有上帝的第一原型的过程，这一分有不仅仅是内在本质对上帝的纯粹形式的分有，同时也是在自身目的上对上帝"至善"的分有，在这一分有的过程中万物有了自身的"善"。上帝因为其自身是纯粹的形式和完全的现实而是最高的善，并且万物正是藉分有上帝的善才有了自身的善，"每一件事物都可以说是由于其本质即为存在和善的第一存在才成为善和存在的，因为它总是以某种相像的方式分有了他"②。这一分有的过程在一定程度上来说也是万物模仿上帝的过程，在托马斯看

① ［意］托马斯·阿奎那：《神学大全》第一集第一卷，段德智译，商务印书馆2014年版，第299页。
② ［意］托马斯·阿奎那：《神学大全》第一集第一卷，段德智译，商务印书馆2014年版，第95页。

来，这一至善的上帝就是万物"模仿"的原型，万物的目的都体现在作为最高目的的上帝之中，都是上帝最高目的的不同程度的体现。并且，上帝在创造万物的同时，也将"善的秩序"赋予了万物，万物正是在这一秩序的指导下不断地实现自身的目的，也就不断地趋近、模仿作为最高的目的上帝。但是，万物无论以何种方式去"模仿"作为最高目的的上帝，其永远也不能达成最高目的，只能是在一定的程度上接近这一最高目的。并且作为"模仿"的结果，万物的"善"在程度上也是不同的，托马斯继承了亚里士多德的思想，把形式因和目的因看作可以合二为一的，也就是说一物形式的实现程度也就是它的目的（善）的实现程度，万物对上帝的分有在程度上是不同的，在有质料的造物中其形式受质料的制约作用而只有较低的实现程度，因此其善的实现程度就较低；而在无质料的造物中（灵魂和天使），虽然其本身是纯形式，但是因为在它们之中还蕴含有潜能的因素，这一形式的实现也是不完全的，因此虽然它们善的实现程度较高，但还不是至高。我们说形而上学的对象是一种价值或善的对象，这种价值或善的对象不是具体的、个别价值或善，而是普遍的价值或善。在托马斯这里，这一"善"的对象就是上帝，他作为最高目的是万物模仿的原型和对象。综上，上帝作为最高的目的，是托马斯形而上学的"善"的对象，"上帝之被称作善，乃是因为只有藉他，万物才得以存在"①。

遵循了自苏格拉底以来的"美德即知识"的传统，托马斯将"真"——这一世界的本原问题，和"善"——这一世界的目的问题统一在了形而上学的对象之中。形而上学是研究存在的学科，而这一存在在内涵上是真与善的统一：真也即是整个世界第一因的终极存在的真，它是真实的存在；而善指的是整个世界的最终目的，并且这一目的以一种最为完满的方式统一在求真的对象之中，因此这一求真的对象也是求善的对象。这一终极存在在托马斯看来即是上帝，这一上帝不仅作为世界的本原和第一因创生了万物的存在，并且还作为世界的最终目的规定了万物的秩序并引导万物归向它。因此，在托马斯的形而上学中，上帝既是最为真实的存

---

① ［意］托马斯·阿奎那：《神学大全》第一集第一卷，段德智译，商务印书馆2014年版，第88页。

在也是至善的存在，真与善就以最确定和最完满的方式统一于上帝。

（二）上帝是以"真"为核心的真善统一

虽然上帝是至真和至善的统一，但是在托马斯看来在逻辑上真是要优先于善的，在两者的关系中，"真"是核心，"善"是最高目的。一旦说到上帝，人们常常首先想到上帝的至善，但是，细究起来我们就会发现，上帝首先应是至真的存在。从逻辑上说，上帝必须首先真实（至真）地存在，然后我们才能谈及它的善否问题。所以，托马斯说："虽然善和真，作为实存，同存在是可以互换的，然而它们在逻辑上却是不同的，真绝对地讲是先于善的"①。托马斯这一观点是基于对存在的考察得出的，"善"的最根本的意义在于它作为"目的"是值得意欲的，又因为我们说一个对象值得意欲是因为它具有完满性的缘故，而每一件事物就其为现实的而言才是完满的，并且万物的现实性正是存在，因此我们就可以得出结论说万物正是因为具有存在才成为可意欲的，也就是说一物正是因为"存在"才成为"善"的。而"真"是以一种直接的方式和存在联系起来的，"真总是单纯地和直接地关乎于存在本身的"②，也就是说"存在"在首要的意义上即是"真"，进而我们对存在的考察在首要意义上也是对"真"的考察，因此，"真"是先于"善"的。从另一个方面来说，万物的善的实现是受形式的实现来规定的，而"形式"是一物本质的规定性因素，在一定意义上，最为纯粹的形式就代表着最为普遍的本质，也就意味着这一最为纯粹的形式是最"真"的存在，进而在这个基础上，正是因为这一存在是最纯粹、最真的存在，我们才可以说他是最善的存在。综上，在逻辑的优先性上，真是要优先于善的，也即是说，在首要的意义上，上帝是最真实的、最本原的存在，而在次要的意义上，是万物的最高的目的。这一真优先于善的关系我们也可以通过托马斯《神学大全》的论证顺序中看出，在托马

---

① ［意］托马斯·阿奎那：《神学大全》第一集第一卷，段德智译，商务印书馆2014年版，第306页。

② ［意］托马斯·阿奎那：《神学大全》第一集第一卷，段德智译，商务印书馆2014年版，第306页。

斯看来，对上帝的讨论首先要确立上帝的存在，也即是树立一"真"的对象，其次，我们要对这一"真"的对象进行说明，也即是要求真，最后，这一"真"的对象也是万物的最高目的，他赋予万物以善的秩序并且引导万物趋向他。因此，上帝作为托马斯形而上学的终极对象，虽然是至真和至善的统一，但是在二者的关系中，"真"要优先于"善"，上帝之所以是万物的最高目的，仅仅在于上帝首先是最为真实和最为本原的存在。

三、理性和信仰的争执与统一

基督教是建立在信仰的基础上的，但是在基督教建立之初护教者们为了使信仰的教义更加具有说服力，就试图将古希腊哲学中经由理性论证得出的结论融入到信仰的教义当中去，这一融入最为显著地体现在教父哲学对新柏拉图主义和斯多葛主义的借鉴上，也因此理性和信仰之间的矛盾自教父时代就体现了出来。德尔徒良首先提出了基督教信仰和哲学理性的关系问题，在他看来，理性与信仰是一种既相关又对立的关系，相关性体现在柏拉图的理念论经过新柏拉图主义的发展，其论点对基督教中"上帝"的理念是一个有效的巩固，并且理性是思维的工具，通过理性的论证比通过信仰的说明更容易让人接受基督教的教义。对立性则主要体现在，在自然哲学占主导的古希腊时代，其理性论证方式并不能很好地说明作为超越自然的上帝的知识，并且其理性精神中所蕴含的批判精神和怀疑精神也对基督教义的信仰是一个严重的挑战。基于此，德尔徒良教父提出了信仰的真理不可能被理解，因此把理性置于了信仰之下，而后的欧里根（Origenes，184—254）和奥古斯丁都坚持了这一传统。在教父哲学的传统里，神学是一种"无条件"的研究，基督教的教义在很大的程度上是建立在信仰的基础之上的，关于教义中的核心概念——上帝是不需要通过理性来论证和建立的，理性在教父哲学家的思想中只是作为"神学的婢女"来使用的，他们的目标是用哲学的理性论证来再次解释这种由信仰所确立的真理。在这里信仰支配和判断一切的学问，而理性只有服务于信仰才有其价值。在经院时期，随着亚里士多德思想的广泛传播，其理性精神和批判精神也被人们所发现，而教父们所确立起的无条件的信仰真理也受到人们的质疑，理性和信仰的矛盾以一种最为尖锐的方式呈现出来，因此经院哲学家开始从根本上反思教父哲学家对待理性与信仰、哲学与神学的做法。在他们看来，教父哲学家们所采取的用理性去"说明"信仰的方式不能够很好协调理性和信仰的矛盾，他们抛弃了这种"说明"的方式，转而采取一种"构建"的方式，也即是说基督教的教义中，真理不是靠理性来说明，而是靠理性来确立的。基于这一反思，经院哲学家从三方面来着手处理理性与信仰的关系，第一，借助于理性获得一种更高的洞见，并因此使人的心灵更接近真理；第二，利用理性将基督教神学纳入一个条理和体系化的框架之中；第三，针对就各种真理提出的异议，要以哲学为武器予以反击①。

托马斯对理性和信仰关系的处理也是基于这三个方面的，托马斯试图用理性的方式重新构建一种以上帝为核心的基督教哲学。理性的方式在托马斯这里就表现为从经验出发的精神和逻辑推论的精神，在他看来，上帝作为信仰的核心，其自身不是自明的，而是要靠我们推论得出的，基督教神学的一切学说都必须建立在以理性推论出的上帝这一基础之上，而不是建立在以信仰确立的上帝这一基础之上，因此托马斯不仅否定了教父哲学主张的上帝的存在无需证明的论点，并且在上帝存在的证明上抛弃了经院哲学家安瑟伦的本体论证明方式，转而采取亚里士多德式的从经验世界出发的后天证明方法，用一种推论的方式从作为造物的经验世界证明出作为创造者的上帝的存在。这是托马斯整个形而上学的前提，而托马斯的形而上学体系也是在这一理性的规划下构建起来的，在托马斯用理性的方式确立了形而上学的研究对象之后，他还要对这一对象进行说明，在这一过程中确立起一种知识体系。但是这一说明不再是基于信仰的说明，而是基于理性的说明。我们不能否定在教父哲学中同样存在着理性的说明，但是这种说明更多地体现在一种理性思维的方式而不是一种理性内容的方式上，这种思维的方式只是用逻辑的方

① 参见［德］汉斯·约阿西姆·施杜里希:《世界哲学史》，吕叔君译，山东画报出版社 2006 年版，第 158 页。

式将信仰的内容串联起来，这些信仰的内容不是由理性确立的，并且用这种理性的思维的方式去诉说基督教教义并没有带给我们什么真正的知识，而只是反复用另一种方式重复了信仰上的一条条真理。而托马斯对上帝的说明是基于理性思维的内容的，这一内容就是亚里士多德的关于形式与质料、潜能与现实、存在与本质等关系的内容。在亚里士多德那里，这几组关系在首要的意义上是用来描述经验的实存的，因此秉着从经验出发的理性精神，亚里士多德认为以这种经验的概念为内容，用逻辑推理为方法，就能够以一种更加理性的方式说明上帝的存在，而这种经过理性说明的上帝知识在"真"的程度上就更加接近于教父哲学所坚持的信仰的真理。之所以说这种真理是一种接近，是因为这种经由理性推论得出的知识在确真性上不如根据信仰得出的知识，因此他就提出了两种知识体系，理性的知识体系和信仰的知识体系，理性的知识体系靠人类的理性来获得确真性，而信仰的知识体系靠相信来获得确真性，虽然我们在前面说人类获取神圣知识需要依靠理性和信仰的共同作用，但是在托马斯看来这只是对我们薄弱的理智认识能力的一个必要的补充，而关于信仰的真理这一体系自身，其确真性是不需要理性来支撑的。在这里，托马斯的理性与信仰的矛盾就第一次体现出来了，托马斯认为这两种知识体系都是真理的体系，也即是说在托马斯这里有了两种真理的标准，第一种标准是理性的标准，它要求的是我们观念中的概念要和经验的实存相符合；第二种标准是信仰的标准，它除了相信之外并没有什么别的要求。在托马斯看来，真理是主客观的统一，虽然从严格的意义上来说真理只存在于理智之中，但是这种理智的真理也是要通过理智来将其指向外在的，"真理也就被界定为理智与事物的一致，而且因此认识这种一致也就是在认识真理"①，因此无论从哪种层面来审视真理，真理的判断是一定要通过理智的，然而基于第二种标准（信仰的标准），这种判断就无需经过理智。这样来说，从托马斯自身的关于真理的判断标准来看，我们就没有任何理由将"真理"这一头衔赋予到任何一种不

① ［意］托马斯·阿奎那：《神学大全》第一集第一卷，段德智译，商务印书馆2014年版，第302页。

经过理智的信仰上去。另外一处理性与信仰的矛盾存在于托马斯关于上帝存在的五路证明中，托马斯从经验世界出发推出了经验世界的第一因和第一存在，这是符合理性精神的，但是托马斯没有任何理由将这一经验世界的第一因和第一存在归之于上帝，而他只是一笔带过——"这即是上帝"，这也说明在托马斯进行理性的论证之前早已通过信仰的方式确立了上帝的存在，我们说托马斯的五路证明是从理性到信仰的一跃，这一跳跃也说明了理性和信仰是一个永远无法逾越的鸿沟，它们的矛盾是始终存在着的。

因此，我们在这里重新来审视托马斯的形而上学，虽然托马斯通过强调理性的作用将教父哲学的"无条件"神学修改为了"有条件"的神学，但是在理性与信仰的关系上，托马斯是和教父哲学家一致的，他们始终都是将理性当作神学的婢女在使用，信仰在托马斯这里同样是占有绝对至上的地位的，信仰可以审视一切理性的真理，在信仰和理性发生冲突时，理性要无条件地服从于信仰。这时我们再来看托马斯的形而上学构建的原则，也即是理性与信仰相平衡的原则。首先，"平衡"不意味着平等，信仰的地位永远是要高于理性的地位的；其次，"平衡"不意味着没有矛盾，理性与信仰之间的矛盾是永远存在的，只能暂时地得到调和而无法解决。因此，这一以"平衡"为原则的形而上学的最终目的在于，通过对理性地位适当的提高来缓和基督教哲学中的奥古斯丁主义和来自外部的亚里士多德主义两者的矛盾。因此，托马斯的形而上学虽然是披有理性的外衣，但是其实质上还是信仰的。基于理性和信仰的矛盾，关于托马斯是哲学家还是神学家的问题也在学术界内存在争议，安东尼·肯尼就认为托马斯·阿奎那是"西方思想史中屈指可数的几位最伟大的哲学家之一"①，而在贝特兰·罗素看来，托马斯·阿奎那在任何意义上都不是一个合格的哲学家，"阿奎那并没有什么真正的哲学精神，他并不是在探究那些事先不能预知结论的问题。他在还没有开始哲学思索以前，早已知道了这个真理；这也就是在上帝教信仰中所公布的真理。给预先下的结论去找论据，不是哲

---

① 参见 Kenny, Anthony（ed.）*Aquinas: a Collection of Critical Essays,* London and Melbourne , 1969.

学，而是一种诡辩"①。但是在我们看来，我们并不能在托马斯的形而上学中严格把神学和哲学区分开来，神学和哲学的关系就如本质与存在、潜能与现实的关系一样。神学的信仰是托马斯形而上学的本质，但是他的神学信仰是靠哲学理性来成为现实的，它们统一存在于托马斯的形而上学思想当中，割裂了这种关系，任何一方都不能存在。因此，从托马斯作为哲学家来看，他是以神学为志趣的哲学家；从托马斯作为神学家来看，他是以哲学为基础的神学家。

四、走向近代形而上学

托马斯对于形而上学的发展主要表现在他充实和丰富了下属形而上学的研究对象。下属形而上学是一般形而上学的展开，它有三个研究领域，自然、上帝和精神。在古希腊哲学时期，自然哲学家将整个世界作为自己的研究对象，尽管后来的哲学家如苏格拉底等人也将上帝看作哲学的对象，但是，古希腊哲学（包括形而上学）的研究对象主要还是作为世界整体（包括精神世界）的存在；在中世纪时期，托马斯第一次在形而上学的领域中，明确（系统）地将上帝作为哲学的最高本体和研究对象，丰富了形而上学的下属部分。托马斯的这一上帝对象的确立在很大程度上也受到了古希腊哲学的影响。早在苏格拉底那里，神就被当作哲学的研究对象，柏拉图进一步发展了苏格拉底的这一思想，亚里士多德的作为最高形式和目的的"第一推动力"，显然与全智、全能、全善的上帝有着异曲同工之妙，他还有时直接把上帝当作形而上学的研究对象，并把形而上学（第一哲学）看成是研究上帝的学问。当时，在古希腊哲学家的理论那里，神的形象并不丰满。到了中世纪，上帝（神）成了思想领域的主题，教父哲学家们把上帝的理论体系以信仰的方式建立起来，但是这一理论体系的根基是神学，而哲学只是作为补充。从哲学的角度来看，这一关于上帝的理论体系是无法用理性的方式说明的，这也是基督教信仰在中世纪受到质疑的

---

① ［英］罗素：《西方哲学史》第二卷，何兆武、李约瑟译，商务印书馆1963年版，第562页。

重要原因之一。到了托马斯这里，关于上帝的学说变成了一个哲学问题，而关于上帝的理论体系构建则转变为了一种基于理性的构建，上帝的学说首先是一个哲学的问题，更高的层面是一个宗教信仰的问题。如何用理性的方式系统地构建起一个上帝的学说在托马斯看来是至关重要的，人们对于上帝的理解远比单纯相信上帝更为重要。而和托马斯的前辈哲学家们相比而言，这样一个关于上帝的学说也更为系统完整。托马斯首先表明了关于上帝的学说不仅是一个信仰的问题，更是一个理性的问题，理性和信仰共同作为表述真理的工具而存在。进而，托马斯从上帝存在的问题出发，批判了安瑟伦和奥古斯丁的先天证明方法，把亚里士多德的现实与潜能、形式和质料等形而上学概念加入到上帝存在的证明上来，这样，上帝在形而上学领域中的形象就第一次以一种清晰的方式展现了出来。接下来，托马斯对这样一个形而上学的最高对象进行了说明。形而上学自发端以来，就有了存在和本质及其关系的讨论，这两个概念都和形而上学所研究的最高实体有着直接的相关。因此，托马斯既然确立了形而上学领域中最高的存在，并且要对这一存在的方式进行说明，这样他就不可避免地要讨论上帝的本质的问题。在托马斯看来，上帝作为最高的存在，其也是最普遍的本质，是整个世界的本质。存在和本质这两个概念在上帝这里是没有任何区别的，上帝自身即是存在，即是本质，这在某种程度上是坚持了柏拉图主义的思想。当然，以这种方式对上帝的说明在某种程度上来说是抽象的，而要具体来说，上帝则是拥有六个属性的存在。在托马斯以前，上帝的这六个属性只是一个单纯的信仰问题，它们不需要经由推论得出，只要相信便足够了。而托马斯所讲的上帝的六个属性，虽然在最终结论上是与前者相一致的，但是其内容是靠理性建立起来的。就如我们所说，在托马斯看来，理性论证的结论要比单纯的信仰更加令人信服，亚里士多德式的论证使神学表现为一种理智和富有推论的科学，其关注点在通过推论得出的结果，而不是作为结果的本身，它通过一种层层递进的推论达到结论，而不是以一种令人困惑的方式直接展现在人们面前。到这里，关于上帝自身的知识就比较完备地建立起来。托马斯认为，我们对上帝的探寻不仅要发现上帝的存在、理解上帝的存在，我们还要把上帝纳入到整个世界的秩序中去考察，在上帝和世界之间建立其一种联系，这样关于上帝的学说才可以说是最为完备。在托马斯看来，"善"就是连接上帝和他所创造的万物之间的联系，上帝通过"创造"的活动赋予万物以求"善"的秩序，万物在这一秩序中得以向着自身最高善前进，从而在一定程度上"模仿"至高善的上帝。托马斯以上帝为对象的形而上学的确立在近代对笛卡尔产生了深远的影响，笛卡尔把形而上学的最高研究对象确立为三个领域的存在，物质实体、精神实体和上帝，这三个实体都真实的存在，只有上帝是至上的、绝对的存在，也就是说，前两个实体只是有限实体，只有上帝是无限实体。沃尔夫进一步发展了笛卡尔的思想，他以笛卡尔提出的三个实体为基础，系统阐述了研究物质世界（宇宙）的理性宇宙论、研究灵魂的理性心理学，以及研究上帝的理性神学。从这个角度上来说，托马斯在下属形而上学的领域完善的过程中，是起着承前启后的作用的。

参考文献

一、中文文献

[1] [德] 黑格尔:《哲学史讲演录》第一卷,贺麟、王太庆译,商务印书馆 1983 年版。

[2] [德] 哈贝马斯:《后形而上学的思想》,曹卫东、付德根译,译林出版社 2001 年版。

[3] [德] 汉斯·约阿西姆·施杜里希:《世界哲学史》,吕叔君译,山东画报出版社 2006 年版。

[4] [德] 黑格尔:《哲学史讲演录》第二卷,贺麟、王太庆译,商务印书馆 1983 年版。

[5] [德] 黑格尔:《哲学史讲演录》第三卷,贺麟、王太庆译,商务印书馆 1983 年版。

[6] [德] 胡塞尔:《现象学的观念》,倪梁康译,上海译文出版社 1994 年版。

[7] [德] 康德:《实践理性批判》,邓晓芒译,人民出版社,2003 年版。

[8] [德] 赖欣巴哈:《科学哲学的兴起》,伯尼译,商务印书馆 1991 年版。

[9] [德] 施太格缪勒:《当代哲学主流》上卷,商务印书馆 1986 年版。

[10] [法] 笛卡儿:《哲学原理》,王荫庭、洪汉鼎译,商务印书馆 1997 年版。

[11] [古罗马] 奥古斯丁:《论自由意志》,成官泯译,上海世纪出版集团 2010 年版。

[12] [古希腊] 亚里士多德:《工具论》,李匡武译,广东人民出版社 1984 年版。

[13] [古希腊] 亚里士多德:《灵魂论及其他》,吴寿彭译,商务印书馆 1999 年版。

[14] [古希腊] 亚里士多德:《尼各马科伦理学》,苗力田译,中国人民大学出版社

2003 年版。

[15] [古希腊] 亚里士多德：《物理学》，张竹明译，商务印书馆 1982 年版、2004 年版。

[16] [古希腊] 亚里士多德：《形而上学》，吴寿彭译，商务印书馆 1981 年版。

[17] [美] 巴雷特：《非理性的人》，段德智译，上海译文出版社 1992 年版。

[18] [意] 托马斯·阿奎那：《驳异大全》，吕穆迪译，安徽人民出版社 2013 年版。

[19] [意] 托马斯·阿奎那：《论存在者与本质》，段德智译，商务印书馆 2014 年版。

[20] [意] 托马斯·阿奎那：《神学大全》第一集，段德智译，商务印书馆 2013、2014 年版。

[21] [意] 托马斯·阿奎那：《哲学基础》，吕穆迪译，译林出版社 2016 年版。

[22] [英] 丹皮尔：《科学史》，李珩译，商务印书馆 1975 年版。

[23] [英] 弗兰克·梯利：《西方哲学史》，贾辰阳、解本远译，光明日报出版社 2014 年版。

[24] [英] 吉尔比：《经院辩证法》，王路译，上海三联书店 2000 年版。

[25] [英] 罗素：《西方哲学史》上卷，何兆武、李约瑟译，商务印书馆 1963、1982 年版。

[26] [英] 罗素：《西方哲学史》下卷，何兆武、李约瑟译，商务印书馆 1963、1982 年版。

[27] [英] 约翰·马仁邦主编：《中世纪哲学》，孙毅、查常平等译，中国人民大学出版社 2009 年版。

[28] 《柏拉图全集》第二卷，王晓朝译，人民出版社 2003 年版。

[29] 《柏拉图全集》第一卷，王晓朝译，人民出版社 2002 年版。

[30] 《海德格尔选集》上卷，孙周兴选编，上海三联书店 1996 年版。

[31] 《海德格尔选集》下卷，孙周兴选编，上海三联书店 1996 年版。

[32] 《论语译注》，杨伯峻译注，中华书局 1980 年版。

[33] 《圣经》，中国基督教协会，1988 年版。

[34] 《亚里士多德全集》第八卷，苗力田主编，中国人民大学出版社 1992 年版。

[35] 《亚里士多德全集》第七卷，苗力田主编，中国人民大学出版社 1993 年版。

[36] 《亚里士多德全集》第三卷，苗力田主编，中国人民大学出版社 1992 年版。

[37] 北京大学哲学系编译：《古希腊罗马哲学》，商务印书馆 1982 年版。

[38] 北京大学哲学系编译：《西方哲学原著选读》上卷，商务印书馆 1981 年版。

[39] 邓晓芒：《思辨的张力》，湖南教育出版社 1992 年版。

[40] 傅乐安：《托马斯·阿奎那基督教哲学》，上海人民出版社 1990 年版。

[41] 海德格尔：《存在与时间》，陈嘉映、王庆节合译，三联书店 1999 年版。

[42] 强以华：《存在与第一哲学》，武汉大学出版社 1997 年版。

[43] 汪子嵩等：《希腊哲学史》第二卷，人民出版社 1993 年版。

[44] 汪子嵩等：《希腊哲学史》第三卷，人民出版社 2003 年版。

[45] 汪子嵩等：《希腊哲学史》第一卷，人民出版社 1988 年版。

[46] 严群：《亚里士多德及其思想》，商务印书馆 2011 年版。

[47] 翟志宏：《阿奎那自然神学思想研究》，人民出版社 2007 年版。

二、英文文献

1. 著作

[1] Edited by Douglas Cairns,Pursuing the Good:Pursuing the Good: Ethics and Metaphysics in Plato's Republic,Edinburgh:Edinburgh University Press, 2007.

[2] Edited by Katerina Ierodiakonou, Topics in Stoic Philosophy, Oxford: Clarendon Press, 1999.

[3] Editor in Chief by Paul Edwards, Encyclopedia of Philosophy, New York and London: Macmllian Publishing Co., Inc and The Free Press.

[4] Aristotle, Metaphysics, Translated by Hugh Lawson-Tancred, Published by the Penguin Group, 1998.

[5] Augustine,City Of God,tanslated by Henry Bettenson, Penguin Books Ltd, 1984.

[6] Brian Garrett, What is This Thing Called Metaphysics? New York and London: Routledge: Taylor & Francis Group, 2006.

[7] J.E. Rotelle,The works of Saint Augustine:A Translation for the 21th century,Volume 3,New city Press, 1990.

[8] Kenny, Anthony (ed.) Aquinas: a Collection of Critical Essays, London and Melbourne , 1969.

[9] Martin Heidegger, Introduction to Metaphysics, New translation by Gregory Fried and Richard Polt, New Haven: Yale Nora Bene book, 2000.

[10] Micael J. Loux, Metaphysics——A Contemporary Introduction (third edition) , New York and London: Routledge: Taylor & Francis Group, 2006.

[11] R. G. Collingwood, An Essay on Metaphysics, Oxford At the Clarendon Press, 1940.

2. 论文

[1] Arthur W. H. Adkins, Heidegger and Language, Philosophy, Vol. 37, No. 141. (Jul., 1962) . 229-237.

[2] Blake E Hestir, A " Conception" of Truth in Plato's Sophist, Journal of the History of Philosophy, Jan 2003; 41, 1.

[3] Fran O' Rourke, Aristotle and the Metaphysics of Evolution, The Review of Metaphysics; Sep 2004;58,1.

[4] Fred D Miller Jr, Aristotle's philosophy of Soul, The Review of Metaphysics, Dec 1999;53,2.

[5] Hans-Georg Gadamer, Plato as Portraitist, Continental Philosophy Review 33, 2000.

[6] Howard J Curzer, Aristotle's Account of the Virtue of Temperance in Nicomachean Ethics Ⅲ . 10-11, Journal of the History of Philosophy, Jan 1997; 35, 1.

[7] Jeanine M Grenberg, Anthropology from a Metaphysical Point of View, Journal of the History of Philosophy, Jan 1999; 37, 1.

[8] Joseph G Defilippo, First Philosophy and the Kinds of Substance, Journal of the History of Philosophy, Jan 1998; 36, 1.

[9] Mary Louise Gill, Aristotle's Metaphysics Reconsidered, Journal of the History of Philosophy, Jul 2005; 43, 3.

[10] Paul Nieuwenburg, Aristotle and the Appearances, Journal of the History of Philosophy, Oct 1999; 37, 4.

[11] Rudolf Bernet, Christianity and Philosophy, Continental Philosophy Review 32, 1999.

后　记

　　本书是湖北大学高等人文研究院、中华文化发展湖北省协同创新中心系列丛书"思想文化史书系"之一，由湖北大学高等人文研究院、中华文化发展湖北省协同创新中心资助出版，现在出版的是本书的第一卷。

　　本书的撰写原则是突出重点，兼顾全面。突出重点就是突出西方形而上学史上的重点哲学家，力图基于他们生活的时代和历经深入介绍和分析他们的思想，并且探索他们的思想在西方形而上学发展史上的举足轻重的地位；兼顾全面就是在突出西方形而上学史上的重点哲学家的同时，围绕这些哲学家介绍和分析其他哲学家的形而上学思想以及他们对于西方形而上学发展史的贡献。突出重点的目的在于确保能够通过西方形而上学发展史上的重点哲学家的思想更为清晰地理清西方形而上学发展的脉络，发现它的内在逻辑，以及更好地理解西方形而上学发展之命运的必然性和正确评价西方形而上学发展之命运的得失；兼顾全面的目的则在于确保能够通过西方形而上学发展史上的其他哲学家的思想更为全面地展示西方形而上学发展的全貌，发现它的丰富内容，以及确保本书具有"史"的特征。

　　本书由我和我的研究生唐东哲共同撰写。全书由我提出整体框架，构思撰写提纲，并负责全书的修改和通稿，就此而言，唐东哲撰写的部分若有什么问题也应由我负责。在具体的撰写上，我只在总体方向上为唐东哲所写的部分把关，在此前提下，我尽量尊重唐东哲自己的思考和创造，就此而言，唐东哲撰写的部分主要是唐东哲自己的贡献。在具体的分工上，我除了提出整体框架，构思撰写提纲和进行最后的修改和统稿外，具体撰写了"导言"、"第一篇"和"第二篇"，唐东哲具体撰写了"第三篇"，并最后帮助整理了"参考文献"。尽管我们在思考和撰写的过程中尽了最大努力，但是囿于知识水平的局限，不足之处在所难免。因此，我们真诚地期待同行学者的批评和建议。

　　本书的撰写出版得到了湖北大学高等人文研究院和中华文化发展湖北省协同创新中心的大力支持，特别是得到了江畅教授的大力支持，也得到了湖北大学哲学学院的大力支持，在此谨表诚挚的谢意！同时，本书的出版还得到了人民出版社张伟珍先生的大力支持，在此一并表示诚挚的谢意！

强以华

2018 年 7 月

责任编辑：张伟珍

封面设计：吴燕妮

图书在版编目（CIP）数据

西方形而上学思想史 . I／强以华，唐东哲 著 . —北京：人民出版社，
2018.11

ISBN 978－7－01－019600－8

I.①西…　II.①强…②唐…　III.①形而上学－哲学史－研究－
西方国家　IV.① B081.1

中国版本图书馆 CIP 数据核字（2018）第 169339 号

西方形而上学思想史 . I

XIFANG XING'ERSHANGXUE SIXIANGSHI I

强以华　唐东哲　著

人民出版社 出版发行

（100706　北京市东城区隆福寺街 99 号）

北京汇林印务有限公司印刷　新华书店经销

2018 年 11 月第 1 版　2018 年 11 月北京第 1 次印刷
开本：710 毫米 ×1000 毫米 1/16　印张：25
字数：382 千字　印数：0,001－2,000 册

ISBN 978－7－01－019600－8　定价：70.00 元

邮购地址 100706　北京市东城区隆福寺街 99 号
人民东方图书销售中心　电话（010）65250042　65289539